"知中国·服务中国"南开智库系列报告

南开大学周恩来政府管理学院学者文丛

2023

ZHONGGUO QUYU ZHILI
YANJIU BAOGAO

中国区域治理研究报告

新国家空间与国家尺度重组

马学广 ◎ 等著

南开大学出版社

天　津

图书在版编目(CIP)数据

中国区域治理研究报告. 2023：新国家空间与国家
尺度重组 / 马学广等著. —天津：南开大学出版社，
2024.5

（南开大学周恩来政府管理学院学者文丛）
ISBN 978-7-310-06592-9

Ⅰ. ①中… Ⅱ. ①马… Ⅲ. ①区域－行政管理－研究
报告－中国－2023 Ⅳ. ①D630.1

中国国家版本馆 CIP 数据核字(2023)第 249339 号

中国区域治理研究报告 2023：新国家空间与国家尺度重组
ZHONGGUO QUYU ZHILI YANJIU BAOGAO 2023：
XIN GUOJIA KONGJIAN YU GUOJIA CHIDU CHONGZU

南开大学出版社出版发行
出版人：刘文华

地址：天津市南开区卫津路 94 号　　邮政编码：300071
营销部电话：(022)23508339　营销部传真：(022)23508542
https://nkup.nankai.edu.cn

天津泰宇印务有限公司印刷　全国各地新华书店经销
2024 年 5 月第 1 版　　2024 年 5 月第 1 次印刷
260×185 毫米　16 开本　22.5 印张　3 插页　463 千字
定价：128.00 元

如遇图书印装质量问题，请与本社营销部联系调换，电话：(022)23508339

本书由

南开大学亚洲研究中心项目（AS2323）

国家社会科学基金一般项目（18BJL092）

国家自然科学基金面上项目（42371175）

资助出版

序　一

人民日益增长的美好生活需要和不平衡不充分的发展之间的矛盾是当前我国社会的主要矛盾，而区域协调发展是破解上述矛盾的主要抓手。党的二十大报告把促进区域协调发展作为加快构建新发展格局、推动高质量发展、全面建设社会主义现代化国家以及实现全体人民共同富裕的重要举措，强调通过"深入实施区域协调发展战略、区域重大战略、主体功能区战略、新型城镇化战略，优化重大生产力布局，构建优势互补、高质量发展的区域经济布局和国土空间体系"。党的十八大以来，我国重点推进了京津冀协同发展、粤港澳大湾区建设、长江经济带发展、长三角一体化发展、成渝地区双城经济圈建设、黄河流域生态保护和高质量发展等一系列国家重大区域战略，以城市群、都市圈和县城等为重要载体推动城乡融合发展，在全国逐渐形成了多层次、多形式、全方位的区域协调发展格局，彰显出中国式现代化的深邃内涵和蓬勃生命力。区域协调发展体现了中国式现代化的价值取向，中国式现代化为推动新时代我国区域协调发展明确了前进方向。

有鉴于国土空间和区域发展经常面临的非均衡、破碎化和可持续性不足等问题，推进国家治理体系和治理能力现代化，实施高效的区域治理已经成为促进区域协调发展的重要策略和有效手段。新时代中国区域治理的发展呈现出多个面向和多个领域的突破：关注多中心、网络化和多尺度互嵌式组织协同，关注大数据、智能化和数字技术赋能，关注行政契约和制度化集体行动，关注回应性、可量化和治理效能评估，关注风险防范、安全保障和公共危机应急管理，关注"双碳"战略、创新体系、生态环境和卫生健康等国家治理民生事务，关注深海、极地、外空和互联网等全球治理战略新疆域，通过区域链接和纵向嵌入，政府、企业、民间团体和个人等多主体合力构建中国区域治理的认知共同体、行动共同体、利益共同体、责任共同体和命运共同体。

南开大学马学广教授等撰写的《中国区域治理研究报告2023：新国家空间与国家尺度重组》一书以新国家空间理论为指导，以国家尺度重组为切入点，较为系统全面地介绍了新国家空间理论的基本原理及其在城市群空间选择中的应用实践，围绕尺度政治透视了制度化空间重塑和城市区域空间重构的动力和过程，以城市群、国家新区、飞地产业园区、海岸地带以及全球湾区等为例，实证研究了国家尺度重组的形式、过程和作用机理。这一著作具有翔实全面的理论引介、丰富多样的案例解析以及深刻具体的政策引申，新颖的研究视角丰富了中国区域治理研究的工具箱，批判性的理论借鉴和实证剖析充实了中国区域治理研究的案例库，富有针对性的理论反思和政策演绎拓展了中国区域治理研究的政策包，将中国区域治理研究推进到尺度思维、实践逻辑和政策导向交相融合发展的新阶段。

　　期待马学广教授的这一新作能够为中国区域治理研究注入新的活力，引发新的思考，拓宽新的视野，深化新的探索，带动新的实践。

　　是为序。

闫小培

中山大学教授

序 二

　　区域治理是区域研究的重要议题。长期以来，区域研究侧重区域空间经济研究，属于空间经济科学。在中国，这些科学研究得到了充分发展，取得大量成果，也为国家发展战略和政策咨询提供了服务。然而，这方面研究一直缺乏对区域治理的理论解释。从政治经济视角出发，西方提出了区域治理研究中的国家空间尺度重构和选择理论。虽然国家空间选择理论被尝试地用来解释中国区域治理，但是对具体过程和空间形式不是非常清楚。马学广教授的新著填补了这一空白。比如中国语境下的城市群就有两种国家空间的选择过程：一是地方政府为了打造城市的经济规模，加强竞争力，做大做强，形成各种联系紧密的城市集群；二是中央政府为了解决地方过度竞争而规划设计的区域发展战略。然而，具体的空间形式往往是这两种动力的组合。比如，国家新区，既是国家战略，又是适应地方发展的目标。这类特殊区域，往往是由地方首先提出、在区际竞争中胜出而为中央认可。这本新著系统完整地介绍了各种区域治理模式下的新空间类型，比如城市群、国家新区、飞地产业园区、一体化区域以及海外园区。异地共建产业园也是中国的特色，这样的区域合作，不完全是市场行为，也是国家的政治过程和行政协调。可以说，是利用了市场治理和利益分配机制，所以不是政府指令的结果，但同时也体现了多层级国家的空间构造过程。不同的城市之间的合作区呈现了地方意愿和国家战略的不同程度组合，由此也有各种治理构架和空间表现形式。

　　本书作为《中国区域治理研究报告》系列中最新成果，理论构架清晰，实证内容翔实，是区域治理研究中的重要著作，扩展了区域研究的视野。该著作在为公共政策和城市规划参考的同时，也有望提升基于中国区域治理实践的理论。

吴缚龙（Fulong Wu）

英国社会科学院院士

伦敦大学学院巴特雷特规划讲座教授

目　录

前　言

　　"尺度"是自然科学和社会科学普遍关注的元问题，在地理学科相关尺度研究的基础上，如何借助公共管理学的基本原理、方法和理论范畴破解"尺度重组"的黑匣子，探索讲清楚尺度重组的政府间合作机制、政府与市场的分工与合作关系，以及公民社会的成长对区域空间治理的推动作用等。对尺度的关注是空间理论日益复杂化的产物，关于尺度的层级、关系、过程和动力的研究，构成了当代城市与区域治理的新命题、新思路和新视野。

　　尺度重组是全球生产方式转变和国家地域重构相互作用的产物，国家将各种次国家空间（地点、城市和区域等）定位于超国家（比如全球）的资本循环之中，这些次国家空间成为国家权力发生尺度重组的关键节点，被当作定制化、专业化和竞争力最大化的地点来营销，由此诞生了众多承担国家特殊职能、实施梯度化差别性制度供给的新型城市空间——国家战略区域。但是，国家对特定区域或尺度实施空间选择上的偏好（同时会忽视、排斥和边缘化其他地域），在提高了特定区域竞争力的同时也加深了地域空间的不均衡发展。

　　美国学者尼尔·布伦纳提出的"新国家空间"（New State Spaces）理论为解析当代城市与区域发展中的各种空间现象和过程提供了富有解释力的理论工具。"新国家空间"理论的核心是 20 世纪 70 年代以来全球重构过程中国家角色的变迁、国家空间的重构以及国家治理体系的重建。"新国家空间"理论认为，国家空间重构的趋势与结果来源于国家的空间选择性，国家通过赋予特定区域或尺度以较高优先级的权力、政策或资源以促进其超常规发展。在承认国家权力被减弱但未被边缘化前提下，新国家空间理论将国家视为一系列社会政治过程建构的舞台而非固定的容器，国家可通过空间选择性对国家空间重构的动态过程进行引导与调整。新国家空间理论突破了传统国家中心主义的束缚并将国家作为多元社会力量建构的舞台，为理解全球化背景下国家空间重构的系统性提供了新的分析框架。

　　新国家空间理论和国家尺度重组实践为我们理解和透视如火如荼的中国快速城市化进程中区域治理的理念、方法、程序和设计等提供了新的思路。本书试图通过梳理当前国内国外新国家空间理论和国家尺度重组研究的相关研究成果，烛照未来，为 21 世纪我国区域治理研究理论和实践提供新的逻辑选择。

第一章　新国家空间理论与城市群空间选择

20 世纪 70 年代以来，在新一轮全球化背景下，世界各国都开展了不同形式的国家空间重构（State Spatial Restructuring）。这一过程在西欧尤为明显，表现为世界城市的兴起、新一轮区域化实践、国家权力下放等交织的社会经济过程。在西欧以外，相似的重构过程也在发生，如加拿大的大都市区化[①]、日本的权力下放和市场化[②]等。而改革开放后，随着经济特区的设立、分税制改革、战略区域规划的实行等，我国的国家空间也发生了剧烈重构。这一全球范围内的国家空间重构现象既同全球资本积累方式的转变相联系，又由一系列非经济因素驱动；既表现为地域的重构，又表现为尺度、地方等多重空间维度的重构；在各国之间既有相似性，又存在更多地方和历史上特定的方向和路径。美国哈佛大学教授 Neil Brenner 所提出的"新国家空间"（New State Spaces，简称 NSS）理论系统分析了作为"过程"的国家空间重构，并认为其趋势和结果都源于国家的选择，同时强调国家的多尺度性、空间重构的路径依赖性等，这些都为全球化、城市和区域治理、行政结构重组等研究主题提供了新的思路和方法。

第一节　新国家空间理论基本原理及其核心观点[③]

新国家空间理论是对国家空间重构的系统性描述，有效整合了地理学、政治学和管理学等国家治理与空间关系的相关理论，对于全球化研究、城市和区域治理研究以及行政结构重组研究等具有重要的借鉴意义。

[①] Boudreaua J, Hamelb P, Jouvec B, et al. New State Spaces in Canada: Metropolitanization in Montreal and Toronto Compared[J]. Urban Geography, 2013, 20(01): 30-53.

[②] Tsukamoto T. Neoliberalization of the Developmental State: Tokyo's Bottom-up Politics and State Rescaling in Japan[J]. International Journal of Urban and Regional Research, 2012, 36(01): 71-89.

[③] 本节内容修改自如下论文：马学广，李鲁奇. 新国家空间理论的内涵与评价[J]. 人文地理，2017, 32(03): 1-9. 本节还参考了《人文地理》期刊微信公众号"人文地理期刊"在 2017 年 8 月 30 日刊登的《新国家空间理论的内涵与评价》一文。

一、新国家空间理论原理简述

对尺度的关注是空间理论日益复杂化的产物，有关尺度的层级、关系、过程和动力的研究，构成了当代西方经济地理学和整个人文地理学的核心论题。其中，尺度重组是全球生产方式转变和国家地域重构相互作用的产物，国家将各种次国家空间（地点、城市和区域等）定位于超国家（比如全球）的资本循环之中，并且这些次国家空间成为国家权力发生尺度重组的关键节点，被当作定制化、专业化和竞争力最大化的地点来营销，由此诞生了众多承担国家特殊职能、实施梯度化差别性制度供给的新型城市空间——国家战略区域。但是，国家对特定区域或尺度实施空间选择上的偏好（同时会忽视、排斥和边缘化其他地域），在提高了特定区域竞争力的同时也加深了地域空间的不均衡发展。

"新国家空间"理论关注的核心是 20 世纪 70 年代以来全球重构过程中国家角色的变迁、国家空间的重构以及国家治理体系的重建。传统上，国家空间被看成自我封闭且被动接纳社会经济活动的容器。由于国家空间在全球化和区域化之间担当中介角色，因而成为空间矛盾和冲突的焦点所在。法国哲学家列斐伏尔（Lefebvre H.）在其享誉中外的"空间生产"理论体系的建构中较早探讨了"国家与空间"的关系，认为国家包括三种形态：一是作为自然空间生产的疆域性国家，这是最狭义的传统意义上的国家；二是作为社会空间生产出来的制度性政治性的国家；三是作为精神空间生产出来的表征性文化性的国家。美国学者布伦纳（Brenner N.）在列斐伏尔相关研究的基础上提出了"新国家空间"理论，认为国家空间应被看作是持续变化的过程；国家的地理是多元的，而地域性只是国家空间众多维度的一个。布伦纳把国家概括为：一是狭义的具有确定疆域和边界的国家（State Territoriality），二是以政策调整性为特征的一体化国家（State Integral），三是具有可调整边界的表征性国家（State Representational），虽有确定的边界，但这个边界却在不断地变动之中。

传统的国家空间理论容易陷入两个极端。一个极端被称为"国家中心主义"，它伴随着 17 世纪西欧威斯特伐利亚体系（Westphalia System）的建立而形成。而随着工业革命的进一步发展，国家在资本主义生产中也扮演越来越重要的角色，这进一步强化了国家作为固定主权空间、国内与国外的对立、国家相对于社会的优先性等认识。而在 20 世纪 70 年代以后，以卡斯特尔斯（Castells M.）的流动空间、迈耶（Meyer J.）的世界社会等理论为代表，国家空间理论又陷入另一极端，它们将国家地域性的削弱和消亡看作全球化的必然结果，因而忽视了国家的主动性和国家空间发生重构而非解构的可能。与此相对，布伦纳（Brenner N.）指出国家空间并非静态的、始终居于主导地位的地域单元，也并非在全球化中受到侵蚀，相反，它更应被看作是一个过程，通过不同地域和尺度上的管制策略和社会政治斗争而发生持续重构，并体现为地方和历史上特定的演变趋势。换言之，它承认国家空间的动态性、多维度特征以及国家的主动性。因此，新国家空间理论赋予了国家空间更为丰富的内涵，进而为国家空间重构的研究提供了新的视角和方法论。

新国家空间理论吸收了大量人文地理学、政治经济学等学科中关于国家、空间、尺度、全球化等研究对象的概念和理论，如尺度重组（Rescaling）、全球地方化（Glocalization）、策略-关系国家理论（Strategic-Relational State Theory，简称 SRST）、空间选择性（Spatial Selectivity）等，因而它在很大程度上已成为一个用于解释国家空间重构的复杂的理论体系。其核心观点可归为以下四类。

（一）关注国家空间的社会建构和多维重构。

新国家空间理论受到空间生产理论的重要影响，强调空间同社会的不可分离，并在此基础上区分了狭义的国家空间（State Space in the Narrow Sense）、完整意义的国家空间（State Space in the Integral Sense）和表征意义的国家空间（State Space in the Representational Sense），它们分别强调国家机构本身、国家对社会经济的调节以及关于国家的认识论。同时，地域也不再是理解国家空间的唯一视角，相反，再地域化（Reterritorialization，指国家地域性的内涵、组织和功能的重构）、再边界化（Rebordering，指国家边界在新的地理政治秩序中的重构）和尺度重组（指国家尺度首要性的降低和多尺度的制度层级的形成）共同构成了国家空间重构的多个维度。

（二）关注国家尺度重组，即国家权力在超国家尺度和次国家尺度之间的重新架构。

国家尺度重组有三种类型，分别是国家区域化（重新审视国家领土权的意义、组织和功能）、国家边界重新界定（边界不再被视为国家主权的藩篱，而是被理解为多方面的象征性符号和政治经济实践）和国家尺度变更（国家权力不再被理解为一个永久固定的背景结构，而是被视为一个竞争激烈的、拥有潜在的可塑性的政治经济维度）。

（三）关注国家空间重构的多重动因。

新国家空间理论深受政治经济学影响，因而强调积累、管制等抽象的结构性矛盾。前者主要涉及去地域化（Deterritorialization）和再地域化（Reterritorialization）这一对资本循环过程，后者则主要关注由凯恩斯主义（Keynesianism）到新自由主义（Neoliberalism）的管制策略调整。

（四）关注国家空间重构的手段——国家空间选择性的作用及其演变。

国家空间选择性（State Spatial Selectivity）是基于英国政治学家杰索普（Jessop B.）的策略-关系国家理论发展起来的，后者将国家视为一个自身无法行使权力的制度集合、一个不平衡的竞技场，它可能经由政治斗争而偏向于某些行动者，即具备"优先特定社会力量、利益和行动者"的"策略选择性"。布伦纳对该理论的核心概念进行"空间化"，大量嫁接到地理学中，从而提出"国家空间项目"（State Spatial Projects，指对不同尺度和领域上的国家机构和活动等所进行的调节）和"国家空间策略"（State Spatial Strategies，指对空间中的资本积累和社会斗争等活动所进行的干预）这一对概念。随后，通过加入前述地域和尺度两个空间维度，形成国家空间选择性演进的四对基本要素，国家空间选择性则在这四对要素中通过先后叠加的政策而路径依赖式地变动，并形成"马赛克"式的制度形态。

以上理论可以总结为国家空间重构的一般过程，它包含以下几个方面：第一，在资本循环、管制重构和社会斗争的影响下，国家通过调整空间选择性重构国家空间，以此应对上述问题；第二，国家空间选择性在四对演变趋势中摇摆，并在特定时期、特定地方呈现不同的特征；第三，在特定演变趋势中，产生了一系列分层的管制活动，它们同国家空间相互作用，既可能成功嵌入其中，也可能受到限制甚至抵制；第四，通过持续的分层管制实践以及多重动因的直接影响，原有国家空间被路径依赖地重塑并产生新国家空间，进而反作用于以上社会经济过程；第五，随着外部条件的持续变动，新国家空间也开始趋于不稳定，从而促使国家通过调整空间选择性开展新一轮重构。

总之，新国家空间理论看似是一个庞杂的理论集合，但其核心关注点仍在于国家空间在多种社会经济动因以及特定国家空间选择性的作用之下所开展的尺度和地域分化的、路径依赖的重构过程。其理论优势主要在于：第一，承认国家空间的社会建构和过程性，并从不同视角（尤其是尺度视角）理解国家空间；第二，强调国家在空间重构中的积极作用，尤其是对国家空间选择性的运用；第三，关注对重构中的管制危机、社会斗争等矛盾的分析；第四，将国家空间重构理解为分层和路径依赖的、历史和地方上特定的演变过程。

改革开放以来，我国的空间重构过程带有强烈的国家选择特征，从分税制改革下的地方分权化，到近年来的国家级新区、城市群战略、"一带一路"倡议等，无不体现了国家在空间发展中的关键作用。而这又同我国的政治体制、决策机制、发展理念等密切相关。从这个意义上看，新国家空间理论与我国的国家空间重构在一定程度上具有天生的契合性。在此基础上，通过将"国家空间选择性""尺度重组"等概念融入国内语境，新国家空间理论能够对国内全球化研究、城市和区域治理研究以及行政结构重组研究等产生一定启示。

二、新国家空间理论视角演变

（一）传统的国家理论及对国家空间的认识

"国家"在社会科学尤其是政治学中是一个关键主题，它从不同视角被加以理解，如阶级统治、对合法性暴力的垄断[1]、制度和功能[2]等。在这些观点中，国家领域通常被看作国家概念的一个关键要素，即国家通常都由一定的领域所包含。尽管如此，传统理论对地域和空间的探讨仍是不充分的，地域通常仅被看作国家的一个给定的、固定的构成要素或必

---

① 易建平. 关于国家定义的重新认识[J]. 历史研究, 2014(02): 143-161.

② Mann M. The Autonomous Power of the State: Its Origins, Mechanisms and Results [M]//Brenner N, Jessop B, Jones M, et al. State/Space: A Reader. Oxford: Blackwell Publishing, 2003: 53-64.

要条件[①]而非研究对象。在这种情况下，国家空间更容易被看作封闭的"容器"，它将社会关系包含在内并同外部相隔离，其重构则在很大程度上被忽视。

这一理解集中体现于"国家中心主义"认识论中。随着 17 世纪西欧威斯特伐利亚体系的建立，国家的主权平等和地域性等原则被确立起来，这使得国家在其地域内成为最强大的权力中心[②]。而随着工业革命的进一步发展，国家在资本主义生产中也扮演越来越重要的角色[③]。在这些实践背景下，国家作为固定主权空间、国内与国外的对立、国家相对于社会的优先性等被反复强调，这类认识被美国加州大学洛杉矶分校教授 John Agnew 称为"地域陷阱"（Territorial Trap）[④]。而 Brenner 则进一步总结为空间崇拜（Spatial Fetishism，即将国家空间看作静态的、无变化的）、方法论的地域主义（Methodological Territorialism，即将国家空间简化为地域维度并强调其固定性）和方法论的国家主义（Methodological Nationalism，即强调国家尺度的首要性）[⑤]。这一国家中心主义的认识广泛存在于社会科学中，进而使其难以把握 20 世纪 70 年代以来日益明显的国家空间重构现象。

（二）20 世纪 70 年代以来的国家空间研究

20 世纪 70 年代以后，全球化进入新一轮发展阶段，西欧福特-凯恩斯主义福利国家体制（Fordist-Keynesian Welfare State System）面临衰退，同时，随着超国家（Supra-national）与次国家（Sub-national）尺度的崛起，国家尺度的首要性在一定程度上被削弱。在此背景下，一些学者开始试图摆脱国家中心主义的认识论。如 Castells 认为随着交通、通讯的发展，社会活动开始逐渐摆脱地域的限制，即地方空间在一定程度上开始被流动空间所取代[⑥]。又如 Meyer 等强调"世界社会"（World Society）的形成和强化，这使得对社会生活的讨论常常在全球而非国家或地方框架下进行[⑦]。

尽管这些观点已不再强调国家的首要性，但其中仍存在两种倾向：一种虽摆脱了国家主义的束缚，但仍是空间崇拜和地域主义的，因而空间仍被看作仅由固定的地域所构成的静态容器，另一种则将国家地域性的削弱和消亡看作全球化的必然结果，因而忽视了国家

① Brenner N, Jessop B, Jones M, et al. Introduction: State space in Question [M]//Brenner N, Jessop B, Jones M, et al. State/Space: A Reader. Oxford: Blackwell Publishing, 2003: 1-26.

② Taylor P. The State as Container: Territoriality in the Modern World-system [M]//Brenner N, Jessop B, Jones M, et al. State/Space: A Reader. Oxford: Blackwell Publishing, 2003: 101-113.

③ Brenner N. Beyond State-centrism? Space, Territoriality, and Geographical Scale in Globalization Studies [J]. Theory and Society, 1999, 28(01): 39-78.

④ Agnew J. The territorial trap: The Geographical Assumptions of International Relations Theory [J]. Review of International Political Economy, 1994, 1(01): 53-80.

⑤ Brenner N. New State Spaces: Urban Governance and the Rescaling of Statehood [M]. Oxford: Oxford University Press, 2004: 38.

⑥ Castells M. Grassrooting the Space of Flows [J]. Urban Geography, 1999, 20(04): 294-302.

⑦ Meyer J W, Drori G S, Hwang H. World Society and the Proliferation of Formal Organization[M]//Drori G S, Meyer J W, Hwang H. Globalization and Organization: World Society and Organizational Change. Oxford: Oxford University Press, 2006: 25-49.

的主动性和国家空间发生重构而非解构的可能[①]。总之，20 世纪 70 年代以来，国家空间已成为社会科学的一个重要研究对象，但其中一些观点仍将其视为固定的、给定的、地域的，或反之强调国家空间受到侵蚀，因而仍难以准确把握动态的、多维的、积极的国家空间重构现象。

（三）过程视角下的新国家空间理论

不同于以上观点，Brenner 指出国家空间并非只是被"填充"的、预先给定的容器，相反，它通过不同地域和尺度上的管制策略和社会政治斗争而发生持续重构，并体现为地方和历史上特定的演变趋势，换言之，国家空间应被看作一个过程[②]。这一国家空间过程（State Spatial Process）首先表现为国家空间构造的多元性，如国家机构的尺度分化、国家政策的空间效应等，其次表现为国家在资本、权力等因素的驱使下对国家空间选择性（State Spatial Selectivity）的运用，最后表现为国家空间分层的、路径依赖的重构[③]。总之，新国家空间理论已不同于传统的国家理论以及 20 世纪 70 年代以来人文地理学的全球化研究，它将国家空间作为研究对象，并承认其动态性、多维度特征以及国家的主动性。因此，新国家空间理论赋予了国家空间更为丰富的内涵，进而为国家空间重构的研究提供了新的视角和方法。

三、新国家空间理论核心观点

新国家空间理论吸收了大量政治学、经济学和地理学等学科中关于国家、空间、尺度、全球化等研究对象的概念和理论，如尺度重组（Rescaling）、全球地方化（Glocalisation）、策略-关系国家理论（Strategic-relational State Theory，简称 SRST）、空间选择性（Spatial Selectivity）等，因而它在很大程度上已成为一个用于解释国家空间重构的复杂理论体系。其核心观点可归为以下三类：第一，关注国家空间的社会建构和多维重构；第二，关注国家空间重构的多重动因；第三，关注国家空间重构的手段——国家空间选择性（State Spatial Selectivity）的作用及其演变。新国家空间理论的关键概念及相互间关系如图 1-1 所示。

---

① Brenner N. Beyond State-centrism? Space, Territoriality, and Geographical Scale in Globalization Studies [J]. Theory and Society, 1999, 28(01): 39-78.

② Brenner N. Urban Governance and the Production of New State Spaces in Western Europe, 1960-2000[J]. Review of International Political Economy, 2004, 11(03): 447-488.

③ Brenner N. Urban Governance and the Production of New State Spaces in Western Europe, 1960-2000[J]. Review of International Political Economy, 2004, 11(03): 447-488.

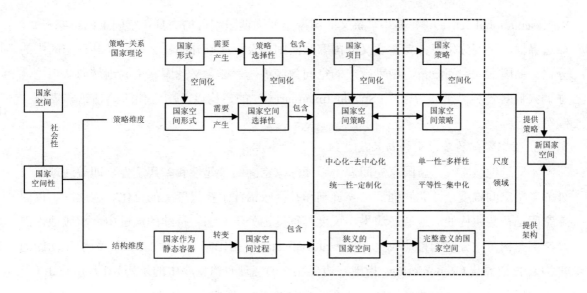

图 1-1 新国家空间理论的核心概念

资料来源：根据 Brenner（2004）整理。

（一）强调国家空间的社会建构和多维性

1. 国家空间及其社会建构

新国家空间理论是对国家重构的"地理描述"[1]，它将国家空间作为研究对象。受空间生产理论[2]的影响，新国家空间理论强调国家空间的社会建构，即将其看作经由资本积累、管制重构、社会政治斗争等一系列社会过程而发生持续、多维度重构的社会关系的舞台、工具和结果。例如，国家通常运用空间规划重塑空间，并以此引导资本流向，在这个过程中，一方面国家通过具体的空间政策作用于空间，另一方面空间的重构也影响了资本循环等社会过程。正由于这一辩证的社会-空间关系的存在，国家空间重构、国家的空间选择等问题才具备更为丰富的理论内涵和研究价值。

基于这一视角，"国家空间"应被更准确地表述为"国家空间性"（State Spatiality），后者强调空间同社会的不可分离[3]，并包含物理空间以外的一系列社会状况或实践。从结构上看，国家空间性可以区分为狭义的国家空间（State Space in the Narrow Sense）、完整意义的国家空间（State Space in the Integral Sense）[4]和表征意义的国家空间（State Space in the

---

① Li Y, Wu F. The Transformation of Regional Governance in China: The Rescaling of Statehood [J]. Progress in Planning, 2012, 78(02): 55-99.

② Lefebvre H. The Production of Space [M]. Oxford: Blackwell, 1991.

③ 胡燕, 孙羿. 新自由主义与国家空间：反思与启示[J]. 经济地理, 2012, 32(10): 1-6.

④ Brenner N. New State Spaces: Urban Governance and the Rescaling of Statehood [M]. Oxford: Oxford University Press, 2004: 77-80.

Representational Sense）[1]。其中，狭义的国家空间强调国家机构本身在空间上的组织形式，如边界性、尺度分化等；完整意义的国家空间则涉及国家以外的社会关系及其在空间中的分化，如国家的空间政策、国家政策的空间效应等；表征意义的国家空间则转向认识论，强调人们对各种"空间想象"（Spatial Imaginaries）的建构以及与之伴随的话语和表征实践等。

2. 国家空间的多维重构与尺度重组

不同于地域主义，新国家空间理论强调国家空间的多元性和多尺度性，即关注地域以外的多重空间维度，并尤其强调国家管制和社会政治斗争在尺度上的分化。因此，不仅国家空间是社会建构的，地域、边界、尺度等维度也处于动态、持续的演进中。相应地，国家空间重构可被分解为再地域化（Reterritorialization，指国家地域性的内涵、组织和功能的重构）、再边界化（Rebordering，指国家边界在新的地理政治秩序中的重构）和尺度重组（指国家尺度首要性的降低和多尺度的制度层级的形成）[2]等相互交织的空间过程。

其中，尺度提供了一个最重要的分析思路[3]，这同西方社会科学的"尺度转向"是紧密相关的。基于尺度观点，国家并非仅存在于国家（National）尺度[4]，而是形成特定的尺度构造[5]，因此城市、区域甚至超国家的特定管制机构也应被看作国家的一部分。除此之外，尺度本身也处于"持续的废弃和再造"[6]中，这一过程在现实中通常表现为管制和积累活动从国家尺度向超国家和次国家尺度的转移[7]，如跨国组织的兴起、政府的权力下放、世界城市的兴起等。在此基础上，Brenner 尤其关注城市尺度与国家尺度重组之间的关联性[8]，进而强调从次国家尺度分析国家的空间重构。总之，新国家空间理论具备较强的"尺度敏感性"，这为空间重构研究提供了有效的分析工具。

---

① Brenner N, Jessop B, Jones M, et al. Introduction: State Space in Question [M]//Brenner N, Jessop B, Jones M, et al. State/Space: A Reader. Oxford: Blackwell Publishing, 2003: 1-26. "表征意义的国家空间"见于 Brenner 等（2003），但 Brenner（2004）在其新国家空间理论框架中并未直接涉及国家空间的这一维度。

② Brenner N. New State Spaces: Urban Governance and the Rescaling of Statehood [M]. Oxford: Oxford University Press, 2004: 71.

③ Mackinnon D, Shaw J. New State Spaces, Agency and Scale: Devolution and the Regionalisation of Transport Governance in Scotland [J]. Antipode, 2010, 42(05): 1226-1252.

④ Agnew J. The Territorial Trap: The Geographical Assumptions of International Relations Theory [J]. Review of International Political Economy, 1994, 1(01): 53-80.

⑤ Brenner N. New State Spaces: Urban Governance and the Rescaling of Statehood [M]. Oxford: Oxford University Press, 2004: 80-82.

⑥ Brenner N. The Limits to Scale? Methodological Reflections on Scalar Structuration [J]. Progress in Human Geography, 2001, 25(04): 591-614.

⑦ Keating M. Introduction: Rescaling Interests [J]. Territory, Politics, Governance, 2014, 2(03): 239-248.

⑧ Brenner N. Globalisation as Reterritorialisation: The Re-scaling of Urban Governance in the European Union [J]. Urban Studies, 1999, 36(03): 431-451.

（二）关注国家空间重构的多重动因

1. 资本积累方式和管制模式的转变

新国家空间理论深受马克思主义政治经济学影响，强调积累、管制等抽象的结构性矛盾①。其中，全球资本积累方式的转变是一个关键因素。20世纪70年代以来，伴随着生产要素的快速流动、跨国经济组织的兴起等，原有的资本循环模式发生剧烈变动，它在空间上表现为去地域化（Deterritorialization）和再地域化（Reterritorialization）两个交织的趋势②：一方面，随着"流动空间"的逐渐显现，资本得以在一定程度上摆脱原有地域的束缚而在全球快速流动，这使得地域间的界限开始模糊甚至消亡；另一方面，资本并未完全脱离地域，它须通过相对固定的基础设施（如交通设施、产业聚集区等）的生产而重新附着于地方以展开新一轮循环。这一辩证的过程深刻重构了国家空间，尤其表现为世界城市、都市连绵区、国家区域性中心城市等次国家空间的崛起③。因此，在新一轮全球重构中，空间越来越成为支撑资本循环的关键要素，这反过来导致了国家空间本身的多尺度重组。

与这一过程相伴随，国家管制模式也发生了同样剧烈的变动。在西欧凯恩斯主义时期，地方政府被层层嵌套进由中央政府所主导的国家管辖体系中④，而随着20世纪70年代福利负担的加重、工业城市的衰退等，国家开始逐渐抛弃中心化的、自上而下的管制模式，而由地方政府开展自下而上的振兴地方经济的策略⑤。尤其是随着新自由主义（Neoliberalism）的兴起，权力下放、放松规制、公私合作等实践更为强烈地重构了国家行政结构及其对社会经济的调节方式，进而推动了尺度重组等空间重构过程的展开。

2. 行动者⑥的社会政治斗争

国家空间重构并非只由客观结构性因素所驱动，相反，阶级、政治联盟等社会力量之间的政治斗争同样扮演关键角色，而新的国家空间构造也反过来塑造了地域联盟、社会政治动员等。从这个意义上看，国家是交互或协商的场所⑦，它的重构同各种社会力量之间的

---

① 李禕. 中国区域管治的演变：以长江三角洲地区为例[M]. 南京：南京大学出版社, 2013: 37.

② Brenner N. The Limits to Scale? Methodological Reflections on Scalar Structuration [J]. Progress in Human Geography, 2001, 25(04): 591-614.

③ 魏成, 沈静, 范建红. 尺度重组：全球化时代的国家角色转化与区域空间生产策略[J]. 城市规划, 2011, 35(06): 28-35.

④ Breathnach P. From Spatial Keynesianism to Post-Fordist Neoliberalism: Emerging Contradictions in the Spatiality of the Irish State [J]. Antipode, 2010, 42(05): 1180-1199.

⑤ Brenner N. Urban Governance and the Production of New State Spaces in Western Europe, 1960-2000 [J]. Review of International Political Economy, 2004, 11(03): 447-488.

⑥ 在国内文献中，"actor"一词也常被译为"行为体"，这较为准确地体现了国家等组织的复合性和内部结构化特征，不过，本文所涉及的"actor"相对较为微观，因此译为"行动者"更为恰当。此外，国内当前有关空间重构、尺度重组、再地域化等主题的文献也大多使用"行动者"一词。

⑦ Macleavy J, Harrison J. New State Spatialities: Perspectives on State, Space, and Scalar Geographies [J]. Antipode, 2010, 42(05): 1037-1046.

斗争和妥协紧密交织。尤其是在表征意义的国家空间中，行动者通过表征和话语策略[①]塑造或重塑国家空间的斗争更为明显。不过，尽管 Brenner 反复强调"多种社会力量为实现自身利益而动员国家机构的斗争"[②]，但他并未重点分析各种非国家行动者影响国家的具体过程，而是关注作为全球重构的"必要的地理舞台和行动者"的国家在其影响下所采取的管制策略，即对国家空间选择性的运用。

（三）关注国家空间选择性的历史演变

1. 策略-关系国家理论及其空间化

策略-关系国家理论（Strategic-relational State Theory）主要由英国政治学家 Bob Jessop 发展起来，它在一定程度上摆脱了传统的经济决定论，认为国家并非作为理想中的集体资本家或工具服务于资本循环，相反，它在制度上同资本循环是相分离或特殊化的。因此，应将国家置于社会中进行分析并将其看作一种社会关系和自身无法行使权力的制度集合，这个意义上的国家并非给定的、功能上一致的，因而它须通过国家项目（State Projects）[③]实现功能上的一致性即形成国家效应（State Effects）[④]。与此同时，作为各种社会力量间进行斗争的不平衡的竞技场，国家可能偏向于某些行动者[⑤]，即具备赋予特定社会力量、利益和行动者优先性的"策略选择性"（Strategic Selectivity）[⑥]。

在同经济子系统和社会子系统的互动中，这一策略选择性表现在两方面。一方面，国家通过对积累策略（Accumulation Strategies）的调整维持着资本循环，积累策略指特定的经济增长模式及相应的超经济条件和实现策略，它需将不同的资本循环部分置于某一部分的领导权（Hegemony）[④]之下才能取得成功，同时也需考虑主导阶层和从属阶层之间的平衡并应尤其关注主导阶层的支持[⑦]。另一方面，同积累策略相对应，国家也在通过对领导权项目（Hegemonic Projects）的运用调整更为广泛的非经济领域中的权力关系，而领导权项目的成功则在于将从属社会力量特定利益的实现同促进主导阶层长期利益的"民族-大众"计划的实行相联系[⑧]，即将主导和从属阶层的利益整合起来进而平衡不同的社会力量并取得社会的普遍支持。

---

① Brenner N, Jessop B, Jones M, et al. Introduction: State space in Question [M]//Brenner N, Jessop B, Jones M, et al. State/Space: A Reader. Oxford: Blackwell Publishing, 2003: 1-26.

② Brenner N. New State Spaces: Urban Governance and the Rescaling of Statehood [M]. Oxford: Oxford University Press, 2004: 111.

③ 策略关系国家理论中的"State Projects"一词常被译为"国家规划"或"国家计划"，但"规划"或"计划"很容易同地理学中的城市或区域规划（Planning）等概念相混淆，而"State Projects"通常指更为广泛的政治策略或实践，故本文译为较为一般的"国家项目"。

④ Jessop B. State Theory: Putting Capitalist States in Their Place [M]. Cambridge: Polity Press, 1990: 9.

⑤ 肖扬东. "策略关系"国家理论：走向"结构-能动性"的辩证[J]. 现代哲学, 2012(04): 29-34.

⑥ Jessop B. State Theory: Putting Capitalist States in Their Place [M]. Cambridge: Polity Press, 1990: 260-261.

⑦ Jessop B. State Theory: Putting Capitalist States in Their Place [M]. Cambridge: Polity Press, 1990: 198-201.

⑧ Jessop B. State Theory: Putting Capitalist States in Their Place [M]. Cambridge: Polity Press, 1990: 207-211.

在对策略-关系国家理论的评述中，Brenner 将国家内外的政治策略统称为"国家策略"（State Strategies）[1]，尽管 Jessop 较少提及这一概念，但它同国家的"策略选择性"是基本一致的。更进一步地，Brenner 将针对资本循环和公民社会的政治策略特称为"国家策略"[2]，由此形成了"国家项目"和"国家策略"这一对核心概念。二者的关系及其在策略-关系国家理论中的角色如图 1-2 所示，其差别主要体现在以下两方面：从对象上看，国家项目针对的是国家自身的组织结构，即国家形式，而国家策略则主要针对资本循环或公民社会，即"动员国家机构进行特定形式的社会经济干预"[3]；从结果上看，国家项目将国家形式（结构）上的一致性转变为功能上的一致性即产生国家效应，而国家策略则在对资本循环和公民社会的调节中产生特定的积累策略或领导权项目。

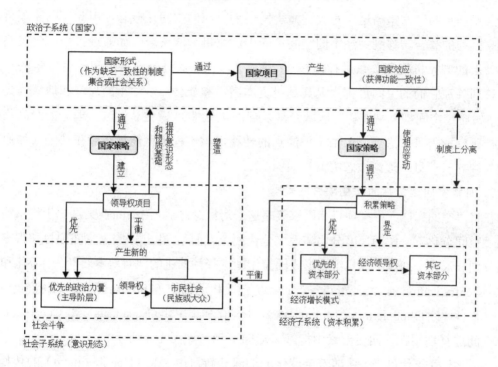

图 1-2 策略-关系国家理论的基本框架

资料来源：根据 Jessop（1990）、Brenner（2004）等文献整理。

尽管策略-关系国家理论提供了一个分析国家及其调节活动的理论框架，但它"对空间

---

① Brenner N. New State Spaces: Urban Governance and the Rescaling of Statehood [M]. Oxford: Oxford University Press, 2004: 87.

② 为避免混淆，可将针对资本循环和市民社会的政治策略理解为"狭义的国家策略"，而将包含国家项目和狭义国家策略的政治策略理解为"广义的国家策略"。

③ Brenner N. New State Spaces: Urban Governance and the Rescaling of Statehood [M]. Oxford: Oxford University Press, 2004: 88.

不够敏感"①，因此 Jones 基于"策略选择性"提出了"空间选择性"的概念，它将"地方"嵌入国家的策略选择中，强调国家对特定地方优先性的赋予②。在此基础上，Brenner 进一步对策略-关系国家理论进行"空间化"。同国家形式类似，Brenner 首先将国家看作空间上分化的、缺乏一致性的制度实体，即"国家空间形式"（State Spatial Form）；而为在空间上实现功能的整合，国家须通过同国家项目类似的"国家空间项目"（State Spatial Projects）对不同尺度和地域上的国家机构和活动等进行调节；与此相对，在对空间中的资本积累和社会斗争等活动进行干预时，国家则须通过同国家策略类似的"国家空间策略"（State Spatial Strategies）进行③。在这里，Brenner 将策略-关系国家理论的关键对象、概念等大量嫁接到地理学中，不仅关注国家机构、资本循环、社会斗争的地理维度，并且也在此基础上将国家项目和国家策略这一对关键概念发展为对应的空间化概念。由此，国家项目从关注国家机构的整合转移到关注不同空间单元中国家机构的整合（如通过去中心化策略对不同尺度上的国家机构间关系进行调整），国家策略也从关注资本循环和社会斗争的一般过程转移到关注它们的空间过程，尤其是对资本循环和社会斗争中不同尺度和地域优先性的赋予（如通过空间规划赋予特定区域经济发展的优先性）。总之，对这一理论的空间化使空间重构研究取得重大进展，但由于关注点的转移，该过程也可能存在潜在缺陷（如原理论中的"领导权项目"逐渐被忽视）。

2. 国家空间选择性的演变要素及趋势

在将"空间"嵌入国家项目和国家策略这一对概念之后，Brenner 又进一步将策略选择性的"空间分化"分解为尺度分化和地域分化两个方面④，由此，国家空间项目和国家空间策略分别同尺度和地域维度相组合形成国家空间选择性演进的四对基本要素：中心化和去中心化（Centralization vs. Decentralization）、统一性和定制化（Uniformity vs. Customization）、单一性和多样性（Singularity vs. Multiplicity）、平等化和集中化（Equalization vs. Concentration）。国家空间选择性则在这四对要素中持续、双向变动（如图 1-3 所示）。

20 世纪 70 年代以来，伴随着全球化的加深和新自由主义（Neoliberalism）的传播，各国的空间选择性在总体上呈现出去中心化、多样性、定制化和集中化的趋势，这在西欧尤

---

① Jones M R. Spatial Selectivity of the State? The Regulationist Enigma and Local Struggles Over Economic Governance [J]. Environment and Planning A, 1997, 29(05): 831-864.

② Jones M R. Spatial Selectivity of the State? The Regulationist Enigma and Local Struggles over Economic Governance [J]. Environment and Planning A, 1997, 29(05): 831-864.

③ Brenner N. New State Spaces: Urban Governance and the Rescaling of Statehood [M]. Oxford: Oxford University Press, 2004: 89-94.

④ Brenner N. New State Spaces: Urban Governance and the Rescaling of Statehood [M]. Oxford: Oxford University Press, 2004: 95.

为明显。在 20 世纪 60 年代初的空间凯恩斯主义（Spatial Keynesianism）[1]中，管制活动和社会经济生活都集中于国家尺度，而行政结构和产业、基础设施投资等在领域上也相对一致、均衡。而伴随着 20 世纪 70 年代的福特-凯恩斯主义危机，国家的均衡分配政策开始紧缩，地方政府则通过内生性增长[2]等策略自下而上地参与竞争、振兴地方经济。因此到 20 世纪 80 年代，西欧城市企业主义开始兴起，地方政府通过制定定制化的、基于地方的城市区位政策等，成为推动地方经济的关键角色，而中央政府也将关注点转移至最具全球竞争力的关键城市区域。不过，恶性竞争、发展差距加大等又引发了"危机管理的危机"[3]，进而导致了 20 世纪 90 年代以来区域的复兴。

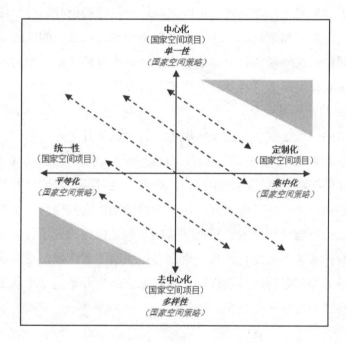

图 1-3 国家空间选择性的演变轨迹

资料来源：Brenner（2004），有修改。

尽管这一轨迹具有较为明确的方向性，但它仅仅是对国家空间重构的概略性描述，无论从历史还是地方维度上来看，国家空间重构都只是一系列不同朝向的国家空间项目和策

---

① Brenner N. New State Spaces: Urban Governance and the Rescaling of Statehood [M]. Oxford: Oxford University Press, 2004: 126-133.

② Brenner N. Urban Governance and the Production of New State Spaces in Western Europe, 1960-2000[J]. Review of International Political Economy, 2004, 11(03): 447-488.

③ Jones M, Ward K. Excavating the Logic of British Urban Policy: Neoliberalism as the "Crisis of Crisis Management"[M]//Brenner N, Theodore N. Space of Neoliberalism: Urban Restructuring in North America and Western Europe. Oxford: Blackwell Publishing, 2002: 126-147.

略的松散集合，是一个充满活力、变数和斗争的过程①。因此，在分析中应避免将抽象的概念直接套用到具体的趋势中②，而应关注不同时期、不同地方的社会政治斗争、制度多样性以及随之产生的各异的重构轨迹。

3. 分层与路径依赖的演变过程

新国家空间理论的一个关键优势在于对原有国家空间构造的敏感性。由于原有的空间构造存在"惰性"③，新构造的产生必将受到原有利益关系、制度安排的制约，因此国家空间重构并非彻底的、一次性的，而是通过分层的（Layering）④过程将新的国家空间项目和策略叠加在原有的国家空间组织形态之上⑤。在这一过程中，原有的国家空间构造既为分层的重构策略提供了对象和平台，同时也可能限制这一策略的推行，甚至使其面临失败的风险，因此，国家空间项目和策略的推行，更多的是一个"试错"的过程。这一持续的分层重构使得国家空间构造在路径依赖中动态演进，并由于分层策略在不同尺度和地域上的不均衡分布和不均衡效果而形成"马赛克"式的制度形态。

4. 国家空间重构的一般过程

国家空间重构的一般过程（如图1-4所示）包含以下几个方面：（1）在资本循环、管治重构和社会斗争的影响下，国家通过调整空间选择性重构国家空间，以此应对上述问题；（2）国家空间选择性在四对演变趋势中摇摆，并在特定时期、特定地方呈现不同的特征；（3）在特定演变趋势中，产生了一系列分层的管治活动，它们同国家空间相互作用，既可能成功嵌入其中，也可能受到限制甚至抵制；（4）通过持续的分层管治实践以及多重动因的直接影响，原有国家空间被路径依赖地重塑并产生新国家空间，进而反作用于以上社会经济过程；（5）随着外部条件的持续变动，新国家空间也开始趋于不稳定，从而促使国家通过调整空间选择性开展新一轮重构。

① 李禕，吴缚龙. 解读"省管县改革"：基于"新国家空间"理论视角[M]//罗小龙，沈建法，顾朝林.中国城市区域管治重构：国家·市场·社会.南京：东南大学出版社，2015: 157-165.

② Brenner N. Open Questions on State Rescaling [J]. Cambridge Journal of Regions, Economy and Society, 2009, 2(01): 123-139.

③ 罗小龙，殷洁，田冬. 不完全的再领域化与大都市区行政区划重组：以南京市江宁撤县设区为例[J]. 地理研究, 2010, 29(10): 1746-1756.

④ Massey D. Spatial Divisions of Labour: Social Structures and the Geography of Production [M]. Basingstoke: Macmillan Press, 1995: 113-116.

⑤ Brenner N. New State Spaces: Urban Governance and the Rescaling of Statehood [M]. Oxford: Oxford University Press, 2004: 107-111.

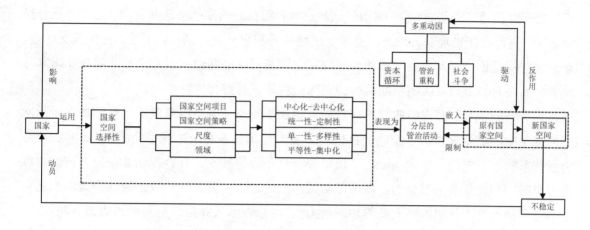

图 1-4　国家空间重构的一般过程

资料来源：根据 Brenner（2004）整理。

四、新国家空间理论评价

新国家空间理论是对国家空间重构的系统性描述，它吸收了大量人文地理学和政治经济学的概念和方法，并关注城市治理、资本循环等多种相互交织的过程。不过，这并非意味着它是一个庞杂的理论集合，相反，其核心关注点仍在于国家空间在多种社会经济动因以及特定国家空间选择性的作用之下所开展的尺度和地域分化的、路径依赖的重构过程。具体来看，其理论优势主要在于：第一，承认国家空间的社会建构和过程性，并从不同视角（尤其是尺度视角）理解国家空间；第二，强调国家在空间重构中的积极作用，尤其是对国家空间选择性的运用；第三，关注对重构中的管治危机、社会斗争等矛盾的分析[1]；第四，将国家空间重构理解为分层和路径依赖的、历史和地方上特定的演变过程。尽管如此，新国家空间理论仍存在一定不足，下文将重点就这些不足之处进行简要分析和评价。

（一）应加强对非国家行动者的分析

尽管承认国家空间重构的冲突性，但新国家空间理论更关注结构性矛盾[2]而非行动者的具体斗争。换言之，积累策略被置于优先地位，而领导权项目则逐渐被忽视[3]。在国家空间策略的分析中，尽管 Brenner 同时提到"积累策略"和"领导权项目"[4]，但他随后却泛

① 李禕, 吴缚龙. 解读"省管县改革"：基于"新国家空间"理论视角[M]//罗小龙, 沈建法, 顾朝林.中国城市区域管治重构：国家·市场·社会.南京：东南大学出版社, 2015: 157-165.

② 李禕. 中国区域管治的演变：以长江三角洲地区为例[M]. 南京：南京大学出版社, 2013: 37.

③ Oosterlynck S. Regulating Regional Uneven Development and the Politics of Reconfiguring Belgian State Space [J]. Antipode, 2010, 42(05): 1151-1179.

④ Brenner N. New State Spaces: Urban Governance and the Rescaling of Statehood [M]. Oxford: Oxford University Press, 2004: 93.

泛地使用"社会经济活动"①一词指代这些过程；而在对西欧的实证研究中，这些"社会经济活动"则已直接被理解为地方间竞争、区域化等积累和管治活动。不过，正如前文所述，新国家空间理论仍强调非国家行动者对国家空间选择性的塑造，因此它并非忽视非国家行动者，而是对其参与并影响空间重构的具体过程缺乏详细探讨。

这一缺陷带来了两方面的问题。首先，相比于策略—关系国家理论，行动者在新国家空间理论中的弱化使得国家空间选择性容易被看作国家本身所主观推动的②，而非在社会力量的影响下形成的，尽管 Brenner 反复强调这一点。其次，社会行动者在地方政治中对地方空间的塑造是非常明显的，而由于新国家空间理论主要关注一般结构性因素，因此它不适合解释地方上特定的演变趋势和驱动力③，尽管它承认并强调空间重构的地方间差异。

对社会行动者分析的不足成为新国家空间理论最明显的缺陷并受到广泛批评，如 Andersen 指出新国家空间理论描述了一个复杂的系统，但"这是一个没有有血有肉的人的系统"④；Varró 则认为应对其进行"再政治化"（Re-politicise），即摆脱经济结构优先性而强调行动者的空间政治实践以及其中复杂的权力结构⑤。与此同时，针对这一问题，学者们也从不同视角对新国家空间理论进行补充，如融入尺度政治（Politics of Scale）⑥、强调为特定国家空间提供社会基础的领导权项目⑦等。总之，对政治行动者的具体分析可以看作新国家空间理论中缺失的一环，通过补充，该理论将对国家空间选择性和国家空间重构的地方特定性等具备更好的解释力。

（二）应加强对多重空间维度的分析

尽管新国家空间理论强调多重空间维度，但它更多地关注尺度和地域，而对网络等其他维度缺乏深入探讨。尺度和地域分别代表国家空间的纵向和横向分化，这为国家空间重构提供了一个形象的分析思路，如对国家空间项目和策略的尺度和地域划分。同时，尺度和地域本身的重构也是相互交织的⑧⑨并构成国家空间重构的不同方面。除此之外，尽管

---

① Brenner N. New State Spaces: Urban Governance and the Rescaling of Statehood [M]. Oxford: Oxford University Press, 2004: 97.

② Oosterlynck S. Regulating Regional Uneven Development and the Politics of Reconfiguring Belgian State Space [J]. Antipode, 2010, 42(05): 1151-1179.

③ 李禕. 中国区域管治的演变：以长江三角洲地区为例[M]. 南京：南京大学出版社, 2013: 38-39.

④ Andersen H T. Book Reviews [J]. Geografiska Annaler Series B: Human Geography, 2006, 88(01): 139-141.

⑤ Varró K. Re-politicising the Analysis of "New State Spaces" in Hungary and Beyond: Towards an Effective Engagement with "Actually Existing Neoliberalism"[J]. Antipode, 2010, 42(05): 1253-1278.

⑥ Mackinnon D, Shaw J. New State Spaces, Agency and Scale: Devolution and the Regionalisation of Transport Governance in Scotland [J]. Antipode, 2010, 42(05): 1226-1252.

⑦ Oosterlynck S. Regulating Regional Uneven Development and the Politics of Reconfiguring Belgian State Space [J]. Antipode, 2010, 42(05): 1151-1179.

⑧ Brenner N. Globalisation as Reterritorialisation: The Re-scaling of Urban Governance in the European Union [J]. Urban Studies, 1999, 36(03): 431-451.

⑨ 殷洁, 罗小龙. 尺度重组与地域重构：城市与区域重构的政治经济学分析[J]. 人文地理, 2013, 28(02): 67-73.

Brenner 也探讨过尺度和网络的关系[①]并提到过城市间网络[②]，但总体来看，他对尺度和地域以外的空间维度的探讨仍是相对不充分的。

因此，对国家空间的理解应从网络、地方等更广泛的维度进行，并强调不同维度间的互动。网络常常同行动者或地方之间的互动相联系，它并非仅仅是横向的[③]，而是穿越不同的尺度和地域而形成不均衡的、多层的格局[④]，对这一概念的强调一方面有利于摆脱简单的纵向—横向的视角而强调国家空间的复杂性，另一方面也有利于更深入地分析行动者的政治策略。地方在人文地理学中是一个多元的概念，它既指物理的地点，又被理解为社会建构的过程等等，这使得地方政治存在多元的表现，如控制地方的政治、地方中的政治、建构地方的政治等[⑤]。因此，强调国家空间重构中地方的作用，有利于更为全面地把握行动者之间多样的政治斗争及其复杂的空间后果。此外，Jessop 等提出了强调社会空间多元性的"TPSN 框架"[⑥]，它将地域、地方、尺度和网络看作相互建构的空间过程并形成 16 对组合要素。这一框架可被用于分析作为整体的空间构造的演变，以及涉及多个维度的社会政治斗争等。总之，对多重维度的强调是新国家空间理论的重要优势，但这一分析视角仍需得到进一步补充。

（三）全球和区域尺度的空间重构趋势需要进一步验证

尽管 Brenner 强调新国家空间在不同国家有先后、形式之别[⑦]，但它他并未详细考察西欧（和北美[⑧]）以外的空间重构。因此，对于该理论所描述的趋势是否普遍存在、其表现形式如何、同西欧有何差异等问题，则需要进一步的实证研究进行验证。

一方面，受全球化和新自由主义影响，世界多地都出现了相似的重构趋势。如苏联解体后，蒙古国开始进行市场化改革，并于 2000 年以来通过多次财政改革推行去中心化策

---

① Brenner N. The Limits to Scale? Methodological Reflections on Scalar Structuration [J]. Progress in Human Geography, 2001, 25(04): 591-614.

② Brenner N. New State Spaces: Urban Governance and the Rescaling of Statehood [M]. Oxford: Oxford University Press, 2004: 286-294.

③ Leitner H. The Politics of Scale and Networks of Spatial Connectivity: Transnational Interurban Networks and the Rescaling of Political Governance in Europe [M]//McMaster R, Sheppard E. Scale and Geographic Inquiry: Nature, Society, and Method. Oxford: Blackwell Publishing, 2004: 236-255.

④ Cox K R. Spaces of Dependence, Spaces of Engagement and the Politics of Scale, or: Looking for Local Politics [J]. Political Geography, 1998, 17(01): 1-23.

⑤ Staeheli L A. Place [M]//Agnew J, Mitchell K, Toal G. A Companion to Political Geography. Oxford: Blackwell Publishing, 2003: 158-170.

⑥ Jessop B, Brenner N, Jones M. Theorising Sociospatial Relations [J]. Environment and Planning D: Society and Space, 2008, 26(03): 389-401.

⑦ Brenner N. New State Spaces: Urban Governance and the Rescaling of Statehood [M]. Oxford: Oxford University Press, 2004: 105-107.

⑧ Brenner N. Decoding the Newest "Metropolitan Regionalism" in the USA: A Critical Overview [J]. Cities, 2002, 19(01): 3-21.

略①。又如 1993 年以后，南非也开始推行新自由主义和尺度重组策略，包括责任下放、公私合作等②。而我国在改革开放之初就通过建立经济特区、沿海开放城市等实现地域集中化，同时 20 世纪 90 年代以后，通过财政关系的改革③，城市也获得了前所未有的本地发展自主权④。另一方面，西欧以外的国家空间重构趋势仍是多样的，因而新国家空间理论的适用性仍值得探讨。例如我国在改革开放以前所实行的空间政策是基于区域劳动分工的，而非基于空间凯恩斯主义的地区平衡。又如 Sonn 通过对韩国总统卢武铉的话语策略进行分析，发现国家有可能抵制权力下放⑤，而非被动地失去权力或主动地下放权力，这一结论不仅表明韩国的空间重构同西欧存在差异，甚至还直接质疑了分权化趋势的必然性。

（四）继续加强全球化研究、城市与区域治理研究和行政结构重组研究

第一，全球化研究。一方面，新国家空间理论涉及去地域化、再地域化等直接针对全球化而发展的概念，这有助于深入认识全球化过程本身，并用于解释改革开放以来的产业转移、全球城市的兴起等现象。另一方面，新国家空间理论强调国家为应对全球化而运用的空间选择性及其空间效应，这有助于深入理解改革开放以来国家对经济特区、沿海开放城市、高新技术产业开发区、保税区等城市区域的建立和培育。不过，在这一分析中，也应避免过于强调全球化而忽视地方间的过度竞争、土地资源的浪费、环境破坏等⑥其他影响空间选择的因素。

第二，城市和区域治理研究。新国家空间理论从次国家尺度出发研究国家的空间重构，因此城市和区域治理问题成为其典型应用领域。新中国成立以来，我国的城市和区域发展政策几经调整，从以均衡与国防安全为主过渡到改革开放后以强调效率与提高经济效益为中心⑦⑧，再到 2000 年以后以区域协调为特征⑨。这一轨迹正反映了国家在工业建设、全球竞争、可持续发展等因素的影响下对国家空间选择性的持续调整。此外，新国家空间理论不仅限于解释宏观的演变趋势，同时由于它也强调尺度、分层等视角，因此同样可以被用来分析特定的城市和区域治理问题，如针对特定城市的前后多个管治项目和策略之间的冲

---

① Houdret A, Dombrowsky I, Horlemann L. The Institutionalization of River Basin Management as Politics of Scale: Insights from Mongolia [J]. Journal of Hydrology, 2014, 519: 2392-2404.

② Samson M. Rescaling the State, Restructuring Social Relations: Local Government Transformation and Waste Management Privatization in Post-apartheid Johannesburg [J]. International Feminist Journal of Politics, 2008, 10(01): 19-39.

③ 沈建法. 空间、尺度与政府：重构中国城市体系[M]//吴缚龙, 马润潮, 张京祥.转型与重构：中国城市发展多维透视.南京：东南大学出版社, 2007: 22-38.

④ 李禕. 中国区域管治的演变：以长江三角洲地区为例[M]. 南京：南京大学出版社, 2013: 105.

⑤ Sonn J W. Contesting State Rescaling: An Analysis of the South Korean State's Discursive Strategy against Devolution [J]. Antipode, 2010, 42(05): 1200-1224.

⑥ Li Y, Wu F. The Transformation of Regional Governance in China: The Rescaling of Statehood [J]. Progress in Planning, 2012, 78(02): 55-99.

⑦ 魏成, 沈静, 范建红. 尺度重组：全球化时代的国家角色转化与区域空间生产策略[J]. 城市规划, 2011, 35(06): 28-35.

⑧ 张京祥. 国家—区域治理的尺度重构：基于"国家战略区域规划"视角的剖析[J]. 城市发展研究, 2013, 20(05): 45-50.

⑨ 李禕. 中国区域管治的演变：以长江三角洲地区为例[M]. 南京：南京大学出版社, 2013: 117-127.

突和衔接。

第三，行政结构重组研究。国家行政结构通常是层级式的，同时特定行政组织也常常同一定的管辖单元相联系，因此它存在明显的空间分化。这使得行政结构重组常表现为空间的重构，如尺度上权力的下放和上收、地域上行政边界的柔性化或重划等。而新国家空间理论对尺度的和地域的强调正为此提供了分析工具，如基于尺度视角，省直管县改革可以理解为典型的尺度重组过程，即由省—市—县转变为省—县的尺度结构，而通过分析不同尺度的政府（中央政府、省政府、县级政府、地级市政府）的意图和作用[1]，可以更为清晰地把握其中的矛盾与出路。同时，若结合资本循环等多重动因、国家空间项目、路径依赖等概念或命题，则可以更为全面、系统地描述并解释特定的行政结构重组现象。

总之，新国家空间理论是"理想形态的（Ideal-typical）、探索式的"[2]理论模型，因此一方面需要大量实证研究对其进行验证，另一方面在运用这一框架时也应根据特定的制度和社会环境对其进行修正。尽管新国家空间理论对非国家行动者、多重空间维度等缺乏更为细致的分析，但它并未忽视行动者的作用、空间重构的多维性等，相反，由于这一理论建立在对西方人文地理学和政治经济学二三十年来空间重构研究的批判和吸收的基础上，因而它更为注重视角和方法的综合性和系统性，这为全球化背景下国家空间重构的分析提供了可操作的理论工具，或至少是启发性的研究思路。

第二节　基于新国家空间理论的城市群空间选择[3]

城市群作为目前国家空间选择性（State Spatial Selectivity）的具体形式，其产生背景、依据以及生产策略体现了国家空间选择性内涵与演变路径，是国家应对城市企业主义危机采取的一种新型城市与区域治理形式。在国家空间项目及其策略的支持下，城市群享有优先于其他地区发展的特权并实现经济快速发展，从而培育地方增长极并推动区域协调发展。

20世纪70年代以来，随着全球化生产的分散化与管理的集中化，国家、区域与城市等角色及其尺度间关系发生剧烈重构，国家间竞争逐渐转变为核心城市及其所依托城市群之间的竞争[4]。城市群的概念可追溯到霍华德提出的城镇群体[5]，但在区域发展和城市增长

① 李禕，吴缚龙. 解读"省管县改革"：基于"新国家空间"理论视角[M]//罗小龙，沈建法，顾朝林. 中国城市区域管治重构：国家·市场·社会. 南京：东南大学出版社，2015：157-165.

② Giersig N. Book Reviews [J]. Tijdschrift Voor Economische En Sociale Geografie, 2007, 98(02): 298-300.

③ 本节内容修改自如下论文：马学广，唐承辉. 新国家空间理论视角下城市群的国家空间选择性研究[J]. 人文地理，2019，34(02)：105-115. 本节还参考了《人文地理》期刊微信公众号"人文地理期刊"在2019年9月12日刊登的《城市群的空间生产与治理：国家空间选择性的由来与路径探寻》一文。

④ 马学广. 全球城市区域的空间生产与跨界治理研究[M]. 北京：科学出版社，2016：3-10.

⑤ Howard E. Garden Cities of Tomorrow [M]. London: Routledg: 2011: 1-19.

理论的融合下，西方对其研究形成了欧洲多中心网络城市（Polynet）与北美巨型区域（Mega-region）两个主流学派[①②]。中国城市群源于国外相关的城镇群、都市连绵区与都市圈等术语[③]，但由于参考与引用文献的差异，中国版"城市群"概念使用较为灵活且拥有不同的定义，如城镇密集区[④]和大都市连绵区[⑤]等。作为高度一体化与同城化的城市集合体，城市群本质是相互联系的城市区域，包括核心城市及其邻近地区[⑥]。目前，城市群已经成为了支配全球和国家经济命脉重要的空间载体[⑦]，但我国部分地区对于城市群的选择、培育和规划中出现了滥圈滥划、扩容贪大、拼凑成群等"城市群病"[⑧]。此外，在城市群治理过程中也普遍存在各级地方政府本位主义、画地为牢的惯性所引起的区域治理破碎化等问题，引起了政府和学者们的密切关注[⑨⑩]。为了理解与把握这一复杂问题，学术界分别基于单中心治理理论[⑪]、多中心治理理论[⑫]以及新区域主义[⑬]等探讨城市群形成与治理机制。如 Jonas 认为美国城市群治理的出现是满足公共基础设施的供给和增强国家竞争力[⑭]。近年来，城市群研究在全球化影响下深入到尺度政治和经济一体化层面，尺度重组理论成为了当代城市区域治理的重要分析路径与基本维度。尤其是 Brenner 聚焦于国家尺度重组研究并发展了新国家空间（New State Space）理论，认为国家空间重组的趋势与结果来源于国家空间选择性，即国家通过优先赋予特定的地理区域或尺度权力、政策以及资源以促进其快速发展[⑮]。

虽然新国家空间理论在资本主义去国家化（Denationalization）、私有化（Privatization）和全球化（Globalization）社会背景下产生[⑯]，但中国城市群是改革开放以来分权化（Decentralization）、市场化（Marketization）以及全球化等社会变革下出现的产物，与其有

---

① 贺灿飞，黄志基. 中国城市发展透视与评价[M]. 北京：科学出版社，2014: 250-260.

② 马学广，李贵才. 欧洲多中心城市区域的研究进展和应用实践[J]. 地理科学，2011, 31(12): 1423-1429.

③ 刘玉亭，王勇，吴丽娟. 城市群概念、形成机制及其未来研究方向评述[J]. 人文地理，2013, 28 (01): 62-68.

④ 胡序威，周一星，顾朝林. 中国沿海城镇密集地区空间集聚与扩散研究[M]. 北京：科学出版社，2000: 44-48.

⑤ 周一星，史育龙. 建立中国城市的实体地域概念[J]. 地理学报，1995, 50 (04): 289-301.

⑥ Wu Fulong. China's Emergent City-Region Governance: A New Form of State Spatial Selectivity through State-orchestrated Rescaling [J]. International Journal of Urban &Regional Research, 2016: 40(06): 1134–1151.

⑦ Scott A. Global City-regions: Trends, Theory, Policy[M]. Oxford: Oxford University Press, 2001: 326-327.

⑧ 方创琳，毛其智. 中国城市群选择与培育的新探索[M]. 北京：科学出版社，2015: 98-122.

⑨ 王佃利，王玉龙，苟晓曼. 区域公共物品视角下的城市群合作治理机制研究[J]. 中国行政管理，2015(09): 6-12.

⑩ Yang C, Li S M. Transformation of Cross-boundary Governance in the Greater Pearl River Delta, China: Contested Geopolitics and Emerging Conflicts [J]. Habitat International, 2013, 40(03): 25-34.

⑪ 金太军，汪波. 中国城市群治理：摆脱"囚徒困境"的双重动力[J]. 上海行政学院学报，2014, 15(02): 12-19.

⑫ Martens M. Adaptive Cities in Europe. Interrelationships between Urban Structure, Mobility and Regional Planning Strategies [J]. Amsterdam, 2006, 86(01): 154-157.

⑬ Harrison J. Re-reading the New Regionalism: A Sympathetic Critique [J]. Space & Polity, 2006, 10(01): 21-46.

⑭ Jonas A E G, Goetz A R, Bhattacharjee S. City-regionalism as a Politics of Collective Provision: Regional Transport Infrastructure in Denver, USA[J]. Urban Studies, 2014, 51(11): 2444-2465.

⑮ Brenner N. New State Spaces : Urban Governance and the Rescaling of Statehood [M]. Oxford: Oxford University Press, 2004: 57-69.

⑯ 殷洁，罗小龙. 尺度重组与地域重构：城市与区域重构的政治经济学分析[J]. 人文地理，2013, 28 (02): 67-73.

较高的契合度[1]。在承认国家权力被减弱但未被边缘化前提下，新国家空间理论将国家视为一系列社会政治过程建构的舞台而非固定的容器，并且国家可通过空间选择性对国家空间重构的动态过程进行引导与调整[2]。同时，城市群作为中国新型城镇化的主体形态，其崛起是国家管制权力"尺度上移（Up-scaling）"和"尺度下移（Down-scaling）"产生的新空间发展战略[3]。

尽管国内外对尺度与尺度重组理论进行了较多研究，但侧重于西方发达国家和地区，对发展中国家尤其是中国本土经验总结的广度与深度较不足，尺度重组视角的引入有利于进一步认识社会经济转型宏观背景下国家尺度重组的过程与趋势。此外，大部分学者将城市群作为客观存在的对象而不是社会建构的产物进行研究，较少从尺度政治与空间生产的视角剖析城市群的选择，尤其是缺少基于国家尺度重组及其空间选择性对城市群空间生产策略进行深入探讨。

一、城市群国家空间选择的原理

城市群是国家空间选择的重要实践形态之一，其政治经济背景、理论依据和生产策略体现了国家空间选择性的内涵与演变路径，在本质上是国家为应对城市企业主义空间生产危机而采取的一种新型区域治理形式。在国家空间项目与国家空间策略的支持下，城市群以高于其他区域类型的优先发展权限培育了地方增长极并推动区域协调发展。然而，城市群的空间选择并未改变资本快速流动背景下城市企业主义的空间生产逻辑，而仅仅是将其运作空间转移到了区域尺度。同时，城市群在快速发展的同时也激发了城市之间以及城市群之间的竞争与冲突，扩大了区域发展差距。地方政府"尺度上移"策略驱动下的城市群空间泛化和地理均衡化，制度优势衰减导致基于特殊制度和优先权刺激下的区域发展平权化，区域发展动力在相对减退的过程中引起新一轮和新类型国家空间选择的开始。

对城市群空间治理的关注是20世纪后半叶全球政治经济环境转变与国家地域重构相互作用的产物，也是对改革开放四十多年来中国快速城市化发展形势嬗变的理论回应。在全球生产要素去地域化与再地域化交错耦合过程中，国家将各种次国家空间（地点、城市和区域等）定位于超国家（比如全球）的资本循环之中，使之成为国家尺度重组的关键节点，并被当作定制化、专业化和竞争力最大化的地点来营销，由此诞生了众多承担国家特殊职能、实施梯度化差别性制度供给的新型城市空间-国家战略区域（比如国家中心城市、国家级新区、国家级城市群、各种类型国家综合改革试验区等）。国家在基础建设、空间规划、产业政策、财政配套等方面进行策略调节，通过地方政府重新组合国家战略区域在当

---

① Shen J. Scale, State and the City: Urban Transformation in Post-reform China [J]. Habitat International, 2007, 31(34): 303-316.

② 马学广, 李鲁奇. 新国家空间理论的内涵与评价[J]. 人文地理, 2017, 32 (03): 1-9.

③ 尼尔·布伦纳, 徐江. 全球化与再地域化：欧盟城市管治的尺度重组[J]. 国际城市规划, 2008, 23(01): 4-14.

地的文化、社会、政治等制度元素，来推动区域创新与成长，进而引起国家角色的转型和区域治理的改变。在众多类型的国家战略区域中，城市群即是最为普遍存在、能够为国家战略区域成长演化提供空间载体支撑和资源环境支持的重要平台之一。

全球化、市场化、城市化和信息化的有序推进，不断推动资本在国家乃至全球尺度的空间流动，不断强化市场在资源配置中的决定性作用，进而引发国家在城市与区域治理过程中所扮演角色的变迁。改革开放四十多年来的快速城市化发展逐渐将城市功能空间延展至单体城市行政边界之外，城市功能的跨界重叠与互动、城市资源的跨界交流与互通、城市跨界基础设施的网络化和一体化连通，以及城市跨界公共问题的滋生和跨界公共资源的共享，持续推动着当代中国快速涌现出若干规模不一、功能各异、特色鲜明的城市群。城市群的产生导致国家、区域与城市等角色及其尺度间关系发生剧烈重构，国家间竞争逐渐转变为核心城市及其所依托城市群之间的竞争，城市群成为支配全球和国家经济命脉的重要行动者。国家通过城市群的设立实现了策略性的尺度重组与梯度化差别性制度供给，及时地嵌入了全球资本循环网络，促进了区域经济的快速增长。因此，作为一种全球化普遍现象，城市群的崛起成为当代城市与区域发展过程中牵涉政治、经济、文化、社会和资源环境的重要空间治理课题。

20 世纪 70 年代以来人文经济地理领域的空间、社会、文化、尺度、制度和关系转向等学术思潮的转变给传统的城市群空间治理研究带来了更加丰富而多元的研究视角和分析维度。法国社会学家亨利·列斐伏尔（Henri Lefebvre）提出的"空间生产"理论揭示出空间乃是社会产物的本质、社会与空间呈现双向塑造与响应反馈的状态，认为空间是社会关系重组与社会实践的过程，是人类生活、经验及社会组织下的产物，将空间研究的焦点导引到空间生产过程及其动力机制研究。以英国学者彼得·泰勒（Peter J. Taylor）、尼尔·史密斯（Neil Smith）和美国学者尼尔·布伦纳（Neil Brenner）为代表的尺度研究学者发现，尺度并非预先设定、恒定不变和封闭有界的，尺度内部各层级之间并无固定序列和附属关系，尺度是一种认识论并且经由社会建构而产生，尺度间关系是持续演进的社会-空间动态，尺度生产是一种充满异质、冲突与竞合的过程。尺度研究通过尺度政治、尺度重组、尺度跃迁等相关研究赋予尺度以丰富深刻的理论内涵，为空间研究提供了新的探索维度和观察视角。美国学者曼纽尔·卡斯特尔斯（Manuel Castells）、英国学者彼得·泰勒和法国学者布鲁诺·拉图尔（Bruno Latour）等人对流动空间、网络社会、世界城市网络和行动者网络的研究揭示出城市功能以网络化形态实现功能互动的本质，基于各种资源和环境要素而高速流转的空间功能网络成为促动城市与区域空间相互作用的重要支撑，流动空间和功能网络等概念的提出将城市与区域研究的方法论切入到行动者及其互动结构的网络形态。

城市群作为一个典型的城市与区域发展现象，在深入探讨其物理性空间形态、格局和演变的同时，亟需结合新的社会性的视角和维度揭示其作用机理和动力过程。而由美国学者尼尔·布伦纳提出的"新国家空间"（New State Spaces）理论则可以看作上述新兴研究视角和分析维度的有机集成，为解析当代城市与区域发展中的各种空间现象和过程提供了富有解释力的理论工具。"新国家空间"理论的核心是 20 世纪 70 年代以来全球重构过程中国家角色的变迁、国家空间的重构以及国家治理体系的重建。"新国家空间"理论认为，国家空间重构的趋势与结果来源于国家空间选择性，国家通过赋予特定区域或尺度以较高优先级的权力、政策或资源以促进其超常规发展。在承认国家权力被减弱但未被边缘化前提下，新国家空间理论将国家视为一系列社会政治过程建构的舞台而非固定的容器，国家可通过空间选择性对国家空间重构的动态过程进行引导与调整。新国家空间理论突破了传统国家中心主义的束缚并将国家作为多元社会力量建构的舞台，为理解全球化背景下国家空间重构的系统性提供了新的分析框架。

二、国家空间选择性的理论建构

通过策略关系国家理论的空间化，新国家空间理论突破了传统国家中心主义的束缚并将国家作为多元社会力量建构的舞台，从而提出理解全球化背景下国家空间重构的系统性分析框架。国家空间选择性（State Spatial Selectivity）作为新国家空间理论的核心概念之一，通过具体的国家空间项目及其策略决定国家空间重构的趋势与结果，因此通过其产生历程、内涵以及分析框架的梳理以充分理解国家空间选择性的概念及其理论。

（一）国家空间选择性的由来

随着新区域主义的兴起，区域逐渐成为了国际竞争和国家财富积累的重要空间单元，并在广泛社会管制中扮演着重要的角色。然而，传统的管制理论忽略了国家层次，Offe 提出了国家的结构选择性以揭示在资本积累中国家的独特作用，即国家倾向于特定利益（通常是资本）集团并对其排序与整合的过程，从而实施政策与管理社会危机[1]。其中，统治阶级的利益和立场往往对资本利益的调整具有决定性作用，但国家原有制度和职能也产生了一定影响。尽管 Offe 注意到了国家在资本积累与地方发展的重要作用，但 Jessop 认为其主张的结构选择性受到了结构刚性的约束并对国家制度及其形式的复杂性关注不足[2]。

---

① Offe C. Structural Problems of the Capitalist State [J]. German Political Studies, 1974(01): 31-57.

② Jessop B. Towards a Schumpeterian Workfare State? Preliminary Remarks on Post-Fordist Political Economy [J]. Studies in Political Economy, 1993, 40(01): 7-39.

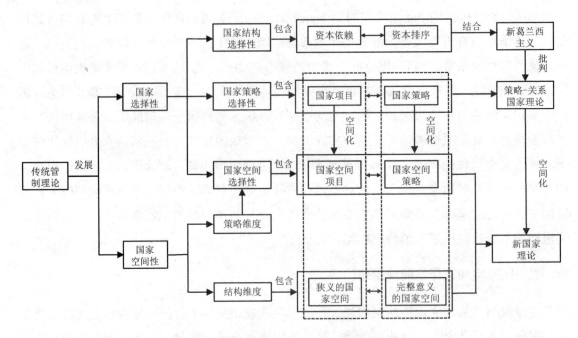

图 1-5   国家选择性的三个维度及其相关理论

资料来源：根据 Jessop（1990）、Jones（1997）、Brenner（2004）等文献整理。

因此，Jessop 通过对 Offe 国家理论的批评并结合 Poulantzas（普兰查斯）的新葛兰西主义，提出了策略关系国家理论（如图 1-5 所示），从而将国家视为一种社会关系以及与资本相分离的制度集合[①]。Jessop 认为国家自身并不会产生功能与运作一致的国家形式，而需要通过特定的积累策略和领导权项目来实现，即国家通过"策略选择性"赋予特定社会力量、利益和行动者的优先性，进而形成国家效应和实现资本循环。在这一过程中，国家通过自身机构调整的国家项目和社会经济干预的国家策略之间的相互作用成为了策略的地点、产出者以及产物。同时，该理论的策略选择性并非是国家预先给定的特征，而是特定时期下国家项目和国家策略辩证关系的表现。

基于策略选择性的概念与关系，Jessop 发展出了分析国家及其调节活动的理论框架，但对空间不够敏感。因此，Jones 基于策略关系国家理论和尺度政治等理论提出了"空间选择性（Space Selectivity）"概念[②]，认为对特定地方、尺度与空间的优先关注促进了权力和政策跨地域分化，并且产生了不同的政治经济效应。同时，Jones 通过分析管制和干预的特定空间及其方式进一步阐释了空间选择性的内在动力，认为其主要由政治意识形态、维持

① Jessop B. State Theory: Putting Capitalist States in their Place [J]. Journal of Critical Realism, 1990, 16(03): 165-169.

② Jones M R. Spatial Selectivity of the State? The Regulationist Enigma and Local Struggles over Economic Governance [J]. Environment & Planning A, 1997, 29(05): 831-864.

或抑制霸权的需要以及提高国际竞争力的资本积累策略所驱动[1]。在二者的基础上，Brenner进一步将国家形式、国家项目以及国家策略进行空间化并分别提出了国家空间形式、国家空间项目以及国家空间策略三个基本的国家空间配置维度，以理解资本主义国家空间构造下空间选择性的作用机制[2]。国家空间选择性的形式在原有空间构造基础上，被新一轮的不同空间单元中国家机构整合和社会经济生活干预的空间过程所塑造并具有路径依赖性，进而形成了多元、多层以及马赛克式的国家空间格局。通过对策略关系国家理论的地理学嫁接，Brenner 使得国家空间生产与重构研究取得了重大进展，成为了理解全球化深入发展下城市与区域治理研究中新的视角与方法。

（二）国家空间选择性的内涵

国家空间选择性作为新国家理论的核心概念之一，其成立基于国家空间性是一个新兴的、策略选择的以及政策冲突的过程，而不是静止与固定的空间容器。在这个意义上，国家空间性具有狭义和完整意义的内涵，其中前者通过国家空间项目的动员以关注于国家机构的尺度构造，如改变国家行政层级或调整运行规则；而后者通过国家空间策略的运用关注于国家机构之外的社会关系，如通过产业政策、区域政策等引导资本流向特定空间。因此，国家空间选择性可以理解为多元社会力量改变原有国家空间性构造下持续的尺度间斗争的表达，即基于既有的物质性或制度性差异，国家资本积累及其空间运作实践往往对特定地理区域或尺度有着空间选择上的偏好而非均衡地散布于地表。

（三）国家空间选择性的分析框架

在国家空间选择性动态演变的过程中，国家空间项目和国家空间策略也可以分别与尺度与地域维度相结合，形成了四对基本要素，即中心化与去中心化、单一性与多样性、统一化与定制化以及平等化与集中化（如表 1-1 所示）。这四对基本要素为理解国家空间选择性在特定时期的形式提供了基本分析框架，但国家空间选择性重构根植于原有政治地理并受其制约，因此这一重构并非连续性和一次性的，而是一个新兴的国家空间项目及其策略叠加在旧国家空间性分层重构的过程。

在此基础上，国家空间选择性的过程被概念化，并通过国家空间项目及其策略的尺度与地域表达而被理解，但国家空间选择性的具体形式并非网格中孤立与静止的，而是取决于国家空间重构过程中特定时期的地域与历史情况。尽管 Brenner 发展的国家空间选择性框架主要为了分析经济全球化下西欧城市治理与国家尺度重组，但它也是社会转型背景下国家空间重构的系统性分析框架，并且有利于其他国家与地区相关研究的开展。此外，中

---

[1] Jones M, Macleod G. Towards a Regional Renaissance? Reconfiguring and Rescaling England's Economic Governance [J]. Transactions of the Institute of British Geographers, 1999, 24(03): 295-313.

[2] Brenner N. Urban Governance and the Production of New State Spaces in Western Europe, 1960–2000[J]. Review of International Political Economy, 2004 , 11 (03) : 447-488.

国城市群战略契合特定尺度空间生产的逻辑且受到国家力量的显著影响，从而使得新国家空间理论对其具有较高适用性。鉴于中西方国家资源空间配置能力的差异，陈浩等主张对国家空间内涵与分析框架进行适度改造，从而形成以国家权力空间组织、国家空间策略政策以及国家资源空间配置三个相互依存与支持的维度[①]。然而，由 Brenner 提出国家空间选择性框架已涉及国家资源空间配置问题，并通过尺度与地域维度的细分为其提供了分析路径。同时，李禕、吴缚龙与黄贤金等大部分学者主要沿用国家空间项目及其策略分析中国国家尺度重组与城市区域管制等问题[②]。因此，下文将基于国家空间选择性原有框架分析中国城市群形成背景、依据以及选择路径，并分析其产生的空间效应。

表 1-1　国家空间选择性演变的基本要素

分析维度	国家空间项目	国家空间策略
尺度维度	①中心化和去中心化 ·国家运作的中心化：将政治权威集中于首要的国家行政尺度（一般是国家）； ·国家运作的去中心化：将国家权力转移到不同的管制尺度（超国家或次国家尺度）。	③单一性和多样性 ·将单一的主导尺度（如国家）作为社会经济活动首要层次； ·在多重空间尺度间分配社会经济活动。
地域维度	②统一性和定制化 ·提倡统一的、标准化的行政覆盖，相同的服务供给与官僚组织在整个地域拓展； ·提倡拼凑、分化和不均衡的行政地理，特定地方或地理区域建立定制化的制度安排与服务提供。	④平等化和集中化 ·在国家地域中提倡社会经济活动平等化分配，减轻地域不平等； ·提倡社会经济活动集中布局，加快特定地区资源集聚。

资料来源：Brenner（2004），有修改。

三、城市群国家空间选择的过程

基于国家空间选择性的分析框架，结合中国社会经济转型的情况以及国家空间治理的变迁，将中国国家空间选择性转变划分为改革开放前、改革开放初期以及加入世界贸易组织（WTO）后三个阶段，并对其形式、特征以及导致的矛盾进行分析（如表 1-2 所示）。作为目前国家空间选择性的具体形式，城市群深受城市企业主义的影响并成为了缓解其危机的重要管制策略。

（一）中国国家空间选择性的发展历程

在计划经济时期，国家通过高度集中的计划经济体制和相对均衡化的空间政策对全国资源进行调配，国家尺度成为了支配一切的空间管制形式。同时，中央与地方的机构设置

[①] 陈浩, 张京祥, 李响宇. 国家空间分异与国家空间视角的中国城市研究思路初探[J]. 人文地理, 2017, 32(05): 9-16.

[②] 李禕, 吴缚龙, 黄贤金. 解析我国区域政策的演变：基于国家空间选择变化的视角[J]. 现代城市研究, 2015(02): 2-6

基本上一致，并基于自上而下的科层制对城市与区域的进行管制。尽管在 1958 年后成立了经济合作区并设置了相应区域经济规划局等机构，但其本质上属于中央机构的代理人且缺乏真正的资源控制权，对于社会经济活动的分配并未产生实质性作用。这一时期，国家空间选择性的特征主要是国家中心化、均衡化以及统一性。

表 1-2　中国国家空间选择性演变的轨迹与特征

历史阶段	政治经济背景	国家空间项目	国家空间策略	国家空间选择性形式	国家空间选择性特征	主要矛盾与冲突
计划经济时期（1949—1978年）	计划经济；区域平均主义。	自上而下的集权管理；设立跨省的区域机构。	生产力的均衡布局；"三线"建设；再分配的区域政策等。	以国家尺度作为首要尺度的空间管制。	中心化；均衡化；统一性；"全国一盘棋"。	城乡二元结构。
改革开放初期（1979—2001年）	对外开放；追求经济发展效率。	权力下放；各种类型开发区享有特殊的管理权限等。	东部沿海地区及其城市优先发展；经济特区与各类开发区的建设等。	地方崛起，大城市占据主导地位。	去中心化；定制化；不均衡；多样性。	城市间竞争激烈；环境生态问题严重等。
加入世界贸易组织（WTO）后（2001年至今）	市场经济；科学发展观的树立；进入中国特色社会主义新时代。	权力上收与分权化共存；改革试验区与新区拥有独特的管理体制与权限；撤县设区与撤县设市等。	区域协调发展；城市群规划；主体功能区规划；乡村振兴战略等。	朝向城市区域（城市群）的尺度上移与尺度下移。	中心化；定制化；区域协调发展与特定空间集中化共存；多样性。	区域认同的缺失；国家主导的尺度重组；不平衡与不充分的发展等。

资料来源：根据李禕等（2015）和 Wu（2016），有修改。

改革开放后，为激发地方经济发展的自主性和应对日益激烈国际与区域竞争，中央政府赋予城市更多社会经济管理权限并通过一些优惠政策促进沿海城市迅速发展，使得城市尺度成为了国家空间选择性的主导尺度。尤其在分税制和土地管理制度的改革下，地方政府为了缓解税收压力和提高政府绩效大力发展制造业和房地产业，使得城市的经济、人口以及空间规模都获得迅速提高以及城市企业主义兴起。这一时期，国家空间项目呈现出去中心化和定制化，而国家空间策略则体现出多样性和集中化特征，东部沿海地区与城市被赋予优先性并成为了区域经济重要的增长极。然而，城市过分注重自身经济规模的提高却对发展质量关注不足，并导致了激烈的城市间竞争与严重的环境污染，使其难以可持续发展。

加入世界贸易组织（WTO）后，中国对外开放的水平进一步提高并主动融入世界资本主义生产体系中，全球范围的生产要素快速流动并集聚在特定区域，使区域成为国家重要的积累空间并获得了新的重要性。然而，改革开放初期以城市为主导的城市企业主义发展方式造成了一系列矛盾，尤其是区域协调困难。因此，国家通过调整国家空间选择性的具体形式并使其朝向了区域尺度。如通过土地管理权力上收以限制城市建设用地的盲目扩张与保护耕地，并重新整合国家的监管权力，使其呈现出一定的国家再中心化趋势。同时，行政区划的调整也成为重要的国家空间项目，如通过撤县设区提高城市调控资源的能力并减少基础设施建设的冲突，增强了市县间社会经济联系并促进了城市辐射范围的拓展。

此外，国家还通过制定城市群规划、成立改革试验区与国家级新区等实行"差别化"的国家空间策略，引领区域空间生产并使国家空间选择性呈现出定制化与集中化的特征。尽管国家为了协调区域发展采取了西部大开发、全面振兴东北老工业基地与大力促进中部地区崛起等空间策略，但仍侧重核心城市与地区并以增强其整体经济竞争力为目的，从而加剧了国家空间格局不平衡与不充分的发展。十八大以来，中国综合国力与人民生活水平进一步提高，逐渐实现了社会主要矛盾的转变并且进入了中国特色社会主义新时代。同时，国家空间规划更加强调区域协调性与内在统一性，国家权力去中心化与再中心化两种趋势也不断加强。然而，目前中国国家空间选择性形式并没有改变城市企业主义的惯有逻辑而是将其转移到区域尺度，城市间合作仍基于自身利益而具有不稳定性。此外，国家高度参与城市群的建设与发展导致区域认同感的培育不足，有待于通过自下而上的尺度重组重塑城市群空间治理。

（二）城市企业主义催化下的中国城市群崛起

尽管中国城市群的形成机制较为复杂，受到经济全球化、信息化与新型工业化等多重因素的推动，但城市企业主义作为中国国家空间选择性转变的产物，在不同发展阶段中对城市群的形成与发展均发挥着重大作用。因此，本节主要侧重于分析城市企业主义对城市群空间选择的影响。在改革开放初期，城市企业主义主要推动城市的发展，尤其是沿海大城市的崛起，从而为城市群形成提供了经济与空间等非制度基础。在加入世界贸易组织（WTO）后，为解决城市企业主义导致的一系列矛盾，城市群成为区域协调发展的国家管制策略并通过城市群规划等一系列措施促进其正式的制度融合，但其发展仍遵循城市企业主义的基本导向。

在计划经济时期，由于中央通过计划手段配置资源且采用平均主义指导区域发展，中国城市化水平长期发展缓慢且未形成密切的城市间联系，因此城市群并未产生。改革开放后，城市成为地方经济发展的主体并在城市企业主义影响下获得了快速发展，从而将城市辐射范围拓展到周边地区，为未来城市群的形成与发展奠定了非制度基础。尤其是 20 世纪 80 年代设立的四大经济特区、14 个沿海开放港口城市以及四大沿海经济开放区，在对外经济活动中获得了中央政府下放的审批权以及外商开办企业的税收优惠政策，从而吸引了大量的外商投资并逐渐发展成目前中国城市群的重要地区。同时，中央政府也通过行政等级制度的改革进一步促进城市企业主义的发展，如 1983 年以前，"市"只是政府的派出机构且执政权力有限，但随后通过"地改市""地市合并"以及"县改县级市或地级市"等多种方式，城市数量获得快速增加且获得更多的社会经济管理权限。如城市数量由 1978 年的 192 座增加到 2021 年的 691 座（其中地级以上城市 297 个、县级市 394 个）[1]，其中不同行政级别城市增加的数量存在一定差异。在不同行政级别下，城市拥有的资源控制与调配能力存在一定的差异，城市的行政等级体系对于城市群内部等级体系与产业分工体系的形成具有较好的促进作用。因此，改革开放初期，城市群并未成为国家空间选择性的正式形式，而主要依赖于市场经济下城市综合实力提升所形成的经济与空间等非制度基础。

然而，由于片面注重自身经济发展，城市在招商引资、产业发展以及基础设施建设等方面开展了激烈的竞争，甚至出现了土地出让价格过低、产业同构与基础设施衔接困难等问题，严重限制了城市与区域整体竞争力的提高。在这一背景下，区域协调发展与城市间合作受到中央与地方政府的高度重视，政府希望通过行政区划调整、空间规划以及非正式合作机构设立等措施减少城市企业主义导致的一系列危机。尤其是在国家"十一五"规划纲要中，城市群上升为国家空间战略并成为了推进城镇化的主体形态，进而成为国家空间选择性的正式形式。随后，国务院为促进一些地区竞争力的提升出台一系列城市群的扶持政策，如 2008 年出台的《国务院关于进一步推进长三角地区改革开放和经济社会发展的指导意见》等。基于社会经济发展水平等各方面差距，国家在"十二五"规划纲要中针对东西部地区城市群主张差异性的发展策略，即东部地区致力于打造具有国际竞争力的城市群而中西部地区侧重于培育一些有条件的城市群。

作为指导全国城镇化发展的宏观性、战略性和基础性的《国家新型城镇化规划（2014—2020 年）》的发布，使得城市群作为支撑全国经济增长、促进区域协调发展以及参与国际竞争合作重要平台的地位与作用取得了高度共识，并通过全国大中小城市与小城镇的协调发展为城市群内部的正式融合明确了方向。在国家"十三五"规划纲要中，为解决城市企业主义造成的城市间竞争激烈、城乡间发展差距过大以及环境破坏严重等问题，中央政府明确提出在全国范围内建设 19 个城市群并通过推动产业协作、基础设施共建以及环境共治等具体措施，实现城市群一体化高效发展。此时，城市群作为国家空间选择的形式获得国家进一步认可与实施，中央政府通过制定详细的城市群规划对其发展进行指导与约束，并对体制机制创新与重点项目分配给予积极支持。近年来，中央政府为进一步推动城市群的建设，加快了启动城市群规划编制工作以打造更多区域经济增长极。截止到 2018 年 3 月，中央政府已经批复了长江中游城市群、哈长城市群与成渝城市群等多个城市群规划，集中体现了国家空间选择性的演变。21 世纪后为解决城市企业主义危机，国家将城市群作

---

① 佚名. 中国有多少"大城市"？[N].光明网，2022-11-02. https://m.gmw.cn/baijia/2022/11/02/1303184008.html.

为区域管治的重要平台并采取了一系列制度化措施，以促进城市间联系的增强与城市群的融合发展。

在城市企业主义影响下，中国城市群在改革开放初期逐渐形成并在加入世界贸易组织（WTO）后获得了快速发展，成为了推进城镇化的主体形态与区域协调的重要战略。城市群的形成与发展与城市企业主义是对立统一关系（如图 1-6 所示），一方面城市群作为解决城市企业主义危机的区域协调发展策略，体现国家空间选择性的尺度上移，另一方面在城市群发展中城市企业主义仍发挥着重要的作用。

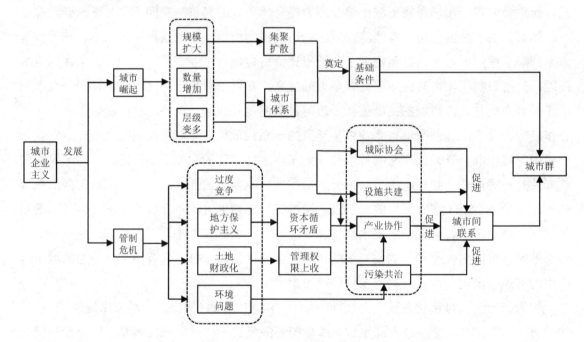

图 1-6　城市企业主义催化下中国城市群的形成机制

（三）城市群空间选择的依据

城市群作为目前新型的区域空间，其形成与发展既是经济全球化背景下区域崛起的回应，也是国家实施城市与区域管治策略的产物，体现了国家由于经济全球化和市场化冲击而重要性有所削弱，但仍通过一系列空间政策对区域协调发展发挥着主导作用的特征，从而将城市群纳入国家空间选择性的逻辑。此外，城市群的空间选择是国家权力"尺度上移"和"尺度下移"的制度试验，并被原有国家空间组织形态以及未来国家空间重构趋势所限制，其空间选择过程具有一定的试验属性与分层属性，而这两个特征也是国家空间选择性演变的重要特征。

中国城市群的形成与发展过程中具有强烈的政府主导性，一方面国家通过权力下放和市场化改革等"尺度下移"措施以激发地方经济发展的自主性并提高国家与区域竞争力，作为自上而下的管治策略。另一方面，国家也通过城市群的空间选择以缓解城市间竞争，作为解决城市企业主义危机自下而上的制度试验。同时，城市群规划不仅涉及跨区域合作，也包含省域城市间共同发展，在省域城市群规划与建设中，传统上相对弱势的省级政府成为竞争主体，也体现了国家空间重构的"尺度上移"①。因此，城市群的空间选择作为中国拓展发展空间与优化经济格局的重要方式，成为了新一轮国家空间重构"尺度上移"与"尺度下移"的制度试验。此外，城市群作为中国转变发展方式与寻求区域合作的空间载体，也可以为"一带一路"倡议等国际合作、区域生态补偿以及异地共建园区等不同尺度的管制试验提供合作基础与经验借鉴，从而使得国家空间重构具有显著的试验性。

由于国家空间重构并非彻底的一次性变革，而是被过去的国家空间构造以及朝向未来特定社会政治结果所限制，即国家空间重构具有分层属性②。我国现有城市群的空间选择基于促进中部地区崛起等原有的区域协调发展策略的需要，从而使得国家空间重构呈现出路径依赖性。尤其是目前获得批复的城市群规划中以西部地区居多，如成渝、关中平原以及呼包鄂榆等城市群均分布在西部地区，充分体现了国家对经济较为落后的西部地区的高度关注。此外，"十三五"规划纲要中"一带一路"建设、京津冀协同发展与长江经济带发展三大战略涉及的国内主要区域也是渐进式分层重构国家空间的重要体现，如"一带一路"倡议作为中国为融入与推动经济全球化的对外开放新策略，其区域分布着哈长、关中平原以及海峡西岸等众多城市群③。其中边境地区与内陆地区的城市群数量居多，这一空间策略不仅是原有四大经济区域协调发展战略的体现，也是国家希望借助国际区域经济合作网络的搭建以协调城市群间发展，进而缩小不同地区社会经济差异并塑造国家空间新格局的体现。

四、城市群国家空间选择的路径

尽管国家空间选择性是特定条件下国家空间项目及其策略的结合，但前者强调国家机构的空间组织而后者侧重于国家机构以外的社会活动干预，二者存在较为明显的区别。因此，为分析城市群空间选择中具体国家空间项目及其策略及其影响，下文将二者作为相互分离的要素进行探讨。具体而言，国家主要通过行政区划调整、特定管理机构及其权限的设置以及政府间非正式合作网络的搭建等国家空间项目推动了大城市的崛起以及城市间联系的增强。同时，也主要利用空间规划的制定、公共政策的实施以及基础设施的投资与建设等国家空间策略，极大提高了城市群一体化水平并促进其迅速发展。

---

① 王磊. 尺度重组视角下的长江中游城市群战略[A]//中国城市规划学会. 多元与包容——2012 中国城市规划年会论文集(01.城市化与区域规划研究)[C]. 昆明：云南科技出版社, 2012: 605-614.

② Peck J, Theodore N. Exporting Workfare/Importing Welfare-to-work: Exploring the Politics of Third Way Policy Transfer [J]. Political Geography, 2001, 20(04): 427-460.

③ 陈品宇, 朱春聪. "一带一路"倡议的资本流动及其空间格局——基于不平衡地理发展理论视角[J]. 地域研究与开发, 2017, 36 (03): 1-6.

（一）城市群空间选择的国家空间项目

作为国家空间选择性的基本要素，国家空间项目通过不同尺度与地域的国家机构及其关系的整合实现国家权力与功能的地理分化，即利用去中心化与定制化的策略为城市群的形成与发展提供条件。具体而言，主要通过行政区划的调整、国家战略区域中特殊国家机构的设立以及政府间非正式网络的建设以推动中心城市发展与城市间联系增强，从而服务于城市群的空间选择。

行政区划是国家机构的一种基本形式，也是国家进行区域划分与管理的手段与工具，对于城镇化水平提高与城市群形成发挥着重要作用。尽管中国的行政制度通常是等级分明[1]，但随着改革开放以来的社会经济转型，国家逐渐对其进行调整以提升城市行政等级、扩大城市管理权限及其地域范围，从而培育中心城市。如 20 世纪 90 年代以来，将重庆设为直辖市与设立 15 个沿海副省级城市等策略，使得这些城市通过尺度跃迁获得了更高的行政等级与管理权限，而重庆和这些副省级城市目前基本上成为了城市群的核心城市并较好带动了周围地区的发展。尽管行政区划的调整扩大了中心城市的规模并缓和了城市间矛盾，但作为刚性的国家空间项目对于城市群发展易导致一些不良后果，如撤县设区使得原先政府的社会经济管理权限被削弱，若未进行合理补偿易降低其发展经济的积极性，从而不利于地方经济稳定[2]。同时，行政兼并通过土地征用扩大城市地域范围，造成了耕地资源的流失并使得农村居民失去了赖以生存的土地，对城市和谐社会与美好环境的建设造成了不利影响。

因此，2004 年以后我国对于行政兼并采取更为谨慎的态度，并采取了新的国家空间项目促进城市崛起以及城市间联系的增强。如 2009 年以来国家通过加快批复与建设自主创新示范区、综合配套试验区以及国家级新区等国家战略区域，通过直接赋予特定行政单元一定的管理权限而不改变城市的行政层级[3]，从而形成以新区管委会为代表的特殊国家空间项目以吸引全球资本与形成产业集群，并且通过与全球资本的连接与产业的扩散提升城市的整体实力以及带动周边地区的发展。此外，为解决城市企业主义危机和协调跨界公共事务，一些城市通过搭建政府间非正式合作网络进行信息交流、项目合作与建立共同市场，从而促进城市间要素流动与城市群一体化机制的形成[4]。在长江三角洲、珠江三角洲以及京津冀等经济较发达地区，广泛存在着市长联席会议、城市经济协调会以及合作与发展论坛

---

① Ma L J C. Urban Administrative Restructuring, Changing Scale Relations and Local Economic Development in China [J]. Political Geography, 2005, 24(04): 477-497.

② 张京祥, 吴缚龙. 从行政区兼并到区域管治——长江三角洲的实证与思考[J]. 城市规划, 2004, 28 (05): 25-30.

③ 晁恒, 马学广, 李贵才. 尺度重构视角下国家战略区域的空间生产策略——基于国家级新区的探讨[J]. 经济地理, 2015, 35(05): 1-8.

④ 罗小龙, 沈建法. 基于共同利益关系的长江三角洲城市合作——以长江三角洲城市经济协调会为例[J]. 经济地理, 2008, 28(04): 543-547.

等基于自愿合作的区域协调组织，它们通过高层领导的互访、对话以及签订协议等方式寻求经济的互利合作。尤其是在基础设施共建、旅游业共同发展以及资源共享等存在共同利益的领域，地方政府合作积极性较高且采取了具体的行动。但对于招商引资等存在明显利益竞争的领域，往往被城市间政府所避免而难以取得实际效果。由于这些合作是基于共同利益开展的城市间互动，而不是行政命令的强制协调，作为弹性的国家空间项目而较易取得各级政府的共识，从而成为推动城市群发展的有效策略。然而，由于政府间非正式合作缺乏规范性制度约束与资金支持，一旦城市间利益出现冲突或高级领导者注意力发生转移，其合作就难以长期持续下去。

（二）城市群空间选择的国家空间策略

作为面向外部社会经济活动的手段，国家空间策略通过对空间的资本积累和社会关系等活动的干预对特定尺度与领域赋予优先性，进而实现空间修复与缓解资本主义生产危机。在中国城市群的空间选择中，国家主要通过空间规划、公共政策以及基础设施建设等策略对特定空间社会经济活动进行配置，从而加速其资本积累并赋予发展的优先性。这种积累方式不仅使得地域边界被软化与破碎化，也增强了资本所依附空间单元间的社会经济联系，进而形成了联系密切的城市群内部网络。

区域规划作为一种尺度重组工具[①]，以规划的形式将资源和投资项目安排到具有高度竞争力的城市群，成为了促进城市群尺度建构及其发展的主要国家空间策略。如在宏观层面，中央政府2010年末发布的《全国主体功能区规划》确定的城镇化地区分布着较多的城市群，并且这些城市群被作为优先或重点开发地区。该规划将重点放在控制而不是单纯经济增长，并且引导产业、人口以及资金等资源流向城市群，从而促进城市群经济发展并引导市场空间合理布局以实现区域协调发展。在微观层面，中心城市通过制定都市圈以及同城化等规划优化城市产业结构以及增强与临近地区的联系，从而发挥核心城市集聚与扩散效应并为城市群进一步发展奠定基础。近年来，中央政府相继出台《长江中游城市群发展规划》等一系列详细与具体的城市群规划，合理划定城市群范围与明确功能定位以及优化城市群的空间格局等措施进一步加快城市群发展步伐。

通过实施差异化区域性公共政策，国家空间策略将空间资源优先分配给国家关注的重点地区，从而加速其资本积累与产业集聚以推动城市群的发展。尤其是建立与空间规划相匹配且具有空间意义的公共政策体系，包括产业发展政策、财政政策以及土地政策等一系列优惠政策，它们不仅有利于空间规划的落实，也有利于城市群资源的整合以及区域发展中共同问题的解决。如针对中西部不同类型的城市群，国家和省级政府出台一系列扶持政策和指导意见以实现城市群的错位发展[②]。具体而言，"十三五"规划纲要对东部地区城市

---

① 张京祥. 国家-区域治理的尺度重构：基于"国家战略区域规划"视角的剖析[J]. 城市发展研究, 2013, 20 (05): 45-50.
② 方创琳. 中国城市群形成发育的政策影响过程与实施效果评价[J]. 地理科学, 2012, 32 (03): 257-264.

群主要支持新兴产业与现代服务业等产业，中部地区城市群积极承接产业转移并发展现代农业与先进制造业等产业，西部地区城市群由于生态环境较为脆弱主要支持其绿色农产品加工业与旅游业等特色产业，东北地区城市群则加快现代化农业以及先进装备制造业等产业发展。此外，国家积极采取财政转移支付、对口支援以及国家补贴等多种政策支持中西部地区城市群的建设，以缩小区域差距。尽管公共政策对于城市群的建构发挥了较好的作用，但由于其强烈的行政倾向而忽略自然的发育过程，导致了部分城市群发育程度较低、发展差距过大以及生态环境污染严重等"城市群病"，有待于建立更加科学与全面的公共政策体系以实现其可持续发展[1]。

网络化和体系化的基础设施是城市群发展的重要条件，中央和地方政府利用基础设施的投资和建设的空间策略提高城市群的通达性和现代服务水平，引导人财物等资源流向城市群。尤其是国家通过巨额资金主导着高速铁路、公路以及机场等大型项目的布局与建设，这些现代化的交通设施通过"时空收敛"效应加快了城市群地区的资本循环。近年来，高速铁路凭借其高效与便捷等优势成为了各城市竞争的重点项目，而国家在《铁路"十三五"发展规划》中提出不仅要加快城市群内部的高铁线路建设，也需通过构建横贯东西且纵贯南北的高铁网络增强城市群间的社会经济联系，从而优化城市群的地域结构并实现城市群的共同发展。此外，信息化也深刻影响着城市群的发育。因此，中央和地方政府积极推动特定地区信息基础设施的建设以及信息资源的共享等策略以培育城市群，如国家通过支持南京、郑州以及成都等城市建设国家级互联网骨干直联点，从而提升城市的信息服务能力并辐射周边地区。

由于中国城市群生产策略中国家空间项目及其空间策略存在明显区别，该部分将二者看作是国家空间选择性的两个相互分离的要件探讨城市群空间选择的过程（如图 1-7 所示）。但国家空间性的现实形式是特定时期中国家空间项目及其策略结合的产物，即国家空间项目与国家空间策略在国家空间选择演变中是相辅相成的，并且在实践中也是紧密交织的。如国家战略区域中，以新区管委会为代表的国家空间机构既享有较高的管理权限与进行体制创新的特权，也享有以税收优惠政策为代表的国家空间策略。在国家空间项目及其策略的空间作用下，国家战略区域更有利于吸引产业集聚并发挥规模效应，从而促进城市群的培育。

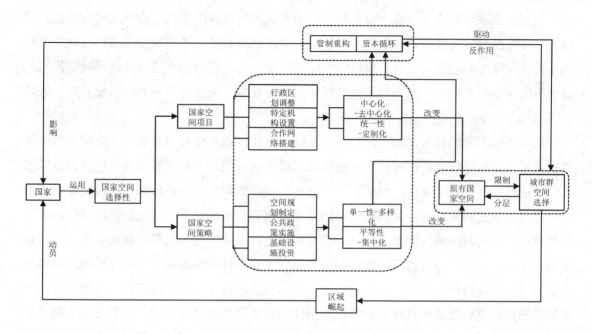

图 1-7　国家空间选择性与城市群空间选择的关系

五、城市群国家空间选择的展望

在全球化背景下，新国家空间理论将国家视为一系列社会政治过程建构的舞台而非固定的容器，并且通过空间选择性对国家空间重构动态过程进行引导与调整。本节基于空间选择性分析框架，将城市群形成与发展置于社会经济转型与国家空间治理变迁的宏观背景下，分析其空间选择的国家空间项目及其策略，并对其空间效应进行了初步探讨。主要结论如下：

（1）城市群作为国家的重要战略，其产生背景、依据以及生产策略集中体现了国家空间选择性内涵及其演变路径。城市群是国家应对改革初期兴起的城市企业主义危机而采取的城市与区域治理的新形式，但它并没有改变城市企业主义的逻辑，而是将其转移到区域尺度并且城市群内部开展的合作更多基于城市自身利益而具有不稳定性。

（2）中国城市群空间选择具有强烈的政府主导性、试验性与分层性，从而纳入国家空间选择性框架。城市群作为国家应对经济全球化与市场化冲击而提升区域与国家竞争力重要的空间生产策略，体现了国家重要性被削弱但仍在区域发展发挥主导作用的特征，从而成为国家选择性的组成部分。同时，城市群的空间选择过程是"尺度上移"和"尺度下移"的制度试验，并被原有国家空间形态以及朝向未来国家空间重构趋势所限制，从而具有一定的试验属性以及分层属性。

（3）基于国家空间项目及其策略，城市群获得了发展优先性并推动区域协调发展。在国家的高度关注与支持下，城市群享有优先于其他地区发展的特权，不仅通过行政区划调整、特殊管理机构的设置以及与政府间非正式合作网络的搭建等国家空间项目实现管理职能、模式与体制的创新，而且利用空间规划的制定、公共政策的实施与基础设施的投资与建设等国家空间策略加快资本积累以实现经济快速发展，从而培育地方增长极并推动区域协调发展。

城市群作为我国城镇化的主体形态，其空间选择过程深受城市企业主义影响并对于其危机的解决发挥了较好的作用，尤其是在培育区域增长极、突破"行政区"经济以及城市群产业结构升级等方面发挥了积极作用。但由于政府强烈干预，部分城市群虽实现了较快发展但过分依赖国家空间项目及其策略的支撑，而忽略市场机制下自然的形成过程，进而导致城市群空间范围被人为扩大、基础设施重复建设以及环境污染等一系列负面效应。未来研究中，可深化对城市群空间选择的效应分析并提出针对性对策，从而促进城市群协调发展与国土空间格局优化。作为目前国家空间选择性的具体形式，城市群仍具有一定的制度试验属性，需要在选择过程对具体国家空间项目及其策略进行优化组合并根据不同情况实施。此外，城市群虽然是实现城市与区域治理的重要策略，但"一带一路"倡议、国家级新区、飞地经济等其他策略对于城市企业主义危机的解决也能发挥较好的作用。因此，在新一轮国家空间重构中，城市群的空间生产也可通过其他空间或非空间政策的配合以共同促进区域崛起并实现国家竞争力的提升。

第三节   基于功能性联系的城市群空间选择实证[①]

随着新技术革命和全球化进程的快速推进，城市群已成为国家参与全球竞争与合作的基本单元，并通过高效率的资源配置方式重构着世界经济格局。城市群概念可追溯到霍华德提出的城镇群体[②]，当今西方对其研究主要形成欧洲多中心网络城市与北美巨型区域两个学派[③][④]。城市群是特定地域范围内，由至少 3 个大城市为基本构成单元，依托发达的交通与信息等网络，所形成的空间相对紧凑、经济联系密切并实现高度一体化的城市群体[⑤]。

① 本节内容修改自如下论文：马学广，唐承辉. 基于功能性联系的城市群空间范围划定研究——以山东半岛城市群为例[J]. 经济地理, 2020, 40(05): 106-117.

② Howard E. Garden Cities of Tomorrow [M]. London: Routledge, 2007.

③ 贺灿飞，黄志基. 中国城市发展透视与评价[M]. 北京：科学出版社, 2014.

④ 方创琳，宋吉涛，蔺雪芹等著. 中国城市群可持续发展理论与实践[M]. 北京：科学出版社, 2010.

⑤ 马学广，李贵才. 欧洲多中心城市区域的研究进展和应用实践[J]. 地理科学, 2011, 31(12): 1423-1429.

一、城市群空间选择的研究背景

（一）城市群空间范围划定的技术背景

由于概念不统一性与边界可变性[①]，国内外学者对城市群空间范围划定缺乏统一标准。因此，充分考虑自然、经济与政策等因素对城市群形成与发展的影响并科学划定其范围，有助于国家城镇化战略的实施与区域一体化发展[②]。目前研究中，城市群空间范围划定主要通过指标体系法与模型法。指标体系法利用社会经济统计数据确定城市群标准，如基于城市规模[③]、人口密度[④]以及交通可达性[⑤]等指标。模型法主要测度城市腹地以划定城市群范围，如利用引力模型计算城市联系强度与吸引范围[⑥]；基于空间算法和分形特征识别城市群实体空间[⑦⑧]；利用加权 Voronoi 图对城市的引力范围进行划定等[⑨⑩]。近年来，随着理论研究的深入与空间技术的发展，出现了基于点-轴系统理论[⑪]、网络分析[⑫]以及要素流[⑬]等划定城市群空间范围的新型方法。

由于数据获取困难，城市群空间范围划定仍以指标体系法为主，且大部分研究通过静态属性数据测度[⑭]，难以精确刻画城市群复杂的功能性联系，导致空间范围划定结果与实际存在偏差。作为边界开放的有机整体，城市群空间范围拓展受到城市联系方向与强度的影响，从而可利用功能性联系划定其范围[⑮]。对于山东半岛城市群范围的划定，本节选取高端生产性服务业（Advanced Produce Service，简称 APS）网点数据、公路与铁路客运流数据综合测度山东省地域间联系，主要基于以下考虑：（1）数据典型性，目前城市联系测度主要通过企业组织、基础设施与社会文化等途径，APS 网点数据揭示了城市间资金等要素

①　顾朝林. 城市群研究进展与展望[J]. 地理研究, 2011, 30 (05): 771-784.

②　马学广. 全球城市区域的空间生产与跨界治理研究[M]. 北京：科学出版社, 2016.

③　Gottmann J. Megalopolis or the Urbanization of the Northeastern Seaboard [J]. Economic Geography, 1957, 33(03): 189-200.

④　张欣炜, 宁越敏. 中国大都市区的界定和发展研究——基于第六次人口普查数据的研究[J]. 地理科学, 2015, 35 (06): 665-673.

⑤　张倩, 胡云锋, 刘纪远等. 基于交通、人口和经济的中国城市群识别[J]. 地理学报, 2011, 66 (06): 761-770.

⑥　邓羽, 刘盛和, 蔡建明等. 中国中部地区城市影响范围划分方法的比较[J]. 地理研究, 2013, 32(07): 1220-1230.

⑦　刘飞, 郑新奇, 黄晴. 基于空间分形特征的城市群实体空间识别方法[J]. 地理科学进展, 2017, 36 (06): 677-684.

⑧　Tannier C, Thomas I. Defining and Characterizing Urban Boundaries: A Fractal Analysis of Theoretical Cities and Belgian Cities [J]. Computers Environment & Urban Systems, 2013, 41(41): 234-248.

⑨　梅志雄, 徐颂军, 欧阳军. 珠三角城市群城市空间吸引范围界定及其变化[J]. 经济地理, 2012, 32 (12): 47-52.

⑩　刘梦丽, 王伟, 刘静玉, 等. 中原城市群城市引力范围界定及演变格局[J]. 地域研究与开发, 2017, 36 (04): 49-54.

⑪　高晓路, 许泽宁, 牛方曲. 基于"点-轴系统"理论的城市群边界识别[J]. 地理科学进展, 2015, 34 (03): 280-289.

⑫　潘竟虎, 戴维丽. 基于网络分析的城市影响区和城市群空间范围识别[J]. 地理科学进展, 2017, 36(06): 667-676.

⑬　席广亮, 甄峰. 基于大数据的城市规划评估思路与方法探讨[J]. 城市规划学刊, 2017(01): 56-62.

⑭　王成, 王茂军. 山东省城市关联网络演化特征——基于"中心地"和"流空间"理论的对比[J]. 地理研究, 2017, 36 (11): 2197-2212.

⑮　潘竟虎, 刘伟圣. 基于腹地划分的中国城市群空间影响范围识别[J]. 地球科学进展, 2014, 29(03): 352-360.

的流动①，公路与铁路客运流等数据反映不同距离下城市间人流与物流等要素的流动②；（2）数据可获取性，相比于百度指数等互联网数据，这三类流数据易通过网络爬取并在实践中推广；（3）数据适宜性，青岛等沿海城市区位优势显著且经济对外开放水平高，已成为众多 APS 企业的集聚地。

（二）山东半岛城市群空间范围的历史演变

山东半岛城市群空间范围经历了多次变迁，并且不同时期学者和政府提出的主张也不尽相同。北京大学周一星教授在 2003 年《山东半岛城市群发展战略研究》将烟台、威海、青岛、日照、潍坊、淄博、济南、东营八个城市作为城市群范围（8 城市方案）。之后，山东省人民政府在 2007 年颁布的《山东半岛城市群总体规划（2006—2020 年）》考虑滨州市邹平县与济南有着密切的社会经济联系，故将其与以上八个城市结合作为该城市群空间范围（8+1 城市方案），这一地域界定已成为学术界较为公认的山东半岛城市群范围。然而，2010 年后上述两个方案已经难以反映山东半岛城市群社会经济快速发展所导致的空间范围变迁。中国科学院方创琳研究员等学者在 2013 年将山东省除临沂、枣庄、济宁和菏泽四市之外的十三个城市作为山东半岛城市群的空间范围（13 城市方案），但该方案更多地基于属性数据而未能充分反映城市间多样复杂的功能性联系。山东省人民政府在 2017 年发布的《山东半岛城市群发展规划（2016—2030 年）》将 17 个城市全部纳入城市群（17 城市方案），但该方案更多服务于省域经济发展与兼顾各城市的利益诉求③。此外，国务院 2016 年批复的《中原城市群发展规划（2016—2020 年）》将菏泽、聊城作为中原城市群的组成部分，这与山东半岛城市群空间范围存在交叠。综上所述，山东省内和省外空间政策层面上的城市群范围划定在地域选择和时空延续上存在混乱、夸大和交叉，亟待通过多维多视角的分析对山东半岛城市群的合理范围进行核验。

（三）都市圈及其经济腹地识别的政策背景

党的二十大报告强调，城镇化既是经济发展的结果，又是经济发展的动力，是实现中国式现代化的必由之路。作为城市群的次一级空间单元，都市圈肩负着传导、执行和反馈城市群发展战略的重要职能，是我国推进新型城镇化战略、加快构建新发展格局、推动高质量发展的战略举措。因此，科学识别都市圈的经济腹地、有针对性地划定都市圈的地域范围对于拟定精准实施区域协同发展战略及其规划、有针对性地完善地域性产业链条和培育商品市场、科学合理地划定基础设施走向和选线等具有重要的政策研究价值。

---

① 路旭，马学广，李贵才. 基于国际高级生产者服务业布局的珠三角城市网络空间格局研究[J]. 经济地理，2012, 32 (04): 50-54.

② 陈伟，修春亮，柯文前等. 多元交通流视角下的中国城市网络层级特征[J]. 地理研究，2015, 34 (11): 2073-2083.

③ 2019 年 1 月，国务院批复同意山东省撤销原地级莱芜市，原莱芜市所辖区划归济南市管辖，并设立济南市莱芜区和钢城区。本节研究出于地域差异、数据衔接和政策一致性等考虑，在分析中仍将莱芜按照行政建制撤销前处理。因此，本节研究仍旧保持山东省 17 城市统计和区划口径。

党的二十大再次将"区域协调发展"放在一个非常重要的位置，反映出中央对这个时代发展的趋势有一个很重要的判断。通过区域协同解决国内发展不平衡不充分的问题、实现区域均衡发展和共同富裕是时代赋予我们的光荣使命。国内外先进城市发展经验表明，现代化都市圈是区域协同发展的"硬核"支撑和关键组成单元。2019 年，国家发展改革委发布的《国家发展改革委关于培育发展现代化都市圈的指导意见》提出"都市圈是城市群内部以超大特大城市或辐射带动功能强的大城市为中心、以 1 小时通勤圈为基本范围的城镇化空间形态"。作为实现地区经济增长的重要空间载体，都市圈本质是城市群内部核心城市与周边中小城市在分工与协作基础上形成的具有密切联系的一体化功能区域，其核心驱动力来源于资源在超越单一城市的城市体系内的集聚与优化配置。因此，本书充分考虑山东省地域间多元复杂的功能性联系，基于企业间内在自发的市场化联系以及城乡关联密切的公路和铁路交通联系空间格局，经过多种联系途径比选和综合，识别出山东省都市圈的空间范围（尤其青岛都市圈和济南都市圈），确认上述都市圈的经济腹地辐射范围。

二、山东省地域间联系空间格局

采用企业间经济联系、公路交通联系和铁路交通联系分别表征和揭示山东省城市—县区双尺度地域间联系的空间格局特征[①]。

（一）山东省企业间经济联系空间格局

基于 APS（高端生产者服务企业）网点数据，通过互锁网络模型构建山东省地域间联系矩阵并计算连通度。同时，利用 GIS 软件自然间断点分级法对连通度进行分级与展示，以初步揭示山东省不同尺度下地域间经济联系并初步划定都市圈空间范围以及核心城市的腹地。

在城市尺度，基于密切的经济联系，山东省城市间形成较明显的核心区。第一等级的城市间联系主要集中于青岛与济南两个核心城市，青岛与其他六个城市均形成较强的城市间关联带，而济南、烟台以及潍坊等对外联系数依次递减。尤其是青岛与济南成为山东省经济联系的重要影响源，支配着城市间资金等要素流动，并初步形成两大都市圈。APS 网点在开展业务时，也促进资源在城市间流动与集聚，并为济南与青岛都市圈的形成与发展奠定了基础。从单一连通度来看，青岛、济南、潍坊、烟台与威海位于前五名，对外联系程度处于第一等级并拥有较高的辐射能力。

在县域尺度，高等级经济联系主要分布于青岛等城市中心区且更集中于沿海地区。这与城市间连通度具有较高相似性，不仅反映了经济活动高度分离又局部集聚的特征，也说明这些城市中心区构成了都市圈的核心。其中，德州市德城区、淄博市周村区以及泰安市

---

① 具体计算过程请参考如下文献：马学广，唐承辉. 基于功能性联系的山东半岛城市群空间范围划定实证研究[J]. 经济地理, 2020, 40(05): 106-117.

泰山区等市区均与济南市辖区形成较高等级的企业间联系，并成为济南都市圈重要组成部分。同时，莱西市、莱阳市等与青岛市辖区形成较高等级的企业间联系，并成为青岛都市圈的重要组成部分。此外，威海、日照与东营虽与其他城市经济联系等级较低，但威海市环翠区、日照市东港区以及东营市东营区却与其他县区形成较多高等级的关联带，因此这些城市中心区对于烟台与临（沂）日（照）都市区的形成也奠定了一定基础。

（二）山东省公路客运交通地域联系空间格局

作为短距离的运输方式，公路客运是地域间直达的客运交通并具有显著的空间依赖性。在一定程度反映了地域间经济联系状况。基于公路班次数据，计算地域间往来频次与经停车次，并利用 GIS 软件依据自然间断点分级法对连通度进行分级与展示。基于公路客运流的地域间联系具有明显的向心性且分布不均衡，并对都市圈空间范围拓展产生了重要影响。

在公路客运流中，城市间联系呈现出明显的向心性与地域临近性。济南作为省会城市集中了最多的客流联系，并成为了网络中心。青岛由于地处边缘，并未与其他城市形成较多城市关联带。同时，济南与德州、聊城等周边地区联系密切，并构成高密度的网络，并使得这些地区成为济南都市圈的重要组成部分。青岛—潍坊、烟台—威海、济宁—枣庄以及滨州—淄博则形成了同城化取向的城市对。在县域联系中，网络呈现出多中心空间格局且高等级联系分布更均衡。济南、聊城与济宁等城市与周边县的公路客流往来均较为密切，日照、东营、滨州以及淄博缺乏第一等级公路客流联系。淄博虽缺乏第一等级客流联系但经停车次处于较高等级，说明它与其他地区客流联系较为分散。近年来，山东省交通基础设施不断完善，并形成四通八达的高速公路网，各城市与各县都成为网络中的组成部分。发达的高速公路网不仅缩短了地域间的时空距离，促进了沿线地区的经济发展，也使得城市间联系更为密切，并呈现出区域一体化发展趋势。

（三）山东省铁路客运交通地域联系空间格局

作为国民经济的大动脉，铁路客运承担着中长距离物质与信息的交换，也反映了地域间相互作用强度，山东省铁路客运网络受铁路干线影响显著并呈现出"T"字形的空间结构。

在铁路客流网络中，城市间联系差异明显且形成了"一横一纵"两条客流带。一横是沿胶济线的济南—青岛客流带，一纵是沿京沪线的德州—枣庄客流带。它们处于强连接状态，并主导城市群内部人流、物流等要素流动方向与强度。随着青烟威荣高铁的开通，青烟威之间城际客流来往频繁，也形成了高等级城市间联系。同时，济南等在青岛换乘后可直接到达烟台和威海，为内陆与沿海城市间经济联系奠定了良好基础。此外，该网络也呈现出显著的核心边缘特征，济南与青岛经停车次均超过了 1500 而成为整个网络的核心。

在县域网络，高等级客运流联系主要分布在胶济线与京沪线山东段的城市及其县域间，并呈现"T"字形空间架构。说明这两条铁路干线，对于山东省城镇体系发展与空间结构发育具有重要作用。尽管县域网络与城市网络具有较高相似性，但由于京沪线在曲阜市设置站点，使其与济南形成第一等级客流联系。济宁与沿线其他城市联系数量却相对较少，反映了高速铁路建设虽促进沿线城市与区域要素流动，但也拉大地域间发展差距。尤其是未设置高铁站点的菏泽、临沂与东营等城市及其县仍处于客流网络的边缘，尚未与其他城市或县形成高等级的对外联系，影响了城市群一体化水平的提高以及资源高效配置。

（四）复杂网络下山东省城市间地域联系格局

前文分析中，山东省城市与县域网络呈现出明显的核心边缘特征且联系分布不均衡。但未准确识别网络中不同节点的重要性与对外辐射强度，因此利用社会网络分析 Ucinet 软件基于节点中心度生成拓扑网络（如图 1-8 所示）。在该网络中，青岛与济南中心度最大并成为全省城市联系的影响源。潍坊、烟台与淄博等节点度也较高而成为次级节点。但日照、莱芜、聊城、菏泽处于网络的边缘，说明它们在复杂网络中资源控制与集聚能力也最弱，处于拓扑网络的外围。在县域尺度，高度值节点主要是城市中心区，其次是临近中心区的县级市，最低则为离市中心最远的县，这与连通度插值结果较为类似，反映出拓扑网络与地理网络存在较高的一致性。

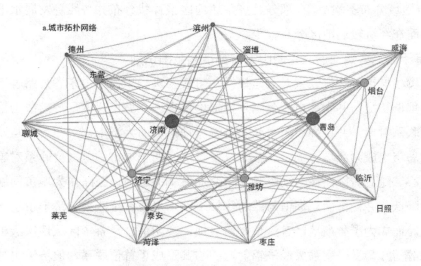

图 1-8　基于节点中心度山东省地域间的拓扑网络

三、山东省都市圈空间范围识别

（一）基于山东省企业间经济联系的都市圈范围识别

从企业间经济联系下山东省城市尺度首位/次位联系规模来看，青岛市首位/次位联系规模均为最大值，充分体现了青岛市在山东省尺度中的经济中心地位。尤其是潍坊、日照以及烟台等多个城市均成为青岛的首位联系对象，从而成为青岛都市圈的重要组成部分。济南凭借着政策与信息优势的影响也吸引众多 APS 进驻，成为德州、泰安、莱芜等多个城市首位联系对象。尽管烟台首位联系对象是青岛，但它和威海也形成首次位联系，说明烟台和威海间也存在较为密切的经济联系。临沂和日照首位联系对象虽然都是青岛，但二者间也形成次位联系，表明二者间也存在着较为密切的经济联系。此外，城市首次位联系规模随着烟台、潍坊、淄博等城市的不断崛起，山东省传统济南—青岛双中心格局逐渐被打破，并呈现出一定的多中心发展趋势。

在县区尺度，青岛市的市南区、市北区以及崂山区等多个城市由于经济和人口规模较大，分布着较多的 APS 企业，首位/次位联系规模位居山东省前列。同时，市南区等青岛市辖区也与潍坊的诸城、烟台的莱阳以及日照的岚山区等多个县区均形成首次位联系，使得这些县区在县域尺度上成为青岛都市圈的组成部分。济南市的市中区、槐荫区以及历下区凭借着独特信息与政策资源也吸引众多 APS 进驻，并成为长清区（济南市）、邹平市（滨州市）以及齐河县（德州市）等多个县区的首次位联系对象。同时，烟台市芝罘区、寿光市（潍坊市）也成为邻近县区的首次位联系对象，使得县域尺度上山东省网络结构也呈现出多中心趋势。尽管临沂市兰山区、滨州市滨城区以及泰安市泰山区等在区县尺度中连通度较高，但其周边县区经济发展速度较慢，导致首次位联系数量总体较少。这体现出山东省 APS 网点地域分布不均衡，在部分经济发达地区呈片状分布并与经济发展水平有较强的经济联系，而在经济较弱地区分布较少。

（二）基于公路客运交通联系的山东省都市圈范围识别

通过分析各城市首次位联系对象与规模，可较为进一步揭示山东省公路客运网络中地域间联系的集群特征，并为都市圈范围划定提供依据。在城市尺度，济南成为德州等七个城市首次位联系对象，并主导省内中西部资源流动，从而为济南都市圈形成与发展奠定较好基础。青岛市也成为潍坊、烟台、威海以及日照等四个城市的首次位联系对象，而成为东部客流中心。随着城际高铁与动车等新型交通方式的出现，公路作为城市间联系载体的重要性逐渐降低，并使济南、淄博与潍坊等城市间未形成首位联系。济宁市也集中四条首次位联系线，而成为了鲁南地区客流重要集散地，说明济宁具备了区域性次级中心功能。然而，临近的菏泽却受济南强大经济辐射，并与其形成了首位联系，但济宁也与菏泽形成了首位联系。此外，临沂和日照互相成为了对方首位联系对象，说明二者之间客运联系较密切。

在县域尺度，城市内部联系仍强于外部联系，表现出显著的行政区经济。在行政边界影响下，各城市均成为县域首次位联系的主要对象。该网络中，县域间联系数量由西向东逐渐减少。济南集中了众多首次位联系，并成为了公路客流网络的核心。青岛等沿海城市处于整个网络的边缘地带，导致其联系较为分散且规模较小。此外，菏泽、滨州等部分县域在济南强大吸引下与其产生了密切联系，日照与潍坊部分县域也受到青岛辐射而形成了跨边界联系线，说明区域中心城市经济辐射与带动作用对于都市圈协调发展具有极其重要的意义。

（三）基于铁路客运交通联系的山东省都市圈范围识别

济南与青岛作为山东半岛城市群的中心城市，基于密切的贸易往来对周边地区产生强大辐射力，并影响着城市群整体发展。通过计算济南与青岛两小时与三小时铁路客流通勤范围，分析二者经济作用强度较为强烈的地区，以作为其影响范围。在城市尺度中，济南两小时通勤范围包括滨州、聊城以及泰安等城市，青岛两小时通勤范围主要包括潍坊、威海与烟台等城市。在三小时通勤范围中，济南与青岛之间也形成客流联系。但菏泽、东营、临沂与日照均与两大中心城市相距较远且缺乏高速列车往来，脱离了该通勤圈。县域通勤范围与城市尺度也较为相似，滨州、德州等城市及其县与济南形成两小时或三小时通勤圈。烟台与威海及其县主要与青岛形成两小时通勤范围。不过，滨州、德州以及菏泽外围县域却在济南三小时通勤圈外，烟台部分县域也在青岛三小时通勤圈外。表明这些县域受到济南与青岛经济辐射有限，暂不划入济南都市圈或青岛都市圈的空间范围。

四、山东省城市经济腹地范围确认

（一）基于企业间经济联系的山东省城市经济腹地范围确认

为分析节点联系强度的空间分布特征，计算各地域单元在网络中连通度并进行插值分析。在城市尺度中，该网络具有明显的核心边缘特征并形成三条跨地域关联带。城市间联系沿济南—青岛、烟台—临沂以及济南—济宁三条关联带向东西与南北方向拓展，并初步形成青岛与济南双中心以及临沂与济宁两个次中心。济南的经济腹地主要集中在德州、淄博以及泰安等地区，青岛的经济腹地主要集中在潍坊、烟台的海阳以及莱阳等地区。然而，莱芜、枣庄与日照分布着较少的 APS 网点，尚未与其他城市形成密切的经济联系，处于网络的边缘地带。此外，菏泽 APS 企业数量也较少，暂时未能成为济南的经济腹地。

在县域尺度中，网络碎片化较为严重且连通度大致由城市中心区—县级市—县递减。青岛与济南形成了辐射范围广泛的腹地，其他地级市仅中心区形成了小范围经济腹地。同时，县域网络中德州市庆云县和夏津县以及枣庄市山亭区等，由于 APS 网点数量很少而成为空间联系的孤岛，暂不作为核心城市的经济腹地。此外，日照市东港区基于优越的地理位置吸引着较多 APS 企业集聚而形成县区间联系的高地，说明日照市总体经济规模有限但城市中心区仍处于网络的核心地带，受到青岛强大的经济辐射并成为其重要的腹地。

（二）基于公路客运交通联系的山东省城市经济腹地范围确认

由于公路客运联系网络密度较高且地域单元间联系较分散，城市经济腹地难以精确识别。在城市层面，以济南为中心形成济南—青岛、济南—济宁、济南—聊城、济南—德州四条关联带且向东西南北四个方向拓展，但济南、淄博与潍坊之间客流联系最密切。青岛由于地处边缘，公路客流集聚性更小仅形成一定范围腹地，影响范围涉及潍坊与烟台的部分地区。济宁与临沂也形成了次一级高地，但二者间尚未形成强关联带，说明鲁南经济带的发展尚需增强其经济联系。同时，网络中菏泽与日照由于地处边缘与省内其他城市间联系较为缺乏。莱芜虽临近济南但经济总体实力有限，导致客流集聚水平较低。县域尺度中，地域间联系呈现出整体分散而局部集中的拓扑特征。除德州、菏泽、日照、莱芜、枣庄外，其他城市均形成了显著的客流联系高地，并对周边县产生一定辐射力。同时，该网络中形成了聊城—青岛、滨州—济宁以及临沂—烟台长距离不连续脊带，说明大部分城市与县公路客流联系较密切。

（三）基于铁路客运交通联系的山东省城市经济腹地范围确认

作为区域交通便捷程度的重要指标，可达性系数越小表明城市或县域实际通达性越好，城市群内部客流往来也越频繁。在城市尺度，可达性系数较低区域主要集中在已开通高速铁路的胶济沿线与京沪山东段沿线，表明高速铁路的建设极大缩短了沿线地区时空距离。在空间分布上，可达性系数呈现出一定的核心—外围格局，其中济南与青岛等核心城市可达性系数较低而菏泽与日照等外围城市可达性系数较高。此外，由于可达性作为一个综合性指标受到铁路干线布局、经济规模以及人口密度等因素影响，从而使可达性系数为1的等值线明显被扭曲，并出现单独闭合圆环。在县域尺度中，可达性系数空间分布与城市尺度大致相似，胶济与京沪两大铁路干线密切了沿线地区社会经济联系，并使得其可达性系数普遍低于1。同时，可达性系数空间分布更加不均衡并反映区域经济发展差距，既表现为以青岛为中心的沿海区域可达性优于中西部地区，也体现为市辖区可达性优于周边县。特别是未设置客流站点的鲁北、鲁中等部分县可达性最差，有待于新建高速铁路干线将其纳入客流网络。

（四）企业和交通复合视角下山东省都市圈范围的识别

在单独的要素流中，都市圈范围仅是城市间某一方面联系的体现，而三种流数据共同的都市圈地区则表明这些城市与县在不同类型的城市网络中均存在密切的经济联系[①]。其中，APS 网点数据集中表征了企业间经济关联，而公路与铁路客运交通数据则反映不同距离下城市间人员与物流的往来，通过这三种空间联系数据可以较全面揭示都市圈内部的功能性联系，并且避免了单一要素与方法识别都市圈空间范围与确认核心城市经济腹地的片面性[②]。因此，综合考虑不同尺度下地域间联系特征与结构，从而综合界定都市圈的空间范围以及核心城市的经济腹地。

前文分析中，济南主要与德州、莱芜以及泰安等邻近地区形成较高等级的地区间联系，并且成为这些地区首次位联系对象。尽管德州西部县区与济南市辖区距离较远，通勤时间普遍超过三小时，但随着高速铁路建设，德州与济南城市间社会经济联系日益密切，从而

---

① 牛亚菲，宋涛，刘春凤，等. 基于要素叠加的旅游景区经济影响域空间分异——以八达岭长城景区为例[J]. 地理科学进展，2010, 29(2): 225-231.

② 韩刚，袁家冬. 论长春都市圈的地域范围与空间结构[J]. 地理科学，2014, 34(10): 1202-1209.

成为济南都市圈的重要组成部分。作为山东省东部的核心城市，青岛与潍坊、日照等城市形成较为密切的社会经济联系，并成为这些城市辖区的首次位联系对象，从而将日照和潍坊作为青岛都市圈的空间范围。此外，烟台的莱阳、海阳以及莱西等三个县级市与青岛社会经济联系也较为密切，并且主要以青岛及其市辖区作为首次位联系对象，从而也成为青岛都市圈的重要组成部分。尽管在城市尺度，烟台首位联系对象是青岛，但烟台与威海较多辖区到青岛通勤时间超过三小时，难以成为青岛都市圈的组成部分。近年来，烟台随着经济的快速发展，已经成为山东半岛城市群重要的城市节点，并引领着周边地区快速发展。同时，烟台与威海之间也形成了首次位联系，并且二者多个县区间社会经济联系较为密切，因此将烟台与威海作为山东半岛城市群重要的都市区，以带动城市群东北部地区的社会经济发展。

作为山东省南部地区的重要城市，济宁、菏泽以及枣庄等地区近年来虽获得了较快发展，但总体经济规模仍相对较低且尚未形成明显的核心城市，难以作为单独的都市圈或者都市区。同时，济宁等城市与济南和青岛两大核心城市通勤时间普遍超过三个小时，且社会经济联系也较为薄弱，难以成为济南都市圈和青岛都市圈的组成部分。此外，济宁、枣庄和菏泽等城市相互间虽然存在一定的社会经济联系，但总体发展仍较为不足，尚未形成单独都市圈。因此，将济宁、枣庄、菏泽以及临沂作为鲁南重要发展经济带，并亟待通过高速铁路等基础设施建设强化鲁南地区社会经济往来，推动山东半岛城市群高质量发展。滨州的邹平县由于与济南存在较为密切的社会经济联系，并且到济南的通勤时间也低于两小时，从而将其作为济南都市圈的重要组成部分。然而，东营和滨州的大部分县区与济南社会经济联系较为不足，较多县区与济南通勤时间超过三个小时，难以成为济南都市圈的组成部分。近年来，随着工业化和城镇化的快速发展，东营和滨州经济与人口规模也获得一定提高，并且相互间形成一定的社会经济联系，因此将二者作为东滨都市区以带动山东半岛城市群北部地区发展。

五、山东半岛城市群地域范围确定

（一）基于企业流不同尺度城市群空间范围识别

基于城市与县域网络的空间联系特征与节点中心度变化规律，发现处于越接近核心位置的节点联系越密切且拥有越高节点中心度，主导着城市群内部联系强度与方向，可将这些城市作为城市群的核心区。具体而言，在城市层面，城市群空间范围主要是青岛、济南、潍坊、烟台、威海、东营、滨州、淄博、临沂、济宁、德州、泰安、菏泽等十三个城市，其中，核心区有九个城市（青岛、济南、烟台、潍坊、东营、淄博、临沂、济宁、菏泽）而边缘区有四个城市（滨州、德州、泰安、威海），莱芜等四个外围城市（莱芜、日照、枣庄、聊城）未能进入城市群的范围。在县域层面，城市群的空间范围与城市尺度具有较高相似性但总体范围更小。

（二）基于公路客运流城市群的空间范围识别

汇聚首次位联系数量越多的城市，资源集聚能力越强，从而对周边地区的辐射能力也越强。因此，通过首次位联系揭示城市集群与中心城市的辐射范围，并结合地域间联系及其集聚程度综合划定城市群空间范围。随着公路基础设施不断完善，山东省形成了以济南为中心的高密度网络，城市间交流与合作获得了较大提升，并促使各城市与县域成为网络中的重要节点。因此，将全部城市与县域均纳入城市群范围，并利用首次位联系格局识别各城市影响区。具体而言，当某城市与另一城市（县）形成首位联系则划入该城市影响区，若未形成首位联系则依据次位联系划分影响区。

在城市尺度，公路网络形成了济南、青岛、济宁与临沂为中心的四大影响区。济南与青岛分别成为省内中西部地区和东部地区客流中心，济宁成为次一级客流中心。临沂与日照互为对方的首位联系对象，并形成以临沂为中心的影响区。同时，淄博和威海首位联系对象分别为滨州与烟台，但次位联系对象分别是济南与青岛，说明它们与两大中心城市也存在密切联系，可分别作为两大中心城市影响区。此外，菏泽与济南形成首位联系，但它与济宁也形成了首位联系。基于地域临近性，暂将菏泽与济宁划分到同一影响区。在县域尺度，各城市成为邻近县域首次位联系的主要对象，形成了以各城市为主的影响区，并与其行政区划较吻合。

（三）基于铁路客运流的城市群空间范围识别

通勤时间影响了人财物等资源流动与集聚的便捷程度，避免过长的交通时间成本是实现城市群一体化的要求。目前，城市群空间影响范围主要在距离中心城市两小时与三小时通勤圈。若距离中心城市超过三小时则说明其交通通达性较差，难以形成区域一体化[①]，从而通过限定中心城市的通勤圈范围，并结合地域间联系综合划定城市群范围。

在城市尺度，滨州等十三个城市属于济南或青岛两小时通勤圈内，可纳入城市群的范围。东营、菏泽、临沂以及日照均不在济南或青岛三小时通勤范围内，不纳入城市群的范围。在县域尺度，城市群空间范围与城市尺度较为相似，主要为济南与青岛三小时通勤范围内的城市及其临近县。但由于部分县未设置火车站点或经城市中转，难以在三小时到达中心城市，导致县域城市群范围小于城市尺度。

（四）基于多元流的山东半岛城市群空间范围划定

在单独要素流，城市群范围仅是城市间某一方面联系的体现，而三种流数据共同划定

---

① 薛俊菲，陈雯，曹有挥. 中国城市密集区空间识别及其与国家主体功能区的对接关系[J]. 地理研究，2013，32 (1)：146-156.

的城市群则表明这些地区在不同类型的城市网络中均存在密切的经济联系[1]。高端生产者服务企业（APS）网点数据表征了城市间企业关联，而公路与铁路客流数据反映不同距离下城市间人员与物流的往来，通过这三种流数据可以较全面揭示城市群内部的功能性联系，并且避免单一要素与方法划定城市群空间范围的片面性[2]。因此，将三类数据中城市群范围的交集作为山东半岛城市群的空间范围。在交集范围中，城市群间资金、人员以及物流等资源流动与集聚十分迅速，实现城市群的一体化难度较小[3]。

在城市尺度，济南、德州、滨州、淄博、泰安、济宁、潍坊、青岛、烟台和威海等十个城市基于良好的企业连通度与交通可达性，形成了密切的经济联系并处于三种要素流的交集区域。同时，隶属于这些城市的半数以上的县区也形成了密切的联系，从而在县域尺度也成为要素流的交集区域。综合城市与县域尺度的地域间联系，将这十个城市作为山东半岛城市群的空间范围。虽然东营与临沂在企业流与公路流中与其他城市存在较密切的联系，但大部分县与中心城市的通勤时间均超过了三小时，未能成为铁路客流的城市群地区。聊城、莱芜以及枣庄仅在铁路与公路网络拥有较好联系，但大部分县高端生产者服务企业（APS）网点数量较少而未能形成密切的企业间联系。菏泽与日照两个边缘城市仅在公路网络存在一定的联系，大部分县域企业关联不足且铁路通勤时间也较长，导致生产要素流通与集聚能力较欠缺。此外，由于经济规模与城镇化水平有限，县域城市群范围总体小于城市尺度。

（五）山东半岛城市群空间范围的调整

作为城镇化发展的高级形式，城市群通过产业与交通网络形成了密切的社会经济联系。因此，基于多元流数据表征城市间联系，并将联系密切的地区作为城市群的空间范围。但城市群作为地域临近的城市区域，对其空间范围划定需考虑空间连续性。此外，城市群是国家新型城镇化的空间平台，承担着提升区域竞争力与优化国土空间布局的重要使命，对其空间范围划定也应考虑国家战略对区域发展的定位。因此，在功能性联系划定基础上，结合空间连续性与国家战略对其范围进行调整，形成三种方案并对其优缺点进行比较，最终划定山东半岛城市群的空间范围。

方案一：基于前文分析，将莱芜也纳入城市群范围。在《山东省城镇体系规划（2011—2030年）》中，莱芜作为济南都市圈的重要城市且强化了与济南一体化发展。随着2016年济莱协作区正式成立，济南与莱芜积极开展高铁建设、产业协作等众多项目，极大促进了二者资源流动与经济融合。此外，莱芜处于山东省的几何中心。这样形成的山东半岛城市

---

① 顾朝林，王颖，邵园，等. 基于功能区的行政区划调整研究——以绍兴城市群为例[J]. 地理学报，2015, 70 (8): 1187-1201.

② 牛亚菲，宋涛，刘春凤，等. 基于要素叠加的旅游景区经济影响域空间分异——以八达岭长城景区为例[J]. 地理科学进展，2010, 29(02): 225-231.

③ 韩刚，袁家冬. 论长春都市圈的地域范围与空间结构[J]. 地理科学，2014, 34(10): 1202-1209.

群范围包括：济南、淄博、德州、滨州、泰安、济宁、潍坊、青岛、烟台和威海（排除东营、聊城、菏泽、枣庄、临沂和日照）。

方案二：将莱芜、东营与日照纳入城市群范围，形成十三个城市构成的城市群。东营和日照在铁路客流中未成为城市群的一部分，但二者均属于山东半岛蓝色经济区的城市，对于海洋经济发展具有重要作用。此外，东营还是黄河三角洲高效生态经济区的重要城市。方案二与方创琳研究员提出的山东半岛城市群空间范围较接近①。但相比于聊城，济宁高端生产者服务企业（APS）网点数量更多且铁路通达性更好，进而成为城市群的一部分。这样形成的山东半岛城市群范围包括：济南、淄博、德州、滨州、东营、泰安、济宁、潍坊、青岛、日照、烟台和威海（排除聊城、菏泽、枣庄和临沂）。

方案三：将十七个城市纳入城市群范围，但将十三个城市作为城市群核心区，聊城、菏泽、枣庄与临沂等四个城市作为未来拓展区。目前，聊城等四个城市高端生产者服务企业（APS）发育较为不足且铁路通达性也较差。随着未来山东省"三横五纵"快速铁路网建设与产业协同发展，它们与其他城市间联系将获得增强。因此，也可将它们作为城市群的未来拓展区。

综合三种方案，笔者认为方案二划定的山东半岛城市群空间范围目前较合适。该方案中，十个城市在不同要素流中均存在密切的经济联系，并且综合考虑莱芜、日照以及东营的地理特殊性、海洋经济发展以及国家战略等因素，揭示了山东半岛城市群的实际发育程度并为城市群空间战略的制定与实施提供了科学依据。

六、山东省空间政策载体关系建议

近期胜利闭幕的党的二十大再次明确了"以城市群、都市圈为依托构建大中小城市协调发展格局，推进以县城为重要载体的城镇化建设"的城镇化发展战略，对我国今后城镇化发展路线的选择具有非常重大的指导意义，这一战略论断既是对我国改革开放以来城镇化战略的继承和发扬，又是适应新时代社会经济发展实践的重要创新。

改革开放以来，我国城镇化发展的政策载体经历了 20 世纪 80 年代"限制大城市规模、优先发展小城镇"、2006 年"十一五"规划"把城市群作为推进城镇化的主体形态"、 2019 年国家出台《关于培育发展现代化都市圈的指导意见》、2021 年"十四五"规划和 2035 年远景目标纲要"以城市群、都市圈为依托促进大中小城市和小城镇协调联动、特色化发展"、2022 年国务院印发《关于推进以县城为重要载体的城镇化建设的意见》等曲折发展、渐次演变的过程，城市群、都市圈和县城建设在构建新发展格局中发挥着分工不同但愈益重要的政策载体作用，城市群作为国家新型城镇化主体的战略引领地位进一步提升，都市圈作

---

① 方创琳，毛其智. 中国城市群选择与培育的新探索[M]. 北京：科学出版社，2015.

为城市群高质量发展的战略支撑地位进一步明确，县城作为都市圈高效能治理的核心平台地位进一步确立。在区域发展过程中如何理顺城市群、都市圈和县城等新型城镇化发展政策载体的关系，对于促进区域协调发展、深入实施区域协调发展战略既是题中应有之义，又具有非常重要的理论探讨价值和政策实践意义。

经过改革开放40余年来的快速发展，山东半岛城市群人口和经济规模持续壮大，已经成为继京津冀、长三角和珠三角之后的重要区域性城市群之一。作为山东半岛城市群的"双中心"城市，青岛市和济南市均已在人口规模上跻身特大城市之列、在经济规模上进阶万亿元GDP俱乐部，展示出较强的集聚效应和经济实力。但与上述发达城市群相比，山东半岛城市群综合竞争力仍有不足，发展的不平衡不充分问题仍然突出，政策载体之间的职能分工混乱无序。

（一）山东省新型城镇化发展政策载体存在的问题

第一，城镇化发展政策载体杂乱无序、相互叠加且互为掣肘。国家尺度的城市群战略不断被拆解和具体化为地区尺度的各种都市圈/区战略，不同尺度的空间战略相互干扰，导致空间政策的稳定性较差，政策延续性和权威性受到质疑；国家战略区域（蓝、黄）和省域战略区域（山东半岛、省会都市圈）的叠加加剧了区域空间政策的破碎化；中心城市的空间极化与周边城市的"陷落"并存，打造区域性（国家）中心城市的冲劲和促进区域协调发展的压力并存；周边地区区域发展战略（京津冀协同、中原城市群、徐州都市圈等）的实施造成山东区域的内向凝聚力不足而外部压力不断增加，区域破碎化趋向日益明显，外围地区"离心"区域以何种形式和功能融入城市群发展始终是最大的难题。

第二，区域中心城市的综合实力有待提升，城乡区域差距依旧巨大。2018年初，人民论坛测评中心基于经济、创新、开放和支撑等功能，对19个副省级以上城市的城市能级进行测评，结果显示济南市和青岛市分别名列倒数第3和倒数第8，间接证明济南和青岛两市在国家城市体系中地位不高的现实。提升济南市、青岛市两大中心城市综合实力，将成为未来一段时间内山东半岛城市群发展破局的重要切入点。虽然山东半岛蓝色经济区、黄河三角洲高效生态农业示范区以及省会城市群、西部隆起带等一系列区域发展战略的实施使得山东半岛城市群城乡区域相对差距总体趋于缩小，但城乡区域绝对差距显著扩大。

第三，城市间产业同质化竞争激烈，区域协作不够广泛深入。城市间密切联系和深度合作是区域一体化的内在要求，山东省经济文化联系与分工合作水平正随着城市基础设施的优化和城镇化水平的提升而逐渐成形，但总的来说分工合作水平仍不够理想，地理邻近城市产业布局与发展战略接近导致城市间竞争较为激烈，城市间同质竞争、零和博弈现象仍很普遍，资源要素大多依托行政等级配置，市场配置资源的方式单一、程度较低。

第四，行政边界地带跨政区环境污染问题严重。行政边界地带往往是资源密集区、生态敏感区和经济欠发达区，沉积了大量的矛盾和冲突，并成为山东省城镇化发展过程中的薄弱环节。由于涉及不同政府与部门管辖范围，这些地区在资源利用与环境管理等方面存在着复杂权力与利益的掣肘，导致单一政府或部门难以依靠自身权限解决跨区域性环境治理与公共物品供给等问题。由于管辖权限的地域局限性，城市政府未能对跨政区环境问题进行有效治理，使得区域大气与流域污染问题突出，流域治理中河流上下游环境冲突较为普遍。

第五，地区间跨政区合作的政策工具残缺。"政策工具"是政府用以实现区域政策目标的一系列机制、手段、方法和技术，是政策目标与政策结果之间的纽带和桥梁。政策工具残缺是目前国内跨政区合作治理的普遍问题。在国外，已经形成一套组织完善、设计精细、有的放矢的区域政策工具作为保障框架，主要包括以财政政策、税收政策以及机构化基金、聚合基金、团结基金等为主要内容的经济工具，有效保证区域政策权威性、稳定性、连续性的法律工具。山东省城市间的跨政区合作，法律工具方面虽然有城市间签订的契约性的合作协议，但相对于正式的法律条文来说，合作协议难以保证其约束性、规范性与权威性。

第六，区域跨政区合作参与主体单一。跨政区合作中参与主体单一是我国当前区域合作与治理普遍存在的问题，从欧盟和美国的经验看，其区域治理的主体是多元化的，包括联邦政府、州政府、地方政府、非政府组织、私人部门与社区公众等，从而构成了多元利益主体协同治理区域公共事务的开放式、网络化、协作性公共管理格局。山东半岛城市群跨政区合作中参与主体以政府部门为主，行政色彩极为浓厚，社会组织、私人部门与公众参与的广度和深度不够，参与主体单一，难以实现各方面资源的最大化配置与利用。

（二）山东省新型城镇化发展政策载体关系调整的对策建议

第一，继续坚持城市群战略作为山东省新型城镇化发展的首要战略。首先，以港口、机场、铁路、公路和物流节点为重点，进一步完善综合交通走廊以支撑城市群的发展。其次，积极引导城市空间向主要经济联系方向扩展，位于发展走廊上的城市要沿发展走廊向经济联系的主导方向扩展，偏离发展走廊的城市要沿着主要经济联系方向向发展走廊靠拢。

第二，提升中心城市能级，引导济南和青岛错位发展，培育全球城市。实施以强化竞争优势为目的的中心城市带动战略是加快山东半岛城市群发展的重要举措。首先，向旧金山和东京等全球湾区城市看齐，引导青岛市向湾区城市发展。加快青岛、黄岛之间大容量快速交通干道系统建设，将城阳、即墨、胶州和胶南纳入统一的城市规划，拉开青岛都市区的空间框架，做强龙头城市。其次，围绕济南发展核心，推进济南都市圈一体化和济淄泰莱同城化，加速形成区域内一体化互动机制，在产业经济、基础设施、社会保障、环境保护等方面强化协调。

第三，以中心城市为核心，以紧密经济联系和一小时通勤圈为主要依据，高质量建设青岛都市圈和济南都市圈，作为振兴山东经济的增长极。首先，完善都市圈内部轨道交通线网，提升水利、能源等基础设施共建共享水平，形成功能互补的基础设施体系。其次，合理组织都市圈功能空间，构建横向错位发展、纵向分工合作的城镇发展格局，促进都市圈在统筹资源要素和参与区域竞争中发挥更加重要的作用。具体而言，以青岛都市圈为龙头统筹沿海港口发展，完善海河、海公、海铁等多式联运体系，形成布局合理、功能完备、分工明确的现代化港口群；以济南都市圈为重心，优化机场资源布局，促进机场群合理定位和专业分工，提升面向国际和国内主要中心城市的可达性。再次，在都市圈内，统筹布局教育、卫生、文化、体育和养老设施，实现基本公共服务均等化、便捷化和高效化，构建适合都市圈发展要求的公共服务体系和安全保障体系。

第四，以县城为极核、高速高铁和公路网络等基础设施廊道为支撑，打造区域经济发展支点城市网络体系。受丘陵山地和河流海岸等自然本底因素限制，镶嵌在山东省支点城市网络体系上的中心城市数量偏少，城市链条中存在明显的"塌陷"环节，如青岛—潍坊、青岛—烟台之间存在范围较大的经济低谷地区，县城数量少、规模小、经济薄弱。建议选择高密、诸城、莱阳、龙口等中等城市给予重点扶持，培育新的城市增长点。

第五，培育一批"小而精""大而专"的特色化专业化城镇，打造新的经济增长点和空间增长极。这些专业化城镇大多位于城市郊区、分布于高铁和高速公路等城市主要干道沿线，采取"弹性专精"的后福特主义生产方式、以产业集群的组织形态在单一领域拥有非常高的市场占有率，比如青岛市"动车小镇"和"橡胶谷"、济南市"雪野旅游区"和"中欧装备制造小镇"等，以嵌入全球化的产业链条和产城融合的方式引导关联产业空间集聚并带动地方发展。

第六，高度重视行政边界地带"问题区域"的跨界公共服务问题，为区域公共产品的生产塑造合宜的体制环境。首先，行政边界地带往往是资源密集区、生态敏感区、民族聚居区和经济欠发达区，沉积了大量的矛盾和冲突，建议打破行政区划对生产要素流动的限制，化解行政边界地带广泛存在的跨界冲突和矛盾，强化行政边界地带的资源融通和聚合能力，构建新的法律规制、制度安排和空间秩序，以有效解决多重行为主体之间跨行政区的利益冲突与协调问题，将以邻为壑的行政边界地区转化成为物资交流的前沿地带。其次，建立相对统一的区域公共物品生产、分配与消费体制。建议强化区域性交通、生态、水利、市政工程等物质性设施的联合兴建，以及区域性财税、社保、教育等非物质性制度环境的一体化，行政边界地区各层级政府联合应对超越单一政府权限的区域公共物品生产、分配和消费问题，从制度环境的一体化入手构建相对统一的体制环境。

第七，优化统筹山东省新型城镇化发展政策载体关系，处理横跨性公共议题、构建跨域治理机制。整合城市群、都市圈、县城、中心城市、专业化小城镇以及行政边界地带处理公共议题时各城市、各部门和各社会阶层等权力掣肘、利益相左、关系纷纭复杂的利益相关者关系，解决好各层级新型城镇化发展政策载体以邻为壑、地方保护主义、行政分割与社会经济资源的非整合性等问题，通过协同治理解决与日俱增的跨政区、跨部门、跨领域的横跨性公共议题。建议层级新型城镇化发展政策载体从各自实际出发，根据跨界公共问题的基本属性、资源配置、权责分担及不同主体特性等因素，建立适当的跨域治理机制。

第二章 尺度政治与制度化空间重塑

尺度政治理论产生于生产方式的变革与全球化的深入发展、新自由主义的兴起与治理方式的转型以及西方人文社会科学的尺度转向等实践和理论背景中，其研究经历了由重点关注尺度的政治建构到重点关注行动者的话语和实践的转变。以此为基础，从结构—行为—行动者视角可以总结出尺度政治研究的三个方向：作为政治过程的尺度结构转变、跨尺度的政治行为与策略以及跨尺度的政治行动者联系网络。

第一节 尺度政治理论发展脉络及其研究聚焦[①]

伴随着西方人文社会科学的"尺度转向"，"尺度政治"（Politics of Scale；Scale Politics；Scalar Politics）成为一个重要的研究主题。这一主题来源于尺度的社会建构观点，即在承认尺度由社会过程所生产和建构的基础上，进一步强调这一社会过程的政治性，即尺度的"政治建构"[②]。在此基础上，西方学者开展了大量尺度政治的理论和实证研究，这些研究也同尺度本身的研究相互交织。

与此同时，改革开放以来我国的积累体制和调节模式发生剧烈重构，尺度间关系也随之发生转变，如各类经济技术开发区、出口加工区等在国家经济发展中占据越来越重要的地位；与此同时，互联网等传播媒介的兴起、公民意识的提高等使得社会冲突事件更容易引起大范围的关注，行动者也更容易利用这一斗争尺度的提高来实现其特定目标。在这一背景下，城市、国家等尺度之间关系转变的动因、过程以及行动者对尺度的运用等问题值得进一步研究，而尺度政治正为这些研究主题提供了一定的理论基础。

---

① 本节内容修改自如下论文：马学广，李鲁奇. 国外人文地理学尺度政治理论研究进展[J]. 人文地理，2016, 31(02): 6-12.
② Delaney D, Leitner H. The Political Construction of Scale[J]. Political Geography, 1997, 16(02): 93-97.

一、尺度政治理论的研究背景

尺度政治理论是伴随着 20 世纪 70 年代以来剧烈的"全球重构"[①]而发展起来的，这一过程以全球化的深入发展为基础，伴随着福特-凯恩斯主义的危机、新自由主义的兴起等一系列相互交织的政治经济转变。与此同时，西方人文地理学也经历了制度、文化、关系和尺度等多重转向[②]。这些现实和学术背景为尺度政治的研究提供了实践和理论基础。

（一）生产方式变革与全球化的深入发展

20 世纪 70 年代，北大西洋福特主义（Fordism）积累体制开始出现一系列危机，原有的标准化、大规模的生产方式的弊端逐渐显露出来。在此后的一二十年中，这一生产方式逐渐被强调定制化、区域竞争的后福特主义（Post-fordism）所取代。与此同时，随着全球化的深入发展，生产组织方式也发生变革，跨国公司在全球资本体系中占据越来越重要的地位。这些转变重构了原有的尺度结构，同时也为行动者的政治动员提供了条件。一方面，定制化、竞争导向的生产策略使得特定城市或区域在资本积累中地位日益突出，进而使城市、区域与国家等尺度间关系发生转变；而跨国公司日益穿越国家边界并将地方直接同全球生产体系（Global Manufacture System）相联结，也为相对固定、自我封闭的国家尺度的柔性化创造了条件。另一方面，全球化在一定程度上激化了不同群体之间的矛盾（如跨国公司与当地居民之间的矛盾），也加强了特定政治力量之间的联系（如地方政治团体与国际非政府组织之间的联系），从而引起了大量跨尺度的政治冲突并使尺度本身也成为解决这一冲突的工具。

（二）新自由主义的兴起与治理方式转型

同福特主义生产方式一样，20 世纪 70 年代，北大西洋凯恩斯主义（Keynesianism）调节模式也面临危机，在这一背景下，以里根和撒切尔的改革为标志，新自由主义（Neoliberalism）逐渐兴起并扩散，进而导致了各国治理方式在不同程度上的转型。从纵向上看，国家开始调整原有的空间政策，而将关注点放在培养具有全球竞争力的关键城市区域上，如我国对深圳、上海等城市的政策和资金倾斜；从横向上看，新公共管理（New Public Management）运动的兴起，引发了一系列分权化、市场化改革，如企业家城市的兴起。这些转变以伴随着政治冲突的方式重塑了原有的尺度结构，例如，国家通常以分权的方式赋予地方政府一定的管治权力，以满足其制定灵活的、定制化的经济发展政策的要求，这一权力的转移不仅通过政治斗争实现（如地方政府对开发区项目的争夺），也改变了国家与地方尺度之间的权力格局。此外，分权化在客观上促进了一系列非政府组织的兴起，而它们

---

① Brenner N. New State Spaces: Urban Governance and the Rescaling of Statehood [M]. Oxford: Oxford University Press, 2004: 32.

② 苗长虹.变革中的西方经济地理学：制度、文化、关系与尺度转向[J]. 人文地理, 2004, 19(04): 68-76.

通常在尺度政治斗争中扮演关键角色，如在秘鲁大坦博（Tambo Grande）抗议采矿的运动中，由多个非政府组织建立的 Mesa Tecnica 联系网络将本地斗争上推到国家和国际尺度并同霸权话语相结合，进而取得斗争的胜利①。

（三）西方人文社会科学的尺度转向

尺度在过去主要被看作一个制图学概念，即"比例尺"，同时它还被看作"经济、社会和政治过程存在于其中的不同的分析层次"②。这一类尺度概念具有给定性、固定性、封闭性等特征，人们对其形态的理解是基于同心圆、金字塔、脚手架等各种"隐喻"（Metaphor）的。20 世纪 80 年代以来，面对全球化背景下剧烈的空间重构过程，一些学者以"空间生产"理论为基础，进一步提出作为空间维度的尺度也是社会生产的③④。在此基础上，一批学者开始从马克思主义政治经济学视角研究尺度的建构和重组以及其中所包含的政治过程。其中最具开创性的研究是 Taylor（1982）的"尺度的政治经济学"框架⑤，随后，Smith（1990）也详细讨论了尺度问题⑥，并首次提出"尺度政治"的概念⑦。此外，Cox（1998）的"依赖的空间"（Space of Dependence）和"参与的空间"（Space of Engagement）⑧、Jessop（1998）的"尺度相对化"（Relativization of Scale）⑨、Brenner（2004）的"新国家空间"（New State Space，简称 NSS）⑩等理论都是政治经济研究路径的典型代表。不过，尽管他们反复强调尺度的社会建构和重组，但仍倾向于将尺度理解为客观存在的物质实体⑪。而此后，一些学者开始从唯心主义的角度理解尺度，将其看作主体的实践范畴，而非预设的、层级分化的实体。例如，Jones（1998）指出，尺度应被看作一个认识论而非本体论范畴，

① Haarstad H, Fløysand A. Globalization and the Power of Rescaled Narratives: a Case of Opposition to Mining in Tambogrande, Peru [J]. Political Geography, 2007, 26(03): 289-308.

② Leitner H. The Politics of Scale and Networks of Spatial Connectivity: Transnational Interurban Networks and the Rescaling of Political Governance in Europe[C]//Sheppard E, McMaster R. Scale and Geographic Inquiry: Nature, Society, and Method. Oxford: Blackwell Publishing, 2004: 213-235.

③ Shen J. Scale, State and the City: Urban Transformation in Post-reform China [J]. Habitat International, 2007, 31(03): 303-316.

④ Marston S A. A Long Way from Home: Domesticating the Social Production of Scale[C]// Sheppard E, McMaster R. Scale and Geographic Inquiry: Nature, Society, and Method. Oxford: Blackwell Publishing, 2004: 170-191.

⑤ Taylor P J. A Materialist Framework for Political Geography [J]. Transactions of the Institute of British Geographers, 1982, 7(01): 15-34.

⑥ 根据 Swyngedouw（2004）、Underthun 等（2011）的文献，Smith 在 1984 年第一版中就已经讨论了尺度和尺度政治问题，因资料获取问题，本文所直接引用的是 1990 年该书的第二版。

⑦ Smith N. Uneven Development: Nature, Capital, and the Production of Space [M]. Oxford: Basil Blackwell, 1990: 169-175.

⑧ Cox K R. Spaces of Dependence, Spaces of Engagement and the Politics of Scale, or: Looking for Local Politics [J]. Political Geography, 1998, 17(01): 1-23.

⑨ Jessop B. The Rise of Governance and the Risks of Failure: The Case of Economic Development [J]. International Social Science Journal, 1998, 50(01): 29-45.

⑩ Brenner N. New State Spaces: Urban Governance and the Rescaling of Statehood [M]. Oxford: Oxford University Press, 2004.

⑪ Moore A. Rethinking Scale as a Geographical Category: From Analysis to Practice [J]. Progress in Human Geography, 2008, 32(02): 203-225.

它是一个"表征修辞"（Representational Trope）[1]。这种理解实际上暗含了对尺度概念的解构[2]。与此同时，Marston 等（2005）则直接对尺度概念展开批判，提出应完全抛弃尺度并代之以"扁平的本体论"即"场所"（Site）[3]。总之，人文地理学的尺度转向后，尺度的内涵不断丰富，并在转型中走向解构。这一发展过程深刻影响了尺度政治的研究。

二、尺度政治理论的内涵演变

"尺度政治"这一概念最早由美国学者 Neil Smith（1990）提出，尽管他并未明确指出其具体定义，但通过纽约流浪汉抗议政府收回公园的案例说明了尺度政治的基本过程，即通过扩展尺度来达到某种政治目的[4]。随后，Smith（1992）又通过对纽约流浪汉交通工具的研究，进一步说明了尺度的生产和再生产可以作为政治策略[5]。遵循这一社会建构路径，Delaney 等（1997）提出了"尺度的政治建构"，并认为尺度建构中的政治过程是持续的、开放的，并包含国家行动者、非国家行动者等广泛的主体[6]。Swyngedouw（2004）也强调尺度的生产和转变，他指出，社会空间斗争和政治策略常常围绕尺度问题展开，而权力的动态平衡常常同尺度的重塑或一个全新的尺度格式塔（Gestalt of Scale）的生产相联系[7]。Brenner（2001）在强调尺度的动态建构和重构的基础上，区分了单数和复数的"尺度政治"，前者强调单一的、自我封闭的空间单元中社会空间组织的生产、重构或竞争，而后者强调多层的尺度层级中，尺度间特定的分化、排序和层级的生产、重构或竞争。他认为复数的尺度政治更能有效抓住各个地理尺度间内在的关联性并系统化地描述尺度的生产和转变，因此应当被称为"尺度结构化政治"（Politics of Scalar Structuration）或"尺度化政治"（Politics of Scaling）[8]。

可以发现，以上研究在很大程度上基于尺度的生产和重构，这同政治经济路径[9]的尺度研究是基本一致的。同时，尺度政治的研究也开始分化为紧密交织但又存在一定差异的两种类型：一类来源于尺度的社会建构观点，关注国家尺度结构的竞争性；而另一类则关注

①　Jones K T. Scale as Epistemology [J]. Political Geography, 1998, 17(01): 25-28.

②　刘云刚, 王丰龙. 尺度的人文地理内涵与尺度政治：基于 1980 年代以来英语圈人文地理学的尺度研究[J]. 人文地理, 2011, 26(03): 1-6.

③　Marston S A, Jones J P, Woodward K. Human Geography without Scale [J]. Transactions of the Institute of British Geographers, 2005, 30(04): 416-432.

④　Smith N. Uneven Development: Nature, Capital, and the Production of Space [M]. Oxford: Basil Blackwell, 1990: 169-175.

⑤　Smith N. Contours of a Spatialized Politics: Homeless Vehicles and the Production of Geographical Scale [J]. Social Text, 1992(33): 55-81.

⑥　Delaney D, Leitner H. The Political Construction of Scale [J]. Political Geography, 1997, 16(02): 93-97.

⑦　Swyngedouw E. Globalisation or "Glocalisation"? Networks, Territories and Rescaling [J]. Cambridge Review of International Affairs, 2004, 17(01): 25-48

⑧　Brenner N. The Limits to Scale? Methodological Reflections on Scalar Structuration [J]. Progress in Human Geography, 2001, 25(04): 591-614.

⑨　Mackinnon D. Reconstructing Scale: Towards a New Scalar Politics [J]. Progress in Human Geography, 2010, 35(01): 21-36.

行动主体参与尺度分化的政治，而非首先关注这一尺度分化是如何被建构起来的①。换言之，前者主要将尺度作为政治斗争的场所、目标和结果，如 Brenner（1999）对欧盟城市管制的尺度重组（Rescaling）的研究②；而后者更强调尺度作为行动者政治斗争的工具，如 Smith（1990）对纽约流浪汉公园反抗运动的研究③。

随着尺度被一些学者看作表征修辞、主体实践，尺度政治的内涵也发生转变。Jones（1998）以城市为例提到，作为修辞的尺度的构建，并非只是将政治过程从一个层次转移至另一个层次，"它是城市被认识和理解的方式的根本性转变"④。这意味着尺度政治涉及主体意识的重塑，而非客观实体的建构和再生产。与此类似，Kurtz（2003）也认同尺度作为认识论的观点，并强调尺度政治中政治话语（Political Discourse）的作用，认为尺度是"表达（Frame）政治空间性概念的方式"，以此为基础，他发展了"尺度框架"（Scale Frames）理论以分析尺度政治中不同主体的实践策略⑤。Haarstad 等（2007）进一步强调话语的作用，并将其作为行动者获得权力（Empowerment）的关键，即通过再尺度化叙事（Narratives，指具体的解释概念或模式）并将其同霸权话语（Hegemonic Discourses）相结合，使行动者获得合法性⑥。此外，Moore（2008）也拒绝在尺度政治分析中将尺度作为物质实体，他指出，为分析尺度政治并不必然承认尺度的"存在"，"发展没有尺度的尺度政治理论是可能的"⑦。

较为明显的一点是，后结构路径⑧的尺度政治研究，相对更侧重于将尺度作为行动者的政治工具，即前文中的第二类研究。这是因为，对作为认识论的尺度的强调，必将使认识主体（即政治行动者）而非作为客体的尺度在尺度政治中占据首要地位，在这种情况下，尺度政治的研究也就从侧重于尺度本身的物质建构和重组转变为更侧重于行动者的政治话语和实践。

至此，尺度政治的内涵已经较为丰富，其侧重点也发生了转变，但原有概念间存在混乱之处（如"Politics of Scale"与"Scale Politics"的混用），不同研究路径之间也需要整合。在这种情况下，MacKinnon（2010）提出了"尺度性政治"（Scalar Politics）的概念，它具

① Cox K R. The Problem of Metropolitan Governance and the Politics of Scale [J]. Regional Studies, 2010, 44(02): 215-227.

② Brenner N. Globalisation as Reterritorialisation: The Re-scaling of Urban Governance in the European Union [J]. Urban Studies, 1999, 36(3): 431-451.

③ Smith N. Uneven Development: Nature, Capital, and the Production of Space [M]. Oxford: Basil Blackwell, 1990: 169-175.

④ Jones K T. Scale as Epistemology [J]. Political Geography, 1998, 17(01): 25-28.

⑤ Kurtz H E. Scale Frames and Counter-scale Frames: Constructing the Problem of Environmental Injustice [J]. Political Geography, 2003, 22(08): 887-916.

⑥ Haarstad H, Fløysand A. Globalization and the Power of Rescaled Narratives: A Case of Opposition to Mining in Tambogrande, Peru [J]. Political Geography, 2007, 26(03): 289-308.

⑦ Moore A. Rethinking Scale as a Geographical Category: From Analysis to Practice [J]. Progress in Human Geography, 2008, 32(02): 203-225.

⑧ Mackinnon D. Reconstructing Scale: Towards a New Scalar Politics [J]. Progress in Human Geography, 2010, 35(01): 21-36.

备四个关键要素：（1）不再以尺度为基础而是具有尺度"方面"；（2）关注不同的行动者、组织和运动对尺度的"策略部署"；（3）涉及已有的尺度结构的影响和作用；（4）关注过去和新兴的项目同尺度之间的相互作用中新的尺度安排和构造的产生[①]。这一内涵融合了之前尺度政治研究中的关键要素，因而它是尺度政治概念的发展和完善而非简单替代。

三、尺度政治理论的研究方向

借鉴 Cox（2010）对两类尺度政治研究的区分[②]以及 Moore（2008）[③]和 MacKinnon（2010）[④]对两类尺度研究路径的区分，尺度政治的研究可分为两类，一类以尺度建构和重组为关注点，另一类则以行动者对尺度的策略运用为关注点。其中，后者又可细分为关注"行为"的和关注"行动者"的。因此，本节将使用"结构—行为—行动者（关系）"的分析思路，将尺度政治的研究方向分为三种：（1）作为政治过程的尺度结构转变，以尺度本身的建构和重组为出发点，关注这一过程的政治动因、政治结果等；（2）跨尺度的政治行为与策略，以行动者的行为为出发点，关注行动者利用尺度分化所部署的一系列政治策略；（3）跨尺度的政治行动者联系网络，以行动者本身以及行动者之间的关系为出发点，关注政治斗争中跨尺度的联系网络的构建。其中，行动者之间联系网络的建构也可看作一种政治策略，但它更侧重于网络化（纵横交错）的"关系"，而非尺度化（强调纵向）的"行动"。

（一）作为政治过程的尺度结构转变

这一方向以尺度本身而非行动者作为主要研究对象，并关注尺度在斗争、冲突的政治过程中的建构和重组。它基于尺度的"政治建构"，并同"尺度结构化"（Scalar Structuration）[⑤]等理论相联系。在这方面的研究中，最突出的主题应当是全球化和新自由主义背景下国家尺度结构的重塑，即国家"尺度重组"。

Jessop（1998）用"尺度相对化"描述这一尺度结构的转变。他指出，当前国家政治经济空间的首要性受到了削弱，但这并没有导致新的主导尺度的产生，相反，当前发生的是"同纠缠的而非简单嵌套的层级相联系的、并伴随着不同的时间性和空间性的尺度的扩散"[⑥]。在这个过程中，次国家和超国家尺度都在全球资本主义再生产中扮演重要角色。与此同时，学者们开始探究这一尺度重组过程中的政治斗争和冲突，尤其是国家权力转移和

① Mackinnon D. Reconstructing Scale: Towards a New Scalar Politics [J]. Progress in Human Geography, 2010, 35(01): 21-36.

② Cox K R. The Problem of Metropolitan Governance and the Politics of Scale [J]. Regional Studies, 2010, 44(02): 215-227.

③ Moore A. Rethinking Scale as a Geographical Category: From Analysis to Practice [J]. Progress in Human Geography, 2008, 32(02): 203-225.

④ Mackinnon D. Reconstructing Scale: Towards a New Scalar Politics [J]. Progress in Human Geography, 2010, 35(01): 21-36.

⑤ Brenner N. The Limits to Scale? Methodological Reflections on Scalar Structuration [J]. Progress in Human Geography, 2001, 25(04): 591-614.

⑥ Jessop B. The Rise of Governance and the Risks of Failure: The Case of Economic Development [J]. International Social Science Journal, 1998, 50(01): 29-45.

治理模式的变化，如 Sonn（2010）对韩国尺度重组过程中国家抵制权力转移的研究①，Tsukamoto（2012）对日本新自由主义背景下的地方政治行动和发展型国家（Japanese Developmental State，简称 JDS）尺度重组的研究②等。

在这些研究中，最具代表性的是 Brenner（2004）的"新国家空间"（New State Space）理论及其对西欧的实证研究③。Brenner 区分了狭义的国家空间和完整意义（Integral Sense）的国家空间，并提出了"国家空间选择性"（State Spatial Selectivity）的概念，它包含"国家空间项目"（State Spatial Projects）和"国家空间策略"（State Spatial Strategies）：前者同狭义的国家空间相联系，涉及对国家行政组织结构内部的整合；后者同完整意义的国家空间相联系，涉及国家对外部社会经济过程的干预和调节。随后，他又将国家空间项目和国家空间策略分别同尺度和地域维度组合，形成了国家空间选择性演变的四对基本要素：中心化和去中心化、单一性和多样性、统一性和定制化以及平等化和集中化。此外，Brenner 还指出国家空间的重构是"分层的"，即"新的国家空间项目和策略叠加在旧的国家空间组织的形态之上"；同时它还是斗争的，其中不同的社会力量动员国家机构以实现自身利益，原有的国家空间组织和新兴的重构项目之间也存在冲突和不平衡。Brenner 将这一框架应用到对西欧的研究中，并发现二战以来，西欧经历了从 20 世纪 70 年代以前关注空间平衡的"空间凯恩斯主义"（Spatial Keynesianism），到 20 世纪 80 年代以后关注全球竞争力和关键地区发展的"后凯恩斯竞争国家"（Post-Keynesian Competition States）及"尺度重组的竞争国家体制"（Rescaled Competition State Regime，简称 RCSR）的转变。

（二）跨尺度的政治行为与策略

不同于强调尺度结构本身的政治建构和重组，尺度政治的另一研究方向更多地关注行动者利用尺度分化所开展的政治斗争。这方面的研究可追溯到 Smith（1990；1992）对纽约流浪汉示威活动和流浪汉交通工具的两个实证分析④⑤。随后，学者们从更广泛的社会政治斗争的领域运用并发展了这一理论，如 Cox（1998）对英格兰斯托公园附近土地利用冲突等案例的研究⑥、Harrison（2006）对加利福尼亚农药飘失冲突的研究⑦等。

---

① Sonn J W. Contesting State Rescaling: an Analysis of the South Korean State's Discursive Strategy against Devolution [J]. Antipode, 2010, 42(05): 1200-1224.

② Tsukamoto T. Neoliberalization of the Developmental State: Tokyo's Bottom-up Politics and State Rescaling in Japan [J]. International Journal of Urban and Regional Research, 2012, 36(01): 71-89.

③ Brenner N. New State Spaces: Urban Governance and the Rescaling of Statehood [M]. Oxford: Oxford University Press, 2004.

④ Smith N. Uneven Development: Nature, Capital, and the Production of Space [M]. Oxford: Basil Blackwell, 1990: 169-175.

⑤ Smith N. Contours of a Spatialized Politics: Homeless Vehicles and the Production of Geographical Scale [J]. Social Text, 1992(33): 55-81.

⑥ Cox K R. Spaces of Dependence, Spaces of Engagement and the Politics of Scale, or: Looking for Local Politics [J]. Political Geography, 1998, 17(01): 1-23.

⑦ Harrison J L. "Accidents" and Invisibilities: Scaled Discourse and the Naturalization of Regulatory Neglect in California's Pesticide Drift Conflict [J]. Political Geography, 2006, 25(05): 506-529.

在这些研究中，被广泛运用的一个理论框架是 Smith（1990）的"尺度跳跃"（Jumping Scales）。Smith 指出，针对抽象空间的成功的政治斗争是通过尺度跳跃实现的，通过将某一尺度上破碎的空间组织成一个一致的、联系的地方（Place），斗争被提升到层级中的上一层尺度①。尺度跳跃是尺度政治的重要权力来源，通过该过程，不同政治力量之间的权力格局发生变化，那些具备较强尺度跳跃能力的政治力量被加强而对尺度的运用较为有限的政治力量则相对被削弱。而随着尺度被看作表征修辞，尺度跳跃也有了更为丰富的内涵。一方面，Herod 等（2002）指出尺度跳跃实践可以被看作行动者通过"成为"（Becoming）的过程（如成为国家尺度）而对新尺度的建构②，而非行动者从一个尺度简单地转移到另一个尺度。另一方面，Haarstad 等（2007）则通过"话语""叙事"等概念的引入和发展更为清晰地将尺度跳跃实践和权力的获得联系起来③。

尽管尺度跳跃在尺度政治研究中占据重要地位，但也有学者从其他角度发展分析行动者行为的理论框架。典型的如 Kurtz（2003）的"尺度框架"（Scale Frames）。它基于社会运动研究中的"集体行动框架"，并包含集体行动框架的三个内在联系的功能——命名、谴责和诉求，而这些功能都涉及特定的地理尺度或被特定的地理尺度所分化。行动者对尺度框架的建构是通过"尺度习语"（Scale Idioms）进行的，它们包括"作为管制尺度的尺度""作为包含/排除手段的尺度"以及"作为分析范畴的尺度"。与此相对，Kurtz 又提出了"反尺度框架"（Counter-scale Frames），它被用来对抗或削弱尺度框架。在尺度政治斗争中，常常存在若干相对立的尺度框架和反尺度框架，社会行动者根据自己的利益对其进行部署、对抗或调整，以达到特定的政治目标④。

（三）跨尺度的政治行动者联系网络

尽管这一研究方向同样关注尺度分化中以行动者为主体的政治斗争，但它更强调行动者之间的关系，以及由这些纵横交错的关系所构成的联系网络。而网络概念的引入也使得这一研究方向不再局限于层级的、纵向的视角（如尺度跳跃）。因此，本节将单独就这一方向进行梳理。

这方面的研究同尺度理论中关于网络的讨论密切相关。尺度与网络的关联性一直受到学者们的关注，如 Brenner（2001）指出地理尺度和联系网络是相互建构的，强调尺度关系

---

① Smith N. Uneven Development: Nature, Capital, and the Production of Space [M]. Oxford: Basil Blackwell, 1990: 169-175.

② Herod A, Wright M W. Placing Scale: An Introduction[C]// Herod A, Wright M W. Geographies of Power: Placing Scale. Oxford: Blackwell Publishing, 2002: 1-14.

③ Haarstad H, Fløysand A. Globalization and the Power of Rescaled Narratives: A Case of Opposition to Mining in Tambogrande, Peru [J]. Political Geography, 2007, 26(03): 289-308.

④ Kurtz H E. Scale Frames and Counter-scale Frames: Constructing the Problem of Environmental Injustice [J]. Political Geography, 2003, 22(08): 887-916.

的垂直性并不代表否认横向的尺度间关系[1]，Moore（2008）也指出将尺度和网络看作不相容的或矛盾的空间范畴的观点不利于社会空间关系理论的进一步发展[2]。不过，也有学者反对将尺度和网络混合起来，如 Marston（2005）等认为简单地将纵向的尺度和横向的网络相结合并不能克服尺度本身的缺点[3]。在这种情况下，王丰龙等（2015）等所提出的"二次抽象"理论对于理解二者的关系提供了独特的视角，他们认为，尺度是在地方、网络和领土等一次抽象概念的基础上进行二次抽象的地理学概念，因此不同大小的网络可以构成"网络的尺度结构"[4]，这实际上是将尺度看作网络的一个性质。总之，网络既非与尺度互不兼容，也非完全等同于尺度本身，它应当被看作跨越尺度并将同一尺度内和不同尺度间的行动者联系起来的基于"关系"的空间范畴。因而，网络并非仅仅是横向的，而是多层的、纵横交错的。

网络为尺度政治的研究提供了重要的思路。通过这一"跨越空间而非覆盖空间"的地理概念，被空间界限所分隔的政治实体得以被联系起来；同时，网络关系中权力分配的不均衡性使得一些行动者更具备"倾斜网络以实现自身利益"的能力[5]。这些都为政治斗争的进一步开展创造了条件。

这方面的研究中最具代表性的理论框架是 Cox（1998）的"联系网络"（Networks of Association）。Cox 认为，行动者不会被边界所限制，而网络也"很少完全被区域形式（Areal Forms）所包含"，它使得边界变得疏松多孔。这一认识为跨尺度的联系网络的建立提供了可能性。在 Cox 的理论中，"依赖的空间"和"参与的空间"被作为理解空间政治的切入点，前者指行动者实现其利益所依赖的本地化的社会关系，后者指获得依赖的空间的政治所开展的空间。参与的空间通过尺度跳跃或联系网络而被建构：一方面，行动者可以通过向上或向下的尺度跳跃在其他尺度动员政治力量；另一方面，行动者还可以同具备决策能力的社会权力中心建立联系，以直接实现政治斗争的目标，或者同具备影响权力中心的能力的其他政治力量建立联系，以间接对决策施加影响。Cox 进一步指出，这种网络的建构既可能广于依赖的空间，也可能在依赖的空间之内；此外，尺度政治过程中常常伴随着多个行动者以及多个网络，因此实现斗争目的的有效方式并非静态，而是在持续的网络建构

① Brenner N. The Limits to Scale? Methodological Reflections on Scalar Structuration [J]. Progress in Human Geography, 2001, 25(04): 591-614.

② Moore A. Rethinking Scale as a Geographical Category: From Analysis to Practice [J]. Progress in Human Geography, 2008, 32(02): 203-225.

③ Marston S A, Jones J P, Woodward K. Human Geography without Scale [J]. Transactions of the Institute of British Geographers, 2005, 30(04): 416-432.

④ 王丰龙, 刘云刚. 尺度概念的演化与尺度的本质：基于二次抽象的尺度认识论[J]. 人文地理, 2015, 30(01): 9-15.

⑤ Bank A, Van Heur B. Transnational Conflicts and the Politics of Scalar Networks: Evidence from Northern Africa [J]. Third World Quarterly, 2007, 28(03): 593-612.

中被不断发现的①。总之，Cox 对网络的强调使得尺度政治不再仅仅被理解为纵向层级间行动者之间的互动，而是由穿越尺度的纵横交错的复杂关系网络中行动者之间的互动而驱动的政治过程。

四、尺度政治理论的实证研究

尺度政治理论具有较强的开放性，其实证研究涉及广泛的社会空间过程。其中，较为典型的研究主题包括：环境问题，如 Kurtz（2003）对美国圣詹姆斯县环境反抗运动的研究②、Harrison（2006）对美国加利福尼亚州农药飘失冲突的研究③、Bailey（2007）对欧盟排放贸易计划中的尺度政治的研究④等；国家管制重构，如 Brenner（2004）对欧盟城市治理和国家尺度重组的研究⑤、Houdret 等（2014）对蒙古流域管理中的尺度政治的研究⑥、Guerrin 等（2014）对法国洪泛区管理的研究⑦等；种族问题，如 Clarno（2013）对南非约翰内斯堡白人空间尺度重组的研究⑧；文化保护问题，如 Muzaini（2013）对马来西亚绿岭战场（Green Ridge Battlefield）纪念地保护的研究⑨；等等。此外，国内学者也从社会冲突事件⑩、旅游开发⑪等方面开展实证研究。

在该部分，将选取当前研究中三个代表性案例——蒙古流域管理的制度化⑫、美国圣詹姆斯县的环境反抗运动⑬、挪威天然气论坛的政治倡议和网络⑭，以说明尺度政治在实践中

---

① Cox K R. Spaces of Dependence, Spaces of Engagement and the Politics of Scale, or: Looking for Local Politics [J]. Political Geography, 1998, 17(01): 1-23.

② Kurtz H E. Scale Frames and Counter-scale Frames: Constructing the Problem of Environmental Injustice [J]. Political Geography, 2003, 22(08): 887-916.

③ Harrison J L. "Accidents" and Invisibilities: Scaled Discourse and the Naturalization of Regulatory Neglect in California's Pesticide Drift Conflict [J]. Political Geography, 2006, 25(05): 506-529.

④ Bailey I. Neoliberalism, Climate Governance and the Scalar Politics of EU Emissions Trading [J]. Area, 2007, 39(04): 431-442.

⑤ Brenner N. New State Spaces: Urban Governance and the Rescaling of Statehood [M]. Oxford: Oxford University Press, 2004.

⑥ Houdret A, Dombrowsky I, Horlemann L. The Institutionalization of River Basin Management as Politics of Scale: Insights from Mongolia [J]. Journal of Hydrology, 2014, 519: 2392-2404.

⑦ Guerrin J, Bouleau G, Grelot F. "Functional Fit" versus "Politics of Scale" in the Governance of Floodplain Retention Capacity[J]. Journal of Hydrology, 2014, 519: 2405-2414.

⑧ Clarno A. Rescaling White Space in Post-apartheid Johannesburg [J]. Antipode, 2013, 45(05): 1-23.

⑨ Muzaini H. Scale Politics, Vernacular Memory and the Preservation of the Green Ridge Battlefield in Kampar, Malaysia [J]. Social and Cultural Geography, 2013, 14(04): 389-409.

⑩ 刘云刚, 王丰龙. 三鹿奶粉事件的尺度政治分析[J]. 地理学报, 2011, 66(10): 1368-1378.

⑪ 冀瑞鹏, 卢松, 蔡云峰. 古村落旅游开发经营中的尺度政治分析：以婺源冲突事件为例[J]. 重庆交通大学学报（社会科学版）, 2012, 12(6): 45-48.

⑫ Houdret A, Dombrowsky I, Horlemann L. The Institutionalization of River Basin Management as Politics of Scale: Insights from Mongolia [J]. Journal of Hydrology, 2014, 519: 2392-2404.

⑬ Kurtz H E. Scale Frames and Counter-scale Frames: Constructing the Problem of Environmental Injustice [J]. Political Geography, 2003, 22(08): 887-916.

⑭ Underthun A, Kasa S, Reitan M. Scalar Politics and Strategic Consolidation: The Norwegian Gas Forum's Quest for Embedding Norwegian Gas Resources in Domestic Space [J]. Norwegian Journal of Geography, 2011, 65(04): 226-237.

的应用。它们分别对应尺度政治的三个研究方向，并且都在一定程度上反映了这三个方向之间的交织性。

（一）蒙古流域管理的制度化

这一案例关注蒙古为促进水资源可持续利用而引进流域管理（River Basin Management，简称 RBM）即建构新的治理尺度的过程。这一治理尺度的选择及具体的制度设计都是斗争的、冲突的，并成为国家尺度重组进程的一部分。例如，在科布多流域，不同省份、不同族群的行动者为争夺流域委员会（River Basin Council，简称 RBC）有限的席位而通过要求修改组织规定等方式展开政治斗争。最终，委员会的大部分席位都被政府代表占用，而用水部门及当地居民则没有获得任何席位。除此之外，各行动者在流域的界限、RBCs 的财政来源和法律地位等问题上都存在不同意见，并在国家、地区等多个尺度进行斗争和协商。最终，新《水法》的颁布标志着各方在斗争和协商中基本取得一致意见，并由此产生了新的权力结构。

该案例被置于国家尺度重组的背景下，分析了新尺度建构中不同行动者之间的斗争和冲突。在这个过程中，尺度成为政治斗争的场所、目标和结果：首先，国家与非国家行动者、不同省份、不同族群之间的斗争在多个尺度上展开；其次，这种斗争的目的是对新的流域治理尺度的建构；最后，各方之间的斗争通过"尺度修复"（Scalar Fixes）即形成相对稳定的尺度结构而达到暂时平衡。

（二）美国圣詹姆斯县的环境反抗运动

Jonas（1994）曾描述了尺度政治的一个典型形式：一方面，主导团体试图将受控制的团体限定在可控的尺度，另一方面，下层团体则试图通过在其他尺度运用权力和手段摆脱这些强加的尺度限制[①]。在圣詹姆斯县的案例中，Kurtz（2003）通过引入"尺度框架"和"反尺度框架"凸显了当地居民及其组织同企业及支持企业的政府部门之间的对立性。为抵制 PVC 生产商 Shintech 公司在美国圣詹姆斯县建厂，当地居民通过"就业与环境""环境正义"两个尺度框架展开斗争。例如，通过"环境正义"框架，居民将该冲突塑造为环境种族主义问题，并同更高尺度上更广泛的种族隔离相联系，进而受到国家环境正义和公民权利组织的支持并获得合法性。与此同时，政府和企业一方也在运用反尺度框架同居民等展开斗争，如在反抗团体内部制造种族分歧、阻止社区团体寻求免费的法律代表等。最终，反抗运动以 Shintech 公司撤回建厂计划而取得部分胜利。

在该案例中，Kurtz 通过引入框架理论，将尺度政治看作由行动者的主观认识所塑造（如将其看作经济问题、种族问题等），并通过这种话语的建构为自身诉求寻找合法性。尽管他并未明确提及"尺度跳跃"概念，但在这一案例中，居民将斗争从地方尺度转移到国

---

① Jonas A. The Scale Politics of Spatiality [J]. Environment and Planning D: Society and Space, 1994, 12(03): 257-264.

家等尺度的策略本身就是尺度跳跃过程。因此，尺度框架和尺度跳跃并非截然不同的分析框架，它们在一定程度上可以被看作分别体现尺度研究的后结构路径和政治经济路径、关注相似的尺度政治过程（尤其是行动者的斗争策略）并相互交织的两个理论视角。

（三）挪威天然气论坛的政治倡议和网络

对网络的强调使得挪威天然气论坛（Norwegian Gas Forum，简称 NGF）的案例同以上研究相区别。它关注尺度重组中国家不愿投资和干预国内天然气事业的背景下，NGF 为促进国内天然气利用而展开的政治倡议和建构的联系网络。例如，NGF 加强了同科研组织之间的联系，从而通过科学话语提高了游说等活动的有效性。又如，在组织结构方面，NGF 加强了同政党的正式和非正式的联系，并吸收市或县的民选代表，以在国家和区域尺度增加民主合法性。此外，它还同挪威工会联盟和挪威工商联合会建立联系网络，以在国家尺度进一步拓展话语权。

通过同多个尺度、多种类型的行动者建立联系，NGF 得以提高影响力以实现其促进国内天然气利用的政治目标。这一过程不仅伴随着尺度结构的转变（如国家尺度重组的背景），也伴随着不同程度的尺度跳跃（如作为区域间组织的 NGF 通过吸收市县代表进行向下的尺度跳跃）。不过，它同以上案例的区别在于更强调直接通过行动者之间的联系而影响权力格局，而非侧重于在纵向的尺度政治动员中获得合法性。这一区别在很大程度上类似于 Cox（1998）对建构参与的空间的两种手段——联系网络和尺度跳跃的区分[①]。

五、尺度政治的国内地域实践

在改革开放四十多年的快速城镇化过程中，始终存在不同程度、形式各异的行政区划调整，这不仅在形式上重塑了国家行政组织结构和空间治理体系，也对城市、区域乃至国家经济社会发展带来巨大而深远的影响。其中，地级市是我国 20 世纪 80 年代以来行政区划管理体制改革的产物，作为介于省级和县级行政区之间的行政管理层级而存在，虽然其合法性并未被《中华人民共和国宪法》明确，但是仍然无法否认其是我国行政区划体系中非常重要的一个层级。地级以上城市的行政区划调整在我国并不鲜见，对地级市兴废的考察能够清晰地展示出尺度政治的运作过程及其影响。这里以山东省撤并莱芜市并整建制融入济南市的行政区划调整过程来透视尺度政治的运作过程。

（一）济南的收益和助力：空间扩展、产业优化、辐射增强

济南是山东省省会城市，但却并非全省的经济龙头，2017 年在省内城市首位度为 0.653，居全国省会城市之末。通过莱芜的撤并，首先可扩展济南的城市空间。发展空间不足，是当前济南城市发展所亟待解决的问题。目前，济南市域面积为 8177 平方千米，其中建成区

---

① Cox K R. Spaces of Dependence, Spaces of Engagement and the Politics of Scale, or: Looking for Local Politics [J]. Political Geography, 1998, 17(01): 1-23.

面积仅 447.69 平方千米，在全国 15 个副省级城市中排在第 10 位。同时，济南市北拥黄河，南临山区，受制于地形、生态红线等因素，主要沿东西方向扩展延伸，导致城市发展空间严重受限，降低了城市辐射力和影响力。莱芜的并入将使济南市行政辖区面积增加到 10423 平方千米、建成区面积新增 120 平方千米，并且使其城市发展格局得以向南北方向扩展，极大扩展了城市的发展空间。其次可带动济南产业发展、提升经济发展水平。莱芜具有矿产资源丰富、电力资源充足的优势，与济南有很强的互补性，伴随着两地的融合，济南市将形成一条从"钢铁"到"汽车零部件"再到"整车生产"的相对完整的产业链条。最后可提高济南的城市影响力。济南的区域辐射功能相对较弱，对区域经济和产业发展的带动水平相对较低。而根据 2017 年的统计数据计算，通过莱芜市的撤并，济南可增加 100 万人以上的劳动力和消费市场，同时人口首位度将增加约 19%，经济首位度将增加约 12%。这将极大提高济南市的经济规模和发展水平，进而提升其在区域甚至全球的经济辐射能力。

（二）济南的风险和隐患：社会负担加重，公共治理趋弱

行政区划调整是一把双刃剑，将不可避免地对济南产生消极影响。在社会管理上，两市将可能在教育、医疗、卫生、社保、养老等社会管理体系上产生衔接问题，在居民收入差距上也面临协调问题。在行政管理体制方面，莱芜市并入济南后，济南市作为更高一级的政府，面临着在莱芜政府降级后，如何融合两套行政生态差异巨大的管理体制、如何调动政府人员积极性、如何保证改革中的公平公正等问题。在城市管理方面，莱芜并入济南意味着行政边界地带的"被动城镇化"，这涉及到"镇改街道、村改居、农民市民化"的问题，政策存废、村民宣传与教育、人员聘任等都需要行政成本。此外，在公共治理上，济南与莱芜在公共资源利用、产业与城市规划等方面也面临着冲突，如对雪野湖水资源的调配问题。这一系列矛盾，都是济南需要考量和处理之处，稍有不慎，将带来一系列负面影响。

（三）莱芜的机遇和挑战：经济资源配置优化，公共治理矛盾突出

莱芜市拥有较好的工业基础，但辖区面积偏小，支柱产业较为单一，经济发展能力较弱。并入济南市之后，可以充分借助济南区域性金融中心的地位，大力发展金融保险业；可以依托济南市国家信息通信国际创新园、国家软件产业基地、济南创新谷等载体，大力发展信息产业；可以发挥济南市国家级物流节点城市功能，为莱芜搭建区域性物流公共信息技术平台；可以依托济南市优良的基础设施、就医就业就学条件以及社会保障等各方面的福利，改善生产生活条件。但是，莱芜地级行政单位的撤销也会使其丧失众多发展优势。第一，可独立支配的财政资源大为降低。原本完整的一级财政将转变为半级财政，来自中央的财政转移支付也将因行政降级而被核减，而且，其自身的财政收入也将被部分划拨到济南。第二，用水矛盾加剧。莱芜市是水资源短缺的工业城市，划归济南后，雪野湖的水将优先供给济南，这使其水资源问题更加突出，工业用水、生活用水都将受到影响。第三，

人事、财政和物资调配等权限都将被上收到济南，导致莱芜发展的自主权降低，并在基础设施建设、公共服务提供、财政投入等方面对中心城市形成依赖，失去原有的制度创新积极性。第四，出现城市空心化的可能。并入济南后，莱芜的人才吸纳等优惠政策可能失去吸引力，而面对济南主城区的优势以及两地同城化之后的便利，居民可能更倾向于落户济南，导致莱芜人才资源流失。同时，伴随济南市产业向莱芜市的转移，莱芜的环境污染、生态破坏等问题也将加剧。

（四）济莱融合发展：突出重点、未雨绸缪

第一，平衡好市与区的财权关系。莱芜并入后的城市财政体系改革，将严重影响其区域发展的自主性与积极性。在行政区划调整中，被并入地区可直接上交完整的财政权，亦可设立一定的缓冲过渡期，分阶段上交财政权。在缓冲过渡期内，除了部分与民生问题联系密切的职能（如社保、公共交通等）先上收市政府外，其他职能可暂由区政府行使，等待合适的时机再分阶段上交，以缓解行政权限的剧烈调整对地区发展所带来的冲击。

第二，处理好政策延续性与统一性的问题。由于莱芜是地级而济南是副省级市，二者在政策制定方面存在较大的权能差异，因此必须高度重视行政区划调整中的政策延续性和一致性问题。一方面，要处理好政策延续性问题。在一般的行政区划调整中，为保证平稳过渡，通常会在一定时期内延续原有的政策。但由于与调整后的行政管理体制不一致，易导致政策执行的"空窗期"。另一方面，要处理好政策一致性问题。既要为原有政策提供一定的过渡调整期，防止政策的突然变动所带来的不适与阵痛；又要保持政策的统一性，尤其是在就业、教育和社保等民生领域与济南主城区进行接轨，使居民感受到"同城同待遇"，促进两市更好地融合。此外，区划调整也必然涉及为数众多的干部人员和广大基层公务员的分流调动，对干部配置及职级问题的处理将直接影响区划调整后相关工作的实施与推进。

第三，重点关注公民参与问题。行政区划调整不仅涉及公共管理与规划，也涉及居民切身利益。若政府在制定公共政策时忽视了公民参与，政策在执行过程中将会受到社会民众的误解甚至消极抵抗，出现类似于黄岩市撤市设区过程中的部门内耗行为。同时，围绕区划调整而确立舆论导向的重要性也不可低估，因此应适时公开决策信息和运作进展，广泛听取各类意见，预防并积极应对舆情变化，激发和凝聚社会正能量。

第四，处理好行政边界地带的城镇化问题。行政区划调整后，两市邻接地区将成为新市区的一部分，并面临一系列发展与管理问题。在此背景下，一方面要注意"虚假繁荣"问题。大兴土木建设的形象工程虽然在一定程度上能够通过巨额固定资产投资拉动内需，但会影响经济的持续稳定发展。另一方面，要做好管理体制的改革和衔接，处理好"村改居"和"农民市民化"问题。这涉及原有农村政策的延续、调整与废止，城镇化相关政策的推行与覆盖，以及街道办事处公共服务的提供、公共基础设施建设、行政职能转变等问题。

第五，处理好公共资源的分配问题。公共资源的合理分配是城市协调发展的关键，对于莱芜而言，雪野湖是其发展的保障所在，莱芜的生活用水、生产用水（特别是工业用水）均高度依赖雪野湖的水资源。行政区划调整后，济南市在用水问题上要做好区域平衡。

第二节　尺度政治与城市空间的制度形态塑造①

尺度政治（Politics of Scale）研究常常以相互对抗的行动者或行动者联盟及其政治策略为对象，在典型的尺度政治中常常存在强势方和弱势方，其中弱势方通过对尺度的运用尤其是对更高尺度行动者的动员实现特定的政治目标。这一"对抗性"和对更高尺度的关注贯穿国内外大量尺度政治研究，为分析社会群体间的冲突、地方发展策略等提供了重要的分析思路。不过，尺度政治中主要行动者间并不必然是对立的，其利益也并非（或接近于）零和的，相反，尺度政治过程的目标和结果可能体现为对不同行动者及其利益的协调，而这种协调在很大程度上以一定的共同利益为基础。换言之，尺度不仅可作为对抗强势方或提高影响力的工具，还可作为协调拥有重叠利益的行动者的工具。在后一种情况下，尺度还同时表现为政治过程的场所和结果②，因而这一尺度政治过程也更为复杂并在很多情况下隐含在"尺度重组"（Rescaling）中。

为把握这一基于共同利益的尺度政治，本节将借鉴 Cox 的"依赖空间"（Spaces of Dependence）和"交互空间"（Spaces of Engagement）思路，分析各行动者的利益诉求以及在此基础上形成的相互重叠的依赖和交互空间，进而探讨重叠空间下形成的特定制度形态。这一分析将以深汕特别合作区为例，其中，广东省、深圳市、汕尾市之间存在明显的共同利益，并各自拥有多个依赖和交互空间，而合作区则成为它们空间和利益重叠的焦点，其组织架构、管理权限、利益分配等制度形态也深受这一重叠空间的影响。

一、尺度政治研究的分析思路

国内外尺度政治研究存在不同方向，如关注尺度结构的政治建构和重组、关注行动者的斗争策略等，下面将对其基本脉络进行简要梳理，并简要介绍两个关注"对抗性"过程的分析思路。随后对依赖和交互空间分析思路的基本内容、特点等进行简要阐述，从而为后文的分析提供理论基础。

---

① 本节内容修改自如下论文：马学广，李鲁奇. 尺度政治中的空间重叠及其制度形态塑造研究：以深汕特别合作区为例[J]. 人文地理, 2017, 32(05): 56-62.

② 马学广. 全球城市区域的空间生产与跨界治理研究[M]. 北京：科学出版社, 2016: 120.

（一）国内外尺度政治研究及其一般思路

尺度政治研究是伴随着 20 世纪 80 年代以来的尺度转向发展起来的，在这一过程中，尺度开始被看作社会建构①②的而非给定的、固定的空间层级，随后它进一步被看作政治建构③④的，由国家或非国家行动者之间的政治斗争而被生产出来，并反之成为行动者的政治工具。Smith 最早提出了"尺度政治"的概念，并通过对纽约流浪汉的两个案例分析⑤阐述了尺度政治的基本过程和原理。目前，尺度政治研究也大致形成了关注尺度结构、关注行为策略、关注行动者网络等⑥方向。尽管尺度政治有多种表现形式，但其典型应用领域仍以对抗性政治过程为主，即"一方面，主导团体试图将受控制的团体限定在可控的尺度，另一方面，下层团体则试图通过在其他尺度运用权力和手段摆脱这些强加的尺度限制"⑦，因此，尺度政治的基本分析思路在于关注弱势方的"尺度上推"和强势方的"尺度下推"策略，尤其是作为尺度政治核心的"尺度跳跃"⑧。Kurtz 提出了基于尺度框架（Scale Frames）的分析思路⑨，它进一步突出强势和弱势两方的对抗性，这集中体现于下层团体的一系列"尺度框架"和主导团体相应的"反尺度框架"之间的对立中。

总之，尽管作为政治过程核心的权力通常被看作一种"支配-压抑"机制⑩，因而尺度政治研究也常常以带有较强对抗性特征的政治空间过程为典型研究对象，但在一些情况下，主要行动者之间可能并非对抗关系，而是通过对尺度的运用和建构对它们之间相互重叠而又存在一定分歧的利益进行协调。为把握这一重叠利益的空间和尺度特征，下面将对 Cox 的依赖和交互空间分析思路进行简要梳理。

（二）基于依赖与交互空间的分析思路

Cox 的依赖与交互空间框架将地方、网络等维度融入尺度政治，其中"依赖空间"是最核心的概念，它主要基于"地方"发展起来，强调行动者特定的地方利益以及地方间社会关系的不可替代性。出于各种原因，行动者常常对特定地方具有依赖性，如开发商因对

---

① Shen J. Scale, State and the City: Urban Transformation in Post-reform China [J]. Habitat International, 2007, 31(03): 303-316.

② Marston S A. A Long Way from Home: Domesticating the Social Production of Scale [M]//Sheppard E, McMaster R. Scale and Geographic Inquiry: Nature, Society, and Method. Oxford: Blackwell Publishing, 2004: 170-191.

③ Delaney D, Leitner H. The Political Construction of Scale [J]. Political Geography, 1997, 16(02): 93-97.

④ Smith N. Contours of a Spatialized Politics: Homeless Vehicles and the Production of Geographical Scale [J]. Social Text, 1992(33): 55-81.

⑤ Smith N. Contours of a Spatialized Politics: Homeless Vehicles and the Production of Geographical Scale [J]. Social Text, 1992(33): 55-81.

⑥ 马学广，李鲁奇. 国外人文地理学尺度政治理论研究进展[J]. 人文地理, 2016, 31(02): 6-12.

⑦ Jonas A. The Scale Politics of Spatiality [J]. Environment and Planning D: Society and Space, 1994, 12(03): 257-264.

⑧ 刘云刚，王丰龙. 尺度的人文地理内涵与尺度政治：基于 1980 年代以来英语圈人文地理学的尺度研究[J]. 人文地理, 2011, 26(03): 1-6.

⑨ Kurtz H E. Scale Frames and Cunter-scale Frames: Constructing the Problem of Environmental Injustice [J]. Political Geography, 2003, 22(08): 887-916.

⑩ 马学广，王爱民，闫小培. 权力视角下的城市空间资源配置研究[J]. 规划师, 2008, 24(01): 77-82.

特定地方的了解、在特定地方树立起的声誉等依赖于某些地区。在这些地方，行动者具有各自的利益，如工资、租金、税收等，它们成为依赖空间的核心。换言之，依赖空间指"依赖于在他处无法替代的地方化的社会关系以实现核心利益"①的空间，其本质特征为依赖空间内的社会关系可相互替代，而一旦超出依赖空间，这一可替代性就减弱甚至消失。此外，依赖空间也有不同属性，如边界可能模糊也可能明确，一个行动者可能在不同尺度上有多个依赖空间，而多个行动者也可能共享一个依赖空间等等。

"交互空间"则主要基于"网络"和"尺度"发展起来，它是为获得或塑造依赖空间、实现地方利益而同其他行动者进行政治互动的空间，跨尺度或尺度内联系网络的建构是交互空间展开的基本方式。当行动者在依赖空间中的地方利益受到威胁或试图增加地方利益时，他们常常通过能够渗透、跨越不同空间单元的网络而影响具有地域权力的主体（尤其是国家机构），进而改变依赖空间中的特定状态以实现自身利益。这一网络既可能直接包含这些地域权力中心，也可能通过动员其他社会权力中心而对地域权力中心施加影响；既可能完全在依赖空间内部展开，也可能在更广阔的或更低尺度的交互空间中进行。其中，在更高尺度上建立联系网络的策略类似于 Neil Smith 典型的"尺度跳跃"概念，即"将某一尺度上分散的空间组织成一个一致的、联系的地方"②；但由于依赖空间存在于多重尺度，因此向下的尺度跳跃也是可能的，这取决于具体的尺度政治目标及其实现手段。

总之，相比于一般的分析思路，这一框架（如图 2-1 所示）强调了地方利益和联系网络在尺度政治中的作用，同时也关注尺度上推以外的策略（即依赖空间内的斗争和向下的尺度跳跃），更重要的是，尺度政治的目标并非对强势方的"反制"③，而是实现依赖空间内的特定"状态"（Conditions），如对空间政策的调整、对市场交易行为的规范等，这将尺度政治的关注点转移到了更广泛的、非对抗性（或不必然对抗）的社会空间过程中。

图 2-1 仅描述了单个行动者可能的政治策略，而由于单个行动者可能拥有多个依赖空间，多个行动者也可能共享同一依赖空间，交互与依赖空间的关系更是不确定的，因此不同行动者的空间可能互相重叠，如一个行动者的依赖空间成为另一个行动者的交互空间。而由于依赖和交互空间最终是为地方利益服务的，因此当某一空间单元上重叠了多个行动者的依赖或交互空间时，这一空间单元也将成为行动者之间利益重叠和协调的焦点。本节将以深汕特别合作区为例，分析合作区之上利益和空间的重叠及其塑造的特定制度形态。

---

① Cox K R. Spaces of Dependence, Spaces of Engagement and the Politics of Scale, or: Looking for Local Politics [J]. Political Geography, 1998, 17(01): 1-23.

② Smith N. Uneven Development: Nature, Capital, and the Production of Space [M]. Oxford: Basil Blackwell, 1990: 169-175.

③ 刘云刚, 王丰龙. 尺度的人文地理内涵与尺度政治：基于 1980 年代以来英语圈人文地理学的尺度研究[J]. 人文地理, 2011, 26(03): 1-6.

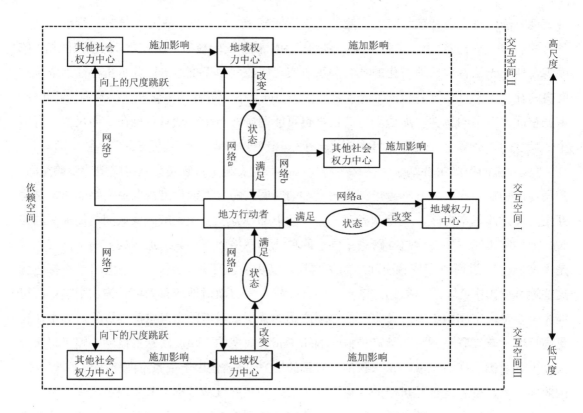

图 2-1　依赖空间和交互空间视角下尺度政治的一般模式

资料来源：根据 Cox（1998）整理。

二、城市空间生产与空间重叠

深汕特别合作区位于广东省汕尾市西部，行政范围包含鹅埠、小漠、鲘门、赤石四镇，它作为深圳市和汕尾市之间的合作项目于 2008 年 1 月提出，并于 2011 年 5 月正式成立并运行。深汕特别合作区所在的四镇原有经济基础薄弱，2010 年工业总产值仅 26 亿元，占全市 3.69%，合作区成立后获得较快发展，2015 年工业产值达 84 亿元①。不同于一般的产业转移园或帮扶项目，深汕特别合作区的建设直接涉及广东省、深圳市、汕尾市三方②的利益以及在此基础上产生的复杂行动策略，因此它同时成为三方的依赖或交互空间。下文将通过对这些行动者各自依赖和交互空间的分析，阐述深汕特别合作区中空间重叠的形成机制。

---

① 陈程航.2016：深汕特别合作区"迎风起飞年"[EB/OL].(2016-02-04)[2016-06-05]. http://www.shenshan.gov.cn/home/docs/847.

② 深汕特别合作区的建设也在不同程度上涉及海丰县政府、企业、当地居民等主体，但它更多地由广东省、深圳市和汕尾市政府三者推动，因此本文主要关注这三个核心行动者的利益和策略。

（一）深圳市：连续依赖空间的建构

深圳市的地方利益在于解决产业发展中的土地紧张等问题，为此，它通过在分离的物理空间中建构连续的制度空间，扩展了原有的依赖空间，从而降低了企业再地域化的成本，进而通过产业转移缓解城市发展中的资源问题。深圳市土地总面积仅 1997 平方千米，而建成区面积占总面积的比例高达 44.6%[①]，同时劳动力成本上升、产业转型困难等问题也日渐突出。在这些限制因素的作用下，去地域化和再地域化[②]成为资本循环的迫切要求。不过，在再地域化中，企业的转移常常伴随着原有社会关系的断裂、新的社会关系的形成，如重新招工、开拓新的本地市场等，这产生了较高的成本，尤其对于深圳市的企业来说，外迁常常意味着丧失作为经济特区的深圳所赋予的优惠政策，如高新技术产业所享有的资金补贴、税收减免等。而由于依赖空间内部社会关系的可替代性，企业更倾向于在依赖空间内转移。此外，从政府的角度看，企业的外迁通常意味着税收的流失、就业率的下降等，这同我国当前地方发展型政府的逻辑也相违背。

为降低再地域化成本进而鼓励企业外迁，深圳市通过制度的延伸在深汕特别合作区建构了新的依赖空间，具体策略主要体现为朝向广东省的尺度跳跃和朝向汕尾市的横向联系网络建构。这一依赖空间之所以被建构出来，主要在于制度空间和物理空间并不必然是一致的。作为深圳市的战略腹地，尽管汕尾四镇在物理空间上同深圳市是分离的，但通过将深圳市的管治权力延伸到合作区，两个物理空间得以融合为一个连续的制度空间，进而成为连续的依赖空间甚至深圳市在东部的一座"新城"。这一制度延伸的典型表现是入园企业在多方面可享受与深圳企业同样的待遇，如深圳市的人才、技术和管理服务等，由此形成了社会关系的"可替代性"，进而推动了企业的转移。为获得这一新的依赖空间，深圳市通过省级尺度和超地方尺度的两个交互空间动员相应的地域权力中心：一方面，作为副省级城市，深圳利用兼任广东省与深圳市领导职务的关键行动者顺利实现了向上的尺度跳跃，进而使合作区建设受到广东省的积极支持，并通过省政府进一步动员汕尾市；另一方面，由于斜向的府际联系难以直接、有效建立，因此深圳市通过在超地方尺度同汕尾市对接，调动合作区所在的汕尾市的地域权力，以协调两市间管治权力的分配问题，如 2014 年召开的深圳—汕尾对口帮扶工作联席会议以及通过的相关协议等。

（二）汕尾市：依赖空间交互功能的挖掘

汕尾市的地方利益通过培育增长极实现经济的跨越式发展，以摆脱经济相对落后的局面，为此它通过省级尺度和超地方尺度的交互空间，将合作区所在的四镇这一固有依赖空间的一部分塑造为低尺度的交互空间，进而实现城市尺度依赖空间中经济的发展。相比于广东省其他地级市，汕尾市经济发展水平较低，2014 年地区生产总值仅 716.99 亿元，人均

---

① 陈小龙. 中国城市统计年鉴 2015[G]. 北京：中国统计出版社, 2016.

② 殷洁, 罗小龙. 尺度重组与地域重构：城市与区域重构的政治经济学分析[J]. 人文地理, 2013, 28(02): 67-73.

地区生产总值为 23928 元，均居省内倒数第二，成为区域城市体系中的"边缘城市"。为摆脱这一局面，汕尾市长期以来着眼于高尺度的交互空间，典型表现是对省政府扶持政策的争取。然而，这一依靠财政转移支付等方式的"外生性"发展常常面临阻碍，如 2009 年汕尾竞标广东省产业转移扶持资金落败①，成为全省唯一没有拿到 5 亿元扶持资金的欠发达地区。在这一背景下，汕尾市将交互空间的建构转移到低尺度，试图通过向下的尺度跳跃实现城市尺度依赖空间中的地方利益，而深汕特别合作区正为这一发展策略的调整提供了契机。为塑造这一交互空间，汕尾市采取了以下两方面的策略：一方面，同深圳类似，汕尾市通过省级尺度和超地方尺度这两个交互空间同广东省和深圳市两个权力中心建立联系网络，以获得它们的政策、资金支持，如与深圳市建立日常联络机制、联合制定合作方案并上报省委省政府等；另一方面，由于合作区本身是汕尾市依赖空间的一部分，因而汕尾市政府可利用其自身的地域权力直接改变合作区的特定"状态"，如为合作区设立绿色通道以提高审批效率、协助合作区制定招商方案、下放部分市级管理权限等。通过这些策略，合作区由依赖空间的一部分转变为交互空间，进而作为再地域化的场所和地方增长极带动汕尾市的整体经济发展。

（三）广东省：交互空间中的管制试验

广东省的地方利益在于缓解区域经济发展的不平衡，因而它采取了同汕尾市类似的策略，即通过向下的尺度跳跃运用低尺度的交互空间解决省级尺度依赖空间中的发展问题，其中，合作区不仅作为资本再地域化的平台，更是广东省探索区域平衡发展的试验场。尽管广东省是全国第一经济大省，但省内区域经济发展不平衡的状况非常突出。

为应对空间极化问题，广东省于 2008 年启动"双转移"战略，以产业转移工业园为依托，将珠三角劳动密集型产业转移至其他地区，其中，深汕特别合作区的起步项目"深圳（汕尾）产业转移工业园"也成为双转移战略的一个重要组成部分。不过，不同于一般的以产业转移本身为主要任务的工业园，深汕特别合作区的发展定位是"区域协调发展示范区""粤东振兴发展先行区"等，这一定位在很大程度上是由广东省赋予的，如省政府领导在视察汕尾时提出"凡是符合改革方向的可在合作区先行，一时看不准的也可在合作区试行"，由此，深汕特别合作区的建设具备了强烈的"试错性"②特征，其功能转变为"先行"的制度探索，并通过"示范"将成功经验推广到广东省其他地区，进而在广东省这一依赖空间内实现经济的平衡发展。换言之，深汕特别合作区已超越了直接以产业转移、结对帮扶为目标的合作项目，相反，其目标是通过管制试验产出可推广的制度模式和发展路径，因而其制度效应并不限于本地，而是直接同广东全省相联系。为建构这一交互空间，广东省运

---

① 严丽梅，谷梅. 汕尾惠州为何与五亿失之交臂 [N/OL]. 羊城晚报，2009-09-16.(2009-09-16)[2016-06-05]. http://www.ycwb.com/ePaper/ycwb/html/2009-09/16/content_597213.htm.

② 魏成，陈烈. 全球化与制度转型脉络下中国区域空间生产逻辑及其研判[J]. 经济地理，2009, 29(03): 384-390.

用其地域权力直接参与到合作区的建设中，如省政府领导多次到合作区视察并指导、批复合作区发展规划、拨付扶持资金等；同时也利用其作为高尺度行动者的地位协调、统筹两市的合作，进而推动合作区建设，如召开省推进深汕特别合作区建设协调小组会议并协调两市对合作方案的分歧。

（四）多主体间依赖和交互空间的重叠

尽管不同行动者的利益诉求及其实现方式存在差异，但在这些政治空间过程中，深汕特别合作区成为它们实现各自利益所共同依赖的空间或政治策略展开的场所。具体来看，深圳市和汕尾市都以合作区为依赖空间，尽管对于前者来说是新的依赖空间，对于后者来说则是固有依赖空间的一部分；而汕尾市和广东省都以合作区为交互空间，通过向下的尺度跳跃实现各自依赖空间中的地方利益，尽管汕尾市的手段和目标是通过培育增长极带动经济发展，而广东省则是通过管制试验解决区域发展不平衡问题（如表2-1所示）。此外，若从"深圳市通过合作区缓解市区发展压力"这一意义上看，合作区实际上也构成了深圳市的交互空间，而深圳市的制度延伸也可被解读为向下的尺度跳跃；同样，当考虑到合作区位于广东省行政地域内时，它也可以被理解为广东省依赖空间的一部分。总之，在依赖和交互空间分析框架下，不同行动者的利益和策略都通过相互重叠的空间凸显出来，并聚焦于深汕特别合作区这一新的尺度和制度空间中。在这种情况下，合作区的制度架构也必然因这些利益、策略以及行动者之间的相对权力关系等而呈现特定的形态。

表2-1　深汕特别合作区建设中主要行动者的依赖和交互空间

行动者	依赖空间	交互空间	地方利益	所需状态	行动策略
深圳市政府	深圳市（原有的依赖空间）；合作区（新的依赖空间）	以省级尺度空间和超地方尺度空间为主	解决产业发展中的土地紧张、劳动力成本上升等问题	保证地方社会关系的连续性以降低企业外迁成本	（1）对合作区的制度延伸；（2）朝向广东省的向上尺度跳跃；（3）朝向汕尾市的横向联系网络
汕尾市政府	汕尾市（包含合作区）	以合作区为主，同时涉及省级尺度空间和超地方尺度空间	摆脱经济相对落后的局面	通过增长极的培育带动全市发展	（1）对合作区的政策优惠、直接的权限下放等；（2）朝向广东省的向上尺度跳跃；（3）朝向深圳市的横向联系网络
广东省政府	省级尺度空间	以合作区为主	缓解区域经济发展的不平衡	通过管制试验探索平衡发展模式；产业的区域间转移	（1）对合作区的指导、权限下放等；（2）对两市合作的协调统筹等

三、重叠空间下制度形态塑造

尽管各行动者有一定的共同利益，但由于根本利益及实现方式的差异，各方也存在一定的竞争，其中每个行动者都试图通过权力的渗透取得并保持对合作区的影响。因而合作区既不适于采取完全由转入地管理的模式，也不可能完全划归深圳市管理，更难以由省政府直管，而是由各行动者依据自身利益、所拥有的资源、相对权力关系等共同塑造这一重叠空间。下文将从组织架构、管理权限和利益分配三个主要方面分析由此形成的特殊制度形态。

（一）组织机构设置

深汕特别合作区实行省有关部门指导下的以深圳和汕尾两市政府高层领导小组决策，合作区管委会管理，建设开发公司运营为特征的三层管理架构（如图 2-2 所示）。首先，广东省政府办公厅下设推进深汕特别合作区建设协调领导小组，负责对合作区建设中的重大事项进行决策、协调；其次，深圳市和汕尾市有关领导、负责人等共同成立两市高层决策领导小组，受省委省政府的委托，负责指导、协调合作区建设和管理中的重大问题；再次，合作区管理委员会作为享有地级市管理权限的省委省政府的派出机构，主要由深圳和汕尾两市省委省政府管理，并存在经济事务和社会事务的适度分工；最后，深汕特别合作区投资控股有限公司直属于合作区管委会，承担融资引资、资本运作、基础设施建设等任务。

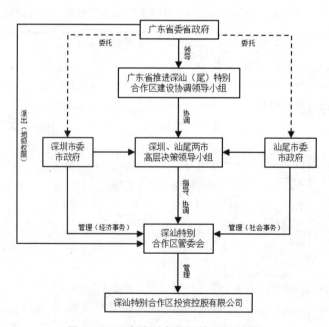

图 2-2　深汕特别合作区的组织架构

资料来源：《深汕（尾）特别合作区基本框架方案》。

这一制度安排同时渗透了广东省、深圳市和汕尾市三个主要行动者的地域权力，但三者在合作区组织架构中的角色并不相同，这取决于依赖和交互空间的属性、所掌握的资源、相对权力关系等因素。首先，合作区不仅是广东省的交互空间，更是深圳和汕尾两市共同的依赖空间，因此广东省虽将管委会作为自身派出机构并设立协调领导小组，但并未垄断对合作区的领导权，而是委托两市设立高层决策领导小组并共同管理，以促进二者地方利益的直接实现。其次，正由于合作区是两市的依赖空间，因此两市有更多的地方知识、地方关系等资源，这也成为它们受广东省委托管理合作区的重要原因；而从横向上看，深圳市更多掌握经济资源，而汕尾市更多掌握行政、组织等资源，因此二者之间存在一定分工。最后，广东省政府在行政上作为两市的领导机构，能够运用这一权力优势对重大事项进行决策、对两市进行协调，这体现在地级权限的赋予、协调领导小组的建立等方面。

（二）管理权限赋予

空间的重叠也影响了不同行动者对深汕特别合作区管理权限的赋予，但各方的作用呈现明显的不均衡性，具体表现为省政府负责赋予地级市权限，汕尾市则负责具体事项的下放。广东省委省政府在权限赋予中扮演了关键角色，在 2015 年通过的《深汕特别合作区管理服务规定》中，广东省明确给予合作区地级市一级经济管理权限，原须经汕尾市人民政府审核后报省人民政府审批的行政许可事项，可直接报省政府及其部门审批。这一规定作为合作区的"基本法"，从制度上使合作区实现了尺度的上移。汕尾市在行政权限的下放中则扮演了基础性角色，2014 年汕尾市政府发布《关于深汕特别合作区管理委员会实施的经济管理权限事项目录（第一批）的公告》，将 31 项经济管理事项委托深汕特别合作区管理委员会实施。

这一制度形态更多地由相对权力关系、依赖空间的性质两方面塑造。首先，广东省为提高合作区的自主性进而推动管制试验的进行，运用其省级行政权力赋予合作区管委会地级市管理权限，但由于具体的地级经济管理权限由汕尾市掌握，因而广东省更多地关注省直管、直接审批的部分，而具体的地级权限则要求其领导下的汕尾市政府进行下放。其次，尽管合作区成为深圳市新的依赖空间，但它仍是汕尾市固有依赖空间的一部分，合作区所在的四镇原隶属于汕尾市海丰县，部分管理事项也原须报汕尾市审批，这一依赖空间性质的差异使得汕尾市而非深圳市在经济管理权限的下放中扮演基础性角色。

（三）利益分配机制

对空间重叠的制度协调更鲜明地体现在合作区复杂的利益分配机制上，这同样取决于依赖和交互空间的性质等因素。首先，广东省为充分发挥这一交互空间的作用，于 2011—2015 年在财政收入上对合作区进行明显支持，如将财政收入的分成收益全额返还给合作区；不过，由于合作区位于广东省内，因而它实际上也是广东省政府依赖空间的一部分，广东省在其中也有直接的"地方利益"，这表现为依现行体制取得的财政收入。其次，深圳市与汕尾市共享合作区这一依赖空间，因而二者在财政收入上各取得扣除省获益部分后的25%；但由于深圳市同这一新的依赖空间之间更多的是经济关系，因而将合作区 GDP 指标的 70% 列入本市统计指标；而汕尾市一方面资金投入相对较少，另一方面也同时将合作区作为交互空间，其作用更多的是通过吸引投资和扩散效应带动汕尾市的整体发展，而非直接产生经济收入，因此汕尾市只获得 GDP 指标的 30%。最后，汕尾市以合作区作为固有依赖空间的一部分，在原体制下提取一定的土地出让收益，而合作区建立后，其征地拆迁工作也仍由汕尾市海丰县负责，因此土地出让收益主要在合作区和汕尾市之间分享。

总之，作为各行动者间相互重叠的依赖或交互空间，深汕特别合作区成为各方利益争取的焦点，尽管这些利益在一定程度上是一致的而非对抗的。在这种情况下，广东省、深圳市和汕尾市都试图将权力延伸至合作区并保持对合作区的影响，其中，依赖空间的性质（如作为哪些行动者的依赖空间、行动者对依赖空间的影响力如何），交互空间的性质（如在哪一尺度展开、所要实现的依赖空间中的状态），行动者之间的相对权力关系（如权力的大小、领导与被领导关系）以及各自掌握的不同资源等，都塑造了重叠空间下合作区的制度形态。

四、尺度政治分析框架的反思

本节以深汕特别合作区为例关注非对抗性的尺度政治过程，其中各行动者的最终利益是相互重叠的，甚至在整体上是一致的，如广东省对区域平衡发展的追求与汕尾市摆脱经济相对落后局面的追求之间的一致性。为进一步把握这一利益的重叠及其对制度形态的塑造，借鉴 Cox 的依赖和交互空间框架，对不同行动者各自的利益和策略进行分析：深圳市为解决产业发展中面临的土地紧张等问题，通过连续制度空间的建构扩展依赖空间，进而降低企业再地域化的成本，推动企业外迁，由此深圳市通过向上的尺度跳跃动员广东省以获得其政策支持并对汕尾市施加影响，同时通过横向的联系网络与汕尾市对接，从而运用其地域权力为深圳市的制度延伸提供便利；汕尾市为摆脱经济相对落后的局面，将合作区所在的四镇这一固有依赖空间改造为低尺度的交互空间，即作为增长极带动汕尾市的整体发展，为此汕尾市除运用自身权力直接给予合作区优惠政策外，也进行向上的尺度跳跃以争取省政府的政策支持，同时与深圳市对接争取其资金支持和特区优惠政策的分享；广东省为缓解区域经济发展的不平衡，将合作区作为低尺度的交互空间，运用合作区进行试错性的管制试验，探索可推广的制度模式和发展路径，为此广东省除直接赋予合作区地级权限外，还在联系网络中积极对两市进行协调统筹等。在这个过程中，对同一个行动者来说，不同尺度上常常拥有多个依赖或交互空间，这些空间在尺度政治中的重要性是各异的，依赖与交互空间之间还可以互相转化；而对多个行动者来说，由于利益上的相对一致性，实现这些不同利益所依托的空间可能是重叠的，加之同一行动者依赖和交互空间的多样性，行动者间空间的重叠可能同时体现于多个尺度并在某些尺度上更为明显。在这种情况下，合作区作为空间重叠的集中之处，其建构和运行成为各主体实现各自利益的共同途径。不过，作为不同行动者之间利益、策略的结合部，深汕特别合作区的建设也因依赖和交互空间的性质、行动者之间的相对权力关系以及各自掌握的不同资源等因素而体现了行动者间的竞争和妥协，这集中表现在组织架构、管理权限和利益分配等制度形态的塑造上。

此外，对深汕特别合作区的研究表明，尺度政治不仅表现为行动者对尺度的运用，同时也表现为"存在于"不同尺度上并相互关联的政治过程以及"建构或重构"尺度的政治过程，换言之，尺度政治研究不仅应关注作为政治手段的尺度，同时也应关注作为政治过程的场所和结果的尺度。从"手段"角度看，深汕特别合作区建设中行动者对尺度的运用主要体现为交互空间中向上或向下的尺度跳跃，如深圳市通过关键网络节点将合作区建设上升为省级尺度的问题。从"场所"角度看，行动者的依赖和交互空间以及相应的政治行为存在明显的尺度分化，如依赖空间可能存在于不同尺度，交互空间也可能高于或低于依赖空间所在的尺度，这一分化为行动者对尺度的运用提供了前提。更重要的是，当从"结果"角度看时，尺度政治更多地体现为建构或重构尺度的政治，在这里，尺度结构的塑造成为政治过程的对象并伴随后者发生重构，因而这个意义上的尺度政治同"尺度重组"概念相联系，这表现为案例中对合作区这一尺度的建构、通过赋予地级权限对尺度间相对关系的调整等方面。

第三节　海洋国家战略区域的空间生产与治理①

国家战略区域是国家空间重构的重要工具和典型表现。本节以空间生产（空间形塑的动力和机理）和尺度重组（层级关系的重构和协同）理论为基础，运用"策略-制度"分析思路，以山东半岛蓝色经济区为例分析了以海洋为主题定位的国家战略区域的策略与制度建构。其中，策略建构旨在获得不同行动者的支持，以合法性的获得为目标，关注行动者所运用的一系列尺度政治策略，包括建构以"蓝色"为核心的话语、基于霸权话语和行动者之间的联系进行尺度跳跃等；而制度建构以区域制度架构的形成为目标，关注作为实体的尺度结构的建构和重组，其具体形式主要涉及区域协调组织的建立和调整、尺度间行政权限的转移、行政地域空间的整合和公共事务跨边界合作等。这一分析思路结合了尺度研究的政治经济方法和后结构方法，能够相对完整地剖析区域尺度的建构过程，对其他国家

① 本节内容修改自如下论文：马学广，李鲁奇. 尺度重组中海洋国家战略区域的策略与制度建构——以山东半岛蓝色经济区为例[J]. 经济地理，2016，36(12): 8-14；马学广，李鲁奇. 海洋国家战略区域的空间生产与尺度治理研究：以山东半岛蓝色经济区为例[A]. 中国侨联特聘专家委员会海洋专业委员会编著. 经略海洋 2018[C]. 北京：海洋出版社，2019: 64-87.

战略区域的分析也有一定适用性。

近十年来，我国沿海各大城市群纷纷出台区域性规划，并且部分规划被上升为国家战略，如《辽宁沿海经济带发展规划》《国务院关于推进天津滨海新区开发开放有关问题的意见》《河北沿海地区发展规划》《山东半岛蓝色经济区发展规划》《黄河三角洲高效生态经济区发展规划》《江苏沿海地区发展规划》《长江三角洲地区区域规划纲要》《浙江海洋经济发展示范区规划》《海峡西岸经济区发展规划》《珠江三角洲地区改革发展规划纲要》《广西北部湾经济区发展规划》和《海南国际旅游岛建设发展规划纲要》等 12 个，并且其中涵盖了 8 个国家级新区。同时，国家还批准了以发展海洋经济为主要职能的国家级新区——浙江舟山群岛新区和青岛西海岸新区，以及天津、山东、浙江、福建、广东等国家海洋经济发展试点区。上述海洋国家战略区域为我国沿海地区的发展提供了重要的空间支撑和政策试验。其中，山东省所拥有的海洋国家战略区域的空间生产与治理可供案例探讨，比如黄河三角洲高效生态经济区（2009 年由国务院批复），山东半岛蓝色经济区（2011 年由国务院批复）和青岛西海岸新区（2014 年由国务院批复）等，本节以山东半岛蓝色经济区为例，探讨典型海洋国家战略区域的空间生产过程与尺度治理机制。

20 世纪 70 年代末以来，随着全球生产和生产组织方式的转变以及由此引起的管制模式变革，全球、国家、区域、城市乃至社区等多重尺度（Scale）间关系发生剧烈重构，它表现为城市企业主义、梯度化政策供给、定制化区域设计、跨国组织的兴起以及试点区域的扩大化和形式多样性等多种形式。为把握这一复杂趋势，西方人文地理学经历了继空间转向、制度转向、社会转向、文化转向等后的"尺度转向"（Scalar Turn），开展了一系列基于"尺度重组"（Rescaling）的理论和实证研究。而改革开放后，我国也在全球化、分权化背景下经历了剧烈的尺度重组，其中一个典型表现是国家战略区域[1][2]的兴起，如各类国家级新区、国家级城市群、国家级综合配套改革试验区和其他负载重大国家使命和职能改革的空间形式（城市、区域、社区等）等。与此同时，国内人文地理学界也开始引入、探讨尺度问题并开展了丰富的实证研究，如苗长虹（2004）对西方经济地理学尺度转向的总结[3]、沈建法（2007）对中国城市体系尺度重构的研究[4]、刘云刚等（2013）对广东惠州发展中的路径创造和尺度政治的研究[5]、马学广（2016）对全球城市区域空间生产机制和跨界

---

① 张京祥. 国家-区域治理的尺度重构：基于"国家战略区域规划"视角的剖析[J]. 城市发展研究, 2013, 20(05): 45-50.

② 晁恒, 马学广, 李贵才. 尺度重构视角下国家战略区域的空间生产策略——基于国家级新区的探讨[J]. 经济地理, 2015, 35(05): 1-8.

③ 苗长虹. 变革中的西方经济地理学：制度、文化、关系与尺度转向[J]. 人文地理, 2004, 19(04): 68-76.

④ 沈建法. 空间、尺度与政府：重构中国城市体系[A]//吴缚龙, 马润潮, 张京祥. 转型与重构：中国城市发展多维透视[M]. 南京：东南大学出版社, 2007: 22-38.

⑤ 刘云刚, 叶清露. 区域发展中的路径创造和尺度政治——对广东惠州发展历程的解读[J]. 地理科学, 2013, 33(09): 1029-1036.

治理模式的探讨[①]、马学广和李鲁奇（2017）基于 TPSN 模型从领域、网络与尺度的视角对以深汕特别合作区为典型的城际合作空间生产与重构的研究[②]等。

随着国内学术界对空间生产研究的泛化和深化，学者们日益关注以地方上特定的（Place-Specific）区域发展轨迹为着眼点的"具体层面"[③]的尺度重组分析，而不同国家战略区域的主题定位（如海洋强国、沿海开发、东北振兴、中部崛起、西部大开发、两型社会等）正体现了尺度重组过程的地方特定性。因此，本节以山东半岛蓝色经济区为例，分析"海洋国家战略区域"的空间生产过程与尺度治理机制。山东半岛蓝色经济区建设始于2009 年，并于 2011 年正式上升为国家战略，是山东省"蓝黄战略"的重要组成部分，是我国第一个以海洋经济为主题的区域发展战略，是我国区域发展从陆域经济延伸到海洋经济、积极推进陆海统筹的重大战略举措。在这一案例中，"海洋""蓝色"不仅反映了其功能定位，同时也被发展为一系列话语在上升为国家战略的过程中发挥关键作用，本文将融合尺度重组的多种分析思路，剖析这一特定区域的空间生产过程与尺度治理机制。

一、尺度政治经济分析思路和内容

当代城市与区域的空间生产已经由关注空间中的生产（生产要素的空间布局）、空间的生产（塑造特定空间的制度、行为、行动者关系）转向到尺度的生产（特定尺度建构的政治经济关系），尺度成为全球范围内当代城市与区域治理研究的重要理论切入点。

尺度政治经济研究经历了由重点关注尺度的政治建构到重点关注行动者的话语和实践的转变[④]。传统意义上，尺度是一个给定的、固定的、封闭的社会空间单元，是社会关系的容器[⑤]。在 20 世纪 80 年代的"尺度转向"中，尺度开始被看作"社会建构"[⑥]的，是一种客观物质实体，并且随社会关系的变动发生持续重构并反作用于社会关系。这一尺度结构经由强烈的社会政治斗争和博弈而"被持续地废除和再造"的过程就是尺度重组[⑦]。通过对资本循环和积累的地理的持续重塑，空间的生产废除了原有的空间结构和治理尺度，并在这个过程中产生了新的空间结构和治理尺度，社会、经济和政治体系不断地向国家之上、国家之下和跨越国家的新的空间层次迁移。其中，国家尺度重组（State Rescaling）受到广泛关注，它特指国家尺度向上至超国家尺度、向下至次国家尺度所进行的资本积累和空间

① 马学广. 全球城市区域的空间生产与跨界治理研究[M]. 北京：科学出版社, 2016.

② 马学广, 李鲁奇. 城际合作空间的生产与重构——基于领域、网络与尺度的视角[J]. 地理科学进展, 2017(12): 1510-1520.

③ Brenner N. New State Spaces: Urban Governance and the Rescaling of Statehood[M]. Oxford: Oxford University Press, 2004.

④ 马学广, 李鲁奇. 国外人文地理学尺度政治理论研究进展[J]. 人文地理, 2016(02): 6-12+160.

⑤ 马学广, 李鲁奇. 新国家空间理论的内涵与评价[J]. 人文地理, 2017 (03): 1-9.

⑥ Marston S A. The Social Construction of Scale [J]. Progress in Human Geography, 2000, 24(02): 219-242.

⑦ Brenner N. The Limits to Scale? Methodological Reflections on Scalar Structuration [J]. Progress in Human Geography, 2001, 25(04): 591-614.

管理体制的重构[①②]，这同尺度相对化（Relativization of Scale）[③]、全球地方化（Glocalization）[④]等概念是一致的。此外，尺度重组还是一种政治策略[⑤⑥]，它将斗争或诉求转移至其他尺度，这又类似于"尺度跳跃"（Jumping Scales）的概念。总之，"尺度重组"日益成为"复杂的隐喻"[⑦]，它涉及各种形式的尺度间关系变动。因此，为了能够较为完整地在整体上把握山东半岛蓝色经济区的空间生产过程与尺度治理机制，本节将使用包含尺度化、尺度建构、尺度政治的广义的"尺度重组"概念。下文将简要回顾尺度重组的分析框架和研究方法，并发展出"策略-制度"的分析思路，以剖析山东半岛蓝色经济区的空间生产过程与尺度治理机制。

（一）尺度重组分析框架的建立

尺度重组研究并无通行的分析框架，学者们大多根据不同研究需要确定各自的分析思路，如 Brenner（2004）建立的国家空间选择性分析框架[⑧]。本节借鉴 Perkmann（2007）提出的尺度重组的一般框架[⑨]，它包含：（1）政治动员（Political Mobilization），指尺度重组赖以发生的社会基础的形成；（2）治理建构（Governance Building），指协调不同利益群体的新的制度安排的形成；（3）策略统一（Strategic Unification），指通过新尺度的建构实现预定的目标。这三方面大致对应尺度建构的准备、形成和结果，因而构成一个完整的区域尺度空间生产与尺度治理的分析架构。

（二）尺度研究的主要分析方法

当前主导性的尺度研究方法主要有两个，分别是政治经济方法（Political-Economic Approaches）和后结构方法（Post-Structural Approaches）[⑩]。在尺度转向中，受后结构主义

---

① Taylor P J. Is there a Europe of Cities? World Cities and the Limitations of Geographical Scale Analyses [A]//Sheppard E, McMaster R. Scale and Geographic Inquiry: Nature, Society, and Method [M]. Oxford, United Kingdom: Blackwell Publishing, 2004: 213-235.

② Keating M. Introduction: Rescaling Interests [J]. Territory, Politics, Governance, 2014, 02(03): 239-248.

③ Jessop B. The Rise of Governance and the Risks of Failure: The Case of Economic Development [J]. International Social Science Journal, 1998, 50(01): 29-45.

④ Swyngedouw E. Globalisation or "Glocalisation"? Networks, Territories and Rescaling [J]. Cambridge Review of International Affairs, 2004, 17(01): 25-48.

⑤ Herod A, Wright M W. Placing Scale: An Introduction [A]//Herod A, Wright M W. Geographies of Power: Placing Scale [M]. Oxford: Balckwell Publishing, 2002: 1-14.

⑥ Haarstad H, Fløysand A. Globalization and the Power of Rescaled Narratives: A Case of Opposition to Mining in Tambogrande, Peru [J]. Political Geography, 2007, 26(03): 289-308.

⑦ Tasan-Kok T, Altes W K K. Rescaling Europe: Effects of Single European Market Regulations on Localized Networks of Governance in Land Development [J]. International Journal of Urban and Regional Research, 2012, 36(06): 1268-1287.

⑧ Brenner N. Urban Governance and the Production of New State Spaces in Western Europe, 1960-2000[J]. Review of International Political Economy, 2004, 11(3): 447-488.

⑨ Perkmann M. Construction of New Territorial Scales: A Framework and Case Study of the EUREGIO Cross-Border Region [J]. Regional Studies, 2007, 41(02): 253-266.

⑩ Moore A. Rethinking Scale as a Geographical Category: from Analysis to Practice [J]. Progress in Human Geography, 2008, 32(02): 203-225.

影响，尺度不再被看作固定、封闭的社会关系的容器，而是社会建构的容器。与此同时，一些学者开始沿用马克思主义政治经济学的分析思路，从资本循环、国家重构、全球化等角度开展尺度研究。不过，这一方法对"尺度建构"的认识是不彻底的，它仍倾向于从本体论的角度理解尺度，即尺度一经建构就成为独立于主体的客观物质实体。与此相对，后结构方法则将尺度看作一种认识论，强调主体在政治过程中对尺度的主观建构，并以"不同行动者和团体所运用的表征策略（Representational Device）或话语框架（Discursive Frame）"[①]为关注点。总之，在尺度研究中，政治经济方法更强调尺度本身的社会建构和历史演变，而后结构方法则更强调行动者在政治过程中对尺度的主观塑造。

（三）区域空间生产的"策略-制度"分析思路

基于以上思路，本节对山东半岛蓝色经济区的实证分析将以区域尺度的空间生产为关注点，从策略建构与制度建构两方面进行分析。区域空间生产应包含两个相互联系的方面：（1）合法性的获得，即被人们接受和支持的过程，它涉及对区域功能定位的阐释以及在此基础上的政治动员；（2）区域实体的建立，即管制尺度本身的建构，它涉及组织、权限等方面的制度安排的形成。

在山东半岛蓝色经济区的空间生产过程中，区域合法性的获得主要通过：（1）建构并解读"蓝色"话语，阐释区域功能定位，以获得区域内各级政府和社会的支持；（2）在话语建构的基础上，运用霸权话语和联系建构进行尺度跳跃，以获得国家的认同。而区域实体的建立主要表现为组织、尺度、地域、跨界等方面的制度架构的形成。因此，山东半岛蓝色经济区合法性的获得是一种"策略建构"，即通过政治策略取得支持，它主要涉及对区域建构目标的阐释以及在此基础上的动员，因此大致对应 Perkmann（2007）"尺度重组"分析框架中的"政治动员"和"策略统一"以及后结构分析方法；而管制实体的形成则是一种"制度建构"，即通过制度的建立为区域尺度提供基本架构，因此它大致对应 Perkmann框架中的"治理建构"以及政治经济分析方法。通过这一"策略-制度"的分析思路（如表2-2所示），可以较为全面地揭示山东半岛蓝色经济区的尺度建构过程。

表 2-2　区域空间生产"策略-制度"分析思路的理论基础与内容

区域空间生产	目标	手段	对应的分析框架	对应的研究方法
策略建构	获得合法性	话语建构、尺度跳跃	政治动员、策略统一	后结构方法
制度建构	建立区域实体架构	组织、尺度、地域、跨界等方面的调整	治理建构	政治经济方法

资料来源：马学广，李鲁奇.尺度重组中海洋国家战略区域的策略与制度建构[J].经济地理，2016，36(12): 8-14.

策略建构和制度建构并非两个分离的概念，而是区域尺度建构中一个连续的过程。同

---

① MacKinnon D. Reconstructing Scale: Towards a New Scalar Politics [J]. Progress in Human Geography, 2010, 35(01): 21-36.

公共政策的一般过程类似，国家战略区域的空间生产通常涉及问题认定、提出初步构想、论证和动员、获得合法性、制度设计、制度建设等六个阶段。其中，前两个阶段可称为"概念建构"，即基于特定发展问题提出建构国家战略区域的初步思路；第三和第四个阶段大致对应"策略建构"，即通过论证和动员等策略获得合法性；最后两个阶段则对应"制度建构"，即通过对制度的探索和建设形成国家战略区域的实体架构（如图 2-3 所示）。从这个角度看，策略建构应被看作制度建构的前提和基础，只有通过策略建构，国家战略区域才能被国家和社会所承认和支持，若丧失这一合法性，制度建构将会由于缺乏足够的资源、缺乏各级政府部门和社会的配合而难以进行或难以取得预期效果；制度建构则是策略建构的落实和归宿，它将人们的表征实践（即赋予事物某种价值与意义的实践活动）转换为现实空间中国家战略区域的实体建构，由此国家战略区域才能作为国家空间重构的一个工具发挥实际作用。此外，从概念上看，策略建构和制度建构及其具体方式或体现了对尺度的直接运用，或体现了尺度分化及尺度间关系调整，因此二者的关联性也在于它们都是尺度重组过程的不同表现形式。

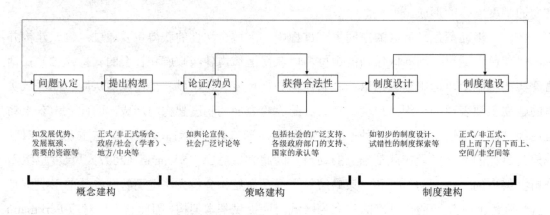

图 2-3　国家战略区域空间生产的一般过程

二、海洋国家战略区域的策略建构

通过话语建构和尺度跳跃等策略，"山东半岛蓝色经济区"开始被山东各级政府和社会各界广泛接受，并最终上升为国家战略，这一成功的政治动员为制度建构提供了良好的社会和政治基础。

（一）山东半岛蓝色经济区"蓝色"话语的建构

基于半岛的地理环境和资源优势，山东省早在 1991 年就提出"海上山东"构想，并于1998 成立"海上山东"建设领导小组，并且制定了《"海上山东"建设规划》。2009 年，胡锦涛总书记在山东视察时做出要"打造山东半岛蓝色经济区"的决策。自此，"海上山东"开始演变为一系列以"蓝色"为核心的公共政策话语和学术化专有术语，"山东半岛蓝色经济区"逐渐演变为国家战略区域。

　　"蓝色经济"是一个拥有较高历史纵深和科技内涵的经济术语。"蓝色经济"的提出可追溯到我国 20 世纪 60 年代开始的"五次蓝色产业技术革命"（藻类、虾类、贝类、鱼类、海珍等五次养殖浪潮）①以及 20 世纪 80 年代的"蓝色革命"构想（运用现代科技，向蓝色海洋和内陆水域索取优质水产）②。在这里，"蓝色"是一种基于"海洋"的借代修辞，因而"蓝色经济区"战略同"海上山东"战略是一脉相承的③。不过，二者并非只是文本上的差别，正是由于"蓝色"是一种修辞，因此它比"海洋"更为抽象，而抽象性的提高常常意味着外延的扩大。因此，"蓝色经济"并不仅仅指"海洋经济"，它具备更强的综合性和系统性，更侧重于"直接开发、利用、保护海洋以及依托海洋所进行的经济活动的综合"，"蓝色经济区"也被定义为"涵盖自然生态、社会经济、科技文化诸因素的复合功能区"④。此外，抽象性的提高也使得"蓝色"更易于解读，这一方面提高了政策的灵活性，另一方面也为学术讨论扩展了空间。因此，"蓝色"话语就其生动性而言便于接受且易于推销，就其抽象性而言则拥有可读性强和可适度扩大外延的概念弹性。

　　山东半岛蓝色经济区的空间生产是多重利益相关者基于特定制度环境而频繁互动的结果，受"结构、行为、行动者"这一空间生产三要素的制约⑤。从主体上看，山东省政府在"蓝色"话语的建构中扮演关键角色。早在 2007 年，山东省委省政府就在全省海洋经济工作会议中提出建设海洋经济强省的目标；2009 年，山东半岛蓝色经济区又被上升到山东省区域发展战略的高度。此后，山东省省内各级政府、媒体、学者等主体开始进一步解读和发展"蓝色"话语：各级政府通常在"蓝色经济"框架下，立足本地实际提出各自的发展战略，如 2011 年青岛市政府提出的"中国蓝色硅谷"战略；媒体在报道中常常以"蓝色"为素材，提出"蓝潮""蓝色引擎""蓝色风"等生动性较强的词语；学者的话语建构主要体现为对"蓝色经济""蓝色粮仓""蓝色牧场""蓝色经济区"等概念的解读和探讨。此外，从形式上看，"蓝色"话语并不限于书面或口头语言，也表现为多种非语言符号，如山东半岛蓝色经济区海洋食品博览会中各市展位的蓝色主色调。

　　因此，山东半岛蓝色经济区"蓝色"话语建构过程中，不同行为主体发挥着相互补充但又不可替代的作用。各行动者依赖和交互空间的性质、行动者间的相对权力关系以及各自掌握的不同资源等因素共同塑造了山东半岛蓝色经济区的组织架构、管理权限和利益分

① 何广顺，周秋麟. 蓝色经济的定义和内涵[J]. 海洋经济，2013, 3(04): 9-18.
② 冯瑞. 蓝色经济区研究述评[J]. 东岳论丛，2011, 32(05): 189-191.
③ 郑贵斌. 提升山东半岛蓝色经济区规划建设水平三个重要问题[J]. 理论学刊，2010(01): 32-35.
④ 姜秉国，韩立民. 山东半岛蓝色经济区发展战略分析[J]. 山东大学学报（哲学社会科学版），2009(05): 92-96.
⑤ 马学广. 城市边缘区的空间生产与土地利用冲突研究[M]. 北京：北京大学出版社，2014.

配等制度形态①。"蓝色"话语主要通过"说服"和"激励"两种手段动员各级政府和社会。一方面，这一话语建构基于山东省的资源优势、外部环境等阐明了山东半岛蓝色经济区建构的"功能需要"，即推行海洋发展战略的必要性和合理性，进而通过理性的方式说服动员对象。另一方面，"蓝色"话语也提供了一个较为明确的"愿景"，如《山东半岛蓝色经济区发展规划》中提到的"具有较强国际竞争力的现代海洋产业集聚区"等战略定位，这一构想调动了社会各界的热情尤其是地方政府的积极性，进而有利于获得这些主体的认可和支持。

（二）山东半岛蓝色经济区尺度跳跃策略的运用

除山东省各级政府部门和社会外，山东半岛蓝色经济区"蓝色"话语的建构也为动员中央政府提供了一定基础，而在这一朝向国家尺度的尺度跳跃中，主要运用了以下两类策略。

一方面，"蓝色"战略同国家尺度上的霸权话语相结合。在尺度政治分析中，霸权话语（Hegemonic Discourses）指占主导地位的话语②，较低尺度上的行动者常常通过重塑诉求并同较高尺度上的霸权话语相适应而获得支持。在山东半岛蓝色经济区的建构中，利益相关的各行为主体通过重塑"蓝色"话语，将山东半岛蓝色经济区同"国家海洋战略"联系起来。例如，《山东半岛蓝色经济区发展规划》中提到，"打造和建设好山东半岛蓝色经济区，有利于……保障我国黄、渤海运输通道安全，维护和争取国家海洋战略权益"。其中，"国家海洋战略"是国家尺度上被广泛认同的霸权话语，因而将建设山东半岛蓝色经济区看作"维护和争取国家海洋战略权益"，也就意味着它被"塑造"（Frame）为国家尺度上的战略问题，即进行了朝向国家尺度的尺度跳跃。

另一方面，"蓝色"战略同国家尺度的行动者建立联系。建立联盟（Forming Alliances）是尺度跳跃的重要手段③，较低尺度上的社会行动者通过取得较高尺度上行动者的支持，得以直接或间接影响权力格局。在山东半岛蓝色经济区的尺度跳跃中，国家海洋局扮演了这一高尺度行动者的角色。2009 年，国家海洋局与山东省政府签署《关于共同推进山东半岛蓝色经济区建设战略合作框架协议》，指出"国家海洋局把打造山东半岛蓝色经济区作为全国海洋事业发展的战略重点，在工作指导和重大项目安排等方面给予大力支持"。作为国家海洋行政主管部门，国家海洋局在国家海洋政策的制定中扮演关键角色，因此来自海洋局的支持为山东半岛蓝色经济区建设随后正式上升为国家战略提供了重要基础。

①　马学广，李鲁奇. 尺度政治中的空间重叠及其制度形态塑造研究——以深汕特别合作区为例[J]. 人文地理，2017(05)：56-62.

②　Kurtz H E. Scale Frames and Counter-Scale Frames: Constructing the Problem of Environmental Injustice [J]. Political Geography, 2003, 22(08): 887-916.

③　Underthun A, Kasa S, Reitan M. Scalar Politics and Strategic Consolidation: The Norwegian Gas Forum's Quest for Embedding Norwegian Gas Resources in Domestic Space [J]. Norwegian Journal of Geography, 2011, 65(04): 226-237.

（三）山东半岛蓝色经济区空间生产的制度建构

2011 年 1 月 4 日，国务院以国函〔2011〕1 号文件批复了《山东半岛蓝色经济区发展规划》，山东半岛蓝色经济区正式上升为国家战略。同时，这一战略也经由话语建构被社会各界所广泛接受，这表明山东半岛蓝色经济区的策略建构（如图 2-4 所示）已取得一定成效。

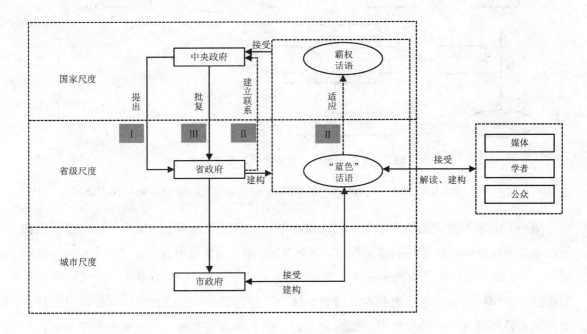

图 2-4　山东半岛蓝色经济区的策略建构

资料来源：马学广，李鲁奇.尺度重组中海洋国家战略区域的策略与制度建构[J].经济地理，2016，36(12): 8-14.

在这个过程中，山东省也开始着手开展蓝色经济区的制度建构。作为一种尺度修复（Scalar Fix）[①]，山东半岛蓝色经济区的空间生产为区域经济活动提供了相对稳定的制度架构。这些制度架构的形成来自于山东省内外各个行为主体在组织、尺度、地域、边界等方面所开展的制度建构。尽管形式不同，这些制度建构的具体方式都直接或间接体现了尺度间关系的转变。不过，这种转变并不简单地表现为管制权力由各尺度向区域尺度的聚集，而是省、市、县等尺度间复杂的权力关系变动（如图 2-5 所示）。

---

① Brenner N. New State Spaces: Urban Governance and the Rescaling of Statehood [M]. Oxford: Oxford University Press, 2004.

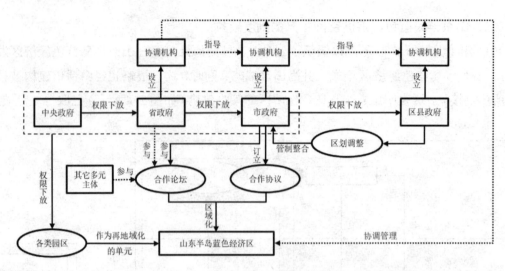

图 2-5　山东半岛蓝色经济区的制度建构

资料来源：马学广，李鲁奇.尺度重组中海洋国家战略区域的策略与制度建构[J].经济地理，2016，36(12):8-14.

第一，山东半岛蓝色经济区组织机构的建立与调整。作为有形的制度实体，组织机构是山东半岛蓝色经济区建构的重要标志。早在 1998 年，山东省就成立了"海上山东"建设领导小组。提出山东半岛蓝色经济区战略后，山东省委省政府又于 2009 年成立了山东半岛蓝色经济区规划建设领导小组和推进协调小组，尽管它们并非正式部门，但在蓝色经济区建设初期仍然发挥了主导性作用。2009 年 8 月，山东半岛蓝色经济区建设办公室成立，并且作为正式机构在相当长一段时期内承担了协调、监督、项目审核等多项工作。2013 年，在"蓝黄两区"办公室现有机构的基础上，山东省又整合成立正厅级的山东省区域发展战略推进办公室，它隶属于省发展和改革委员会并主管重点区域规划建设的综合指导等工作（如表 2-3 所示）。同时，山东省各城市也建立了相应的机构，如威海市 2009 年成立的蓝色经济区管理办公室。作为一个新的空间尺度和区域治理机制，山东半岛蓝色经济区但却并未形成介于省市之间的独立管理机构，而是由依附于省政府的正式或非正式机构进行协调。这表明，山东半岛蓝色经济区的空间生产是一种相对松散的区域化过程，而非正式的、剧烈的行政尺度结构变革。

表 2-3　海上山东和山东半岛蓝色经济区的主要区域协调机构

战略	成立时间	机构名称
山东半岛蓝色 经济区	2013 年	山东省区域发展战略推进办公室蓝色经济区建设指导处
	2009 年	山东半岛蓝色经济区建设办公室
	2009 年	山东半岛蓝色经济区规划建设领导小组
	2009 年	山东半岛蓝色经济区规划建设工作推进协调小组
海上山东	1998 年	海上山东建设领导小组

第二，山东半岛蓝色经济区尺度间行政权限的调整。在山东半岛蓝色经济区的空间生产过程中，组织、地域等方面的调整都是尺度重组过程的外在表现，都最终体现为"权力和控制在尺度间的变动"①。但除了这些间接的调整外，尺度重组更明显地体现为权力在尺度间的纵向转移，其典型表现是行政层级间审批权限的调整。在分权化趋势下，山东省早在2001年就发布了两批《山东省省级行政审批事项改革方案》。2009年后，随着山东省《关于深入推进行政审批制度改革的实施意见》的出台，行政审批事项的下放和取消进入新阶段。其中，为与山东半岛蓝色经济区的建设相适应，山东省也陆续下放、取消了一批涉海审批事项并承接了一批国务院下放的涉海审批事项（如表2-4所示）。

表2-4　山东省2009年以来承接、下放、取消的代表性涉海行政审批事项

类型	时间	事项名称	原部门	下放部门
承接	2015年	外资企业、中外合资经营企业、中外合作经营企业经营中华人民共和国沿海、江河、湖泊及其他通航水域水路运输审批	交通运输部	山东省交通运输厅
	2014年	外国人进入国家级海洋自然保护区审批	国家海洋局	山东省海洋与渔业厅
	2013年	进入渔业部门管理的国家级自然保护区核心区从事科学研究观测、调查活动审批	农业部	山东省海洋与渔业厅
下放	2014年	捕捞辅助船许可证核发	山东省海洋与渔业厅	设区市渔业行政主管部门
	2013年	通航水域岸线安全使用许可	山东省交通运输厅	设区市海事管理机构
	2010年	港口经营许可	山东省交通运输厅	市级主管部门
取消	2014年	区域建设用海规划审查	山东省海洋与渔业厅	
	2013年	国内普通货船建造登记	山东省交通运输厅	
	2010年	新建渔港工程施工许可	山东省海洋与渔业厅	

简政放权能够有效地释放市场活力，激发下级政府和社会组织的创造力，有助于推动政府管理创新，其中，审批权限下放是落实简政放权放管结合的关键举措。审批权限下放是为加强各市县政府在本地蓝色经济发展中的自主性，但它通常不针对特定地区。而行政权限调整的另一表现是通过成立各类园区直接赋予特定地区特定管制权力，以进一步打造地方竞争优势。如青岛西海岸新区作为国家级新区，直接享有省级经济管理权限并承接了青岛市下放的海洋经济、投资发展、人才引进等类别的权限。这一尺度间权力关系的剧烈变动体现了国家由"平等化""统一性"②的空间政策到关注具有全球竞争优势的特定地区的空间政策的转变。西海岸新区通过这些权限得以进一步增强发展的自主性，以充分挖掘

① Shen J. Scale, State and the City: Urban Transformation in Post-Reform China [J]. Habitat International, 2007, 31(03): 303-316.

② Brenner N. New State Spaces: Urban Governance and the Rescaling of Statehood [M]. Oxford: Oxford University Press, 2004.

竞争优势并吸引全球资本，进而带动区域整体发展。

第三，山东半岛蓝色经济区行政地域的空间重构。作为国家空间重构的一个维度，行政地域重构常常同尺度重组相互交织。研究发现，尺度重组的典型地域性管制实践可归纳为行政权限调整、行政区划调整、地方增长极的培育和跨边界区域合作[①]。比如，在撤县（市）设区中，县（县级市）的政治与经济权力通过行政地域的扩展被吸纳到地级市[②]。在制度建构过程中，山东半岛蓝色经济区通过撤县（市）设区、合并设区，县（县级市）的管制和经济活动也得以在更大地域、更高尺度被协调。

行政地域的空间重构是公共权力主导下空间资源配置的主要形式，会对区域空间生产形成持久而强大的影响力。自1991年提出"海上山东"战略以来，山东省经历了一定幅度的行政区划调整（如表2-5所示）。其中，地级市的数量先增加后稳定，而地区则不断减少直至消失；市辖区的数量也呈总体上升趋势，而县的数量总体上则下降。从时间上看，20世纪90年代的行政区划调整较为频繁，而2000年后山东半岛蓝色经济区地域内各行政区数量则相对稳定。近年来，随着山东半岛蓝色经济区的建设，行政区划又进行了部分调整，主要表现为撤县设区、撤市设区以及合并设区，区的数量明显增多。

表2-5　山东半岛蓝色经济区2009年以来县级以上行政区划的部分调整

战略	时间	类型	原行政区划	新行政区划
山东半岛蓝色经济区	2017年	撤市设区	即墨市	青岛市即墨区
	2016年	撤县设区	垦利县	东营市垦利区
	2014年	政区升格	黄岛区	青岛西海岸新区
	2014年	撤市设区	文登市（不含汪疃镇、荪山镇）	威海市文登区
	2014年	撤县设区	沾化县	滨州市沾化区
	2012年	合并设区	市北区、四方区	青岛市市北区
	2012年	合并社区	黄岛区、胶南市	青岛市黄岛区
海上山东	2004年	设区	东港的岚山头等	日照市岚山区
	2000年	撤市设区	县级滨州市	滨城区
	1996年	撤县设市	海阳县	海阳市
	1995年	撤县设市	栖霞县	栖霞市
	1994年	撤市设区	牟平县	烟台市牟平区、莱山区
	1994年	撤县设市	高密县	高密市
	1994年	设区	崂山区的城阳等镇	青岛市城阳区
	1994年	合并设区	台东区、市北	青岛市市北区
	1993年	撤县设市	乳山县	乳山市
	1992年	设区	日照市行政区域	日照市东港区
	1991年	撤县设市	蓬莱县	蓬莱市

---

① 马学广，李鲁奇. 全球重构中尺度重组及其地域性管制实践研究[J]. 地域研究与开发，2017(02): 1-6.

② 沈建法. 空间、尺度与政府：重构中国城市体系[A]//吴缚龙，马润潮，张京祥. 转型与重构：中国城市发展多维透视[M]. 南京：东南大学出版社，2007: 22-38.

2009 年以来，山东半岛蓝色经济区地域范围内的行政区划调整主要是撤市设区、撤县设区和合并设区。撤市设区和撤县设区指文登市和沾化县的调整，其目的是解决地级市市区狭小、蓝色产业发展不协调等问题。通过这一调整，县（市）的管制权力被整合到地级市，从而提高了统筹地区发展、聚集资源要素的能力。合并设区主要指青岛市分别合并市北区和四方区以及黄岛区和胶南市并设立新的市北区和黄岛区的调整。其中原黄岛区发展空间狭小，"地域化"的权力[①]也造成区县间的不良竞争，以至于同胶南市的产业结构相似系数（2012 年）高达 80.0226%[②]。而通过行政区划调整，青岛西海岸新区得以实现空间、管制、产业的整合与协调，这也为后续设立青岛西海岸新区奠定了空间基础。总之，作为制度建构的一个重要方面，山东半岛蓝色经济区近年来的行政区划调整都是朝向区域整合的方向进行的，但它主要发生于地级市以内而较少涉及跨市域边界的调整。

（四）山东半岛蓝色经济区跨界公共事务的制度化协调

跨界公共事务的制度化协调主要包括政府间行政协议的签署，以及政府间合作论坛的持续举办等。在山东半岛蓝色经济区的制度建构中，除局限于市域内的空间和职能调整外，另一个重要的制度化协调方式是城市间的跨边界的合作[③]，它更直观地体现了山东半岛蓝色经济区的区域空间生产过程。其中，跨界公共事务制度化协调最典型的两种形式是行政协议的签订与合作论坛的举行。

签署行政协议是山东半岛蓝色经济区制度化城市合作机制的重要形式[④]。2009 年之前，山东半岛蓝色经济区各市就已开始订立合作协议，如 2004 年青岛与日照签署的《关于进一步发展两市交流合作关系的框架协议》。2009 年以后，山东半岛蓝色经济区内各市间的合作协议日益增多（如表 2-6 所示），其中以市际双边协议为主，如 2012 年青岛市分别与山东半岛其他五市签订的《全面战略合作框架协议》，同时也存在若干多边协议，如 2011 年的《加强区域合作交流推进青潍日城镇组团发展合作书》，以及 2020 年山东省政府提出加快胶东经济圈一体化发展以来，青岛、烟台、威海、潍坊、日照等市签署的一系列一体化战略合作协议。这一自下而上的区域化空间生产形式，是山东半岛蓝色经济区制度建构的关键形式。山东半岛蓝色经济区的空间生产在很大程度上是一个自上而下的"诱导"过程，其中，中央政府和山东省政府扮演关键角色[⑤]，比如制定和批复城市发展规划、下放审批权限等。而城市间合作协议的签订，表明山东半岛蓝色经济区内合作型政府[⑥]开始兴起，管制

---

① 马学广, 王爱民, 闫小培. 权力视角下的城市空间资源配置研究[J]. 规划师, 2008, 24(01): 77-82.

② 黄少安, 李增刚. 山东半岛蓝色经济区发展报告 2014[M]. 北京: 中国人民大学出版社, 2015: 272-284.

③ 马学广, 李鲁奇. 全球重构中尺度重组及其地域性管制实践研究[J]. 地域研究与开发, 2017(02): 1-6.

④ 马学广, 孙凯. 山东沿海城市带地方政府跨政区合作研究[J]. 青岛科技大学学报（社会科学版）, 2015(03): 7-13.

⑤ 李辉, 王学栋. 山东半岛蓝色经济区建设中的地方政府间合作研究[J]. 中国石油大学学报（社会科学版）, 2011(06): 53-57.

⑥ 马学广, 王爱民, 闫小培. 从行政分权到跨域治理：我国地方政府治理方式变革研究[J]. 地理与地理信息科学, 2008, 24(01): 49-55.

权力也随之相对自发地向区域尺度上移。不过，这些协议的订立主体仍以各市政府为主[①]，而缺少其他主体的参与。

表 2-6　山东半岛蓝色经济区各城市间签署的部分合作协议

时间	地方政府	合作协议
2018 年	青岛、潍坊	《潍坊青岛共建进口肉类口岸合作协议》
2014 年	青岛、烟台、潍坊等	《山东半岛蓝色经济区联席会议制度》
2014 年	青岛、烟台、潍坊等	《推进山东半岛蓝色经济区建设重点工作》
2012 年	青岛、东营	《全面战略合作框架协议》
2012 年	青岛、烟台	《全面战略合作框架协议》
2012 年	青岛、威海	《全面战略合作框架协议》
2012 年	青岛、日照	《加快推进蓝色经济区建设战略合作框架协议》
2012 年	青岛、潍坊	《加快推进全面发展战略合作框架协议》
2011 年	青岛、潍坊、日照	《加强区域合作交流推进青潍日城镇组团发展合作书》
2009 年	青岛、日照、烟台	《战略联盟框架协议》
2008 年	烟台、威海	《烟威区域合作关系框架协议书》
2007 年	青岛、潍坊	《潍坊—青岛战略合作协议》
2007 年	青岛、潍坊	《关于加强交流合作促进共同发展的框架协议》
2004 年	青岛、日照	《关于进一步发展两市交流合作关系的框架协议》

　　跨界公共事务制度化协调的另一种城市合作形式是各类政府间合作论坛的举行，这些相对松散、灵活的合作方式已开始超越政府内部的制度建构而包含多元主体间的协商，即日益体现出"尺度治理"的特征[②]。"蓝色经济大家谈"（暨半岛市长论坛）是山东半岛蓝色经济区最重要的发展论坛，至今已举办六届（如表 2-7 所示）。前四届同"半岛市长论坛"相结合，关注区域一体化、蓝色产业发展等问题，第五届转向"金融改革"等议题，第六届打破了以往七地市市长对话模式，首次采用专属城市定制模式即青潍对话，特邀青岛蓝色硅谷核心区管委会对话潍坊滨海经济技术开发区，旨在促进海洋生物资源的开发与利用，构建技术合作与交流平台。这一政府间合作论坛包含政府代表、企业代表、学者、市民和媒体等多元行为主体，因而同时涉及人际网络的建立、政府组织间的协作、行政体系与市场体系的协调等，即从个体、组织、系统等方面[③]都明显体现了"尺度治理"的思想。

---

① 王佃利，梁帅. 跨界问题与半岛蓝色经济区一体化发展探析[J]. 山东社会科学，2012(03): 54-59.

② 罗小龙，沈建法，陈雯. 新区域主义视角下的管治尺度建构：以南京都市圈建设为例[J]. 长江流域资源与环境，2009, 18(07): 603-608.

③ Jessop B. The Rise of Governance and the Risks of Failure: The Case of Economic Development [J]. International Social Science Journal, 1998, 50(01): 29-45.

表 2-7　山东半岛蓝色经济区历届"蓝色经济大家谈"（暨半岛市长论坛）的主题

论坛	时间	地点	主题
第六届	2015 年	潍坊	青潍对接
第五届	2014 年	青岛	2014 财富对话
第四届	2013 年	潍坊	创新引领·融合发展
第三届	2012 年	青岛	科技·产业·竞争力
第二届	2011 年	青岛	对话院士·助力蓝色产业发展
第一届	2010 年	青岛	蓝色经济浪潮中，各城市的角色定位和一体化

与此同时，山东半岛蓝色经济区内各市还通过交通、通信、电力等基础设施的互联推进"同城化"。同城化的本质是实现区域治理融合的同城效应过程，是城市发展到一定阶段的产物[①]。山东半岛蓝色经济区同城化的具体案例包括：2014 年贯通青岛、烟台、威海三市的青（岛）荣（成）城际铁路使胶东三市迈入"一小时生活圈"，以及烟台与威海计划统一电话区号等。这些不同的同城化合作形式都相对弱化了城市间的行政边界并进一步推动了山东半岛蓝色经济区的区域空间生产与合作治理进程。

三、海洋国家战略区域的尺度重组

在区域空间生产的策略建构过程中，区域合法性的获得成为基本目标，它通过两类策略实现：首先，建构以"蓝色"为核心的话语，并通过说服和激励两种方式动员省内各级政府和社会的支持；其次，通过重塑"蓝色"话语并适应"国家海洋战略"等霸权话语，以及同国家海洋局建立联系等方式进行尺度跳跃，以获得中央政府的支持。而在区域空间生产的制度建构过程中，基本目标则是建立起区域尺度赖以存在的制度架构，因而组织、空间（尺度、地域、跨界）等方面的制度调整成为基本手段。尽管表现各异，但这些具体的建构方式或体现了对尺度的直接运用、或体现了尺度间关系的转变等，因而在不同程度上都统一于山东半岛蓝色经济区的尺度重组过程（如图 2-6 所示）。

同其他国家战略区域相比，山东半岛蓝色经济区的空间生产存在两个突出特征。首先，基于本地鲜明的海洋特色而建构起来的以"蓝色"为核心的话语在合法性的获得中扮演关键角色。海洋是山东半岛蓝色经济区的核心发展定位，它因被融入国家海洋战略而成为山东半岛蓝色经济区至关重要的合法性来源，而推动这一海洋特色被人们所熟知和承认的一个重要因素正是由山东省不同主体所共同建构起来的"蓝色"话语，它广泛存在于政府文件、媒体报道、学术研究、社会讨论中，使得山东半岛蓝色经济区的海洋经济特色日趋突出，进而在国家区域规划中脱颖而出。其次，国家战略区域并不特指城市尺度之上的区域

① 马学广，窦鹏. 中国城市群同城化发展进程及其比较研究[J]. 区域经济评论，2018(05): 105-115.

尺度，而是指所有被上升为国家战略的地域综合体。从这个意义上看，山东半岛蓝色经济区空间生产中的另一特征在于它嵌套了另一国家战略区域，即青岛西海岸新区。由于青岛西海岸新区享有省级经济管理权限，因此，它的设立引发了更为剧烈的、特定性的（即朝向特定地域的）权限下放活动，进而更强烈地重构了山东半岛蓝色经济区内的尺度间关系。

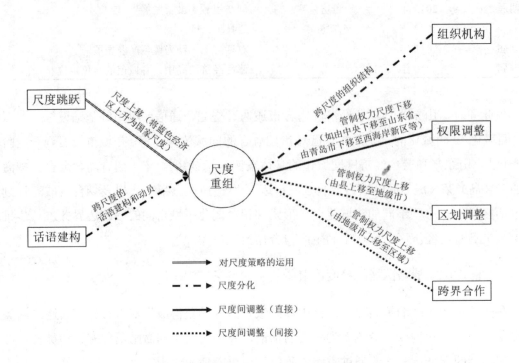

图 2-6　区域空间生产与尺度治理在尺度重组概念上的统一性

不过，总体来看，由于国家战略区域的空间生产必然涉及区域合法性的获得和区域治理制度架构的形成，因此其他国家战略区域同山东半岛蓝色经济区的区域空间生产之间仍存在较多相似点。尤其是涉及到尺度跳跃、制度化组织机构的设立、政府间合作协议的签订、行政地域的空间重构、行政管理权限的重组等具体的策略和制度建构方式时，各个国家战略区域的共性更为突出。从这个意义上看，基于对山东半岛蓝色经济区的分析而发展起来的策略-制度分析思路在对其他国家战略区域的分析中具有一定的借鉴意义。

不过，这一区域空间生产过程和尺度治理机制的适用性，通常仅限于对策略建构和制度建构进行二分的层面（即图 2-7 中的第I层次）。换言之，本节中所涉及的山东半岛蓝色经济区策略建构的两个基本手段和制度建构的四个主要内容（即图 2-7 中的第II层次）及其具体表现（即图 2-7 中的第III层次）既难以涵盖所有可能的国家战略区域的建构方式，也难以同时在其他案例中以同样的方式体现出来，因此，它们对于其他国家战略区域的分析仍仅具有参照意义。在这种情况下，可在区分策略建构与制度建构的基础上依据地方上特定的发展定位、空间格局、权力关系等重新建构分析思路，以更准确地剖析不同国家战略区域的建构中所体现的复杂的尺度重组现象。

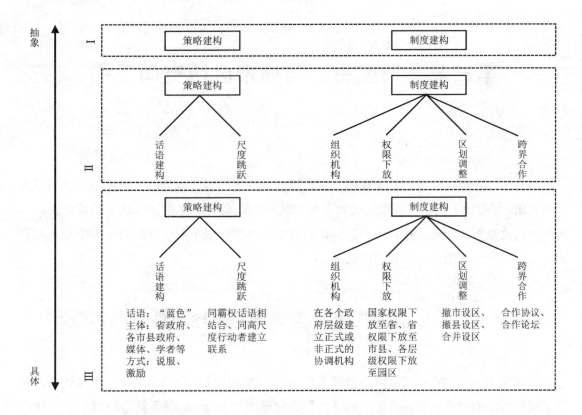

图 2-7　区域空间生产与尺度治理在不同抽象程度上的分析架构

　　此外，本节在山东半岛蓝色经济区空间生产过程和尺度治理机制的策略建构和制度建构分析中，分别借鉴了后结构方法和政治经济方法的尺度研究思路。一方面，策略建构中的话语建构尤其是适应霸权话语的过程体现了行动主体对尺度的主观建构，这时尺度不再作为客观实体和分析预设，而是由行动者所定义的，如将山东半岛蓝色经济区的建构"理解为""塑造为"国家尺度的问题；另一方面，在制度建构中，尺度则被视为客观实体和外部结构，它一方面因社会关系的变动而发生持续重构，另一方面又影响了其中所运作的社会关系。这一分析方式既非将二者相分离，也非将二者相融合①，而是通过并行的分析从更多样的研究视角剖析区域尺度的建构过程。

---

① MacKinnon D. Reconstructing Scale: Towards a New Scalar Politics [J]. Progress in Human Geography, 2010, 35(01): 21-36.

第三章 尺度重组与城市区域空间重构

20 世纪 70 年代以来,伴随着新一轮全球化的深入发展,世界政治经济地理格局发生激烈重构,原有的不均衡发展模式也在多重空间尺度被系统性地重塑[1]。这一同地域重构相交织的尺度重组(Rescaling)过程表现在政府组织结构、城市和区域政策等多个相互联系的方面,因而受到国内外学者的广泛关注。

第一节 尺度重组视角下全球重构与地域性管制实践[2]

为解释 20 世纪 70 年代以来的全球重构现象,西方人文社会科学经历了尺度转向并开展了尺度重组的理论和实证研究。其中,代表性研究如 Brenner 对西欧 20 世纪 70 年代以来国家空间和城市治理重构的研究[3]等。不过,在当前研究中,尺度重组在很大程度上仍是一个"复杂的隐喻"[4]。一方面,基于不同视角,"尺度重组"被学者们赋予不同的含义,其实证研究也涉及全球化、城市治理、地方政治动员等多个领域;另一方面,当前研究大多侧重于对尺度重组的动因、机制等问题的探讨,而对其内涵尤其是具体表现等基本问题较少进行较为系统的总结。这使得"尺度重组"难以被更为清晰地把握,并对理论和实证研究造成困难。因此,梳理尺度重组的多重内涵和管制实践以对其进行"概念化"就显得尤为必要。

① Brenner N. New State Spaces: Urban Governance and the Rescaling of Statehood [M]. Oxford: Oxford University Press, 2004.

② 本节内容修改自如下论文:马学广,李鲁奇. 全球重构中的尺度重组及其地域性管制实践研究[J]. 地域研究与开发, 2017, 36(02): 1-6.

③ Brenner N. Globalisation as Reterritorialisation: The Re-Scaling of Urban Governance in the European Union [J]. Urban Studies, 1999, 36(03): 431-451.

④ Tasan-Kok T, Altes W K K. Rescaling Europe: Effects of Single European Market Regulations On Localized Networks of Governance in Land Development [J]. International Journal of Urban and Regional Research, 2012, 36(-6): 1268-1287.

一、尺度重组的多重内涵

近年来国内尺度重组研究日渐丰富，对尺度重组的理论探讨和实践应用也日趋深入。不过，在尺度重组的内涵与表现形式上，尽管当前研究已有深入的探讨，但较少进行相对系统的总结和梳理，这在一定程度上为进一步研究造成困难。尽管"尺度重组"一词被学者们广泛使用并且其中也不乏明确的界定，但不同学者基于不同视角对这一概念的具体理解常常存在差异。此外，尺度政治、尺度跳跃等一系列同尺度重组相互交织的概念也在很大程度上使尺度重组概念趋于复杂化。在这种情况下，对尺度重组内涵的梳理显得尤为必要。

在相对抽象的层面，尺度重组可以被理解为社会建构基础上尺度的历史演变。例如，Brenner 提到"通过尺度重组过程根植的尺度结构经由强烈的社会政治斗争而被持续地废除和再造"[1]，与此类似，Swyngedouw 也指出，"通过对资本循环和积累的地理的持续重塑，空间的生产废除了原有的空间结构和治理尺度，并在这个过程中产生了新的空间结构和治理尺度"[2]。这些论述既强调尺度同政治斗争、资本积累等社会过程之间的联系，又强调其动态性和历史性，即尺度、尺度间关系以及尺度结构的建构、不稳定、废除或再造。因此，尺度重组首先表现为一般的、抽象意义上的尺度变动，它是一个宽泛的概念并涵盖各种不同的形式。这一理解能够给予"尺度重组"较大的灵活性，从而便于从不同视角、基于广泛的社会空间过程对这一概念进行发展。

而在相对具体的层面，"尺度重组"被很多学者用于特指"国家尺度重组"，即新一轮全球化背景下国家尺度朝向超国家和次国家尺度而发生的管制和资本积累的重构。例如Keating 认为，尺度重组指"社会、经济和政治体系向国家之上、国家之下和跨越国家的新的空间层次的迁移"[3]；Taylor 也提到"当前经济重构可以被看作市场和管制从民族国家向上和向下的有意识的尺度重组"[4]；此外，Bank 等[5]、Underthun 等[6]也都强调类似观点。这个意义上的尺度重组更接近"尺度相对化"（Relativization of Scale），即国家尺度不再扮

① Brenner N. The Limits to Scale? Methodological Reflections on Scalar Structuration [J]. Progress in Human Geography, 2001, 25(04): 591-614.

② Swyngedouw E. Authoritarian Governance, Power, and the Politics of Rescaling [J]. Environment and Planning D: Society and Space, 2000, 18(01): 63-76.

③ Keating M. Introduction: Rescaling Interests [J]. Territory, Politics, Governance, 2014, 02(03): 239-248.

④ Taylor P J. Is there a Europe of Cities? World Cities and the Limitations of Geographical Scale Analyses[C]//Sheppard E, McMaster R. Scale and Geographic Inquiry: Nature, Society, and Method. Oxford, United Kingdom: Blackwell Publishing, 2004: 213-235.

⑤ Bank A, Van Heur B. Transnational Conflicts and the Politics of Scalar Networks: Evidence From Northern Africa [J]. Third World Quarterly, 2007, 28(03): 593-612.

⑥ Underthun A, Kasa S, Reitan M. Scalar Politics and Strategic Consolidation: The Norwegian Gas Forum's Quest for Embedding Norwegian Gas Resources in Domestic Space [J]. Norwegian Journal of Geography, 2011, 65(04): 226-237.

演主导角色，其他尺度也未获得同国家过去相似的首要性，而是为争夺主导性而在相互之间进行持续的斗争①。在国家尺度重组之外，Brenner 也探讨了城市的尺度重组，它表现为世界城市、多中心城市区域的兴起等，并同国家尺度重组相联结②。总之，尽管尺度重组的研究通常侧重于某一特定尺度（尤其是国家、区域和城市），但尺度重组本身就是涉及多重尺度的空间重构现象，因而具体层面的国家或城市尺度重组并非截然不同的空间过程，而是抽象层面的尺度重组在不同尺度的具体表现。

除此之外，一些学者更强调从社会政治斗争的角度理解这一概念，并将关注点转移到政治行动者而非尺度结构本身，这个意义上的"尺度重组"同"尺度政治""尺度跳跃"等存在很强的关联性。例如，Haarstad 等将尺度重组理解为"在新的尺度并以促进网络内交流的方式策略地转变诉求以适应霸权话语"③，换言之，通过对行动者的叙事（Narratives）进行"尺度重组"，这种叙事得以在更高尺度同霸权话语相结合，从而使行动者获得政治斗争的主动权。在这里，"尺度重组"是一种政治策略，它使较低尺度上的叙事得以同较高尺度上的霸权话语相联系。与此类似，Herod 等也提到"尺度重组过程常常表现为通过尺度跳跃实践，社会行动者从一个尺度向另一尺度'重新定位'其运作"④，这一论述的落脚点同样不在于尺度本身的重构，而是社会行动者以尺度为场所或工具而开展的政治斗争。

综上所述，尽管不同学者对"尺度重组"一词的具体界定和使用存在差异，但这些理解大多基于对尺度本身的历史生产和转变的关注，以及这种抽象层面的尺度结构重塑在现实中的具体体现，如分权化、全球城市的兴起等。而另一类理解尽管以社会行动者为关注点，但它同样强调作为斗争场所或工具的尺度的关键作用以及多重尺度之间社会关系的重塑。总之，基于不同学者对"尺度重组"的论述，这一概念可从以下几个关键方面进行理解。

首先，尺度重组基于尺度的社会建构，它随社会关系的变动而持续、动态演进。在西方社会科学的"尺度转向"中，尺度不再被看作给定的、封闭的空间实体，而是以一种建构主义⑤的观点被理解的，因此，随着这种社会关系的持续变动，尺度也在发生动态重组。例如在全球化中，随着资本日益穿越国家边界而投资于关键城市区域，全球与地方之间的联系日益紧密，这不可避免带来了全球、国家、地方等尺度之间关系的转变。另一方面，

① Jessop B. The Rise of Governance and the Risks of Failure: The Case of Economic Development [J]. International Social Science Journal, 1998, 50(01): 29-45.

② Brenner N. Globalisation as Reterritorialisation: The Re-Scaling of Urban Governance in the European Union [J]. Urban Studies, 1999, 36(03): 431-451.

③ Haarstad H, Fløysand A. Globalization and the Power of Rescaled Narratives: A Case of Opposition to Mining in Tambogrande, Peru [J]. Political Geography, 2007, 26(03): 289-308.

④ Herod A, Wright M W. Placing Scale: An Introduction[C]//Herod A, Wright M W. Geographies of Power: Placing Scale. Oxford: Balckwell Publishing, 2002: 1-14.

⑤ Delaney D, Leitner H. The Political Construction of Scale [J]. Political Geography, 1997, 16(02): 93-97.

尺度并非只是社会关系的被动表现，尺度结构的变动能够为社会过程提供特定的地理架构[1]，例如国家通过制定战略区域规划等方式赋予特定区域特定的管制权力，即改变国家与区域尺度之间的权力关系，进而通过定制化的区域政策等引导资本的流动，提高区域在全球经济空间中的地位。此外，尺度同社会关系之间的互动是持续的，因而尺度重组应当被看作一个"过程"，在这个过程中会形成相对稳定的尺度修复（Scalar Fixes）[2]，但随着政治斗争、管制试验等社会过程的展开，这一暂时的、脆弱的平衡[3]将被打破，尺度结构则进入持续的重构中。

其次，尺度是政治斗争的场所、目标和工具，因而尺度重组是一个包含权力斗争的冲突的过程[4]。学者们更多地使用"尺度政治"一词来描述这一过程，它指"为不同行动者的利益而对尺度的策略动员和运用"[5]，即将"尺度分化"[6]作为政治斗争的工具，通过话语建构等方式动员不同尺度及行动者，以实现特定的政治目标。不过，尺度并不限于作为政治斗争的工具，它还是斗争的场所和目标。一方面，尺度是"控制和支配存在的场所"[7]，它为政治斗争提供地理架构和舞台（Arena）；另一方面，尺度本身是"政治建构"[8]的，它作为政治斗争的目标和结果而成为冲突的权力关系的反映和暂时固化。

再次，尺度重组是一个路径依赖的过程，它并非意味着原有尺度或尺度结构被另一个全新的尺度或尺度结构所简单替代。相反，在新旧尺度结构之间，以及原有尺度结构与重构它的尺度项目之间存在持续的冲突，其中原有尺度结构可能限制新的尺度结构的产生[9]。这使得尺度重组只能通过试验性策略，将新的尺度项目以分层的方式叠加于原有的尺度结构之上[10]。例如，上海浦东通过 20 世纪 90 年代成立国家级新区、2000 年后设立综合配套改革试验区等分层的、叠加的改革项目，逐渐调整管制权限和发展政策，进而提高地方竞争力并日益融入国际经济体系[11]，展开朝向超国家尺度的尺度跳跃。

① 殷洁, 罗小龙. 尺度重组与地域重构：城市与区域重构的政治经济学分析[J]. 人文地理, 2013(02): 67-73.

② Brenner N. The Limits to Scale? Methodological Reflections on Scalar Structuration [J]. Progress in Human Geography, 2001, 25(04): 591-614.

③ Swyngedouw E. Globalisation or "Glocalisation"? Networks, Territories and Rescaling [J]. Cambridge Review of International Affairs, 2004, 17(01): 25-48.

④ Leitner H. The Politics of Scale and Networks of Spatial Connectivity: Transnational Interurban Networks and the Rescaling of Political Governance in Europe[C]//Sheppard E, McMaster R. Scale and Geographic Inquiry: Nature, Society, and Method. Oxford: Blackwell Publishing, 2004: 213-235.

⑤ Houdret A, Dombrowsky I, Horlemann L. The Institutionalization of River Basin Management as Politics of Scale: Insights from Mongolia [J]. Journal of Hydrology, 2014, 519: 2392-2404.

⑥ MacKinnon D. Reconstructing Scale: Towards a New Scalar Politics [J]. Progress in Human Geography, 2010, 35(01): 21-36.

⑦ Underthun A, Kasa S, Reitan M. Scalar Politics and Strategic Consolidation: The Norwegian Gas Forum's Quest for Embedding Norwegian Gas Resources in Domestic Space [J]. Norwegian Journal of Geography, 2011, 65(04): 226-237.

⑧ Delaney D, Leitner H. The Political Construction of Scale [J]. Political Geography, 1997, 16(02): 93-97.

⑨ MacKinnon D. Reconstructing Scale: Towards a New Scalar Politics [J]. Progress in Human Geography, 2010, 35(01): 21-36.

⑩ Brenner N. New State Spaces: Urban Governance and the Rescaling of Statehood [M]. Oxford: Oxford University Press, 2004.

⑪ 刘可文, 车前进, 梁双波. 长江三角洲区域开放开发政策的内涵与演变[J]. 地域研究与开发, 2015(04): 12-17.

最后，尺度重组是空间重构的一个维度，它涉及广泛的社会空间过程。尽管尺度常常被理解为纵向分化的空间单元①，尺度重组也常常被描述为"自上而下"或"自下而上"的过程②，但它并非单一的、纯粹纵向的，而是同再地域化、再边界化等空间重构现象相互交织。如在撤县设市中，县被划归到地级市的行政地域中，其行政边界也随之调整，部分管制权力也被转移到地级市，这个过程同时涉及地域、边界和尺度的变动。因此，尺度重组并非孤立存在的，而是同广泛的社会空间过程相联系。

总之，通过对尺度重组的关键要素进行总结，这一被 Tasan-Kok 等称为"隐喻"③的概念已变得相对清晰。不过，这一分析仍主要停留在抽象层面。因此，下文将基于国内外研究，考察同地域重构相交织的尺度重组在管制中的典型表现。

二、尺度重组与空间生产的辩证关系

近年来，空间过程的动态研究和驱动力分析已经成为地理学研究的热点领域④，其中，提升基于区域发展调控机理和路径研究的决策支持能力是增强区域治理体系创新的重点问题⑤，建构以经济要素和制度要素的空间集聚为主要特征的"制度化空间"成为推进国家治理体系和治理能力现代化的有效途径。

第一，空间生产理论革新了社会空间研究的认识论。20 世纪 70 年代以来，西方人文地理学的研究范式经历了人地关系研究—区域差异研究—空间计量分析—社会理论转向的重大变革⑥，法国社会学家列斐伏尔（Lefebvre H.）创立的"空间生产"理论深刻地剖析了社会-空间相互构建的本质⑦，启发学者从"积累体制"与"调节模式"对应关系的角度揭示空间生产背后的资本与权力互动关系⑧。其中，Harvey（1985）提出的"资本的三次循环"和"空间修复"理论⑨，认为资本通过跨越领域和地理空间的扩张来解决其过剩问题并进而导致区域乃至全球尺度空间的重构；Martin（2000）以制度为桥梁尺度化了资本与权力的空

① Marston S A, Jones J P, Woodward K. Human Geography without Scale [J]. Transactions of the Institute of British Geographers, 2005, 30(04): 416-432.

② Brenner N. The Limits to Scale? Methodological Reflections on Scalar Structuration [J]. Progress in Human Geography, 2001, 25(04): 591-614.

③ Tasan-Kok T, Altes W K K. Rescaling Europe: Effects of Single European Market Regulations on Localized Networks of Governance in Land Development [J]. International Journal of Urban and Regional Research, 2012, 36(06): 1268-1287.

④ Messerli B., Grosjean M., Hofer T., et al. From Nature-dominated to Human-dominated Environmental Changes [J]. IGU Bulletin, 2000, 50(1): 23-38.

⑤ 樊杰, 郭锐. 面向"十三五"创新区域治理体系的若干重点问题[J]. 经济地理, 2015, 35(1): 1-6.

⑥ Gauthier H.L., Taaffe E.J. Three 20th Century "Revolutions" in American Geography [J]. Urban Geography, 2000, 23 (6): 503-527.

⑦ Lefebvre H. The Production of Space [M]. Oxford: Basil Blackwell, 1991.

⑧ Dunford M. Theories of Regulation[J]. Environment and Planning D: Society and Space, 1990, (8): 297-322.

⑨ Harvey D. The Urbanization of Capital: Studies in the History and Theory of Capitalist Urbanization[M]. Baltimore: John Hopkins University Press, 1985.

间互动关系，定义了一组从超国家、国家到区域与地方的层级性制度化空间体系[①]，尺度化"制度套叠"所形成的"地方体制"促成区域发展模式及其动力机制的多样化；Brenner（2004）提出的"新国家空间"理论，认为国家权力的尺度重组和梯度化差别性制度供给，引发不同尺度空间重组、治理重构和经济版图重绘[②]。总之，空间生产理论把"空间"概念推广到思想和知识领域的最前沿[③]，在认识论上实现了从"空间中的生产"向"空间的生产"的重大转变[④]，英美国家对空间生产理论的研究持续深化并已经掀起了"第三次浪潮"[⑤]。

　　第二，尺度重组思想深化了空间生产理论的本体论。国外学者关于"空间"多维属性的研究推动空间生产理论再次从"空间的生产"向"空间尺度的生产"跃升。英国政治学家 Bob Jessop 提出的"TPSN框架"[⑥]指出，尺度是整个地理学关注的中心[⑦]，被看作是控制社会、政治、经济及地理空间的场域及其结果[⑧]。尺度重组是空间权力调整与社会建构的动态过程，依附于现实生活中多层性、等级化的地理架构，并以其为中心建立了全球资本流动、国家制度体系、区域性社会经济网络和地方化治理体系之间的互动关系，其实质是国家为积累财富和提高经济竞争力，利用尺度互动和治理调整而进行的空间生产策略。尺度重组思想可以更为直观地理解新产业区、城镇密集区乃至全球城市区域等空间实践背后的政治经济逻辑，尤其适用于分析制度化空间的生产机制与治理模式。

　　第三，尺度重组引发区域治理变革并重塑了区域空间结构。"政府再造"思潮下的当代西方发达国家普遍施行了将管制权力向地方下放或者向超国家尺度转移的尺度重组战略，以形成新的制度竞争优势，催生了跨越区域界限和单一政府职能的"多中心-多层次"区域空间治理体系[⑨]。在欧洲（侧重于行政主体间的跨界合作）和北美（侧重于政府、市场与社会的伙伴关系），国家尺度重组已成为应对工业转型与危机管理的新空间策略[⑩]，以提高国家机器的行政效率和次国家尺度主要经济增长极的全球竞争力。全球尺度重组对亚太地区

---

① Martin R L. Institutional Approaches in Economic Geography[A]. In: Sheppard, E and Barnes, T.J. (eds.), A Companion to Economic Geography[C]. Oxford: Blackwell, 2000.

② Brenner N. New State Spaces: Urban Governance and the Rescaling of Statehood[M]. Oxford: Oxford University Press, 2004

③ 童强. 空间哲学[M]. 北京：北京大学出版社，2011.

④ Brenner N. The Limits to Scale? Methodological Reflections on Scalar Structuration [J]. Progress in Human Geography, 2001, 25(4): 591-614.

⑤ 韩勇，余斌，朱媛媛，等. 英美国家关于列斐伏尔空间生产理论的新近研究进展及启示[J]. 经济地理，2016(7): 19-26+37.

⑥ Jessop B, Brenner N, Jones M. Theorising Sociospatial Relations[J]. Environment and Planning D: Society and Space, 2008, 26(3): 389-401.

⑦ Marston S A. The Social Construction of Scale[J]. Progress in Human Geography, 2000, 24(2): 219-242.

⑧ Herod A. Scale[M]. New York: Routledge, 2011.

⑨ Gualini E. The Rescaling of Governance in Europe: New Spatial and Institutional Rationales[J]. European Planning Studies, 2006, 14(7): 881-904.

⑩ Herrschel T.Cities, State and Globalisation City-Regional Governance in Europe and North America[M]. London: Routledge, 2014.

尤其是中国的空间生产也产生了深远影响[1]，促成了城市体系的专业化和多中心化，迅速涌现了诸如出口加工区、科学园区（城）、开发区等新产业空间，并与大都市一起构成了由大量人口、产业与经济活动高密度聚集的巨型都会区域。与此同时，新型城市空间的生产引发社会-空间关系调整，并进而重构了区域空间治理体系。

第四，空间生产已成为当代中国城市研究的重要范式，尺度重组是新兴理论切入点。当前我国的空间生产理论与实证研究密切结合国家大力推进城市化、市场化和全球化的宏观背景，在空间尺度上覆盖了城市空间生产（如特定城市功能片区或社会空间单元等）、区域空间生产（如国家战略区域等）和全球空间生产（如全球城市区域等）[2]；在研究聚焦上除了资本和权力、制度及政企"增长联盟"外，地方意义的文化建构[3][4]以及信息技术的扩散与渗透[5]等成为影响空间生产的新要素。此外，鉴于空间生产理论运用的简单化和理解的宽泛化等问题，部分学者对空间生产理论进行了重新解读[6]，尺度重组成为探讨全球化、区域空间生产和区域治理的重要角度[7]。当前国内对尺度重组的研究主要围绕着理论挖掘和建构[8]、市场与政府的组合互动[9]、尺度重组与经济全球化[10]、国家-区域治理[11]和城市与区域规划体系改革[12]等领域。

第五，当代中国城市的跨界功能拓展亟需强化区域协同治理理念指引。区域一体化正在重塑着地方政府所面对的社会环境，同城化、大都市区化、行政区划调整和跨界城市区域的发展催发中国区域空间治理体系的重构[13]，跨界合作与区域协同治理成为影响城市区域发展的主要因素[14]。当前我国的政府间合作机制不论在形式上还是内容上都呈现出碎片

① Wu F. China's Emergent City-Region Governance: A New Form of State Spatial Selectivity through State-orchestrated Rescaling[J]. International Journal of Urban and Regional Research, 2017. http://onlinelibrary.wiley.com/doi/10.1111/1468-2427.12437/epdf.

② 马学广. 全球城市区域的空间生产与跨界治理研究[M]. 北京：科学出版社, 2016.

③ 周尚意, 吴莉萍, 张瑞红. 浅析节事活动与地方文化空间生产的关系——以北京前门-大栅栏地区节事活动为例[J]. 地理研究, 2015(10): 1994-2002.

④ 钱俊希, 朱竑. "非正常"的文化标签下"同志"社会空间的生产——以广州市 X 公园"同志渔场"为例[J]. 人文地理, 2014(3): 35-43.

⑤ 尹罡, 甄峰, 席广亮. 信息技术影响下城市休闲空间生产机理及特征演变研究[J]. 地理与地理信息科学, 2014(6): 121-124.

⑥ 王丰龙, 刘云刚. 空间生产再考：从哈维到福柯[J]. 地理科学, 2013(11): 1293-1301.

⑦ 晁恒, 马学广, 李贵才. 尺度重构视角下国家战略区域的空间生产策略——基于国家级新区的探讨[J]. 经济地理, 2015(5): 1-8.

⑧ 刘云刚, 王丰龙.尺度的人文地理内涵与尺度政治——基于 1980 年代以来英语圈人文地理学的尺度研究[J]. 人文地理, 2011(3): 1-6.

⑨ Zhigang Li, Jiang Xu, Anthony G O Yeh. State Rescaling and the Making of City-regions in the Pearl River Delta, China[J]. Environment and Planning C: Government and Policy, 2014, 32 (1) : 129-143.

⑩ 贺灿飞, 毛熙彦. 尺度重构视角下的经济全球化研究[J]. 地理科学进展, 2015(9): 1073-1083.

⑪ 张京祥. 国家-区域治理的尺度重构：基于"国家战略区域规划"视角的剖析[J]. 城市发展研究, 2013(5): 45-50.

⑫ 张永姣, 方创琳. 地域尺度重组下的我国城市与区域规划体系改革[J]. 人文地理, 2015(5): 9-15.

⑬ 罗小龙, 沈建法, 顾朝林.中国城市区域管治重构：国家·市场·社会[M]. 南京：东南大学出版社, 2015.

⑭ 马学广, 等. 海岸地带城市-区域空间治理研究[M]. 北京：人民出版社, 2015.

化状态、长远性和顶层性战略的缺失、规划和政策因忽略区域差别化而引发针对性差、配套体系不完整和约束性手段欠缺等问题是我国区域空间治理不容回避的制度瓶颈①。作为一种全新的治理模式，区域协同治理意味着国家治理现代化重心的转移②和空间治理资源的有机整合，通过打破行政管辖权的界限分割，助推区域经济一体化协同发展。

三、全球重构与空间治理的尺度转向

尺度重组表现为新区域主义、城市企业主义等一系列松散的社会经济转变。其中，全球化的进一步发展以及新自由主义思潮的扩散为这一全球政治经济重构过程提供了基础。而为解释这一现实转变，西方人文地理学也经历了空间、尺度等转向。这些实践和理论的转变为尺度重组理论的产生和发展奠定了基础。

（一）新一轮全球重构的展开

美国哈佛大学教授 Neil Brenner 使用"全球重构"（Global Restructuring）一词来代替"全球化"，它强调不均衡的、多方面的、多元的以及开放的转变过程，而非单一的、统一的大趋势③。这一过程不仅伴随着资本、劳动力等要素在全球范围内的流动（去地域化），还伴随着相对固定的基础设施的生产（再地域化）。从这个意义上看，全球化是一个地理概念，它改变了原有的空间结构，并使空间不再作为"社会关系给定的、静态的平台，而是其建构维度之一"④。进而，作为空间维度的尺度也不再仅作为社会关系的"脚手架"，而是动态重构的并积极参与和塑造了这一全球化进程，如在日益明显的"全球地方化"（Glocalisation）中，全球和地方尺度在资本积累中日益相互连结，并在管制重构中具备更为重要的地位⑤。

在管制策略上，全球重构的一个重要表现是新自由主义思潮的兴起和扩散。在西欧，新自由主义逐渐取代福特-凯恩斯主义，并由此带来了 20 世纪 80 年代的城市企业主义等管制方式转变。与此同时，新自由主义在全球范围内的扩散也导致了各国朝向分权化、去管制化、私有化等政策目标的不同程度的管制策略变动。这一转变趋势在尺度上表现为国家向城市等尺度的权力转移，在地域上表现为国家对具有特定竞争优势的关键城市区域的关注，这意味着全球范围内国家空间已开始发生重构。

（二）西方人文社会科学的尺度转向

尺度在传统上通常被看作一个制图学概念或分析层次，它是固定的、给定的，尺度间

① 樊杰. 我国国土空间开发保护格局优化配置理论创新与"十三五"规划的应对策略[J]. 中国科学院院刊, 2016(1): 1-12
② 魏向前. 跨域协同治理：破解区域发展碎片化难题的有效路径[J]. 天津行政学院学报, 2016, 18(2): 34-40
③ Brenner N. New State Spaces: Urban Governance and the Rescaling of Statehood [M]. Oxford: Oxford University Press, 2004.
④ Brenner N. New State Spaces: Urban Governance and the Rescaling of Statehood [M]. Oxford: Oxford University Press, 2004.
⑤ Swyngedouw E. Globalisation or "Glocalisation"? Networks, Territories and Rescaling [J]. Cambridge Review of International Affairs, 2004, 17(01): 25-48.

互动以及尺度的生产和转变也在很大程度上被忽视。而伴随着 20 世纪 70 年代以来人文地理学的"空间转向"，以及全球重构背景下广泛的尺度重组现象，一些学者开始认识到作为空间维度的尺度也是社会建构的，它本身是一种"关系"①，而非社会关系固定的、孤立的容器。此外，尺度建构和重组还是一个包含权力斗争的过程，行动者通过生产或改变特定尺度和尺度间关系，进而根据自身利益重构权力关系。在此基础上，学者们提出了"尺度化"（Scaling）、"尺度重组"（Rescaling）、"尺度政治"（Politics of Scale；Scalar Politics）、"尺度跳跃"（Jumping Scales）等一系列概念，尺度本身也被赋予了越来越丰富的内涵，并受到地理学甚至社会学、政治学等学科的广泛关注②。这一"尺度转向"使尺度成为近三十年来国家重构研究中最重要的主题之一③，也成为当代城市和区域治理重构研究的重要分析路径和基本维度。

（三）尺度重组的理论阐释

国外的尺度重组研究是伴随着"尺度转向"而发展起来的。早在 1987 年，地理学家 Neil Smith 在对美国北部核心区的研究中就已经注意到了空间尺度的转变和重构④，随后，Smith 在对纽约流浪汉交通工具的研究中进一步探讨了同社会斗争相联系的尺度的生产和再生产⑤。与此同时，一批学者也开始从西欧后福特主义出发探讨尺度重组问题，如 Tickell 等指出在地理学的后福特主义研究中"分析的空间尺度"是"丢失的一环"，因而他们强调对多重空间尺度及尺度间关系的分析⑥。20 世纪 90 年代中期以后，Swyngedouw⑦⑧、Brenner⑨⑩等一大批学者开始大量开展西方语境下的尺度重组研究。如 Brenner 以欧盟城市治理为例，分析了全球化中的再地域化和尺度重组现象⑪，Gualini 则以区域化试验为切入

① Howitt R. Scale and the Other: Levinas and Geography [J]. Geoforum, 2002, 33(03): 299-313.

② Marston S A. A Long Way from Home: Domesticating the Social Production of Scale[C]//Sheppard E, McMaster R. Scale and Geographic Inquiry: Nature, Society, and Method. Oxford: Blackwell Publishing, 2004: 170-191.

③ Underthun A, Kasa S, Reitan M. Scalar Politics and Strategic Consolidation: The Norwegian Gas Forum's Quest for Embedding Norwegian Gas Resources in Domestic Space [J]. Norwegian Journal of Geography, 2011, 65(04): 226-237.

④ Smith N. The Restructuring of Geographical Scale: Coalescence and Fragmentation of the Northern Core Region [J]. Economic Geography, 1987, 60(02): 160-182.

⑤ Smith N. Contours of a Spatialized Politics: Homeless Vehicles and the Production of Geographical Scale [J]. Social Text, 1992(33): 55-81.

⑥ Tickell A, Peck J A. Accumulation, Regulation and the Geographies of post-Fordism: Missing Links in Regulationist Research [J]. Progress in Human Geography, 1992, 16(02): 190-218.

⑦ Swyngedouw E. Globalisation or "Glocalisation"? Networks, Territories and Rescaling [J]. Cambridge Review of International Affairs, 2004, 17(01): 25-48.

⑧ Swyngedouw E. Reconstructing Citizenship, the Re-Scaling of the State and the New Authoritarianism: Closing the Belgian Mines [J]. Urban Studies, 1996, 33(08): 1499-1521.

⑨ Brenner N. New State Spaces: Urban Governance and the Rescaling of Statehood [M]. Oxford: Oxford University Press, 2004.

⑩ Brenner N. Globalisation as Reterritorialisation: The Re-Scaling of Urban Governance in the European Union [J]. Urban Studies, 1999, 36(03): 431-451.

⑪ Brenner N. Globalisation as Reterritorialisation: The Re-Scaling of Urban Governance in the European Union [J]. Urban Studies, 1999, 36(03): 431-451.

点，分析了德国地域政策制定中的尺度重组过程[①]等。而近十年来，非西方语境下的尺度重组研究开始占据越来越大的比重，如 Sonn 对韩国中央政府抵制权力下放的研究[②]，Li 等对中国区域治理演变的研究[③]等。总之，国外尺度重组研究起步较早，研究内容也更为丰富，但其实证研究仍在很大程度上基于西欧在新一轮全球化背景下所发生的积累和管制重构，因而国外尺度重组理论带有较强的历史和地域特定性。

国内学者对尺度的广泛关注大致始于苗长虹对西方经济地理学"尺度转向"的总结[④]。与此同时，一些学者也开始直接运用尺度重组理论分析中国的城市和区域管制实践，如简博秀等以经济特区和高新技术园区为例对改革开放后的中国大陆国家空间再层域化（即尺度重组）的分析[⑤]、沈建法对中国城市体系空间重构的研究[⑥]、罗小龙等对作为新的管治尺度的南京都市圈构建的研究[⑦]等。2010 年以后，国内尺度重组研究迅速增加，这些研究可分为两类：一类是对国外研究的总结以及理论探讨，如殷洁等从政治经济学视角对尺度重组和地域重构及其相互关系的探讨[⑧]；另一类是基于国内城市、区域发展实践所展开的实证研究，如张京祥等以盱眙为例对内生型城市营销推动下的城市尺度跃迁的研究[⑨]、刘云刚等以广东惠州为例对区域发展中的路径创造和尺度政治的研究[⑩]等。其中，很多研究并不限于对国外理论的验证和应用，而是在不同程度上完善了尺度重组理论，如张京祥等对南京河西新城区建设中"柔性尺度调整"的研究[⑪]、王丰龙等从二次抽象的角度对尺度概念的解读[⑫]等。而在这些直接的尺度重组研究之外，"尺度"也作为一个重要的分析思路受到更多国内学者的关注，如余凤龙等将尺度运用到农村居民旅游发展研究中，并构建了农村居民旅游者等基于尺度观点的三层研究体系[⑬]。总之，尽管起步较晚，但经过近十年来的引入、

---

① Gualini E. Regionalization as "Experimental Regionalism": The Rescaling of Territorial Policy-Making in Germany [J]. International Journal of Urban and Regional Research, 2004, 28(02): 329-353.

② Sonn J W. Contesting State Rescaling: An Analysis of the South Korean State's Discursive Strategy against Devolution [J]. Antipode, 2010, 42(05): 1200-1224.

③ Li Y, Wu F. The Transformation of Regional Governance in China: The Rescaling of Statehood [J]. Progress in Planning, 2012, 78(02): 55-99.

④ 苗长虹. 变革中的西方经济地理学：制度、文化、关系与尺度转向[J]. 人文地理, 2004, 19(04): 68-76.

⑤ 简博秀, 周志龙. 空间再层域化和国家[J]. 人文及社会科学集刊, 2006, 18(01): 77-118.

⑥ 沈建法. 空间、尺度与政府：重构中国城市体系[C]//吴缚龙, 马润潮, 张京祥. 转型与重构：中国城市发展多维透视. 南京：东南大学出版社, 2007: 22-38.

⑦ 罗小龙, 沈建法, 陈雯. 新区域主义视角下的管治尺度构建：以南京都市圈建设为例[J]. 长江流域资源与环境, 2009, 18(07): 603-608.

⑧ 殷洁, 罗小龙. 尺度重组与地域重构：城市与区域重构的政治经济学分析[J]. 人文地理, 2013(02): 67-73.

⑨ 张京祥, 王旭. 内生型城市营销推动下的城市尺度跃迁：基于盱眙的实证研究[J]. 城市规划学刊, 2012(02): 33-38.

⑩ 刘云刚, 叶清露. 区域发展中的路径创造和尺度政治——对广东惠州发展历程的解读[J]. 地理科学, 2013, 33(09): 1029-1036.

⑪ 张京祥, 陈浩, 胡嘉佩. 中国城市空间开发中的柔性尺度调整——南京河西新城区的实证研究[J]. 城市规划, 2014(01): 43-49.

⑫ 王丰龙, 刘云刚. 尺度概念的演化与尺度的本质：基于二次抽象的尺度认识论[J]. 人文地理, 2015(01): 9-15.

⑬ 余凤龙, 黄震方, 吴丽敏. 尺度视角下的中国农村居民旅游研究体系探讨[J]. 地域研究与开发, 2013, 32(06): 79-83.

应用和发展，国内尺度重组研究不仅大量涌现，并且也涉及日益广泛的社会空间过程，进而为城市规划、产业政策等研究领域提供了新的研究方法和主题。

四、尺度重组的地域性管制实践

"尺度重组"常常用来代指一系列广泛的社会空间过程，如政府层级间权力关系的转变[①]、金融体系的转型[②]、城市企业主义[③]、新区域主义[④⑤]、全球化市场、福利政策调整[⑥]等等。这些过程不仅涉及明显的尺度结构的直接调整，还涉及与其相交织的空间重构过程。为较为清晰地把握尺度重组的现实表现，该部分将关注同地域重构相交织的管制的尺度重组。

（一）尺度重组的"地域性"

尺度概念本身就同"地域"难以分离。在尺度转向之前，尺度被地理学家看作"一个渐进的系列，通常是不同面积的有界空间所组成的嵌套的层级，如地方、区域、国家和超国家"[⑦]，而"不同面积的有界空间"所对应的正是"地域"的概念。而在尺度转向后，尽管尺度的社会建构被学者们广泛承认，但它仍在很大程度上被视作地域单元的纵向分化，如 Brenner 认为尺度指社会实践的"垂直分化"，其中"社会关系根植于一个嵌套的地域单元所组成的层级脚手架（Scaffolding）"[⑧]。与此类似，王丰龙等将尺度看作在地域等一次抽象的概念基础上所进行的二次抽象[⑨]，即地域本身可具备尺度分化。因此，尺度本身就包含地域等空间性[⑩]。

而在尺度重组中，地域重构又是与其相互交织的过程。例如 20 世纪 70 年代以来，全球尤其是西欧的政治经济转型通过两种方式进行，一种是国家尺度管制活动的去中心化，

---

①　MacKinnon D, Shaw J. New State Spaces, Agency and Scale: Devolution and the Regionalisation of Transport Governance in Scotland [J]. Antipode, 2010, 42(05): 1226-1252.

②　Swyngedouw E. Globalisation or "Glocalisation"? Networks, Territories and Rescaling [J]. Cambridge Review of International Affairs, 2004, 17(01): 25-48.

③　Brenner N. Urban Governance and the Production of New State Spaces in Western Europe, 1960-2000[J]. Review of International Political Economy, 2004, 11(03): 447-488.

④　Gualini E. Regionalization as "Experimental Regionalism": The Rescaling of Territorial Policy-Making in Germany [J]. International Journal of Urban and Regional Research, 2004, 28(02): 329-353.

⑤　罗小龙, 沈建法, 陈雯. 新区域主义视角下的管治尺度构建：以南京都市圈建设为例[J]. 长江流域资源与环境, 2009, 18(07): 603-608.

⑥　Keating M. Introduction: Rescaling Interests [J]. Territory, Politics, Governance, 2014, 02(03): 239-248.

⑦　Leitner H. Reconfiguring the Spatiality of Power: The Construction of a Supranational Migration Framework for the European Union [J]. Political Geography, 1997, 16(02): 123-143.

⑧　Brenner N. New State Spaces: Urban Governance and the Rescaling of Statehood [M]. Oxford: Oxford University Press, 2004.

⑨　王丰龙, 刘云刚. 尺度概念的演化与尺度的本质：基于二次抽象的尺度认识论[J]. 人文地理, 2015(01): 9-15.

⑩　罗小龙, 沈建法, 陈雯. 新区域主义视角下的管治尺度构建：以南京都市圈建设为例[J]. 长江流域资源与环境, 2009, 18(07): 603-608.

另一种是国民经济和国内市民社会内部一致性的降低[①]，这两种方式分别对应尺度和地域的重构。而从理论上看，殷洁等从资本循环的角度，将尺度重组与地域重构看作一个一体两面的过程，即对于资本来说发生了地域重构，而对于地方来说则发生了尺度重组[②]。此外，Perkmann（2007）也将尺度看作"空间上有界的单元"，并认为这些单元依据"地域性"（Territoriality）而被组织，这里的"地域性"指"基于同有界的地理空间相联系的一系列规则而将社会主体相互关联起来的社会关系"；由此他提出了"地域性尺度重组"（Territorial Rescaling），强调基于特定地理空间的社会表达和控制的特定制度形式的建立，如作为新管制尺度的跨边界区域的治理建构[③]。总之，尺度重组同地域重构紧密交织，因而其管制实践在很大程度上表现为作为尺度重组手段或结果的地域上社会关系的调整。

（二）典型的管制实践

尺度重组大致可分为两类：一类是资本积累的尺度重组，如全球资本循环中地方的崛起；另一类是管制的尺度重组，如国家的权力下放[④⑤⑥]。其中，管制的尺度重组可以看作对前者的反映和应对策略，如通过权力下放赋予地方更高的自主权以适应全球-地方连结并进一步吸引全球资本；同时，它同前者相比能够更为明显地表现在政策、机构等方面，因而更易于把握。因此该部分将以管制的尺度重组为关注点总结尺度重组的具体表现形式。

基于以上分析并借鉴 Brenner 的国家空间选择性框架[⑦]，尺度重组的地域性管制实践形式可以从尺度与地域、内部调节与外部调节两方面进行总结。其中，内部调节指作为主要管制主体的国家行政体系内的组织机构、行政权限、行政区划等方面的调整，而外部调节指行政组织对社会经济的干预和引导；尺度维度主要涉及明显的、直接的纵向尺度调整，而地域维度则主要涉及横向的地方、边界等空间维度的调整。基于这一思路，尺度重组的典型管制实践包括行政权限调整、行政区划调整、地方增长极的培育以及跨边界区域合作等（如表 3-1 所示）。尽管以行政组织内外和不同空间维度加以区分，但这些实践形式并非截然对立的，而是都直接或间接体现了尺度与地域、行政体系内外的重构。

① Brenner N. Urban Governance and the Production of New State Spaces in Western Europe, 1960-2000[J]. Review of International Political Economy, 2004, 11(03): 447-488.

② 殷洁，罗小龙. 尺度重组与地域重构：城市与区域重构的政治经济学分析[J]. 人文地理，2013(2): 67-73.

③ Perkmann M. Construction of New Territorial Scales: A Framework and Case Study of the EUREGIO Cross-Border Region [J]. Regional Studies, 2007, 41(02): 253-266.

④ Brenner N. New State Spaces: Urban Governance and the Rescaling of Statehood [M]. Oxford: Oxford University Press, 2004.

⑤ Swyngedouw E. Globalisation or "Glocalisation"? Networks, Territories and Rescaling [J]. Cambridge Review of International Affairs, 2004, 17(01): 25-48.

⑥ Keating M. Introduction: Rescaling Interests [J]. Territory, Politics, Governance, 2014, 02(03): 239-248.

⑦ Brenner N. New State Spaces: Urban Governance and the Rescaling of Statehood [M]. Oxford: Oxford University Press, 2004.

表 3-1　尺度重组的典型地域性管制实践

维度	内部调节	外部调节
尺度	行政权限调整： 行政权限的直接转移、行政组织间管理关系或隶属关系的调整、特定行政组织行政级别的调整	地方增长极的培育： 高新技术产业开发区、经济开发区、保税区、出口加工区
地域	行政区划调整： 撤县（市）设区、撤县设市、县（市）合并	跨边界区域合作： 区域规划、合作协议、合作论坛

第一，行政权限调整。行政层级结构是尺度结构的典型形式，因而在国家面对全球化等挑战而展开的尺度重组策略中，行政层级间的权力关系调整成为最直接的表现。20 世纪 70 年代以来，伴随着地方的崛起和新自由主义的扩散，在西欧、北美等地区国家管制出现明显的去中心化趋势。例如在 20 世纪 80 年代的西欧，为应对福特-凯恩斯主义危机，国家削减了全国性的财政转移，但却赋予了地方政府更多的财税自主权以及经济发展、社会服务、空间规划等方面的职责[①]。这一权力的下放伴随着公私合作、竞争导向等城市企业主义的管制策略，使地方政府在地方发展中获得关键地位，并迫使其通过打造地方竞争优势应对日益激烈的地方间竞争。与此类似，我国改革开放以来也经历了去中心化和城市企业主义改革[②]，但这一调整并非单向的，国家为避免城市的无序竞争会通过权力的再集中等方式调整中央与地方的权力关系，以维持城市发展的秩序[③④]。这正表明尺度重组并非简单的权力下放甚至国家的"空心化"[⑤]，而是国家权力的重新定义和管制策略的转型[⑥]。

在我国，行政层级间的权力关系调整有多种表现形式，其中较为典型的包括：（1）行政权限的直接转移，如 2015 年国务院发布《关于取消和调整一批行政审批项目等事项的决定》，共取消和下放 90 项行政审批项目；（2）行政组织间管理关系或隶属关系的调整，如中华人民共和国成立以来的市管县改革再到后来的省直管县改革；（3）特定行政组织行政级别的调整，如我国 1994 年以来设立的 15 个副省级市。总之，尽管行政层级结构通常被制度性地固定下来，但它仍因社会经济和政策目标的变动而处于持续的、分层的调整中。

---

① Brenner N. Urban Governance and the Production of New State Spaces in Western Europe, 1960-2000[J]. Review of International Political Economy, 2004, 11(03): 447-488.

② Li Y, Wu F. The Transformation of Regional Governance in China: The Rescaling of Statehood [J]. Progress in Planning, 2012, 78(02): 55-99.

③ 张京祥. 国家-区域治理的尺度重构：基于"国家战略区域规划"视角的剖析[J]. 城市发展研究, 2013, 20(05): 45-50.

④ 沈建法. 空间、尺度与政府：重构中国城市体系[C]//吴缚龙, 马润潮, 张京祥. 转型与重构：中国城市发展多维透视. 南京：东南大学出版社, 2007: 22-38.

⑤ Brenner N. Globalisation as Reterritorialisation: The Re-Scaling of Urban Governance in the European Union [J]. Urban Studies, 1999, 36(03): 431-451.

⑥ 魏成, 沈静, 范建红. 尺度重组：全球化时代的国家角色转化与区域空间生产策略[J]. 城市规划, 2011(06): 28-35.

第二，行政区划调整。在分权化和全球化背景下，行政区划调整的动因主要在于两方面。首先，随着国家权力的下放和城市企业主义的兴起，地方政府承担起了地方发展的责任，同时财政拨款的减少也迫使地方政府通过非结构性的招商引资和结构性的制度调整等方式扩大财政收入。在这种情况下，通过行政地域的扩展，城市可以圈入更多的土地和其他经济利益[①]，进而通过整体经济实体的增加或行政权限的扩展提高竞争力并扩大财政收入。其次，在资本的再地域化过程中，城市的行政边界可能对其形成阻碍，如行政面积狭小、发展后劲不足，或地方政府间的恶性竞争等，而通过行政区划调整尤其是行政区的合并，这一制度性障碍通常能得到解决。

行政区划调整涉及行政建制、机关驻地等多个方面，在城市尺度，行政地域调整的典型表现主要包括：（1）撤县（市）设区，通过将县或县级市作为区合并到地级市，县的部分管制权力被上移到地级；（2）撤县设市，将符合条件的县转为县级市，行政级别也常常提高半级；（3）县（市）合并，将县或县级市合并为一个县级行政单元。其中，撤县设区既能推进城市化，又能给予地级市更大的权力和经济资源，因而是我国大都市区行政区划重组的重要方式[②]。

第三，地方增长极的培育。在新一轮全球重构中，伴随着西欧空间凯恩斯主义的危机和全球-地方的联结，国家空间政策的理论基础也发生了变化：增长不再从发达的城市核心向外扩散至国家经济的落后边缘区，而是重新系统地集中于欧洲范围内空间分工中最强有力的城市群中[③]。在这种情况下，国家放弃了地域平衡政策，而将资源用于进一步培养具有全球竞争力的关键城市区域；地方也被迫参与到激烈的空间竞争中，并通过地方增长极的培育获得并保持竞争优势。改革开放以来，为引进外资、参与全球竞争，我国也开始培育地方增长极，如 1980 年设立深圳、珠海、汕头、厦门四个经济特区，1984 年设立十四个沿海开放城市等。这些城市被赋予较高的经济自主权，并以外向型经济为发展目标，从而试图通过特殊的政策优势吸引全球资本并参与国际竞争。与这一空间策略相一致，地方在分权化背景下为提高本地竞争优势，通常更为积极地培育地方增长极，并在这个过程中试图动员国家的支持以获得政策优惠，由此建立了名目繁多的高新技术产业开发区、经济开发区、保税区、出口加工区等。对于这些地方增长极来说，一方面通过取得国家的支持并成为国家调控地方发展的工具而被冠以"国家级"的称号（如国家级新区），从而实现朝向国家尺度的尺度跳跃，另一方面通过参与全球竞争试图跳跃至全球尺度。正是在这个意义

---

① 沈建法. 空间、尺度与政府：重构中国城市体系[C]//吴缚龙, 马润潮, 张京祥. 转型与重构：中国城市发展多维透视. 南京：东南大学出版社, 2007: 22-38.

② 罗小龙, 殷洁, 田冬. 不完全的再领域化与大都市区行政区划重组——以南京市江宁撤县设区为例[J]. 地理研究, 2010(10): 1746-1756.

③ Brenner N. Urban Governance and the Production of New State Spaces in Western Europe, 1960-2000[J]. Review of International Political Economy, 2004, 11(03): 447-488.

上，这一空间策略成为尺度重组的一个典型表现。

第四，跨边界区域合作。在 20 世纪 70 年代以来的全球重构中，跨边界区域的兴起是伴随着城市企业主义的"危机"而产生的。在西欧，尽管城市企业主义在一定程度上缓解了福特-凯恩斯主义的危机，但它却加剧了社会的不平等，带来了大多数地方和区域经济管制的削弱，进而使全国经济趋于下滑[①]；此外，治理的尺度重组也威胁到了民主和公民权利[②]。因此，在 20 世纪 90 年代，作为增强区域整体竞争力的重要手段，区域合作得到重视，其改革措施包括引进战略规划、动员公众支持等[③]。与此类似，我国的城市企业主义也面临一系列问题，如过度竞争、土地资源浪费、环境问题等，因此，2000 年以后，国家上收了一部分权力并开始支持区域的发展，以应对上述城市管理问题和空间发展不均衡问题[④][⑤]。

综上所述，尽管尺度重组理论为理解当代全球化背景下的政治经济重构提供了一个相对形象的、易于把握的视角，但它仅仅描述了这一重构过程的一个维度，除此之外，全球政治经济重构还涉及文化、社会等多方面的转变（如跨国移民的快速流动、城市文化的国际化等）。而即使对于全球化中"空间重构"的分析，仅仅依赖尺度也不足以完全把握这一空间过程。因此，在对作为整体性、系统性转变的全球重构的分析中，政治、文化、社会等维度以及地域、地方、网络等空间维度都应当被整合进尺度重组的研究中，其中尤其应当关注地域、网络等要素如何同尺度相互建构并交织运作，而非将它们看作对立的、不兼容的空间范畴。另一方面，尽管尺度重组同其他政治经济重构或空间重构过程紧密交织，但在分析中，也应避免尺度重组被泛化甚至被等同于"空间重构"，从而失去尺度概念所能提供的鲜明的理论视角。

第二节　尺度重组视角下国家级新区空间生产与治理[⑥]

20 世纪 80 年代以来，通讯与信息技术的迅猛发展以及国际贸易条件的改变，加速了

---

① Brenner N. Urban Governance and the Production of New State Spaces in Western Europe, 1960-2000[J]. Review of International Political Economy, 2004, 11(03): 447-488.

② Swyngedouw E. Globalisation or "Glocalisation"? Networks, Territories and Rescaling [J]. Cambridge Review of International Affairs, 2004, 17(01): 25-48.

③ 吴超，魏清泉. 美国的"都市区域主义"及其引发的思考[J]. 地域研究与开发，2005(01): 6-11.

④ 张京祥. 国家—区域治理的尺度重构：基于"国家战略区域规划"视角的剖析[J]. 城市发展研究，2013, 20(05): 45-50.

⑤ Li Y, Wu F. The Transformation of Regional Governance in China: The Rescaling of Statehood [J]. Progress in Planning, 2012, 78(02): 55-99.

⑥ 本节内容修改自如下论文：晁恒，马学广，李贵才. 尺度重构视角下国家战略区域的空间生产策略——基于国家级新区的探讨[J]. 经济地理，2015, 35(05): 1-8.

全球生产组织方式的变化和生产要素的流动，改变了区域角色与"全球—地方"治理模式[①]。在区域复兴、区域治理和区域政策发展的背景下，新区域主义（New Regionalism）成为重建区域规划与发展，推进区域一体化发展，应对全球化的挑战的重要的理论和实践基础。近年来，尺度重组（Rescaling）作为行政组织调整和空间生成策略，成为新区域主义研究探讨全球化和国家空间生产以及治理关系的重要视角[②]。尺度重组是指权力和控制力在不同地理尺度间的变动，是全球生产方式转变和国家地域重构作用的产物，其实质是国家利用权力互动和治理调整，以提高经济竞争力和积累财富的一种空间生产策略[③]。在西方发达国家，中央政府普遍进行政府角色重塑与治理结构变革，在集权与分权、市场与政府配置资源关系等方面进行调整，形成新的尺度重组与竞争优势[④]。改革开放以来，我国通过持续的体制或制度的渐进式变革，重塑中央与地方政府以及地方政府之间的关系，以形成新的发展优势。

可以说，改革开放以来实行的区域发展政策体现了中国政府对世界经济全球化趋势的客观及时的反映[⑤]，并进行了剧烈的尺度重组，通过这些策略性区域尺度重组与"梯度"差别性制度供给，及时、快速地纳入全球新国际分工体系，并凭借特殊的制度空间促进区域经济的快速增长。从尺度重组的视角来看，这些重组策略使得国家与地方权力作用于不同的空间范围，并引发不同尺度空间组织与治理形式的重构。近年来，学者们着重从制度转向和尺度转向的视角探讨我国区域规划、政策与发展策略，但多侧重于区域的尺度[⑥]，而对在城市尺度上渐次设立的国家级新区（包括早期的经济特区）的尺度重组的背景、特征、机制和规划实践缺乏探讨。

一、全球化背景下的区域空间生产

尺度（Scale）作为地理学度量空间的重要概念，是表征空间规模、层次及其相互关系的量度[⑦]。20 世纪 70 年代，亨利·列斐伏尔提出"空间生产"（the Production of Space）理论，不断探讨空间性和社会再生产以及城市化实践。随后，尺度逐渐成为政治经济分析的工具，关注特定的尺度构造是如何被生产和再生产的[⑧]。尺度重组指权力和控制力在不同

① 魏成，陈烈. 制度厚实、制度空间与区域发展[J]人文地理, 2009, 24(02): 67-72.

② 魏成，沈静，范建红等. 尺度重组——全球化时代的国家角色转化与区域空间生产策略[J]. 城市规划, 2011(06): 28-35.

③ 张京祥. 国家—区域治理的尺度重构：基于"国家战略区域规划"视角的剖析[J]. 城市发展研究, 2013, 20(05): 45-50.

④ E Swyngedouw. Authoritarian Governance, Power and the Political of Rescaling[J]. Environment and Planning D: Society and Space, 2000, 18: 65-76.

⑤ 陆大道，薛凤旋，等. 1997 中国区域发展报告[M]. 北京：商务印书馆, 1997: 前言 4.

⑥ M Jonee.The Rise of the Regional State in Economic Governance "Partnerships for Prosperity" or New Scales of State Power[J]. Environment and Planning A: 2001, 55: 1185-1211.

⑦ Howitt R. Scale and the Other: Levinas and Geography [J]. Geoforum, 2002, 33: 299-313.

⑧ Smith N. Scale[A]. In Johnston R J et al. (Eds), The Dictionary of Human Geography [C]. Oxford: Blackwell Publishers Ltd.2000: 724-727.

尺度之间的变动[①]。比如，国家权力尺度重组就是指中央政府对经济、社会、空间发展干预的权利进行主动调节的过程——包括将权力上移（Scaling Up）至区域组织，或下移至地方政府[②]。在全球化背景下，区域和地方在条件创造与应对全球化挑战方面的优势开始凸显，一方面引起了国家、区域和地方角色的转变，另一方面使国家、区域和地方将面临更加复杂的社会、环境和空间问题。尺度调整作为重塑国家和区域竞争力的政策和空间治理手段，正逐渐成为我国创新区域发展环境、促进区域经济发展的重要工具。

（一）全球化与区域空间生产

20 世纪 80 年代以来，随着通讯和信息技术的发展以及全球贸易条件的改变，资本与技术迅速向全球扩张，随之形成了新的全球化生产组织方式。与停留在产业间分工的传统国际分工不同，经济全球化带来了新的"产品内分工"，主要表现为产品生产在不同环节或产业内的空间转移过程，其将管理、生产和销售等不同工序和区段拆散在不同国家和区域空间上开展。随着全球化的深入，此种产业活动的分离和整合越来越普遍并在更大空间尺度上进行，打破了传统国家和区域的边界。面对生产要素的快速转移和流动，中央政府越来越不能进行有效的组织、协调和应对，而区域与地方政府在条件创造和适应经济全球化的能力上却有着不可替代的作用。由此，全球化时代生产组织方式的变化，改变了国家的角色，促进了区域的崛起和城市的快速涌现[③]。特别是跨国公司的生产组织，超越了国家行政的边界，使区域和城市成为国家重要的"积累空间"。

因此，快速经济全球化不但冲击了所谓国际和国内的事务，也重新认定了国家与区域以及地方的关系。区域和地方在应对全球化分工中有不可替代的作用，城市和区域等次国家组织在全球化的拉力和提升竞争优势的推力下，成为国际社会中积极的行动者和竞争者。很多国家的空间产生尺度转向了区域空间，更新或创新区域环境，促进区域经济发展成为很多国家或地区空间生产策略改变的方向。

（二）国家转型与尺度重组

在此趋势下，如何在全球竞争中脱颖而出，寻求区域的发展与再发展成为世界各国中央政府和地方政府面临的重要挑战。很多国家与地方政府通过积极的尺度调整（Scale Rescaling）来重构全球化环境中的"场所空间"，从而为本国和本地区提供了寻找对流动资本进行"黏连""附着"的更多机会，以增强国家与区域的竞争力。这反映了国家在全球化时代的新角色，国家权力借由空间尺度化的形式被重新定义，通过尺度重组来达成国家的空间生产策略。这体现的并不是国家功能的削弱，而是国家为创造新的"资本积累平台"

① 张京祥. 国家—区域治理的尺度重构：基于"国家战略区域规划"视角的剖析[J]. 城市发展研究, 2013, 20(05): 45-50.

② Shen J. Scale, State and the City: Urban Transformation in Post Reform China [J]. Habitat International, 2007, 31(3-4): 303-316.

③ Scott A J.Regions Motors of the Global Economy [J]. Future, 1996, 28(05): 391-411.

而进行的空间生产策略逻辑。在此背景下，西方资本主义国家经过一系列分权化、去管制化、私有化和全球化等政策转向，重构了国家的角色和功能。比如，Scott（2001）指出地理上连续的地方政府通过相互联系，形成一种空间联盟以应对全球化的机遇和挑战[1]。因此，所谓"全球接轨、地方行动"（Think Globally，Act Locally），逐渐成为了欧美发达国家及许多亚非拉发展中国家有效回应全球变化和危机挑战的有效路径。

在快速发展的中国，随着分权化、全球化和市场化宏观背景的加速推进，城市与区域的政治、经济和社会转型成为中国城市发展的重要特征[2]。分权化、市场化和全球化的力量正在不断重组尺度体系，已经深刻改变了中国区域与地方发展的总体环境，尤其是中央政府—地方政府以及地方政府之间的治理关系。比如，中央政府实行分税制改革以后，渐进式城市转型的一个重要方向是地方政府表现出更大的社会经济发展能动性，地方政府之间为了获得中央政策或市场青睐，必须进行更加激烈的空间竞争。由于改革开放初期缺乏总体性的"顶层设计"以及"渐进式改革"的路径特征，中央与地方的关系一直在集权与分权之间游离。随着国际和国内发展形势的不断变化，中央政府与地方政府之间的关系也一直处于变化之中。因此，尺度重组作为国家为提高经济竞争力和积累财富而进行的一种空间生产策略[3]，在我国中央政府与地方政府以及地方政府之间等不同尺度上一直发生着，并影响着城市发展[4]。包括综合配套改革试验区、国家级新区和经济开发区等战略区域的设立，以及国家战略区域规划等在内的尺度重组成为推动中国城镇化的重要措施。

二、尺度重组与国家级新区空间生产

美国学者 Brenner 发展了"尺度选择性（Scale Selectivity）"的概念，所谓尺度选择性就是"将优势和重要性导向特定的尺度，并同时忽视、边缘化其他尺度的一种趋势"[5]。尺度"下移"和"上移"的双重背景下，出现了新的"空间场所"的构建。通过尺度重组策略，一方面城市和区域能获得中央政府或上级政府财政、税收、土地、规划等政策的优惠，另一方面能实现战略区位的上升，进而增强城市和区域的吸引力和竞争力，实现资本积累。改革开放以来，国家级新区的设立是国家或区域战略性选择（Strategic Selectivity）的结果，将政策和优势导向特定的空间尺度，使其直接嵌入全球资本循环网络，并引领区域的发展。特别是 2008 年以来，面对全球金融危机的影响，为扩大内需和转变经济发展方式国家密集推出了一系列国家级新区。国家级新区一方面强化了中央政府规制地方发展和强化危机管

① Scott A J.Global City-Regions: Trends, Theory, Policy [M]. Oxford: Oxford University Press, 2001.
② 吴缚龙, 马润潮, 张京祥. 转型与重构——中国城市发展多维透视[M]. 南京：东南大学出版社, 2007.
③ 魏成, 沈静, 范建红. 尺度重组——全球化时代的国家角色转化与区域空间生产策略[J]. 城市规划, 2011(06): 28-35.
④ 沈建法. 中国城市化与城市空间的再组织[J]. 城市规划, 2006(S1): 36-40.
⑤ Brenner N. New State Spaces: Urban Governance and the Rescaling of Statehood[M]. New York: Oxford University Press, 2004.

理中的角色,另一个方面通过优惠政策和权限的下放重构了应对危机和挑战的"场所空间"。

（一）国家战略区域空间生产的背景

改革开放后,国家不再像计划经济时期那样以给予直接的投资为主,而是通过放松空间与项目审批的管制（例如更多的地区被划入重点发展、优先发展区,给予地方更多的建设用地指标等）、给予相关的制度创新权利（例如允许地方进行一些制度的先行先试）来刺激地方和区域的发展。这体现在我国国土开发和区域发展战略上,改革开放以来,我国经历了区域非均衡发展和区域均衡协调发展的战略转变[①]。20 世纪 80 年代,国家提出"沿海开发开放"和"梯度开发"的区域发展总体战略,强调加快沿海地区的外源型发展,而对内陆"梯度开发"缺乏实质性安排。在我国区域发展不均衡趋势下,2000 年以来国家先后提出推进西部大开发、全面振兴东北地区老工业基地、大力促进中部地区崛起、积极支持东部地区率先发展等战略,从而形成较为均衡和完备的国土层面空间战略体系[②]。

在这一过程中,中央政府通过积极出台各种主题的"国家战略区域"来重构国家的经济空间格局,给予这些"国家战略区域"以相应的经济投入、要素投入和制度创新的权利,从而激发国家和区域的经济发展。例如,20 世纪 80 年代初期中央政府推出珠三角城市群,20 世纪 90 年代初推出长三角城市群,21 世纪初推出京津冀城市群等。20 世纪 90 年代以来设立的国家级新区是国家重大战略的空间支撑,肩负着以专业化的职能带动周边区域发展的重任,对于所在城市和区域的长远发展起到举足轻重的作用以及政策发力点的积极效应。

（二）国家级新区的发展历程与政策意义

第一,国家级新区的发展历程。20 世纪 80 年代的经济特区和 20 世纪 90 年代以后的由中央政府命名并给予政策、体制上相对独立的国家级新区,通过赋予体制、模式、职能与产业试验与创新使命,以超常规超高速发展的态势形成了从东到西、从发达到欠发达地区的全方位布局（如表 3-2 所示）。目前,已有上海浦东新区（1992 年）、天津滨海新区（2005 年）、重庆两江新区（2010 年）、浙江舟山群岛新区（2011 年）、甘肃兰州新区（2012 年）、广州南沙新区（2012 年）、陕西西咸新区（2014 年）、贵州贵安新区（2014 年）、青岛西海岸新区（2014 年）、大连金普新区（2014 年）、成都天府新区（2014 年）、湖南湘江新区（2015 年）、南京江北新区（2015 年）、福建福州新区（2015 年）、云南滇中新区（2015 年）、黑龙江哈尔滨新区（2015 年）、吉林长春新区（2016 年）、江西赣江新区（2016 年）和河北雄安新区（2017 年）等 19 个国家级新区,其中,陕西西咸新区、贵州贵安新区、四川天府新区和江西赣江新区均地跨两个城市,涉及地方政府间的分工协作。国家级新区从政府管理、社会治理,到各项政策落地落实,再具体到市场与企业组织,多渠道多角度

① 杨小军. 建国 60 年来我国区域经济发展战略演变及基本经验[J]. 现代经济探讨, 2009(09): 8-11.

② 李晓江. "钻石结构"——试论国家空间战略演进[J]. 城市规划学刊, 2012(02): 1-8.

综合入手，探索发展新模式。

表 3-2　我国 19 个国家级新区基本概况

新区名称	获批时间	所在区域	面积（km²）	2019 年 GDP（亿元）	区域定位
上海浦东新区	1992 年 10 月	上海市	1210	12734	科学发展的先行区、综合改革的试验区
天津滨海新区	2006 年 5 月	天津市	2270	7808	北方对外开放门户、北方国际航运中心和国际物流中心
重庆两江新区	2010 年 5 月	重庆市	1200	3391	统筹城乡综合配套改革试验先行区、内陆地区对外开放的重要门户
浙江舟山群岛新区	2011 年 6 月	舟山市	1440	1372	海洋综合开发试验区、中国陆海统筹发展先行区
甘肃兰州新区	2012 年 8 月	兰州市	1700	243	西北地区重要的经济增长极
广州南沙新区	2012 年 9 月	广州市	803	1683	粤港澳优质生活圈和新型城市化典范
陕西西咸新区	2014 年 1 月	西安市、咸阳市	882	521	西部大开发的新引擎、中国特色新型城镇化的范例
贵州贵安新区	2014 年 1 月	贵阳市、安顺市	1795	419	西部地区重要的经济增长极、内部开放型经济新高地
青岛西海岸新区	2014 年 6 月	青岛市	2096	3554	海洋经济国际合作先导区、陆海统筹发展试验区
大连金普新区	2014 年 6 月	大连市	2299	2243	面向东北亚的战略高地、引领东北全面振兴的增长极
四川天府新区	2014 年 10 月	成都市、眉山市	1578	3270	内陆开放经济高地、统筹城乡一体化发展示范区
湖南湘江新区	2015 年 4 月	长沙市	490	2468	促进中部地区崛起、长江经济带内陆开放高地
南京江北新区	2015 年 6 月	南京市	2451	2780	自主创新先导区、新型城镇化示范区
福建福州新区	2015 年 8 月	福州市	1892	2169	两岸经济合作重要承载区、东南沿海重要现代产业基地
云南滇中新区	2015 年 9 月	昆明市	482	882	面向南亚东南区辐射中心的重要支点、云南桥头堡建设重要经济增长极
黑龙江哈尔滨新区	2015 年 12 月	哈尔滨市	493	771	中俄全面合作重要承载区、东北地区新的经济增长极
吉林长春新区	2016 年 2 月	长春市	499	750	新一轮东北振兴的重要引擎

新区名称	获批时间	所在区域	面积 (km²)	2019 年 GDP（亿元）	区域定位
江西赣江新区	2016 年 6 月	南昌市、九江市	465	820	中部地区崛起和推动长江经济带发展的重要支点
河北雄安新区	2017 年 4 月	保定市	2000	215	北京非首都功能集中承载地

资料来源：澎湃政务：中国城市中心. 19 个国家级新区大比拼：浦东 GDP 总量一骑绝尘 兰州 GDP 增速远超全省.2020-12-24. https://m.thepaper.cn/baijiahao_10522568. 有改动。

全国 19 个国家级新区管理体制的演变经历了设置领导小组（初期）—管委会（必经阶段）—新区政府（如目前的浦东和滨海新区）等三个阶段，主要分为政府型、政区合一型和管委会型等三种类型（如表 3-3 所示）。

表 3-3　我国 19 个国家级新区的管理体制类型

新区类型	代表性新区	管理体制特征
政府型	上海浦东新区 天津滨海新区	新区经国务院批准成立一级建制政府，设有区委、区政府、人大、政协等，具有完整的行政管理权限
政区合一型	广州南沙新区	广州南沙新区与南沙区行政范围重合，区政府和新区管委会合署办公
	青岛西海岸新区	青岛西海岸新区与黄岛区行政范围重合，区政府和新区管委会合署办公
	浙江舟山群岛新区	浙江舟山群岛新区与舟山市行政范围重合，区政府与新区管委会"一套人马、两块牌子"
管委会型	重庆两江新区、甘肃兰州新区、陕西西咸新区、贵州贵安新区等 14 个国家新区	新区管委会作为地方政府派出机构行使开发建设和管理权限

资料来源：［澎湃政务］我国 19 个国家级新区行政管理体制比较：政府型只有浦东和滨海新区.2021-08-18. https://m.thepaper.cn/baijiahao_14106044. 有改动。

我国 19 个国家级新区的发展可以总结为四个阶段。（1）探索阶段：包括东南沿海 4 个经济特区的设立和 14 个沿海开放城市的确定。规模化开发开放主要集中在珠三角的深圳、珠海、东莞等城市，并形成了珠三角城市群的基础。（2）创新阶段：在提出东部沿海对外开放和国土层面梯度开放总体格局的同时，启动上海浦东新区和天津滨海新区建设，由此带动长三角和京津冀对外开放，实现快速增长。（3）平衡阶段：在提出西部大开发、东北振兴、中部崛起三项国土均衡发展战略后，启动重庆两江新区、浙江舟山群岛新区等战略地区的发展。（4）成熟阶段：在国家级战略新区探索的基础上，先后设立兰州、南沙、西咸和贵安新区，推进具有国家战略意义的地区的改革与转型提升发展。

第二，国家级新区的政策意义。1979 年经济特区设立，是文化大革命结束后经济低迷、百废待兴的时刻，沿海对外开放政策及特区的设立是挽救经济危机的举措。邓小平第二次视察南方结束了市场经济的质疑与争论，浦东新区的设立成为重返改革开放和市场经济路线的标志，促进形成沿海地区整体开放的态势。随后 1997 年亚洲金融危机爆发，亟需扩大内需，全球化出现新的机遇，以及前 20 年关注效率的非均衡发展矛盾积累，在此背景下设立了天津滨海新区。近年来，国家对发展路径与经济结构进行了重大调整，空间战略逐渐转向内陆和中西部地区，通过一系列政策的出台和酝酿，进而推出了重庆两江新区、广州南沙新区、浙江舟山群岛新区、陕西西咸新区和贵州贵安新区。这是在全球金融危机外源经济受阻，发展路线向科学发展观全面转型，向内需转型，经济增长再次波动背景下的战略举措。这反映出了改革开放 40 多年来，我国发展的艰难曲折、进步与转变，国家级新区在推行改革开放、发展转型、应对危机与挑战中发挥了巨大作用。

国家级新区作为国家或区域发展战略性选择的结果，已经成为我国国土开发和协调区域发展的重要组织形式和空间单元，体现了我国应对国内外发展挑战的空间生产策略（如图 3-1 所示）。这就清晰地阐明了区域空间生产、尺度重组与国家级新区的关系——国家权力尺度重组推动着国家级新区的设立，国家级新区的设立带动了国家战略区域的发展，同时也映射了国家尺度战略的演变。中国改革开放 40 多年以来的尺度重组，尽管受到制度趋同和全球化等一系列因素的影响，但也更具有"中国特色化"的特征，国家级新区设立无法在西方有效实行，而在中国却是一种重要而有效的国家尺度重组工具。

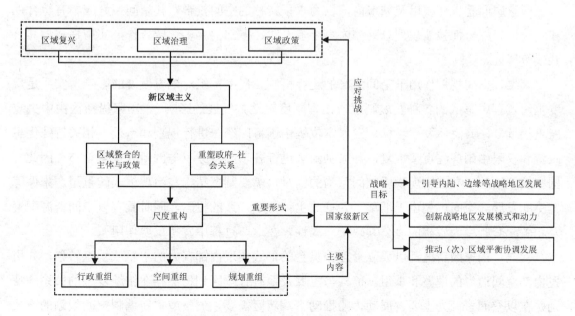

图 3-1　区域空间生产、尺度重组与国家级新区发展的内在联系

（三）国家级新区空间生产运作机制

第一，国家级新区空间规划属性。空间规划是指公共部门通过设定空间发展框架和原

则来影响未来活动空间布局的管理方案，是集法律、经济和行政于一体的保障都市区域可持续发展的重要手段①。因此，空间规划并不仅仅是对国家、区域和地方空间发展进行资源配置的一种技术性手段，还是属于国家、地方发展政策的重要组成部分。空间规划对于区域、地方的发展既可以表现出制度性激励作用，也可以表现出制度性约束的作用。例如，针对快速工业化与城镇化所带来的空间开发无序、结构失衡等问题，国家通过主体功能区规划将国土空间划分为四种政策区域：优化开发区、重点开发区、禁止开发区、限制开发区，对于不同的政策地区采取了不同的支持发展或限制发展策略。同样，土地利用总体规划通过严格保护耕地、严格控制建设用地以及节约集约利用土地等手段实现对地方发展的制度性约束。而国家推出了诸多综合改革试验区及各种主题的"国家战略区域"规划，则可以看作是对这些区域发展的一种制度性激励。

空间规划还具有战略引导和综合实施的特性。从以往发展历程来看，国家级新区成立之初，由于政策效应以及土地资源充足等因素，新区处于一种快速扩张发展状态。这时就需要处理好短期利益与长远利益、局部利益与整体利益的关系，需要对其发展进行有效控制和引导。空间规划可以通过空间结构、功能布局、战略节点、预留弹性、超前配置等手段对新区未来发展的诸多不确定性提出布局和引导，有效控制和引导其发展。例如，深圳市 1986 年总规提出了多中心组团式带状结构，奠定了深圳市发展的空间框架，适应了深圳的快速发展并对后来的城市发展和规划编制起到了"定调子"作用。另一方面，国家级新区是国家层面垂直分权以及城市内部权力水平转移的空间投影，其空间规划应具有综合性和实施性。综合性强调规划思路和内容上多专业、多部门、多领域合作，实施性强调其公共政策属性。

第二，空间规划作用于空间生产的运行机制。尺度重组对地方发展的影响，实质是尺度重组过程中形成的各种发展制度或治理制度对地方发展的影响②。国家级新区由中央政府直接批复，其总体发展目标、发展定位等由国务院统一进行规划和审批，相关特殊优惠政策和权限由国务院直接批复，并鼓励新区进行各项制度改革与创新的探索工作。因此，国家级新区的设立在实现物质空间重构的同时，需要制度结构与治理模式的重组，来保障其空间发展。空间规划由于汇集了各行政主体复杂关系的投影，同时具有以空间资源配置及相关配套制度为核心的"公共政策"属性，在这一过程中发挥重要作用③。

首先，国家级新区都以成立管理委员会的形式实现内部权力的水平或垂直转移，并引发内部空间边界的调整和重组。但其与主城及原有行政区划仍然存在错综复杂的关系，特别是在以空间资源为主要发展动力的推动下，新区需要以调整或重新编制空间规划的方式

①　刘卫东，陆大道. 新时期我国区域空间规划的方法论探讨[J]. 地理学报, 2005, 60(6): 894-902.
②　罗震东. 分权与碎化——中国都市区域发展的阶段与趋势[J]. 城市规划, 2007(11): 64-70.
③　张京祥，陈浩. 中国的"压缩"城市化环境与规划应对[J]. 城市规划学刊, 2010(06): 10-21.

从法律和程序上认可这种空间发展权力。其次，国家级新区需要在较短的时间内实现工业化与城镇化，同时还要发挥职能发展带动和模式创新的示范作用。这种时空压缩与引领带动将造成新区发展过程中问题的复杂性和艰巨性，也需要空间规划战略引领和综合实施的安排。因此，空间规划的组织和编制对国家级新区治理模式重构，以及未来发展的战略引导和综合实施具有重要作用，同时国家级新区也为空间规划编制模式创新提供了实践平台。

第三，作为空间生产策略的国家级新区规划。重庆两江新区于 2010 年成立，是我国内陆地区第一个国家级开发开放新区，总面积 1200 平方千米，包括北部新区、江北区、北碚区及渝北区的一部分。中央政府提出了两江新区五大功能定位："作为统筹城乡综合配套改革试验的先行区，要逐步建设成为我国内陆重要的先进制造业和现代服务业基地、长江上游地区的金融中心和创新中心、内陆地区对外开放的重要门户、科学发展的示范窗口。"这就赋予了两江新区发展的双重使命：一是功能高端的要求，要促进产业和服务的同步提升；二是模式示范的要求，要探索经济、社会、生态协调发展的途径。同时，也应考虑到两江新区行政主体复杂多元以及前期快速启动的要求。重庆两江新区要改变单纯强调经济增长的发展观，从经济发展、社会发展、城乡关系、土地开发和环境保护等多个领域推进改革。这就要求新区的发展逐步从重业轻城转向城业并重，从提供收益转向营造魅力。因此，空间规划要将生活和生态环境的塑造放到和生产布局同等的位置上，协调各行政主体利益诉求合理把握近期和长远、整体与局部的关系。这就要求新区规划要探索"三规合一"的规划实践，引导和落实新区发展。

首先，建立"三规合一"的规划组织机制。长期以来，由于体制分割和各部门对其各自权力、利益过于强调，我国的空间规划（Spatial Planning）职能被强行肢解（当前关系最密切、矛盾冲突最大的是发改委掌控的国民经济社会发展规划、主体功能区规划，国土部门掌控的土地利用总体规划和规划部门掌控的城镇体系规划、城市总体规划等），导致现实中无法形成完整统一、协调有度的空间规划体系。这种情况，从一定程度上影响了空间规划综合作用发挥。国家级新区的设立，为实现"三规合一"的规划编制提供了体制保障和制度平台。为充分体现国家级新区在行政管理上的精简、高效特征，新区规划组织可以采取工作坊的形式，通过集合咨询专家、编制团队、管理方及其他参与主体建立"三规"联动编制的组织模式，统一组织、协调各规划的委托、编制、咨询、协商、实施等环节，对涉及新区发展的基础条件、关键问题、核心战略等前期内容进行共同研讨、共同决策，为规划的编制奠定"共同纲领"。通过构建"一张图"基础数据平台、信息沟通平台、统一用地分类和工作流程的技术应用平台，实现数据、信息、协作、技术等融合。

其次，探索"三规合一"的规划编制模式。"三规合一"涉及社会经济、空间布局、土地利用、生态环境等不同领域的专业规划，现行体制下，国民经济和社会发展规划、土地利用总体规划和城市总体规划在期限、范围、重点、方法等方面各有不同，如国民经济和社会发展规划侧重于城市经济和社会发展的总体目标以及各行各业发展的分类目标；土地利用总体规划强调对土地资源的保护，实施自上而下的刚性控制；城乡总体规划工作重点大都在城市建设区范围内，更加关注快速城市化发展阶段的需求，强调功能结构的合理、资源布局的均衡、空间发展的有序等。

国家级新区要实现生态、生产和生活空间的协调，处理好近期与长远的关系，需要建立基于"三规合一"的编制模式，实现各规划在编制范围、期限、内容、成果的合一。在规划范围上，以国家批复的空间范围为边界，以土地利用规划确定建设用地控制范围、基本农田保护范围，城市规划利用弹性边界进行功能调整。在规划期限上分三个层次，以国民经济和社会发展中长期规划和新区总体规划为远期 15—20 年规划期限，以近期建设规划、国民经济和社会发展规划为近期 5 年规划期限。结合土地利用总体规划，将国民经济和社会发展规划重大项目在城市规划进行年度落实。在规划内容上，首先以二调数据为基础，结合土地利用变更调查、卫星影像图以及城市规划与土地利用规划用地分类转换标准，形成现状用地评判；其次，借助工作坊机制在规划编制前期对涉及地区发展的核心性前期内容进行共同研判并达成共识；在此基础上，国民经济与社会发展规划主要确定新区规划的指导思想、发展目标（指标体系）、产业经济、社会管理等内容，以土地利用规划与城市规划共同确定空间管制分区、增长边界、用地规模，城市规划侧重地区发展方向、空间结构、功能布局等内容，土地利用规划侧重耕地保护、生态清退等内容。

最后，构建"三规合一"的规划实施平台。以近期启动地区和重大项目为核心，建立近期建设规划和年度实施计划规划双平台。以国民经济与社会发展规划与近期建设规划搭建 5 年规划实施平台，以国民经济与社会发展年度投资计划、城规年度实施计划与土地利用总体规划、年度土地供应计划构建综合发展规划年度实施计划平台，保证年度资金、项目安排与空间发展相协调，强化政府公共投资对城市发展的引导和调控作用。通过建立"三规"联合审批制度，实行多部门联合审查，在各部门规划达成共识的基础上，编制共同的项目库，以项目库以及用地为主构建规划实施管理监督平台，实时监测各类规划实施情况。

三、国家级新区空间生产的理论反思

生产技术快速发展、社会发展组织的生产方式、快速变动的经济全球化形势、市场和利润导向的跨国公司拓展等要素的发展与变化，对我国社会经济发展方式和城市区域的管理体制提出新的挑战。全球经济活动的多重性、交织性与矛盾性的背景下，尺度重组为理解我国城市区域发展提供新的视角。作为新的空间单元和行政组织，国家级新区的设立、发展和内涵的演变体现了一种国家地域化空间生产策略。这种尺度重组的实质是在既定的范围内，不断通过空间层级和尺度重组，动员社会空间的生产和再生产，进行资本积累和

提高全球竞争力，以顺应全球化的挑战①。改革开放 40 多年以来，在国内外环境不断变化的情况下，国家级新区的设立实现了策略性的尺度重组与"梯度"差别性制度供给，使我国及时地"嵌入"了全球资本循环网络，促进并保持经济的快速增长。

　　然而，国家级新区发展的尺度重组策略只是提供了一种制度层面的区域价值优势，仅仅是引导国家级新区再发展的开端。国家级新区的设立与主城及原有行政区划存在错综复杂的关系，在重构物质空间的同时，也需要制度结构与治理模式的重组，来实现其制度优势。空间规划的属性和国家级新区的属性存在相互融合的关系，尺度重组下的新区发展不仅需要"三规合一"的空间规划。相反地，空间与管理融合规划是尺度重组下的治理方式，也为尺度重组下的新区再发展提供实践平台。"三规合一"的空间规划汇集了各行政主体复杂关系的投影，具备空间资源配置及相关配套制度为核心的"主动公共政策"属性。因此，基于"三规合一"的综合发展规划将成为新区治理模式重构和引导、落实其发展的主要路径。从规划组织、规划编制和规划实施建立空间规划的融合机制，也将成为理解尺度重组下城市区域增长动力的重要窗口。

第三节　尺度重组视角下城市群区域合作策略与模式②

　　20 世纪 70 年代以来，西方发达国家的城市与区域在全球化和信息化的推动下发生了剧烈的转型，国家间竞争逐渐演变为骨干城市及其依托的城市群间的竞争③。在该转型中，城市合作开始兴起并推动着城市群一体化的快速发展④，甚至成为新自由主义发展背景下新型的区域管制模式⑤。尤其是随着城市化和工业化的迅速发展，城市间资源与要素流动逐渐突破行政边界的束缚并朝着特定的城市与区域集聚⑥，并使得地方空间逐渐向流动空间转变以及不同空间组织与治理形式重组。在这个背景下，城市群获得了新的重要性，并成为了支配国家经济命脉和进行空间治理基本的空间载体⑦。城市群的崛起，不仅为当前全球范围内一系列分权化、私有化和去管制化等政策转向提供了最佳注脚，而且成为了多维领

　　① Brenner N. The Urban Question as A Scale Question: Reflections on Henri Lefebvre, Urban Theory and The Politics of Scale[J]. International Journal of Urban and Regional Research, 2000, 24(02): 361-378.

　　② 本节内容修改自如下论文：唐承辉，马学广. 尺度重构视角下城市群区域合作的模式与策略研究——以山东半岛城市群为例[J]. 城市发展研究, 2022, 29(02): 29-36.

　　③ 马学广. 全球城市区域的空间生产与跨界治理研究[M]. 北京：科学出版社, 2016.

　　④ Heeg S, Klagge B, Ossenbrüügge J. Metropolitan Cooperation in Europe: Theoretical Issues and Perspectives for Urban Networking 1[J]. European Planning Studies, 2003, 11(02): 139-153.

　　⑤ 罗小龙，沈建法. 长江三角洲城市合作模式及其理论框架分析[J]. 地理学报, 2007, 62(02): 115-126.

　　⑥ 牛大卫，曹广忠. 都市区治理的合作模式与演变[J]. 城市发展研究, 2017, 24(11): 94-100.

　　⑦ Scott A. Global City- regions: Trends, Theory, Policy [M]. Oxford: Oxford University Press, 2001.

域尺度重组的关键制度节点[1]。然而，作为新型的地域空间，我国部分地区在城市群的选择、培育和规划中出现了滥圈滥划、扩容贪大、拼凑成群等亟待解决的"城市群病"[2]，违背了国家建设城市群的初衷。同时，城市群治理过程中也普遍存在各级地方政府本位主义、画地为牢的惯性所引起的区域治理破碎化及其所导致的"治理失效"等问题，引起了政府和学者们的密切关注[3][4][5]。为了理解与把握这一复杂问题，学术界分别基于府际治理[6]、伙伴关系[7]以及城市增长联盟[8][9]等理论探讨城市群区域合作的影响因素、过程以及模式等。如在影响因素上，学者们认为主要由地理临近性[10]、合作的成本与收益[11]以及公共产品的外部性[12]等影响了城市群区域合作的进程与效果。同时，也有学者通过具体案例探讨城市群合作的过程与机制，如 Lee 等（2011）通过分析美国坦帕湾城市群的合作实践，强调了由关键行动者构成的合作网络通过信息等资源共享开展合作[13]。

近年来，在经济全球化深入推动下，城市群研究深入到尺度政治和经济一体化层面，尺度重组理论成为当代城市与区域治理研究的重要分析路径和基本维度[14]。尤其是 Brenner 通过批判性继承"去地域化"[15]与"再地域化"[16]理论，进而提出尺度重组理论以解释全球化、空间生产与区域治理之间的关系[17]。该理论中，尺度不仅被理解为社会建构基础上尺度

---

① Keating M. Introduction: Rescaling Interests [J]. Territory, Politics, Governance, 2014, 2(03): 239-248.

② 方创琳等. 中国城市群选择与培育的新探索[M]. 北京：科学出版社, 2015.

③ Su S, Liu Z, Xu Y, et al. China's Megaregion Policy: Performance Evaluation Framework, Empirical Findings and Implications for Spatial Polycentric Governance[J]. Land Use Policy, 2017, 63(23): 1-19.

④ Yang C, Li S M. Transformation of Cross-boundary Governance in the Greater Pearl River Delta, China: Contested Geopolitics and Emerging Conflicts [J]. Habitat International, 2013, 40(03): 25-34.

⑤ 王佃利, 王玉龙, 苟晓曼. 区域公共物品视角下的城市群合作治理机制研究[J]. 中国行政管理, 2015(09): 6-12.

⑥ Agranoff R, Mcguire M. Another Look at Bargaining and Negotiating in Intergovernmental Management [J]. Journal of Public Administration Research and Theory, 2004, 14(04): 495-512.

⑦ 罗小龙, 沈建法. 长江三角洲城市合作模式及其理论框架分析[J]. 地理学报, 2007, 62(02): 115-126.

⑧ Ye L. State-led Metropolitan Governance in China: Making Integrated City Regions [J]. Cities, 2014, 41: 200-208.

⑨ 张衔春, 马学广, 单卓然, 等. 精明增长政策下美国城市多中心治理研究[J]. 地理科学, 2017, 37(05): 672-681.

⑩ Popescu G. The Conflicting Logics of Cross-border Reterritorialization: Geopolitics of Euroregions in Eastern Europe [J]. Political Geography, 2008, 27(04): 418-438.

⑪ 陈雯, 王珏, 孙伟. 基于成本—收益的长三角地方政府的区域合作行为机制案例分析[J]. 地理学报, 2019, 74(02): 312-322.

⑫ 王磊, 段学军, 杨清可. 长江经济带区域合作的格局与演变[J]. 地理科学, 2017, 37(12): 1841-1849.

⑬ Lee Y. Economic Development Networks among Local Governments [J]. International Review of Public Administration, 2011, 16(01): 113-134.

⑭ 马学广, 唐承辉. 新国家空间理论视角下城市群的国家空间选择性研究[J]. 人文地理, 2019, 34(02): 105-115.

⑮ 刘云刚, 仵明霞. 领域化视角下的珠三角乡村城市化再思考：以广州市旧水坑村为例[J]. 地理科学, 2016, 36(12): 1834-1842.

⑯ Harvey D. The Limits to Capital [M]. Chicago, IL: University of Chicago Press, 1982.

⑰ Brenner N. Globalisation as Reterritorialisation: the Re-scaling of Urban Governance in the European Union [J]. Urban Planning International, 1999, 36(03): 431-451.

自身的"废弃与再造"①，也被作为行动者对尺度策略的运用②。尽管尺度重组理论被广泛用于西方城市与区域治理转型，但中国城市群的崛起也是改革开放以来"市场化""分权化"以及"全球化"等社会转型背景下的产物，与其有较高的契合度③。作为新型城镇化的主体形态，中国城市群的崛起是国家管制"尺度上移"与"尺度下移"而产生的新空间发展战略④，鲜明体现了国家尺度重组中地方发展冲动及其策略选择。随着尺度重组理论的引入，学者们也逐渐关注尺度结构的演变并结合具体案例探讨不同地域化实践，如城市群管制尺度的重组⑤与空间规划等尺度策略的运用⑥等。然而，当前研究主要关注于城市的尺度重组，而对于国家尺度重组研究较为缺乏且侧重面不均衡。同时，针对西方发达国家和地区的研究较多，对发展中国家，尤其是对中国本土经验总结的广度和挖掘的深度相对不足，尺度重组视角的引入有助于实现理论突破和实践创新。此外，在城市群区域合作中，政府、NGO（非政府组织）以及企业等众多社会行动者通过资源整合与功能协调，形成多中心与网络化的权力格局，从而导致不同尺度空间组织及其管制形式重组。因此，本节基于尺度重组理论，以山东半岛城市群区域合作为典型案例，探讨其区域合作的过程、模式以及机制等内容，从而为其他城市群发展与合作提供一定的经验借鉴与政策建议。

一、城市群区域合作分析框架

（一）研究区域与案例

作为衔接长三角与京津冀两大国家级城市群的枢纽地带，山东半岛城市群近年来经济获得了快速发展，并成为了国家与区域重要增长极之一。然而，由于"行政区经济"的存在，山东半岛城市群依然存在城市间竞争激烈等问题，使得区域合作成为了城市群一体化发展的重要挑战与机遇。在这个背景下，山东半岛城市间在政府、市场以及社会主体多元力量的影响下，开展了多种类型的区域合作。其中，以山东半岛蓝色经济区发展规划为代表的区域合作、青岛前湾保税港功能拓展区的合作以及签订大量城市间协议的合作最具代表性。《山东半岛蓝色经济区发展规划》作为国家"十二五"实施第一年中第一个获批的国家级战略，获得了中央及其部委、省政府以及城市政府等多尺度行动者的高度关注，并在其影响下开展了大量的区域合作并获得了一定效果，从而成为以区域空间规划为代表的城市群区域合作较好的案例。同时，青岛前湾保税港区积极响应省委省政府以及青岛市政府

① 王丰龙, 刘云刚. 尺度政治理论框架[J]. 地理科学进展, 2017, 36(12): 1500-1509.

② Smith N. Contours of a Specialized Politics: Homeless Vehicles and the Production of Geographical Scale [J]. Social Text, 1992, 33(03): 55-81.

③ Shen J. Scale, State and the City: Urban Transformation in Post-reform China[J]. Habitat International, 2007, 31(34): 303-316

④ 尼尔·布伦纳, 徐江. 全球化与再地域化：欧盟城市管治的尺度重组[J]. 国际城市规划, 2008, 23(01): 4-14.

⑤ 殷洁, 罗小龙. 尺度重组与地域重构：城市与区域重构的政治经济学分析[J]. 人文地理, 2013, 28(02): 67-73.

⑥ 张京祥. 国家—区域治理的尺度重组：基于"国家战略区域规划"视角的剖析[J]. 城市发展研究, 2013, 20(05): 45-50.

等多尺度行动者的号召，通过与其他城市建立异地功能拓展区而进行城市间园区合作，并且获得了国家海关等多部门的支持，进而成为以共建功能拓展区为代表的区域合作的典型案例。此外，针对城市群发展的一系列问题，山东半岛城市间通过自愿签订协议而开展的合作，也成为以行政协议为代表的城市群合作的重要实践，并深刻影响着城市间关系以及区域政治议程的发展。因此，以这三种类型的城市群区域合作的实践作为研究案例，对于探讨近年来山东半岛城市群区域合作的发展情况与特征，具有较好的理论与实践意义。

（二）理论分析框架

20 世纪 80 年代以来，随着全球化的快速推进和世界经济地理格局的重构，西方地理学经历了制度、关系以及尺度等一系列转向[1]，从而促进了尺度重组理论的形成与发展。尺度是社会建构的观点隐含了对尺度重组的承认，使得"尺度重组"与广泛的社会空间过程相关联[2]，从而具有丰富内涵与极强的适用性。同尺度概念类似，地方、地域以及网络等不同概念也随着社会的政治经济环境所变化并反作用于社会空间过程，从而被视为社会建构的产物而不是固定与静止的容器。地方则强调地区间差异与特定空间的根植性，也被理解为社会建构和话语协商的结果。地域并不只是对空间的简单划分，而是包含个人或群体对有界空间的占有所进行的一系列社会运动。尤其是在全球化快速推动下，资本与信息等要素快速流动，使得特定的社会关系同原有有界空间之间的联系逐渐被弱化甚至被割裂，并和新的有界空间相联系，这一过程被视为"去地域化"和"再地域化"。网络作为社会空间的重要维度之一，它将社会个体与组织置于网络架构中，并从相互联系的视角审视其关系。

尺度重组旨在通过尺度空间构建，加强对尺度空间所涉及的权力、制度、关系等要素的分析与认知[3]，其本质是权力与控制力在不同尺度间的变动。同时，尺度重组研究侧重于分析尺度同社会过程之间的辩证关系，并利用尺度、地域与网络等多重维度共同分析复杂的社会空间重构现象[4]，从而极大丰富了尺度重组理论并增强其解释力。如地方与地域也可以互相影响与转换，二者共同作为社会空间过程重塑的结果与工具[5]。尽管尺度重组日益成为复杂的"隐喻"，但学者们并无通行的研究框架而是根据研究主题确定分析框架[6]，如分析尺度间关系[7]等。不过，也有一些学者试图建立尺度重组的系统分析框架，如 Jessop 等

① 苗长虹. 变革中的西方经济地理学：制度、文化、关系与尺度转向[J]. 人文地理, 2004, 19 (04): 68-76.

② Mackinnon D, Shaw J. New State Spaces, Agency and Scale: Devolution and the Regionalisation of Transport Governance in Scotland[J]. Antipode, 2010, 42(05): 1226-1252.

③ Jones M, Jessop B. Thinking State/Space Incompossibly [J]. Antipode, 2010, 42(05): 1119-1149.

④ Brenner N. Open Questions on State Rescaling [J]. Cambridge Journal of Regions Economy & Society, 2009, 2(01): 123-139.

⑤ 刘云刚, 叶清露, 许晓霞. 空间、权力与领域：领域的政治地理研究综述与展望[J]. 人文地理, 2015, 30(03): 1-6.

⑥ 马学广, 李鲁奇. 尺度重组中海洋国家战略区域的策略与制度建构：以山东半岛蓝色经济区为例[J]. 经济地理, 2016, 36(12): 8-14.

⑦ Swyngedouw E. Authoritarian Governance, Power, and the Politics of Rescaling [J]. Environment & Planning D Society & Space, 2000, 18(01): 63-76.

学者通过整合空间生产、尺度与地域等概念而形成区域综合分析的 TPSN 框架[①]，以突出政治经济现象的空间过程及其关系的多元性，并将其用于分析权力与资本作用下社会空间的尺度重组及其社会斗争，从而系统理解社会空间转型。相比于单一维度的空间生产研究，TPSN 分析框架不仅同时从尺度、地域以及网络等多重维度分析区域空间生产与重构，而且关注维度间相互作用，如地方影响下地域的核心边缘结构、网络连接下尺度变迁以及尺度变迁下地域重构等众多内容，从而为全球化背景下理解国家尺度重组与区域空间生产提供新的理论视角与分析框架。

因此，本节借鉴 TPSN 框架的尺度、地域以及网络等多重空间维度，分析山东半岛城市群区域合作案例中资本循环、管制重构以及社会斗争等多重动因，并深入探讨其导致的国家或城市尺度重组及其空间效应，从而为新时代中国城市群区域合作开展提供理论支持与政策建议。在城市群区域合作中，尺度重组体现出不同的特征与结果，尤其是主导合作的"尺度"及其互动中的尺度策略存在显著差异。因此，本节基于尺度重组视角，深入分析山东半岛城市群区域合作的尺度特征、运作方式以及合作机制等内容，从而尝试形成三种城市群区域合作较为典型的合作模式。其中，政府主导的合作模式以《山东半岛蓝色经济区发展战略》的合作为代表，市场主导的合作模式以青岛前湾保税港功能拓展区的合作为代表，社会协同的合作模式则以山东半岛城市间协议的合作为代表。

二、政府主导的合作模式：城市群发展战略的推行

山东半岛蓝色经济区作为国家级战略，对山东半岛城市群发展及其区域合作发挥着重要的作用，但其发展过程中过于依赖自上而下的行政权力及其手段的支持，而成为政府主导的城市群区域合作模式。尽管合作前期开展较为顺利，但随着上级政府注意力的转移、发展重点改变以及规划期限制，难以具有长期性，并且未能根本性解决城市群"行政区经济"问题。

（一）政府主导区域合作的合作过程

山东半岛蓝色经济区自 2009 年由胡锦涛同志视察山东时提出后，逐渐被社会各界所接受，并通过中央与省级等各层级政府的推动上升为国家级战略，从而引领着山东半岛城市群区域合作。尽管山东省早在 20 世纪 90 年代，已提出建设"海上山东"和发展海洋经济等策略，但由于蓝色经济区战略内涵更为抽象且外延也更加丰富[②]，极大提高了社会各界参与"蓝色"话语建构与解读的灵活性，从而为地方共识的形成与发展奠定了较好的基础。同时，山东省政府充分利用"蓝色"话语，并将其与国家海洋发展战略相结合，动员了国

① Jessop B, Brenner N, Jones M. Theorising Sociospatial Relations [J]. Environment and Planning D: Society and Space, 2008, 26(03): 389-401.

② 姜秉国, 韩立民. 山东半岛蓝色经济区发展战略分析[J]. 山东大学学报(哲学社会科学版), 2009(05): 92-96.

家尺度主要行动者，实现了尺度跃迁并为蓝色经济区建设提供了更强有力的支持。其中山东省与国家海洋局共同签订《关于共同推进山东半岛蓝色经济区建设战略合作框架协议》，不仅使得蓝色经济区进一步获得国家海洋局的认同与支持，而且强化了该战略的动员能力，并促进以政治动员为目标的行动者网络形成与发展，从而使得各级政府共同参与蓝色经济区的建设。在该背景下，山东省政府多次召开蓝色经济区的动员大会，青岛、烟台与威海等沿海城市及其相关部门也进行接触与沟通，从而促进城市间信息等资源流动与联系网络的发展。

随着该战略制定，山东省级政府与城市政府加大了蓝色经济区的建设力度，并成立相应的组织机构，以推动城市群区域合作，体现了较为明显自上而下的行政主导色彩。在国家领导人和上级政府的重要指示下，山东省政府迅速召开会议，并成立以省委书记与省长等高行政级别官员构成的蓝色经济区规划建设领导小组与推进协调小组，极大促进了前期指导意见与规划的制定与实施。尽管这两个机构并不属于正式的行政部门，但通过领导高配的方式，灵活且低成本地将蓝色经济融入区域规划中，从而以相对柔性的尺度重组推动城市群区域合作。此外，为推动蓝色经济区战略加速落实，山东省政府相继成立正式的蓝色经济区建设办公室以及区域战略推进办公室，以协调与监督该战略的落实。尤其是区域战略推进办公室，不仅整合现有的"蓝、黄"两区办公机构，而且成为了依附于省发改委的正厅级行政机构，对于统筹蓝色经济区事务具有较大的职权，并监督建设效果。

（二）政府主导区域合作的策略与机制

政府主导模式主要由中央或省级等高尺度行动者发起，并通过上升为国土开发和国家发展战略，而实现了"差别化"的制度供给，使特定城市群发展与区域合作获得了优先于其他地区政策与资金等资源的支持以及时融入全球资本循环，从而加速其合作进程并提高了城市群整体竞争力。如《山东半岛蓝色经济区发展战略》中重点对该地区建设与区域合作给予财政、投融资以及土地等众多政策优惠，并对范围内城市给予行政管理体制改革试点权，以提高其发展的自主性。同时，通过制定与推动山东半岛蓝色经济区发展战略，传统上权力相对弱势的山东省级政府逐渐成为区域竞争与合作的主体，并希望借助该战略来获取发展机会与加强对城市政府的管制。此外，中央与省级等政府通过行政权限下放等尺度下移策略，赋予城市及其县区更多社会经济管理自主权，并对其探索海陆统筹与海洋综合管理模式给予鼓励支持，从而制定与实施本地化发展战略，以吸引资本"固着"并实现再地域化。如山东省政府不仅承接了国务院下放的多项涉海审批事项权，而且将其部分权限下放到城市政府，极大提高地方发展蓝色经济的积极性。

这种模式的区域合作，由于受到国家层面的关注，其初期往往被省级政府高度重视，并通过自上而下的行政命令开展，甚至成立正式与非正式的协调与管理机构推动合作策略的实施，在短期内取得了显著的效果而成为政府主导的合作模式。然而，省级政府对该类合作虽表现出较高的积极性，但主要是希望借助高尺度行动者的支持成为区域竞争的主体并加强对城市政府的管制，从而利用尺度上移策略获得更多资源的配置权，并主导区域发展。此外，城市政府初期也表现出服从中央与省级政府制定战略，但实质并不是为了强化与其他城市的合作，而主要是希望通过国家级战略获得政策优惠，从而进行城市营销以实现本地区的经济增长。经过长期的市场化与分权化后，地方政府成为城市政治、经济与文化中心，对于国家制定较为宏观的战略虽依然支持，但主要希望实现自身经济发展，并未将其作为推动城市群合作与区域协调的根本性目标。因此，中央政府难以凭借战略性规划实现真正的区域治理与协调发展。

（三）政府主导区域合作的合作效果

政府主导的合作模式主要依赖行政命令推动城市群区域合作的开展，并基于"差别性"优惠的政策促进了城市群经济区域化过程，但并未形成多层次的城市群区域合作机制与政治区域化。由于战略规划并不具备真正的法律效力，省级与城市政府在执行过程中基于自身利益的考虑，而难以深入贯彻落实，甚至制定与其较为不同的新空间规划，从而使得其原有规划的效力降低。尤其是《山东半岛蓝色经济区发展战略》中曾明确提出青潍日城镇组团发展，但山东省政府制定省域城镇体系规划（2011—2030 年）与城市群发展规划（2016—2030 年）为兼顾各城市的利益与促进鲁南地区的发展，均在规划中提出临日都市区战略，而两个规划却与蓝色经济区战略在年限与内容中存在明显的交叉与混乱。由于该战略制定过程中主要由高尺度行动者进行决策，而城市与县（区）政府等低尺度行动者并未充分表达自身意愿且交流与互动也有限，该战略往往只能依靠上级政府强制执行，而未能充分调动多尺度行动者的积极性导致合作的效果降低。

在该模式下，城市群合作涉及中央、省级以及城市等多尺度行动者复杂的权力与利益关系。在合作的初期，由于高尺度行动者的重视，其进展较快并取得一定成效。然而，随着合作深度与广度的不断拓展，省级政府与城市政府往往采取有利于自身利益的行动策略而阻碍合作推进。尤其是城市仍奉行其惯有的城市企业主义逻辑，侧重本辖区经济发展，进而对区域合作积极性不高。城市政府虽然对该战略支持并开展了一定合作，但城市间合作进程较为缓慢，并侧重在对城市自身有利的经济领域。尤其是基于高尺度行动者提供的资金、土地以及技术等资源支持，城市间往往倾向于开展建设基础设施等相对初级的合作，而对于医疗、教育以及环保等涉及城市自身利益相对深层次的合作并未进行。因此，以《山东半岛蓝色经济区发展战略》为代表，区域空间规划推动下的城市群区域合作虽体现了高尺度行动者对区域协调发展的关注，短期显著带动了区域合作，但因缺乏充分信息交流与互动导致城市群的合作机制难以真正形成。

三、市场主导的合作模式：城市群功能性空间拓展

青岛保税区依据"功能整合、政策叠加"的要求，将港口区、保税区以及物流区等多个政策功能区进行整合与升级以形成保税港区，并成立了专门的管理委员会作为其直接管理机构，从而实现了由单一保税区向多功能保税港区的转变。尽管青岛保税港区凭借着众多的政策优势实现了自身的跨越式发展，但由于规划面积的有限性，土地资源供应严重不足，资本再地域化的难度加大并限制其发展。

（一）市场主导区域合作的合作过程

为了更充分发挥前湾保税港区的政策优势，山东省委与省政府共同出台了《关于青岛保税港区实施走出去战略》的意见，希望通过"区区联动"提高保税港区的辐射作用并促进城市群区域合作开展。在此背景下，青岛前湾保税港区在德州乐陵、济宁邹城以及临沂沂水等其他城市相继建立八个功能拓展区，将保税港区的功能政策优势辐射到其他城市，并吸引资本与企业在特定区域集聚，从而减少了资本再地域化的障碍。在空间分布上，这些建立的保税港功能拓展区，主要分布在山东半岛城市群的中西部地区。尤其是经济相对落后，并且距离青岛较远的聊城、济宁以及菏泽等城市分布较多。由于这些城市缺乏沿海港口，企业进出口需支付大量的关税等费用，而通过与前湾保税港区合作则可以极大降低这些关税支出并获得其他优惠政策。同时，这些城市经济相对落后，具有强烈的发展欲望吸引投资以实现资本的再地域化。青岛则因有限的建设用地与较高的劳动成本，并且产业结构也亟待调整，以突破原有"地域"的束缚，推动去地域化。正是这些城市与青岛较大的经济发展差距以及前湾保税港区独特的政策优势，推动了异地共建功能拓展区的合作逐渐兴起与发展。作为山东省的派出机构，青岛保税港区拥有市级社会经济管理权限，行政管理层面受到国务院及其部委、山东省以及青岛市政府众多行政层级的指导与管理，尤其是受到属地政府的管理。

然而，由于制度与政策的地域根植性，保税港区企业向其功能拓展区转移过程中，将失去作为国家级保税港区特有的政策优惠。因此，经过国务院及其相关部委的同意，青岛保税港区管理委员会采取与菏泽等地政府签署合作协议的方式，将管制权力延伸到这些功能拓展区，从而使入驻企业仍能享受保税港区的优惠政策，并在不同城市间建立起跨界制度合作空间。此外，在这些功能拓展区还成立了专门的管理委员会作为其直接管理机构，并由青岛前湾管理委员会与各功能拓展区的属地政府共同对其进行指导与管理。其中青岛前湾管理委员会主要负责资金提供、技术指导以及产业招商与转移等经济事项，而属地政府则负责其他社会与行政事务。在保税港功能拓展区合作过程中，德州等城市虽失去部分地方的社会经济管理权限，并导致其原有领域被削弱，但却获得了青岛前湾保税港区特有的"境内关外"等政策优惠，从而极大降低本地企业生产成本。同时，前湾保税港区也派

遣专门的管理与技术人员指导其他城市功能拓展区的建设，甚至成立驻地工作小组与业务指导小组，与属地政府进行对接并对其指导。此外，青岛与德州、潍坊以及菏泽等城市共同建设保税港功能拓展区，也促进资金等生产要素在功能区以及城市间快速流动，从而推动城市群功能性联系网络的形成与发展。

（二）市场主导区域合作的合作策略与机制

在区域合作中，经济较发达的城市（如青岛）受限于土地资源的有限性，而经济较落后城市（如菏泽）则欠缺政策、技术以及资金等资源，二者通过共建功能拓展区，实现资源的互补与利益共享，从而为其开展合作奠定了共同利益基础。在保税港区的空间拓展初期，山东省与青岛市关于支持其实施"走出去"的战略发挥着较大作用，并成为了城市群保税港功能拓展区建立的主要动员者。尤其是青岛市凭借副省级城市的行政地位与强大的经济实力动员了中央以及省政府，支持其在城市群其他地区共同建设功能拓展区并进行合作。菏泽等其他城市将保税港功能拓展区的建设项目，上报至山东省政府并获得其批准与支持，也成为功能拓展区重要动员者。因此，在保税港功能拓展区建设与发展中，山东省政府、青岛市政府以及功能拓展区的属地政府均成为多尺度行动者网络的重要动员者。其中，跨尺度网络为建设项目的推进提供了尺度跃迁的基础。尽管中央与省级政府等高尺度行动者参与到合作进程中，并为其提供了支持，但具体事项仍由合作城市间进行协商。面对城市政府难以解决的问题，则由省级与中央等政府进行协调，从而体现了较为明显自下而上的高尺度支持特征。

通过建立德州等功能拓展区，该保税港区在其地域外获得了多达一百多平方千米的新"经济飞地"，拓展了经济发展空间，从而缓解了原有土地资源不足等问题并实现了跨界空间的生产与资本再地域化。同时，根植于特定地域的政策优势可通过跨界权力的延伸，使其在新的地域进行"固着"，从而提高主体参与合作的积极性。随着合作的不断深入，功能拓展区逐渐引起省级与中央政府等高尺度行动者的高度关注，并获得其相应支持。如青岛前湾保税港区不仅获得国务院及其部委同意建设内陆地区功能拓展区的批复，并且成为了保税港区发展与管理模式改革的重要试点地区，从而使得区域合作得到国家尺度的认可并减少了合作推进的阻碍。因此，利用关键行动者的作用与已有制度安排有利于提高合作网络成功的概率。此外，城市群功能拓展区的合作作为一个长期过程，往往发生了资本与权力的再地域化、权力尺度重组以及合作网络的建立等多重空间维度重构，并且这些空间维度之间也会相互影响，如产生了跨尺度网络交织以及权力尺度重组下资本的再地域化等。

（三）市场主导区域合作的合作效果

在这种合作模式中，具有一定社会经济发展差距的城市成为合作共同发起者，并随后受到中央或省级等高尺度行动者的支持而加速了合作进程。中央或省级、城市以及县级政府均成为了城市群区域合作的参与者，但高尺度行动者主要提供支持，而没有主导合作的形成与发展。企业作为产业转移的主体，也成为了功能拓展区合作的重要参与者，并使得该合作成为了市场主导的模式。具体而言，经济较为发达的城市需要提供政策与资金等资源鼓励企业，在功能拓展区开设分支机构与转移过剩产能，从而推动功能拓展区的建设与合作开展。同时，经济较为落后的城市为吸引更多企业入驻，往往减少行政审批程序与改善服务，并提供了较为良好的基础设施。因此，以企业为代表的市场化力量成为了城市间功能拓展区合作的重要推动力，促进了城市间异地增长联盟的形成与发展，并使得该合作成为以市场为主导的模式。在合作对象选择中，经济较为发达的城市往往与具有强烈发展欲望且社会经济相对落后的城市开展合作，甚至其合作地区形成了具有"飞地嵌入"型的空间布局。

在合作初期，城市间政府往往具有信息交流与互动基础，并且对双方资源的优劣势具有初步的认识，从而为这些城市间合作奠定了较好的基础。随着合作共识的达成，城市间政府逐渐通过签订合作协议等规范化方式，将原有的政策优势扩大到新的城市，使得经济较为发达的城市权力与资本延伸到经济较为落后的城市，并建立起区域制度与资本合作空间，从而为其合作提供政策与权力支持。然而，由于经济较为发达的城市拥有较多的优势资源，在合作过程中往往占据着较为有利的地位，而经济较为落后的城市则需要作出一些利益的妥协，而处于较为不利的地位。相对于山东半岛蓝色经济区发展战略下的区域合作，这种合作模式因尊重城市间发展意愿且信息交流较为充分，并且获得了高尺度行动者的支持而更为有效，表现出较为良好的发展前景。同时，在其他城市群地区也具有一定操作性与可推广性。此外，由于合作城市间地位不平等，为保证合作长期可持续发展，未来可进一步优化合作双方的权利与义务，并使得城市间获得相对公平的利益分配。

四、社会协同的合作模式：城市群政府间协议签署

行政协议是在长期交流互动中，两个以上城市间基于行动共识而自愿制定的合作议程，从而促进城市群共同利益。从行政协议类型来看，主要有城市间政府或部门签订的章程、合作宣言、框架协议以及备忘录等多种形式。随着经济全球化的深入发展，近年来山东半岛城市群也逐渐签订了合作宣言或契约等多样化的行政协议，并在解决城市群"断头路"、实现产业互补与资源高效利用等方面取得了较好的效果。

（一）社会协同区域合作的合作过程

行政协议作为城市间自愿合作重要形式，是山东半岛城市间基于自身发展需要而积极行动的产物。这种合作模式主要产生于城市间政府或职能间部门，参与主体的地位平等，且往往存在着共同利益诉求。开展的合作更多由政府主体所推动，并且伴有企业、NGO 与个体等多元社会主体的参与并形成合作网络，而不是单纯上级政府强制命令下的协调活动，从而使得该合作成为社会协同的模式。其中，日照与青岛作为地理位置较为临近的沿海地

区，在产业结构与资源开发等方面具有较大的相似性，却也有各自的特色。经济联系较为密切且产业存在一定的互补性，从而为二者行政协议的签订奠定了较好的基础。在2003年，日照市政府立足于区域经济一体化的背景，结合自身发展实际，主动提出了接轨青岛、融入山东半岛城市群的意见，并在产业对接、交通互通以及招商引资等方面提出具体的实施举措。在2004年与青岛市政府，基于互惠互利与合作发展的原则，签订了《关于进一步发展两市交流合作关系的框架协议》，从而成为城市群中第一个主动与其他城市签订行政协议的地区。

日照市政府还专门成立了由市委副书记与市长、副市长等较高行政等级领导任职的接轨青岛、融入半岛城市群的工作领导小组，并且还要求各县区也成立相应的领导机构，从而为二者间合作提供组织与制度保障。尽管工作领导小组作为挂靠在市发改委的临时性组织，但通过领导人员"高配"等方式，也对城市政府原有行政组织及其权限进行了尺度重组，使得市发改委与该领导小组获得了更高的管理、监督以及协调等权力。随着该协议的签订，日照与青岛往来更加频繁，并逐渐从单纯的信息交流，向资金、人员以及技术等资源共同利用转变以促进城市间联系。如日照原有经济效益较差的某啤酒厂，借助与青岛啤酒厂的整合与升级，成为青岛啤酒的日照分公司，并实现了销售收入快速增长。通过构建这一企业间网络，该分公司得以在更高的尺度进行运作，参与区域甚至全国啤酒的生产与销售并占领其市场，从而实现了经济层面的尺度跃迁。同时，青岛也在与日照的合作中，获得了日照较为充足的农产品等资源，从而拓宽城市发展腹地，并推动了资本再地域化。正是二者合作的成功案例，推动了其他城市间行政协议的签订，从而共同促进城市群联系网络的形成。随着日照与青岛城市间联系的不断增强，二者开展合作的领域深度与广度也不断扩大，进一步促进二者社会文化融合，并使得原有地方差异逐渐缩小，成为一体化的城市群地区。

作为青岛的临近城市，潍坊也与青岛在经贸往来、文化交流以及生态基础等方面存在密切的关联。鉴于日照与青岛合作取得的较好效果，潍坊立足自身实际，也主动提出加快接轨青岛，并实施经济一体化战略。具体而言，主要通过举办青岛（潍坊）周活动为两市政府、企业以及社会等主体相互了解提供平台，促进潍坊与青岛合作发展论坛的举办，推动了城市间信息交流并减少资本再地域化的障碍。在此基础上，二者还签订了《潍坊—青岛战略合作框架协议》，并且两城市的农业、金融与旅游等职能部门也签订了相应的对接协议，从而推动城市间区域合作深入开展。此外，山东半岛其他城市间也签订一系列行政协议，并成立专门的城市部门战略合作联盟，共同推动城市群一体化的发展。在2014年响应《山东半岛蓝色经济区发展规划》，山东半岛成立了蓝色经济区联席会议等制度，以加快城市间信息交流与产业发展等专题性合作。截止到目前，山东半岛城市群不仅在两个城市间签订战略合作协议，而且在城市政府大力推动下，职能部门甚至县区间也签订对接协议，从而推动网络的尺度下移。

（二）社会协同区域合作的合作策略与机制

在这种模式中，城市政府及其职能部门成为了合作的重要发起者且主导合作的进程，并且企业、NGO 以及个人等多元社会主体也参与了合作，从而使得该合作模式具有社会协同特征。然而，中央与省级政府等高尺度行动者较少直接参与，因此低尺度政府主导着合作的兴起与发展。在合作对象选择上，往往地理临近且社会经济联系密切的城市间较易达成共识并签订合作协议。相比于多个城市共同开展合作，两两城市间因涉及对象较少，合作的难度较低而更容易达成共识。如山东半岛城市群主要出现青岛与日照等城市间签订的合作协议。这些城市开展合作时间较早且程度更高，普遍签订了全面战略合作框架协议，而多个城市间合作则主要集中于旅游、人才以及知识等某一特定领域且合作深度较低。在合作对象选择上，社会经济发展水平较低的城市，倾向于与经济发展水平更好的城市合作，从而引入资金等资源。然而，综合实力较为接近的城市由于在政治、经济以及文化方面存在较多竞争而难以出现该类合作。

尽管城市间经济发展水平不一致，但基于行政协议的合作普遍出于自愿平等、互利共惠等原则，较少出现原有城市间权限转移与利益分配不公等现象。同时，NGO、企业与个人等主体也参与合作并影响其效果，甚至一些大型企业组织对合作发展起着主导性作用。自愿基础上的合作较少出现行政层面的尺度重组，但在经济与社会文化合作领域存在尺度重组的现象，如城市间企业兼并与重组等。随着城市间合作的开展，城市与县区的职能部门受其影响，也相继签订行政协议并将合作深化，从而实现了城市群合作网络的由城市尺度下移到其部门或县域尺度。在山东半岛城市群旅游合作过程中，县域政府发现城市间通过旅游合作宣言与协议等多种方式的合作，不仅提升了旅游景点的吸引力，也推动游客资源的共享，从而激发其合作的积极性并建立起县域尺度旅游合作联盟。这种模式的合作前期往往通过高层互访与举办合作论坛等方式，进行了较为充分的信息交流，随后通过签订协议开展了基础设施、技术与旅游等特定领域合作。但随着合作推进，也逐渐出现了城市间多个领域与部门的战略合作，从而扩展合作的深度与广度。这种合作模式具有明显的阶段性并体现为长期的合作过程。

（三）社会协同区域合作的合作效果

尽管山东半岛开展大量的城市间合作并取得了较好的效果，但一旦合作涉及城市深层次利益，或难以实现收益高于成本的目标，合作进程则难以推进甚至被终止。该合作模式下，城市间通过山东半岛蓝色经济区党政联席会议等非正式合作组织，也推动城市间信息交流与共识的形成。但由于缺乏正式的合作机构，导致部分涉及城市自身利益的专题合作难以开展。尤其是招商引资等与政府绩效相关的合作往往被避开。由于共同利益是区域合作的基础，一旦共同利益发生了改变或消失，这种合作往往难以深入推进，甚至被终止。

同时，这种合作模式也受到城市主要领导者的影响。尤其是城市间高层互访与领导交叉任职，对合作形成与推动具有重要的作用。但随着城市发展重点的转移或领导人调任，合作容易受到冲击，并影响了合作的长期性与稳定性。

城市间成立的专门合作联盟虽缓解了城市间竞争，但并未消除城市企业主义，而是形成了以合作联盟为基础的新管制尺度，从而参与到区域间或全球市场的竞争，并吸引资本"固着"。因此，尽管地方间主导的合作使得城市群合作不再局限于政府的行政命令，而是出自城市间自发的意愿，并推动城市群一体化水平的提高，但也未改变惯有的城市企业主义逻辑，而是将其转移至区域尺度，并且具有一定不稳定性与脆弱性。此外，行政协议虽对城市间合作具有一定约束性，但规范性与强制力远不如正式制定的法律与成立的组织机构。如果个别城市出于自身利益的需要而违反合作协议，其他合作城市也难以对其进行有效的劝导或处罚。因此，行政协议只是城市群区域合作中较为灵活且低成本的合作模式，需要在未来发展中建立相对正式合作机构与仲裁制度为其提供组织与制度保障，并且鼓励NGO、企业与个人等多元社会主体参与合作，共同城市群发展建言献策并解决合作中新出现的利益争端。

五、城市群区域合作理论反思

基于尺度重组的视角，本节分析了山东半岛城市群区域合作的尺度、地域、网络以及地方等多重空间维度的变化，并结合具体案例关注了合作空间生产中尺度与地域相互重塑以及网络连接下尺度变迁等多重空间维度间相互作用。同时，本节依据主导合作的"尺度"及其互动中尺度策略的差异，对山东半岛城市群区域合作案例合作实践过程、影响因素与合作机制等内容进行探讨，并在此基础上将其划分为三种较为典型的城市群区域合作模式。主要结论如下：

（1）在城市群区域合作中，城市间权力与利益的重组表现为尺度、网络以及地域等多重空间维度相互交织与影响的过程，并且在不同合作模式存在一定的差异。其中，政府主导的合作模式，更多表现为高尺度行动者管制权限下放与"差别性"制度供给等特征。社会协同的合作模式较少出现行政权限调整与正式行政机构的建立，更多表现为经济领域的尺度重组与城市间行动者网络的建立。市场主导的合作模式，则表现为行政权限调整、组织机构建立以及跨尺度网络构建等众多特征。

（2）高尺度行动者的支持与城市间信息交流，是城市群区域合作成功的重要因素，并影响着不同类型区域合作的发展与演化。其中，政府主导的合作模式虽具备高尺度行动者支持，却缺乏城市间信息交流与互动。社会协同的合作模式虽具备了城市间信息交流，但缺乏高尺度行动者的支持，而影响了合作效果并降低合作的可持续性。市场主导的合作模式则具备了这两大主要因素，从而成为更为有效的合作模式，并获得了较多城市认可。

（3）城市群区域合作是一个长期过程，多尺度行动者作为发起者与重要参与者，对合作效果发挥较为不同的作用。尤其是地方政府往往起着主导性作用，并深刻影响着合作的进程与效果。政府主导的合作模式中，政府参与程度最高并控制着合作的进程，市场主导的合作政府、企业以及学术精英等参与其中，但缺乏 NGO 等社会组织的参与。社会协同的合作模式，政府、企业以及 NGO 等多元社会主体参与但缺乏高尺度行动者的参与，一定程度上导致合作的动力不足。

（4）随着城市群区域合作的开展，城市间经济联系得到了普遍提高，并且不同合作模式均一定程度上推动了城市群功能性联系网络的形成与发展，从而提高城市群综合实力与一体化水平。然而，这些合作主要推动了经济区域化，而尚未真正形成政治区域化与区域一体化，也未改变惯有的城市企业主义逻辑，而是将其转移到了区域尺度以参与国家与全球等更高尺度的竞争。因此，亟待通过不同合作模式与尺度策略配套实施，动员多尺度行动者并开展充分互动与交流，从而提高合作可持续性与实现城市群协调发展。

在全球化、分权化与市场化等社会转型背景下，城市群作为多维领域尺度重组的关键制度节点，不仅是独特的地域空间，也是网络空间与政策空间。尤其是城市群合作空间生产与重构涉及复杂社会空间过程并具备多元空间性，难以通过单一的空间维度进行全面阐释。在山东半岛城市群合作案例中，不同行动者存在各自的利益诉求，使得它们在合作空间生产中参与程度与互动程度较为不同，从而影响城市群区域合作进程与效果。如中央与省级政府等高尺度行动者更希望利用山东半岛蓝色经济区发展战略推动城市间合作，以提高区域竞争力与实现区域协调发展。城市政府则希望通过山东半岛蓝色经济区发展战略获得优惠政策支持与试点权限，从而进行城市营销与发展本地经济。当城市群合作空间生产能满足不同行动者利益诉求时，这些行动者参与合作积极性较高并通过多重空间维度的调整参与合作空间的生产。然而，当不同行动者利益诉求发生调整或共同利益高于成本时，它们参与积极性会降低，甚至退出合作空间的生产而导致合作终结。如青岛与日照政府虽签订了大量行政协议并出资共同建设码头，但由于港口业务竞争的日益激烈，利益远低于成本，最终导致合作的终结。因此，城市群合作空间生产需及时关注不同行动者的利益诉求，并通过动员高尺度行动者开展充分信息交流以协调城市间利益并扩大合作基础。

第四章　国家尺度重组与跨界合作治理

　　全球化时代的城市问题越来越多地以尺度问题形式出现[1]，以国家尺度重组、国家空间重构和国家治理体系重建等为核心[2][3]的新国家空间理论为分析城市与区域空间生产背后的动力机制及其影响提供了新的视角[4]。其中，国家尺度重组是解释当前国家、城市等地域组织参与全球化竞争的工具媒介[5]，当前国内研究主要聚焦理论内涵阐释与地方化建构[6]、经济全球化与国家—区域治理[7]和区域实证研究[8]等。通过国家尺度重组，我国城市形成了纵横交错的混合管理体制、等级提升的行政锦标赛与协商博弈的权力再分配等现象[9]。

第一节　国家尺度重组驱动下地域重组与空间重构

　　根据新国家空间理论的 TPSN 框架[10]，地域（通过划定边界而区分空间内外[11]）、地方（是主动进行空间重组以加快资本流动的尺度组织[12]）、网络（是穿越不同尺度和地域而形

　　① 许志桦, 刘开智. 回归后香港城市发展的尺度重组：以广深港高速铁路香港段项目的规划过程为例[J]. 地理学报, 2019, 74(2): 253-265.

　　② 马学广, 唐承辉. 新国家空间理论视角下城市群的国家空间选择性研究[J]. 人文地理, 2019, 34(2): 105-115.

　　③ 陈浩, 王莉莉, 张京祥. 国家空间选择性、新城新区的开发及其房地产化——以南京河西新城为例[J]. 人文地理, 2018, 33(5): 69-76.

　　④ 蔡运龙, 叶超, 马润潮, 等. 马克思主义地理学及其中国化："跨国、跨界、跨代"知识行动[J]. 地理研究, 2016, 35(7): 1205-1229.

　　⑤ 陆林, 张清源, 许艳, 等. 全球地方化视角下旅游地尺度重组——以浙江乌镇为例[J]地理学报, 2020(2): 410-425.

　　⑥ 马学广, 李鲁奇. 城际合作空间的生产与重构——基于领域、网络与尺度的视角[J]. 地理科学进展, 2017, 36(12): 1510-1520.

　　⑦ 张京祥. 国家—区域治理的尺度重构：基于"国家战略区域规划"视角的剖析[J]. 城市发展研究, 2013(5): 45-50.

　　⑧ 王博祎, 李郇. 深港边界地区的尺度重组研究——以前海地区为例[J]. 人文地理, 2016(3): 88-93.

　　⑨ 吴金群, 廖超超. 我国城市行政区划改革中的尺度重组与地域重构——基于 1978 年以来的数据[J]. 江苏社会科学, 2019(5): 90-106.

　　⑩ Jessop B., Brenner N., Jones M. Theorizing Socio-spatial Relations [J]. Environment and Planning D: Society and Space, 2008, 26(3): 389-401.

　　⑪ Delaney D. Territory: A Short Introduction [M]. Oxford: Blackwell Publishing, 2005.

　　⑫ Brenner N. Globalization as Re-territorialization: The Re-scaling of Urban Governance in the European Union [J]. Urban Studies, 1999, 36 (03): 431-451.

成的不均衡的多层化格局①）和尺度②（不仅仅是空间的纵向分化，还是地域、网络和地方等维度的综合体现）等构成了空间的基本维度。尺度重组是空间权力调整与社会建构的动态过程，其实质是国家为积累财富和提高经济竞争力，利用尺度互动和治理调整而进行的空间生产策略③。国家尺度重组催生了跨越区域界限和单一政府职能的多中心-多层次区域空间治理体系④，在欧洲（侧重于行政主体间的跨界合作）和北美（侧重于政府、市场与社会的伙伴关系）被看作是应对全球性转变的新空间策略⑤，在亚太地区（尤其中国）引发社会-空间关系调整，并进而重构了区域空间治理体系⑥。国家尺度重组更为直观地解释了飞地经济区、城镇密集区和全球城市区域等地域性空间实践背后的政治经济逻辑⑦⑧⑨。

国家空间重构理论主要基于空间生产、城市和区域治理以及国家理论而发展起来，主要探讨 20 世纪 50 年代以来国家空间中新的地理尺度和地域的产生，涉及尺度重组和地域重构等一系列相互交织的过程。在全球化、新自由主义等背景下，国家空间发生持续重构，原有的尺度和地域结构也被重组。例如国家可通过区域规划推进区域一体化、培育区域国际竞争力，从而在全球化中获得竞争优势。

一、城市企业主义驱动国家空间重构

（一）中国城市企业主义的兴起与危机

1970 年后，伴随西方福特—凯恩斯主义的解体和新自由主义的发展，"城市企业主义"（Urban Entrepreneurialism）在西方逐渐兴起⑩，其特征在于以创新性战略保持或提高城市竞争力，以企业主义方式提出和执行这些战略，以企业主义的话语营销城市⑪。

新中国成立后，中国实行高度集中的计划经济，国家尺度在公共管理和社会经济发展

---

① Brenner N. New State Spaces: Urban Governance and the Rescaling of Statehood [M]. Oxford: Oxford University Press, 2004.

② Marston S. A. The Social Construction of Scale [J]. Progress in Human Geography, 2000, 24(02): 219-242.

③ Brenner N. New State Spaces: Urban Governance and the Rescaling of Statehood [M]. Oxford: Oxford University Press, 2004.

④ Gualini E. The Rescaling of Governance in Europe: New Spatial and Institutional Rationales [J]. European Planning Studies, 2006, 14(7): 881-904.

⑤ Herrschel T. Cities, State and Globalisation City-Regional Governance in Europe and North America [M]. London: Routledge, 2014.

⑥ Wu F. China's Emergent City-Region Governance: A New Form of State Spatial Selectivity through State-orchestrated Rescaling [J]. International Journal of Urban and Regional Research, 2016, 40(6): 1134-1151.

⑦ Gallagher K. P., Zarsky L.The Enclave Economy: Foreign Investment and Sustainable Development in Mexico's Silicon Valley [M]. Cambridge/London: The MIT Press, 2007.

⑧ Bustos-Gallardo B. The Post 2008 Chilean Salmon Industry: An Example of An Enclave Economy [J]. The Geographical Journal, 2017, 183(2): 152-163.

⑨ Mykhnenko V., Wolff M. State Rescaling and Economic Convergence [J]. Regional Studies, 2019, 53(4): 462-477.

⑩ Harvey D.From Managerialism to Entrepreneurialism: The Transformation in Urban Governance in Late Capitalism [J]. Geografiska Annaler, 1989, 71(01): 3-17.

⑪ Jessop B, Sum N. An Entrepreneurial City in Action: Hong Kong's Emerging Strategies in and for (Inter) urban Competition [J]. Urban Studies, 2016, 37(12): 2287-2313.

中占据主导地位。该阶段国家空间组织以劳动地域分工为主要原则，实行相对均衡的空间政策。改革开放后，伴随外资的涌入和市场经济的发展，城市直接暴露于国际和区域竞争中，行政权力也逐渐由中央下放到地方。尤其在 1994 年的分税制改革中，中央政府占财政收入的比例上升为 55.7%，对地方的财政转移所发挥的作用也日渐减弱[1]，但地方政府在经济管理上仍保留了较大的自主权，官员的绩效评估也日益以经济发展为导向。在此背景下，为扩大税收并提高经济竞争力，城市政府开始大量进行土地征收和开发。由于土地管理权限在 1986 年的《土地管理法》中被下放到地方，加之土地转用过程中存在的巨大收益，土地的征收和出让成为地方政府财政收入的重要来源，由此形成"土地财政"现象。同时，为吸引国际和国内资本，城市政府常常进行地方营销、税收优惠、资金补贴等，并与企业建立互惠的增长联盟。此外，资本的再地域化也剧烈地重塑了建成环境，表现为基础设施建设的热潮等。

中国城市企业主义的兴起体现了尺度上去中心化和领域上定制化的国家空间项目转型，推动了城市尺度的兴起以及沿海地区和中心城市的迅速发展，使中国得以进一步融入世界资本主义生产体系。不过，这一治理策略的调整也产生了一系列危机。从城市间关系上看，竞争加剧和缺乏合作导致城市间产业同构现象明显、基础设施重复建设且衔接不畅，形成行政区经济；核心与边缘地区之间的发展差距也进一步加大，剥夺了落后地区的发展权利。从城市内部来看，大量的土地征收和基础设施建设导致土地利用破碎化、城市用地蔓延；高污染企业的进入也导致城市环境问题的恶化；同时土地财政具有不可持续性，而高优惠的引资策略也导致大量财政收入流失并加剧城市财政风险。

（二）城市企业主义危机驱动下的区域化

2001 年后，中国国家空间选择性开始朝向中心化、平等化等方向发展，以缓解恶性竞争、缩小发展差距、应对城市土地利用问题等。具体来看，主要有以下四类手段[2][3]。首先是权力上收，主要表现为 1998 年后土地管理的收权。由于土地管理权的下放引发了耕地破坏、城市蔓延、低价出让等问题，因而通过《土地管理法》的修订和行政机构调整，土地利用形成自上而下层层分解的配额式管控体系，城市政府则通过指标争取和交易等进行开发。其次是撤县设区、省直管县等行政区划调整，主要为应对市带县体制下市县间的恶性竞争、基础设施衔接不畅以及市对县的"剥削"等问题，以提高城市税收和资源调动能力。再次是区域规划的兴起，由于国家在区域规划审批甚至编制中发挥关键作用，因此这成为国家协调空间发展最直接的手段，具体涉及主体功能区规划、城镇体系规划和城市群规划

① 李昕, 文婧, 林坚. 土地城镇化及相关问题研究综述[J]. 地理科学进展, 2012, 31(08): 1042-1049.

② Li Y, Wu F. The Transformation of Regional Governance in China: The Rescaling of Statehood [J]. Progress in Planning, 2012, 78(02): 55-99.

③ Wu F. China's Emergent City-region Governance: A New Form of State Spatial Selectivity through State-orchestrated Rescaling [J]. International Journal of Urban and Regional Research, 2016, 40(06): 1134-1151.

等。最后是跨界区域合作的兴起[1]，具体形式如合作论坛、合作协议、正式或非正式的区域协调组织等，这种合作通常是自下而上的，但省政府和中央政府也常发挥协调作用。不过，这一区域尺度重组仍贯穿了城市企业主义的逻辑，其动因仍是为破除经济发展障碍、提高城市自身竞争力，本质上是城市企业主义在区域尺度的延伸。同时，为解决新的区域间发展不均衡问题，区域协调发展战略也在 2000 年后全面实施。

二、新国家空间视角下的地域重组

地域通常指被特定边界所包围和限定的空间单元，而在人文地理学中，地域更为本质的内涵在于个人、群体或机构对有界空间的占有[2]，因而它更强调地域的社会属性。在此基础上，再地域化（Reterritorialization）也不仅仅指物理空间中地域的变动，而是更强调同地域相关联的社会关系的变动。这一变动通常以去地域化（Deterritorialization）为前提，它指特定社会关系同原有地域之间联系的弱化或断裂。因此，再地域化概念内在包含了去地域化概念，它可指更广泛的地域重构现象。

在全球化研究中，对去地域化和再地域化的描述通常基于对资本循环过程的分析，这沿用了马克思主义政治经济学的分析范式。根据这一视角，去地域化和再地域化的基本逻辑是：资本为寻求廉价原材料、劳动力和新的市场而具有消除一切地理障碍的倾向，而随着交通和通讯技术的发展，资本的这一流动性也日益明显，并在"时空压缩"中逐渐脱离原来的地域结构，进而导致了"民族国家地域性甚至地理本身的收缩（Shrinking）、萎缩（Contracting）或溶解（Dissolving）"[3]；另一方面，资本又是依赖于地域的，它需要通过相对固定的地域基础设施的生产才能实现持续的时间上的加速和空间上的扩张，因此全球化并非产生一个完全的"流动空间（Space of Flow）"，而是表现为持续的再地域化过程。

此外，再地域化也不应仅被理解为资本过程，而是涉及资本、管治和权力的多面的过程：从资本循环的角度看，再地域化涉及为保证资本循环的持续进行而对相对固定的社会地域基础设施的生产和重构[4]；从国家管治的角度看，再地域化涉及国家为协调资本和社会权力关系而对行政地域机构本身以及更广泛的国家地域进行的调节；而从社会斗争的角度看，再地域化涉及特定社会行动者通过对地域固有形式及结构的回避、解构和破坏性重构[5]而对同地域相连接的其他行动者施加影响。其中，再地域化同时作为工具和结果同这三类

① 马学广. 全球城市区域的空间生产与跨界治理研究[M]. 北京：科学出版社，2016.

② 殷洁，罗小龙. 尺度重组与地域重构：城市与区域重构的政治经济学分析[J]. 人文地理，2013, 28(2): 67-73.

③ Brenner N. New State Spaces: Urban Governance and the Rescaling of Statehood[M]. Oxford: Oxford University Press, 2004.

④ Neil Brenner. Beyond State-Centrism Space, Territoriality, and Geographical Scale in Globalization Studies[J]. Theory & Society, 1999, 28(1): 39-79.

⑤ 刘云刚，叶清露. 中国城市基层地域的领域化与领域政治：基于东莞东泰社区的案例研究[J]. 地理学报，2015(02): 283-296.

社会活动展开互动。

新国家空间理论强调国家通过空间选择性对国家空间重构过程的积极干预，而在这一过程中，再地域化可以看作国家空间选择性的工具和结果：一方面，国家可以通过"地域策略"（Territorial Strategies）①的运用优先特定的地域或尺度以调节资本循环等过程，这些策略包括培育核心经济区、投资基础设施、促进跨界合作等；另一方面，这一过程也带来了地域形态（如边界的削弱和地域的融合）、地域属性（如权属或管理关系的变动）等方面的调整，并成为更广泛的国家空间重构的一部分。在此基础上，这一概念可以嵌入国家空间选择性的理论框架中，从而进一步用于分析国家对地域的运用、地域与尺度的互动、国家地域构造的演变等。

三、次国家尺度地域重组及其影响

（一）多层级空间尺度地域重组成为观察和理解国家与区域发展变化的重要视角

全球化的深入发展推动世界政治经济地理格局在多层级空间尺度上被系统性地重塑②③，社会、经济和政治等地域的国家管制由国家尺度向超国家尺度（Supra-national）和次国家尺度（Sub-national）转移，具体表现为：核心城市上升为世界城市或发展成为多中心城市区域，实现功能、体量和质量的提升；城市治理方式由管理主义向企业主义转变④；中央政府以定制化区域政策的形式将部分权力下放到区域和地方政府，甚至将部分权力上移到超国家机构或跨国合作组织（如欧盟和世界银行等）。资本持续性扩张的去地域化和再地域化过程，在新的政治、经济和社会空间中将有界空间重新连接，构建起新的地域空间形式⑤；在资本循环与空间修复运作下，重叠的地域和差异性空间支配能力致使资源争夺加剧以及非均衡的区域空间结构形成⑥⑦，导致了地域边界重划、资源配置倾斜和产业空间转移，催生了跨越区域界限和单一政府职能的多中心-多层次区域空间治理体系⑧。多层级空间尺度的地域重组在欧洲（侧重于行政主体间的跨界合作）和北美（侧重于政府、市场与

① Lagendijk A, Arts B, van Houtum H. Shifts in Governmentality, Territoriality and Governance: An Introduction [M]//Arts B, Lagendijk A, van Houtum H E. The Disoriented State: Shifts in Governmentality, Territoriality and Governance. New York: Springer Publishing Company, 2009: 3-12.

② Brenner N. New State Spaces: Urban Governance and the Rescaling of Statehood [M]. Oxford: Oxford University Press, 2004.

③ Jones J P, Leitner H, Marston S A, et al. Neil Smith's Scale[J]. Antipode, 2017, 49(01): 138 - 152.

④ Harvey D. From Managerialism to Entrepreneurialism: The Transformation of Urban Governance [J]. Geografiska Annaler (Series B, Human Geography), 1989, 71(01): 3-17.

⑤ Brenner N. New State Spaces: Urban Governance and the Rescaling of Statehood [M]. Oxford: Oxford University Press, 2004.

⑥ Smith S. Strategic Planning as Region Building on the Eastern Periphery of the EU [J]. European Planning Studies, 2007, 15(08): 1007-1025.

⑦ Cox K. R. Political Geography: Territory, State and Society [M]. Oxford: Blackwell, 2002.

⑧ Gualini E. The Rescaling of Governance in Europe: New Spatial and Institutional Rationales [J]. European Planning Studies, 2006, 14(07): 881-904

社会的伙伴关系）被看作是应对全球性转变的新空间策略[①]，在亚太地区（尤其中国）引发社会-空间关系调整，重构了区域空间治理体系[②]，更为直观地解释了跨境产业园区、城镇密集区和全球城市区域等地域性空间实践背后的政治经济逻辑[③④⑤]，并昭示出国家所应担负的治理角色及其所应采取的空间策略。

（二）以"国家空间选择"和"国家空间配置"为核心的"新国家空间"理论为次国家尺度区域与城市发展研究提供了新的分析视角和方法论

美国哈佛大学教授布伦纳提出了"新国家空间"理论，认为国家尺度重组导致有选择性的制度供给，引发不同尺度空间重构、治理重建和经济版图重绘[⑥]。"新国家空间"（New State Space）理论高度关注国家空间的社会建构和多维重构，国家空间重构的多重动因和手段，国家空间选择（State Spatial Selectivity）和国家空间配置（State Spatial Configuration）的作用及其演变。新国家空间理论强调国家通过空间选择和空间配置对国家空间重构过程的积极干预，认为国家往往对特定区域或尺度有着空间选择上的偏好（同时会忽视、排斥和边缘化其他地域）[⑦]，在提高了特定区域竞争力的同时也加深了地域空间的不均衡发展。此外，多层级空间尺度的地域重组具有强烈的路径依赖性，新的国家空间项目和国家空间策略以分层的方式叠加在旧的国家空间形式之上，而原有的尺度结构则可能限制新的尺度结构的产生[⑧]，最终形成多层、多元、马赛克式拼贴交叠的国家空间格局。然而，只有同时具备尺度设计、景观条件、网状结构、"大事件"机遇四个治理要件的空间才有可能成为新国家空间，而其他空间则将被忽略[⑨]。其中，尺度设计是基于后建构主义视角对尺度政治的拓展和延伸[⑩]；景观条件凸显了生态环境在国家空间选择中的重要性[⑪]；网状结构主要体现为在纵横向地域组织和地理尺度构成的"十字形"关联之中加入社会力量，进而构成覆盖

① Herrschel T. Cities, State and Globalisation City-Regional Governance in Europe and North America [M]. London: Routledge, 2014.

② Wu F. China's Emergent City-Region Governance: A New Form of State Spatial Selectivity through State-orchestrated Rescaling [J]. International Journal of Urban and Regional Research, 2016, 40(06): 1134-1151.

③ Gallagher K. P., Zarsky L.The Enclave Economy: Foreign Investment and Sustainable Development in Mexico's Silicon Valley [M]. Cambridge/London: The MIT Press, 2007.

④ Bustos-Gallardo B. The Post 2008 Chilean Salmon Industry: An Example of An Enclave Economy [J]. The Geographical Journal, 2017, 183(02): 152-163.

⑤ Mykhnenko V., Wolff M. State Rescaling and Economic Convergence [J]. Regional Studies, 2019, 53(04): 462-477.

⑥ Brenner N. New State Spaces: Urban Governance and the Rescaling of Statehood [M]. Oxford: Oxford University Press, 2004.

⑦ Caglar A., Schiller N. Locating migration: Rescaling Cities and Migrants [M]. Ithaca, NY: Cornell University Press, 2010.

⑧ MacKinnon D. Reconstructing Scale: Towards a New Scalar Politics [J]. Progress in Human Geography, 2010, 35(01): 21-36.

⑨ 李晓飞. 西方空间政治学前沿理论的整体性及其中国应用[J]. 行政论坛, 2021, 28(05): 138-146.

⑩ Van Lieshout M, Dewulf A, Aarts N, et al. The Power to Frame the Scale? Analyzing Scalar Politics over, in and of a Deliberative Governance Process [J]. Journal of Environmental Policy & Planning, 2014, 19(05): 1-24.

⑪ Christoph Görg. Landscape Governance: The "Politics of Scale" and the "Natural" Conditions of Places [J]. Geoforum, 2007, 38(05): 954-966.

全空间的治理网络[1]；"大事件"机遇意指某些特定空间发生了具有重大政治、经济和社会影响的事件，并以此为契机，形成新国家空间[2]。新国家空间理论是对20世纪中叶以来全球性去地域化和再地域化过程中国家尺度重组、国家空间重构和国家治理体系重建的理论回应[3]。

（三）次国家尺度国家战略区域地域重组催生了新形态的区域空间治理体系与区域空间政策，对于国家和区域的空间生产与重构最具根本意义

次国家尺度（Sub-national Scale）是多层级空间尺度地域重组的关键制度节点，国家将管制权力作用于不同的空间范围，引发不同尺度空间组织与治理形式的重构[4][5][6]，区域"获得了新的重要性"[7]。最近40年，西方发达国家普遍施行了政府重塑和将管制权力向区域转移的地域重组战略，以形成新的国家竞争优势，促成担负特定职能、具有重大区域发展意义的国家战略区域的崛起。与此同时，地方政府间问题的跨域特性使得碎片化的地方政府有了集体行动的必要，以有效管控区域公共问题[8][9]。在次国家尺度上，越来越多跨越区域界线、超越单一政府权限的跨域事务的产生迫使地方政府治理模式产生变革，形成了"多中心-多层次"的区域空间治理体系[10][11]，多元社会行动者通过资源整合与功能协调而形成多中心网络化的权力格局和多层次的行动方案[12]。欧洲区域空间政策强调协作与自愿参与的重要性，通过各地区之间的横向合作以及地方级、区域级、跨国级和全欧洲级等多维尺度管理主体之间的纵向合作，将区域性公共机构制定的共同战略与灵活的专项行动计划相

① Maes F, Bursens P. Steering or Networking: The Impact of Europe 2020 on Regional Governance Structures [J]. Politics & Governance, 2015, 3(02): 100-116.

② Shin H B. Urban Spatial Restructuring, Event-Led Development and Scalar Politics [J]. Urban Studies, 2014, 51(14): 2961-2978.

③ Brenner N. Open Questions on State Rescaling [J]. Cambridge Journal of Regions, Economy and Society, 2009(2): 123-139.

④ Keating M. Introduction: Rescaling Interests [J]. Territory, Politics, Governance, 2014, 2 (03): 239-248.

⑤ Ngo T W, Yin C, Tang Z. Scalar Restructuring of the Chinese State: The Subnational Politics of Development Zones [J]. Environment and Planning C: Politics and Space, 2016, 35(01): 57-75.

⑥ Harrison J, Gu H. Planning Megaregional Futures: Spatial Imaginaries and Megaregion Formation in China [J]. Regional Studies, 2021, 55(01): 77-89.

⑦ Jessop B. The Rise of Governance and the Risks of Failure: the Case of Economic Development. International Social Science Journal, 1998, 50(155): 29-45.

⑧ Feiock R. C. Metropolitan Governance: Conflict, Competition, and Cooperation [M]. Washington: Georgetown University Press, 2004.

⑨ David G A, Robin R, Eduardo L M, et al. Steering the Metropolis: Metropolitan Governance for Sustainable Urban [R]. Inter-American Development Bank, 2017.

⑩ Gualini E. Challenges to Multi-level Governance: Contradictions and Conflicts in the Europeanization of Italian Regional Policy [J]. Journal of European Public Policy, 2003, 10(04): 616-636.

⑪ Joseph S. Nye. The Regime Complex for Managing Global Cyber Activities [J]. Global Commission on Internet Governance Paper Series, 2014(01): 4-15.

⑫ McGinnis M. Polycentricity and Local Public Economies [M]. Ann Arbor, US: The University of Michigan Press, 1999.

结合①。由美国区域规划协会和美国林肯土地政策研究所等机构联合编制的美国第一个综合性的全国国土空间战略规划《美国 2050》提出，重点建设东海岸、五大湖区和加州三大都市区域，网络化多核心城市区域成为美国国土空间发展策略的新范式②。亚太地区的发展中国家所建立的出口加工区、科学园区（城）、开发区等新型产业空间，与中心城市一起构成了人口和产业高密度聚集的巨型城市区域③。次国家尺度国家战略区域的崛起，为当前全球范围内一系列分权化、私有化和去管制化等政策转向提供了最佳注脚。

（四）次国家尺度国家战略区域地域重组成为解析和透视中国城市群发展规律的新视角

中国传统的空间发展单元正在经历前所未有的尺度重组和经济社会重构过程④，尺度在本质上是对基本地理维度（如地方、网络和领土）的二次抽象⑤；地域是权力赋值于空间的产物，是解读现实世界权力-空间关系的重要视角⑥；多维尺度的地域重组已经成为调控空间发展的重要手段，被应用于经济全球化⑦⑧⑨、城市行政区划调整⑩⑪以及基层社区政治研究⑫⑬中。地域重组使得国家权力空间的边界更加具有弹性和柔韧性，不再受制于领土边界的刚性约束⑭，当前中国的城市群正是在治理尺度"上移"和"下移"的双重背景下出现的新的空间发展战略，是城市转型与多维尺度地域重组的产物，是国家战略区域的典型代表和国家治理体系重构的主战场。

（五）次国家尺度国家战略区域地域重组在空间上直接体现为城市群区域空间重构并引发国土开发格局的重塑

城市群是我国新型城镇化的主体形态，是我国当前与未来经济发展格局中最具活力和

① Perkmann M. Construction of New Territorial Scales: A Framework and Case Study of the EUREGIO Cross-border Region [J]. Regional Studies, 2007, 41(02): 253-266.

② Scott A. J. Global City-Regions: Trends, Theory, Policy [M]. Oxford: Oxford University Press, 2001.

③ Laquian A. Beyond Metropolis: The Planning and Governance of Asia's Mega-Urban Regions [M]. Baltimore: John Hopkins University Press, 2005.

④ 张永姣, 方创琳. 地域尺度重组下的我国城市与区域规划体系改革[J]. 人文地理, 2015, 30(05): 9-15.

⑤ 王丰龙, 刘云刚. 尺度概念的演化与尺度的本质：基于二次抽象的尺度认识论[J]. 人文地理, 2015, 30(01): 9-15.

⑥ 刘云刚, 叶清露, 许晓霞. 空间、权力与领域：领域的政治地理研究综述与展望[J]. 人文地理, 2015, 30(03): 1-6.

⑦ 魏成, 沈静, 范建红. 尺度重组：全球化时代的国家角色转化与区域空间生产策略[J]. 城市规划, 2011, 35(06): 28-35.

⑧ 尼尔·布伦纳, 徐江. 全球化与再地域化：欧盟城市管治的尺度重组[J]. 国际城市规划, 2008(01): 4-14.

⑨ 贺灿飞, 毛熙彦. 尺度重构视角下的经济全球化研究[J]. 地理科学进展, 2015, 34(09): 1073-1083

⑩ 吴金群, 廖超超. 我国城市行政区划改革中的尺度重组与地域重构——基于 1978 年以来的数据[J]. 江苏社会科学, 2019(05): 90-106+258.

⑪ 罗小龙, 殷洁, 田冬. 不完全的再领域化与大都市区行政区划重组：以南京市江宁撤县设区为例[J]. 地理研究, 2010(10): 1746-1756.

⑫ 刘云刚, 叶清露. "社区建设"再考——基于政治地理学视角的城市基层领域化政策解读[J]. 地理研究, 2017, 36(10): 1971-1980.

⑬ 刘云刚, 叶清露. 中国城市基层地域的领域化与领域政治：基于东莞东泰社区的案例研究[J]. 地理学报, 2015(02): 283-296.

⑭ 胡燕, 孙羿. 新自由主义与国家空间：反思与启示[J]. 经济地理, 2012, 32(10): 1-6.

潜力的核心地区，主宰着国家经济发展的命脉[1][2]，而其中的国家战略区域是最有条件代表我国国家核心利益，参与国际分工和全球竞争的地域主体。次国家尺度国家战略区域的空间重构研究成为学者关注的焦点，京津冀、长三角、珠三角、辽中南和山东半岛等国家战略区域的多中心程度在增强，区域一体化程度在提高。次国家尺度地域重组有选择地给予某些区域特定的要素投入和制度创新的权利以激励其发展，引发多维尺度空间格局的重构，拓展出区域发展新空间并重塑国土空间开发格局[3]。

（六）次国家尺度国家战略区域地域重组引发区域空间治理体系重构并亟需区域公共政策应对

在次国家尺度国家战略区域尤其是城市群内，城市政治、经济和社会生活交叉重叠，同城化、大都市区化、行政区划调整和跨界城市区域的发展催发中国区域空间治理体系的重构。而推进国家治理体系与能力现代化，必须重构与当代公共问题动态复杂性相适应的国家治理体系[4]。适应次国家尺度国家战略区域地域重组的新要求，作为一种自上而下的尺度重组和柔性的尺度调整[5]，城市群规划已经成为提升区域竞争力的关键策略和实现更加有效的区域治理的重要工具[6]，可以通过制度建构、治理重构、规划整合和财税安排来构建其空间生产策略体系[7]，以及相应的机制和体制建设来保障区域公共物品的提供。

（七）跨界协同治理为次国家尺度国家战略区域地域重组提供了重要的理论指引

当前我国的政府间合作机制不论在形式上还是内容上都呈现出碎片化状态，长远性和顶层性战略的缺失、规划和政策因忽略区域差别化而引发针对性差、配套体系不完整和约束性手段欠缺等问题是我国区域空间治理不容回避的制度瓶颈[8]。与此同时，同城化、大都市区化和跨界城市区域的发展催发中国区域空间治理体系的重构[9]，跨界合作与区域协同治理成为影响城市区域发展的主要因素[10]。跨界治理用以应对纷繁复杂的跨区域、跨层级、跨部门、跨领域公共问题[11]，形成了一套包含动因理论、结构理论、过程理论在内的整体性理论谱系；而协同治理则是基于对碎片化治理批判基础上形成的全新治理模式，既是寻求

① 方创琳. 科学选择与分级培育适应新常态发展的中国城市群[J]. 中国科学院院刊, 2015, 30(02): 127-136.

② 李晓江. "钻石结构"——试论国家空间战略演进[J]. 城市规划学刊, 2012(02): 1-8.

③ Brenner N. New State Spaces: Urban Governance and the Rescaling of Statehood [M]. Oxford: Oxford University Press, 2004.

④ 王开泳, 陈田. "十四五"时期行政区划设置与空间治理的探讨[J]. 中国科学院院刊, 2020, 35(07): 867-874.

⑤ 杨龙, 米鹏举. 城市群何以成为国家治理单元[J]. 行政论坛, 2020, 27(01): 120-129.

⑥ 张京祥. 国家—区域治理的尺度重构：基于"国家战略区域规划"视角的剖析[J]. 城市发展研究, 2013, 20(05): 45-50.

⑦ 晁恒, 马学广, 李贵才. 尺度重构视角下国家战略区域的空间生产策略——基于国家级新区的探讨[J]. 经济地理, 2015, 35(05): 1-8.

⑧ 樊杰. 我国国土空间开发保护格局优化配置理论创新与"十三五"规划的应对策略[J]. 中国科学院院刊, 2016(01): 1-12.

⑨ 罗小龙, 沈建法, 顾朝林. 中国城市区域管治重构：国家·市场·社会[M]. 南京：东南大学出版社, 2015.

⑩ 马学广. 全球城市区域的空间生产与跨界治理研究[M]. 北京：科学出版社, 2016.

⑪ 刘祺. 跨界治理的研究进展：文献计量、述评与展望[J]. 学习论坛, 2019(10): 58-65.

跨域问题解决机制的制度安排，也是在多方行动者之间构建协作网络的运作过程[①]。因此，跨界协同治理意味着国家治理能力现代化重心的转移[②]和国家空间治理资源的有机整合，通过打破行政管辖权的界限分割，助推区域经济一体化协同发展。

第二节　中国城市群同城化发展演变及其治理对策[③]

近年来，随着我国各区域板块一体化的深入发展以及区域内交通网络的日益便捷化和公交化，相邻区域城市之间交通、信息、人才、资金等生产要素流动更为畅通[④]，跨城居住生活、跨城购物消费、跨城养生养老、跨城教育医疗等方式越来越成为提升城市生活品质的新需求[⑤]，相邻城市之间的"同城化"需求越来越强烈。"同城化"过程中，城市间的人流、物流、信息流和商流越来越突破传统的行政区域界限，向邻近的更广阔的区域内漫溢、流动和优化配置，使得相邻城市逐渐形成一个经济紧密联系、区域利益共存共荣的城市群或者都市圈。

一、城市群同城化发展的概念内涵

同城化作为国内根据区域发展实际独设的概念，与国外"双子城"（Twin City）相契合[⑥]。关于双子城，国外有不同的描述，其中 Sister City（姊妹城市）注重文化与贸易联系[⑦]，Bi-National City（双城）突出区域共同身份意识的跨境双城[⑧]，Twin Track Cities（双轨城市）指两个城市间的社会凝聚力和经济竞争力并不存在强有力的、系统的或广泛的因果联系的城市对[⑨]，Town Twinning（孪生城镇）被定义为位于不同民族国家的两个城市之间以达到

---

① 杨宏山, 周昕宇. 区域协同治理的多元情境与模式选择——以区域性水污染防治为例[J]. 治理现代化研究, 2019(05): 53-60.

② 田玉麒. 破与立: 协同治理机制的整合与重构——评 Collaborative Governance Regimes[J]. 公共管理评论, 2019(02): 131-143.

③ 本节内容修改自如下论文: 马学广, 窦鹏. 中国城市群同城化发展进程及其比较研究[J]. 区域经济评论, 2018(5): 105-115.

④ 彭震伟, 屈牛. 我国同城化发展与区域协调规划对策研究[J]. 现代城市研究, 2011(6): 20-24.

⑤ 李红, 董超. 对同城化发展的几点思考[J]. 安徽农业科学, 2010, 38(13): 7032-7033, 7036.

⑥ 王盈, 罗小龙, 许骁, 刘晓曼, 刘永敬. 双子城跨界融合研究——杭州临平与嘉兴海宁跨界发展的实证研究[J]. 经济地理, 2015, 35(08): 89-97.

⑦ Ramasamy B., Cremer R D. Cities, Commerce and Culture: The Economic Role of International Sister-city Relationships between New Zealand and Asia [J]. Asia Pacific Economy, 1998, 3(03): 446-461.

⑧ Ehlers N. The Utopia of the Binational City [J]. GeoJournal, 2001, 54(01): 21-32.

⑨ Turok I., Bailey N. Twin Track Cities? Competitiveness and Cohesion in Glasgow and Edinburgh [J]. Progress in Planning, 2004, 62(03): 135-204.

各个群体和各样目标的相对正式关系的建设和实践[①]。对于双城跨界区域的一体化协调发展，西方学者对其区域经济融合关注最多，其次是制度和社会融合方面。归纳来看，所谓双子城多指国度跨境地区的城市交融，个别也涉及到国家内部的跨界地区。虽然从空间上看地处国界跨境区域，与国内同城化区域都位于国界内不同，但究其本质，两者的城市邻近性、跨界性和融合发展等均有相似之处。

学术界较早明确提出同城化概念的是高秀艳和王海波[②]等。针对其概念内涵，从政策目的来看，是为了在城市发展大背景下提升自身乃至周边全部地域的经济实力和竞争力；从达成效果看，使得城市间在交通通达、产业合作、治理协助和民生共享等各领域实现同城效应；从方式方法来看，首先是地域行政边界的打破，其次是组织结构、制度层面的各项合作，由此逐步推进同城一体发展。结合各家观点，同城化简单来说是在地域相邻的城市间，使得交通通行、设施共享、产业发展、环境保护、制度协商和市民生活等各方面打破地区边界，实现城市间优势互补，进而促使区域竞争力的不断提升。参照之前学者定义并结合本节研究，同城化是指两个或多个城市，通过地方政府的行政、规划协调统一，由表及里建设空间同城、基础设施同城、产业同城、市场同城和公共服务同城，以促进区域界限弱化、城市功能关联，最终实现区域治理融合的同城效应过程。

二、城市群同城化发展的指标构建

（一）同城化发展进程指标构建

以同城化为目标导向的区域在城市发展进程中，应逐渐冲破行政壁垒，形成同城发展、全域共进的态势，预期在以下几个维度展现出较强的同城、同化效应：空间联系、产业结构、市场发展、基础设施、行政管理和公共服务，以完成城市间统筹协作、功能互补和协调发展，最后提升区域整体综合竞争力。

空间联系同城化主要反映地区中城市空间距离和间隔的邻近性，时间距离的交通通达性和区域内城市间的经济联系程度；产业结构同城化主要反映区域内各城市间产业结构差异和集聚发展效应；市场发展同城化主要反映同城化过程中市场统一程度和交易成本；基础设施同城化主要反映城市交通、能源、通信和金融等基础设施建造的同城化程度；行政管理同城化主要反映区域高度协调统一的制度安排和治理机制；公共服务同城化主要反映区域内公共服务事业一体化程度以及民众认同感。

（二）同城化进程现状

以往关于同城化进程的研究，大致可分为两类。一是从定性的角度，主要参照同城化

① Clarke N. In what Sense "Spaces of Neoliberalism"? The New Localism, the New Politics of Scale, and Town Twinning [J]. Political Geography, 2009, 28(08): 496-507.

② 高秀艳, 王海波. 大都市经济圈与同城化问题浅析[J]. 企业经济, 2007(8): 89-91.

实施过程中实际开展的合作和所取得的成效，重点从基础设施对接、产业市场共建和公共服务共享等方面展开实施效果和进程界定；二是从定量的角度，通过构建指标体系和选择数据测算模型进行定量测算，但都以某一特定案例地为研究对象，缺乏全局性、综合性的研究。本节通过构建能充分反映同城化内涵的六个维度的指标对全国 17 个同城化区域进行了定量测度，并依据同城化区域中基础设施同城、行政管理同城和公共服务同城的具体实施现状和成效，对三个指标进行了赋值并最终计算出目前国内同城化水平现状（如图 4-1 所示）。

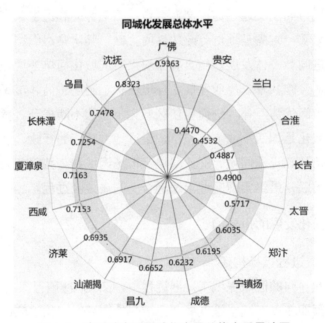

图 4-1　我国城市群同城化发展总体水平雷达图

通过空间联系、产业结构、市场发展、基础设施、行政管理和公共服务同城化综合测算的得分情况来看，位列前五位的同城区域分别是广佛（广东省）、沈抚（辽宁省）、乌昌（新疆维吾尔自治区）、长株潭（湖南省）和厦漳泉（福建省），而得分位列最后五位的分别是太晋（山西省）、长吉（吉林省）、合淮（安徽省）、兰白（甘肃省）和贵安（贵州省）。国内同城化进程最快、政策施行效果最佳的同城区域是广佛同城。2008 年底，广佛同城化从两市的地方合作意向开始上升到国家战略层面，而后 2009 年，广州、佛山两市签署合作协议和出台发展规划之后，两市同城化开始进入实际操作阶段，战略实施至今在各方面均取得同城发展的态势和良好社会效应。沈抚同城则随着"沈抚新城"的建设在各方面取得较大突破，包括教育、医疗、生活和出行等各个方面均有实际同城举措。而乌昌同城首创了通过设置乌昌党委来促成同城发展。长株潭和厦漳泉虽然都是三个城市的同城化合作，但合作基础良好，城市联系密切，外加省市政府的重视和战略的实际推行，也都取得了良好的同城效果。而排名靠后的同城化案例地，大致分为两类。一是战略提出时间不长，作为新型同城化战略区域，各项政策规划制定没有完善，同城化举措也没有构建成熟；二是虽战略提出时间不短，但实际开展的合作和同城建设较少，仅仅停留在纸面上，规划过于宏大，落实不到实处。

三、城市群同城化发展的类型划分

对于同城化的类型，不同的划分依据和角度将给出各自的划分结果。目前学界已有的关于同城化类型或模式的划分，多基于行政区划关系角度、空间整合角度、行政管理角度和组织管理角度，大致是从同城化区域的空间结构或者内部管理两个角度进行划分。但至今还未有学者看到其实在同城化过程中，同样有着尺度重组的存在。近来，尺度与尺度重组相关理论是研究全球—地方、国家—区域的热点理论，被广泛应用于跨界地区和地域重组等的研究[①]。因此本节以主导合作互动的"尺度"作为分析视角，将同城化大致分为三种类型：国家—地方多尺度、省级—地方双尺度以及地方—地方单尺度（如表 4-1 所示）。

表 4-1　我国城市群同城化的"尺度"类型划分

类型划分	尺度特征	典型案例
国家—地方多尺度	从上至下国家、省级和地方多尺度的互动结果。由地方或省级尺度发起，逐渐上升到国家尺度，得到国家的政策支持和资源倾斜。但实际战略实施中仍旧以省级和地方的尺度互动为主。	广佛、长株潭、厦漳泉、西咸、太晋、郑汴、贵安
省级—地方双尺度	从上至下省级和地方双尺度的互动结果。或由两地联合发起逐渐引起省级尺度重视，或由省级尺度直接发起指导地方尺度合作。在此类型中省级尺度的主导作用明显。	乌昌、沈抚、兰白、长吉、宁镇扬、潮汕揭、昌九、济莱
地方—地方单尺度	仅存在地方和地方单一尺度的互动。由两地政府为谋求共同发展而提出同城战略，尚未得到省级或国家的直接政策支持。因此战略实施效果不比以上两种。	合淮、成德

（一）国家—地方多尺度

国家—地方多尺度的同城化区域，是从上至下国家、省级和地方多尺度的互动结果，由地方或省级尺度发起，逐渐上升到国家尺度，得到国家的政策支持和资源倾斜。但实际战略实施中仍旧以省级和地方的尺度互动为主。

以广东省广佛同城化为例，广州和佛山两个城市同城化过程中，自上至下涉及到国家、省级和地方三个尺度的互动合作。在国家尺度上，广佛同城拥有国家正式文件的确认和支持，国务院和国家发改委都出台过相关文件来对两市合作予以回复。在省级尺度上，广佛建设过程中的各类项目合作和制度建设都离不开广东省政府的大力支持和政策倾斜，例如

---

① 刘云刚, 王丰龙. 尺度的人文地理内涵与尺度政治——基于 1980 年代以来英语圈人文地理学的尺度研究[J]. 人文地理, 2011, 26(03): 1-6.

省政府在广佛地铁的建设中就发挥了重要作用。从一开始的资金注入管理，到后期放弃项目股权专注宏观指导，体现了对城市的放权。在地方尺度，则是广州和佛山诸多频次的互动交流以促成两市达成合作意向和有关项目，如互访考察和多种论坛的召开。因此，国家—地方多尺度的同城化区域中涉及到复杂的权力格局变化，涵盖了国家—省、省—地方和地方之间的多元权力关系，尺度特征明显。

（二）省级—地方双尺度

省级—地方双尺度是从上至下省级和地方双尺度的互动结果，或由两地联合发起逐渐引起省级尺度重视，或由省级尺度直接发起指导地方尺度合作。在此类型中省级尺度的主导作用明显。

以辽宁省沈抚同城化为例，沈抚同城整个过程涉及到省级和地方的两个尺度互动合作。在省级尺度，沈抚同城战略由 2006 年辽宁省委书记在调研过程中提出，并在省委工作会议中明确决策了沈抚同城策略。在地方尺度，沈阳和抚顺两市也同样存在着各种正式和非正式的沟通协作。在沈抚新城中，招商引资平台建成完善，各类经济项目落地开花，现代服务业和创客也相继入驻；民生保障方面，医疗、养老保险，就业和便民设施服务业也继续改善，并存在着向上级尺度权力机关要资金、要基金、要政策的尺度上推过程。在协调机构方面，主要协调机构是省政府牵头的沈抚同城化协调小组，另外在两市分别有协调小组和发改委统筹工作。因此，省级—地方双尺度的同城化区域中主要涉及到省—地方和地方之间的两元权力关系，同城工作都在省级及以下尺度完成，尺度特征次之。

（三）地方—地方单尺度

地方—地方单尺度仅存在地方和地方单一尺度的互动。由两地政府为谋求共同发展而提出同城战略，尚未得到省级或国家的直接政策支持，因此战略实施效果欠佳。以四川省成德同城化为例，成德同城整个过程仅涉及到两个地方单尺度互动合作。从 2013 年到 2017 年，两市在政府层面的交流合作并不频繁，仅仅相互签署了总体的框架协议和备忘录，但存在着积极争取尺度上移至省一级的尺度跃迁。而在实际进展方面，仍是停留在规划层面，和民众同城感密切相关的社会保障领域并没有较大突破。因此，地方—地方单尺度的同城化区域中主要涉及到两个地方之间的单一权力关系，但同时也希望形成尺度上推，以得到高尺度行为主体的政策支持。

四、城市群同城化发展的阶段演变

同城化不光是静态的规划性质，更是动态而又激烈的转变进程，因此必定涉及到发展阶段问题。对同城化发展阶段进行科学划分，可以对已提出同城化战略的区域提供参考框架，对照自身发展效果定位发展阶段，进而明确目前发展问题和确定未来发展重点。前文在构建指标体系的基础上定量测度了同城化发展水平，利用聚类分析，并在定性界定的基础上，科学划分了目前同城化发展的四个阶段（如图 4-2 所示）。

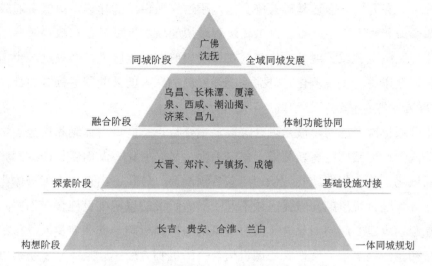

图 4-2　我国城市群同城化进程阶段划分

（一）构想阶段：一体同城规划

同城化区域首先经历的阶段是构想阶段，主要特点是区域内拥有一体同城规划，城市合作尚缺，典型案例区有吉林省长吉同城化、贵州省贵安同城化、安徽省合淮同城化和甘肃省兰白同城化。这些区域板块有的刚提出同城化战略不久，有的虽早已提出，但仍然处在政策提出期和酝酿期。如安徽省合淮同城化，早在 2007 年便由淮南提出了同城战略，之后甚至有专门总体规划的出台以具体指导，构想层面制度设计可以说较为完善。但同城化现实进展却反应迟钝，也很少有相应的实际操作。处于构想阶段的同城化区域很容易"胎死腹中"，随着城镇化进程的加快，大量区域板块缺乏调研基础，缺乏城市间合作条件，便跟风提出同城化战略，但由于行政壁垒难以突破，城市间政府依然各自为政，难以形成良好的沟通对话机制，加上缺乏监督机制，很多同城化区域仅仅停留在了政策规划阶段，规划大而不实，难以落地。要想突破该阶段，必须先从阻力最小、合作最易的基础设施对接入手，逐步推进同城化，并在此过程中不断完善相关战略规划。

（二）探索阶段：基础设施对接

同城化区域其次经历的阶段是探索阶段，主要特点是区域内以推进基础设施对接为切入点推进同城化，城市合作一般深入，典型案例区有山西省太晋同城化、河南省郑汴同城化、江苏省宁镇扬同城化和四川省成德同城化。这些区域板块已经度过构想阶段，某些政策和合作项目已经落地，但仍集中于基础设施方面的合作。例如山西省太晋同城化，在基础设施领域，已实现开通城际公交；有关能源和城市间通信等方面的设施也逐步完善；共用区号，移动电话资费同城化；银行同城结算等。基础设施的合作是城际普遍认同、民众迅速感受同城成效的领域。同城化区域一般是一个中心城市带动另一个周边相邻城市，使两者能通过基础设施的对接减少生产成本，进而刺激各自地区的发展。当前国内同城化区域战略的突破口多为城际交通基础设施合作，通过交通道路的建设，降低交通成本，从而为进一步的交流和合作打下基础。同城化进程较快的城市区域还在市政、通信、环保基础设施领域和市民民生领域等展开合作。处在该阶段的同城化区域，必须进一步构建协调制度和机制，使合作进一步规范化，进而才能开展更加深入的公共服务领域的合作。

（三）融合阶段：体制功能协同

同城化区域再次经历的阶段是融合阶段，主要特点是区域内体制和功能的协同，城市合作比较深入，典型案例区有新疆维吾尔自治区乌昌同城化、湖南省长株潭同城化、福建省厦漳泉同城化、陕西省西咸同城化、广东省潮汕揭一体化、山东省济莱一体化和江西省昌九一体化等。融合阶段的同城化区域不同于探索阶段的以基础设施合作为主，该阶段城市间已建立起初步建立起同城化合作的协调机构与协商机制，并在涉及人民日常生活的公共服务领域初步开展了部分合作。协调机构与协商机制方面，一是成立了统筹协调机构，如山东省济莱同城化成立了济莱协作区建设领导小组，甚至最终实现取消莱芜行政建制、实现济莱城市融合；二是积极探索协商机制，如福建省厦漳泉同城化和广东省潮汕揭同城化建立了党政联席会议；三是统筹规划，如各市出台的各项区域规划和同城发展规划等。在公共服务范畴的合作中，有关教育、社保、医疗和环境保护的调和同治也已开始，比如教育结构的布局、大病医保统筹、市政管网畅通和城乡交通完善等。但该阶段在最具同城化认同方面的公共服务领域的合作，仅仅停留在初步合作阶段，并没有太多惠民、便民的更加深入的合作。

（四）同城阶段：全域同城发展

同城化区域最后经历的阶段是同城阶段，主要特点是全域同城发展，城市合作很深入，典型案例区有广东省广佛同城化和辽宁省沈抚同城化。处于同城阶段的同城化区域，已基本达成所制定的同城化战略目标，实现了资源共享和统筹合作，上层同城制度建设逐步协调发展，下层民众也有跨越地域界限的同城生活体验和认同感。在基础设施领域，公交、地铁等交通基础设施完善，实现了交通同城；水、电、暖等能源基础设施共享，实现了能源同城；撤销长途和漫游费用，实现了通信同城；银行同城结算，跨城转账免费等，实现了金融同城。在行政管理领域，设立起多层次的统筹协商部门；定期协商机制完善等。在公共服务范畴，教育体系发展；社保无障碍转移；同城医疗费用结算，异地就医、跨市就诊；环境联治等。同城化战略目标就是最终实现区域治理融合的同城效应过程，显然处于同城阶段的区域已基本实现，但仍有不足之处，比如城市政府最在乎的地方利益方面，伤筋动骨的利益协调机制依然并没有制度化，同城战略也缺乏法律保障，依然是以城市尺度的合作为主，尺度上迁至国家尺度的偏少。

五、城市群同城化发展的治理对策

(一) 依靠市场机制以处理政市关系

提倡"政府+市场"或"政府+企业"的新型同城化发展机制。以往以政府掌握主导权的各类同城合作项目，均需经过规划、立项、协商讨论、审批和实施等诸多复杂的程序环节，周期性较长的各类政府相关环节导致合作项目进展缓慢。而引入市场机制，在存在利益空间的基础上让企业参与到各类合作项目中，能有效促进项目开展进程，提升合作效率。如在湖南省长株潭同城中的城铁建设，就引入了湖南、广州和国家的多家企业共同参与建设，有效提升了城铁工程建设速度。中央向地方分权，地方向市场分权，是成熟的同城化治理的必要条件，避免单一由政府主导、政府强力推动，而转向利用市场中各类企业组织，向市场借力，才能更高效地促进同城合作项目的落实和运行。总之，需在同城合作项目运作过程中，发挥市场在资源配置中的决定作用，使各类要素得以在城市间自由有序流动。

(二) 协商基层政策以打破行政壁垒

重基层政策协商以打破行政壁垒，有赖于多层次治理机制和立法保障。目前多层次治理机制的建立以广佛同城化最为突出，多层次治理机制的建立有利于打破政府间刚性行政壁垒，高层领导的直接参与可以减少同城合作的地方阻碍因素，有利于快速协商达成项目合作目标。基层政策协商所依赖的多层次治理机制，在大部分同城化区域中并没有得到良好体现，已建立相关治理机制的合作项目也仅体现在市一级，并没有深入到基层中去。多层次治理机制不仅要注重高层的沟通对话机制，更要使县（区）、镇一级单位参与其中，构建覆盖县（区）、镇一级单位的沟通对话平台，实现高层"面对面"、基层"点对点"的有效合作治理。除建立起多层次治理机制外，还要给予其立法保障，通过制定相关地方性法规以使得固定沟通、协商的制度得以落地，促使协调机制在同城化战略中发挥其功效。

(三) 建立激励机制以配套政策支持

同城化区域合作难度大的原因除了合作项目多位于行政区边缘外，还有缺乏相关激励、鼓励机制，城市各种优惠政策难以集聚到同城化重点区域中。由省级层面强力推动下而得以运行的同城合作项目，并无相关配套政策支持，例如没有给予权力下放等问题，尤其是缺乏激励、鼓励政策。激励机制可划分为政治激励和经济激励。对于政治激励，可以在不改变现有官员政绩考核制度的前提下，再增加同城化合作效果的相关政绩考核。对于上级政府推动下的同城化合作，上级政府应主动出于区域利益考量，设置有利于地方政府官员积极主动推动合作的政绩考核标准，并对已提出同城化战略的区域予以监督落实。仅有政治激励远不足以调动地方政府的合作积极性，更要从经济层面建立经济激励制度，如项目财政补贴、项目运转基金等。经济激励制度对于"政府+市场"框架下的同城合作具有重要作用，可有效避免区域间的恶性竞争和资源的浪费。

第三节　山东半岛城市群协调发展评价与合作策略[①]

随着全球化与信息化的快速推进，生产分散化与管理集中化导致国家、区域以及城市等角色及其尺度间关系发生了剧烈重组，国家间竞争逐渐演变为骨干城市及其依托的城市群体之间的竞争[②]。城市群的崛起，为当前全球范围内一系列分权化、私有化和去管制化等政策转向提供了最佳注脚[③]。作为新型地域空间，城市群一方面通过资金、人才以及产业等资源的快速流动与集聚获得了新的"重要性"，并成为了全球经济发展的"控制中枢"[④]。另一方面城市群内部政府仍遵循着地方本位主义、画地为牢的惯性，导致城市间竞争激烈与区域治理破碎化，严重影响了城市群综合竞争力的提高与区域经济协调发展[⑤]。城市群作为中国新型城镇化的主体形态，在全国生产力布局起着战略支撑点和增长极点的作用，并成为了带动区域协调发展的新模式[⑥]。尤其是改革开放以来，伴随着城镇化与工业化进程的迅速推进，中国城市群不断形成并取得较好发展成果[⑦]，但也普遍存在着经济联系不足、产业同质化严重以及区域发展不平衡等问题[⑧]。

一、尺度思维与城市群跨界治理

尺度思维是现代城市与区域治理研究的重要维度，也是地理学解析空间的重要视角，是表征空间规模、层次及其相互关系的量度[⑨]。国外学者利用尺度思维研究城市管治[⑩]、探究区域化进程[⑪]、调节区域不平衡关系，将尺度与社会及空间的关系、语境化的重要性以及

---

① 本节内容修改自如下论文：唐承辉，马学广. 山东半岛城市群协调发展评价与合作策略研究[J]. 地理与地理信息科学，2020, 36(06): 119-126+133.

② 马学广. 全球城市区域的空间生产与跨界治理研究[M]. 北京：科学出版社，2016: 10-30.

③ Keating M. Introduction: Rescaling Interests [J]. Territory, Politics, Governance. 2014, 2(03): 239-248.

④ Brenner N. Urban Governance and the Production of New State Spaces in Western Europe, 1960-2000[J]. Review of International Political Economy, 2004, 11(03): 447-488.

⑤ 王佃利，王玉龙，苟晓曼. 区域公共物品视角下的城市群合作治理机制研究[J]. 中国行政管理. 2015(09): 6-12.

⑥ 孙丹，欧向军，朱斌城，等. 中国主要城市群经济增长动力分析及其问题区域识别[J]. 地理与地理信息科学. 2018, 34(01): 71-77.

⑦ 李在军，胡美娟，马志飞，等. 中国地市经济增长的时空演变及机制分析[J]. 地理与地理信息科学, 2015, 31(06): 88-93.

⑧ 吴志军. 长江中游城市群协调发展及合作路径[J]. 经济地理, 2015, 35(03): 60-65.

⑨ Shen J. Scale, State and the City: Urban Transformation in Post-reform China [J]. Habitat International, 2007, 31(03-04): 303-316.

⑩ 尼尔·布伦纳，徐江. 全球化与再地域化：欧盟城市管治的尺度重组[J]. 国际城市规划，2008 (01): 4-14.

⑪ Taylor P J. Embedded Statism and the Social Sciences: Opening up to New Spaces [J]. Environment and Planning A, 1996, 28: 1917-1928.

必要性与偶然性之间的关系紧密结合[①②]。国内学者将尺度思维融合到政治经济和社会发展进程中，分析制度、文化、关系和尺度转向问题[③④]，认为尺度通常与不同政府层级相对应，不同规模的空间形态在垂直方向上进行等级式嵌套[⑤]。全球尺度、国家尺度和城市尺度等都是常见的尺度单元，不同地域空间所处的治理尺度也呈现出层级特征，尺度间相互作用共同推进政府间跨界治理形式的不断优化和完善。

在全球地域重构与国际资本转移的影响下，国家—区域空间生产实践中的"流动空间"得以迅速发展[⑥]。基于我国的政治体制与国情，跨界治理的开展离不开政府间跨界合作的广泛开展，国家主导和政府驱动是城市群治理的主要特征之一。部分学者结合国内实际，从层级制、社会组织、跨域治理的发展过程和实现层次等方面审视跨域治理的适用性[⑦]，认为协调机制不健全、经济利益难统一、社会参与尚薄弱等问题导致城市群管理困境[⑧]，议题属性、执行动力、协调难度以及作用机制是影响城市群治理效果的重要维度[⑨]。其中，治理主体多元化、地域逻辑不统一以及行政主体利益保护主义倾向等是区域治理困境的症结所在[⑩]。当前国内城市群跨界治理研究主要围绕政府行动，高度关注行政组织间跨界治理的策略、机制和动力。鉴于行政边界刚性化与生产要素流动自发性的矛盾性，推动跨越刚性行政边界的政府间互动更有可能实现区域善治。

二、山东半岛城市群区域协调发展评价

改革开放以来，随着中国市场化改革逐渐深入，山东半岛地区城镇化与工业化进程获得了快速发展。山东半岛城市群虽然通过行政区划调整、成立合作联盟以及跨边界基础设施建设等策略开展了一系列合作，但依然存在区域内经济发展不平衡、城市间竞争激烈、城市过度扩张以及跨政区环境污染严重等主要问题，并且制约着城市群协调发展。

（一）区域内经济发展不平衡

作为城市发展水平的综合体现，山东半岛城市综合质量呈现出高度地域不均衡的特征。

① Cox R. Territorial Structures of the State: Some Conceptual Issues [J]. Journal of Economic and Social Geography, 1990, 81(04): 251-266.

② Brenner N. Between Fixity and Motion: Accumulation, Territorial Organization and the Historical Geography of Spatial Scales [J]. Environment and Planning D, 1998, 16: 459-481.

③ 李小建, 苗长虹. 西方经济地理学新进展及其启示[J]. 地理学报, 2004, 59(S1): 153-161.

④ 王丰龙, 刘云刚. 尺度概念的演化与尺度的本质：基于二次抽象的尺度认识论[J]. 人文地理, 2015, 30(01): 9-15.

⑤ 张福磊. 多层级治理框架下的区域空间与制度建构：粤港澳大湾区治理体系研究[J]. 行政论坛, 2019, 26(03): 95-102.

⑥ 张钊, 马学广, 王新仪. 尺度重组与制度嵌入："飞地经济"的跨界空间治理实践[J]. 贵州省党校学报, 2021(06): 61-71.

⑦ 王佃利, 杨妮. 跨域治理在区域发展中的适用性及局限[J]. 南开学报(哲学社会科学版), 2014(02): 103-109.

⑧ 叶林, 赵琦. 城市间合作的困境与出路——基于广佛都市圈"断头路"的启示[J]. 中国行政管理, 2015(09): 26-31.

⑨ 叶林, 杨宇泽, 邱梦真. 跨域治理中的政府行为及其互动机制研究——基于广佛地铁建设和水污染治理的案例比较[J]. 理论探讨, 2020(02): 163-170.

⑩ 殷洁, 罗小龙, 肖菲. 国家级新区的空间生产与治理尺度建构[J]. 人文地理, 2018, 33(03): 89-96.

青岛凭借良好的区位条件和基础设施，成为城市群经济发展的中心，并对周边的潍坊、烟台等城市产生较大辐射作用。同时，济南、烟台、临沂以及济宁等城市近年来也获得了快速发展，形成一定的资源集聚高地，并成为区域经济发展次级中心。尽管日照与威海由于地域范围较小、城市经济总量与人口总数较低而成为区域经济低地，但青岛与烟台等沿海城市总体发展水平仍优于淄博、泰安以及德州等内陆城市，沿海和内陆城市的发展差距依然较大。此外，山东半岛城市群仍存在莱芜、枣庄以及滨州等多个城市综合质量水平较低的区域经济发展低地，严重影响城市群综合竞争力提升与区域经济一体化发展，亟待通过城市间经济合作与对口帮扶等措施以实现城市群协调发展。

山东半岛城市群区域经济联系总体水平较低，城市间联系较为分散且低等级联系占比较大，严重制约了城市间资源快速流动与集聚。青岛与济南分别与周边潍坊与德州等城市形成了最高等级的经济联系，成为了引导山东半岛城市群经济发展的影响源。同时，随着烟威一体化战略的实施，二者间也出现了最高等级经济联系，并且烟台单一连通度也较高，形成以烟台为中心区域经济发展的第三中心，使得山东半岛城市群呈现出一定的多中心发展趋势。然而，高等级经济联系集中于核心城市及其周边地区，而临沂、日照以及莱芜等多个城市仍处于低等级经济联系且数量较多，不同等级的经济联系空间分布高度不均衡并呈现出一定的核心边缘结构。尤其是鲁中、鲁南以及鲁西北地区经济联系较为缺乏，不利于城市群经济协调发展。此外，由于空间距离的削弱作用，青岛综合质量最高但区域经济联系网络中连通度却较低，说明由于地理位置的局限青岛对城市群其他城市辐射作用仍有限。因此，山东半岛城市群一方面需加快城市间基础设施的共建与共享，以促进城市群资源快速流动与集聚以及更充分发挥青岛对其他城市的辐射作用；另一方面可采取多中心发展战略，鼓励青岛、济南以及烟台等逐渐形成各自的都市圈，并与周边城市开展合作以促进城市群协调发展。

（二）产业同构与城市间竞争激烈

在社会经济快速转型的背景下，城市往往将制造业与高新技术产业作为该地区的主导产业，以期短期内获得巨大的经济利益，并实现官员快速升迁。在山东半岛地区，大部分城市在产业发展中倾向于装备制造业等高利润产业，并且在城市与产业等规划中存在部分雷同的现象，从而导致城市间产业竞争激烈而合作不足。如在城市间的优势产业中，青岛分别与潍坊以及烟台在纺织服装业与汽车产业发展较为类似，烟台与威海船舶制造产业实力也较为接近，导致城市间产业缺乏互补性而难以开展相应合作[①]。尽管《山东半岛城市群发展规划（2016—2030 年）》倡导推进产业的协同发展，但各城市实际发展中仍大力发展政策支持、周期短且回报高的产业，而对于产业间协作关注不足，产业同构现象依然明显。

---

① 王佃利. 半岛城市群发展动力与障碍的行政学分析[J]. 东岳论丛, 2009, 30(05): 30-34.

（三）城市过度扩张与土地资源浪费

随着山东半岛地区城镇化的快速推进，大量的土地资源被城市建设用地所征用。城市空间的快速扩张一方面导致其集约化发展水平降低，另一方面也使得耕地资源流失十分严重，进而成为阻碍城市群协调发展的重要问题。在山东半岛城市面积大规模扩张时，城镇人口增长速度则较慢，城市人口密度也普遍低于全国平均水平，呈现出低密度扩张的特征，对于未来城镇化水平进一步增长也带来不利影响。此外，随着住房市场需求不断上涨，城市一方面通过低价征用农村土地，另一方面通过高价将其卖出以作为住宅与商业用地，从而获取中间的差价。然而，这种过度征用土地以实现城市空间规模的单纯扩张，虽在短期内扩大了城市的辐射范围并带动周边地区经济增长，但严重浪费了土地资源并破坏生态环境。

由于开发区具有政策优势与集聚效应，成为了城市经济发展的主要阵地。但各个城市基于自身利益最大化，往往投入大量资金与土地等资源建设大量的开发区，造成了开发区的重复建设与资源浪费。目前，山东半岛开发区多达173个，并且每个城市上基本都拥有一个国家级开发区和多个省级开发区，甚至每一个县都拥有相应的省级开发区。尤其是青岛、威海与烟台等沿海城市开发区数量更多，产业布局和工业用地有待进一步集约化发展。同时，为了引进项目到开发区，各城市政府上至主要领导下至普通办事人员都十分积极，甚至安排固定的招商引资指标。尤其是面对企业在两个城市互相对比优惠政策时，政府往往争相妥协导致企业在不同地方落户而产能却无法跟上，最终导致土地资源被浪费。因此，城市群未来发展中，需关注引进企业的资质、信用与实力等条件，减少生产基地的重复建设以提高土地、资金以及人才等资源高效利用。

（四）基础设施重复建设

在基础设施层面，城市受"行政区经济"影响在缺乏统筹规划与协调的前提下，一方面投入大量的人财物资源过度建设本辖区的基础设施，另一方面对于跨政区基础设施却缺乏投资与建设的动力。在山东半岛地区，尤其体现在港口与机场等方面。港口建设数量众多且利用效率也较低，甚至因盈利水平不足导致城市财政负债严重。在财政资金巨大支持下，东营、烟台以及青岛等各沿海城市均兴建了港口。然而，大规模投资港口建设不仅没有实现"以港兴市"目的，反而导致港口设施的重复建设。尤其是山东半岛有限腹地中却拥有青岛港、烟台港与日照港三个吞吐量超过三亿吨的大型港口，不仅港口间竞争十分激烈，而且港口收益也较为有限。在港口管理中，各城市也存在明显的行政壁垒，跨政区资源整合难度也较大。

在机场的投资建设中，山东半岛地区缺乏关注客流与货流量的规模，争相开展高等级的机场建设项目，也导致基础设施的重复建设。目前，济南、青岛、烟台、威海以及临沂等9个城市均已建成机场。同时，《中国民用航空发展第十三个五年规划》中，将菏泽与枣庄机场建设也作为重要项目。数量众多的机场不仅分散了客流量，也导致了部分机场收益低下，并浪费了投资资源。此外，城市群中跨市高速铁路、公交以及网络信息也存在多处衔接不畅。如临沂与日照两个城市间长期未能开通高速铁路，二者多个县区之间的高速公路也存在多处"断头路"，严重限制城市间人财物等资源的流通。同时，城市群中各城市仍然使用不同的通信区号段，信息网络也尚未实现同城化。

（五）跨政区环境污染问题严重

行政边界地带往往是资源密集区、生态敏感区和经济欠发达区，沉积了大量的矛盾和冲突，并成为山东半岛城市群发展过程中的薄弱环节。然而，由于涉及不同政府与部门管辖范围，这些地区在资源利用与环境管理等方面存在着复杂权力与利益的掣肘，从而导致单一政府或部门难以依靠自身权限解决跨区域性环境治理与公共物品供给等问题。尤其是近年来，伴随着城市化与工业化进程快速推进，山东半岛城市群普遍出现了以奉行本辖区经济利益优先的地方保护主义与以邻为壑的现象。然而，由于管辖权限的地域局限性等原因，城市政府缺乏动力与能力对跨政区环境问题进行有效治理，从而导致山东半岛城市群大气与流域污染问题尤其突出。尽管在 2015 年山东省会城市群签订大气污染联防联控体制，开展协同治污与联合执法等活动，这种"专项治理"运动虽在短期能取得一定成效，但采取关停全部污染工厂等极端做法对经济发展产生巨大负面影响。一旦集中治理行动结束，地方政府为了发展经济仍然会允许其继续排放废气。同时，在大气污染的治理中，也存在部分城市"搭便车"行为。因此，城市群大气污染长期解决仍有待各城市自发合作地开展，并依据大气污染的外部性特征建立适当的跨域治理机制。

在流域治理中，由于河流的上下游地区往往流经多个行政单元，但各行政单元基于自身的利益诉求对于河流开发与保护采取了不同的态度。通常而言，河流中上游地区由于地势较高且处于内陆，经济发展较为落后，不惜引进重污染企业以实现 GDP 的快速增长。然而，下游城市经济较为发达，对于环境质量具有较高要求且对于河流治理更为严格。由于不同地区的行政单元对于流域开发与利用存在不同选择策略与利益诉求，而单一政府又难以进行协调，从而导致流域污染问题难以得到有效解决。黄河、小清河以及胶莱河等众多河流流经山东半岛城市群多个行政地区，但近年来，随着人类开发活动增多和管理不善，这些河流普遍出现入海水量减少、污染物超标以及海水入侵等问题，而单个政府及其部门却缺乏动力开展污染治理活动，导致问题不断加剧。尤其是渤海湾、胶州湾以及莱州湾等海域，由于入海河水的超标出现严重的海水富营养化，导致海洋生态环境受到恶劣影响。同时，由于人们生活和生产对地下水的过度开采，邹平、淄博与潍坊等城市地下水位急剧下降，并出现了地下漏斗区，地面沉降风险不断增加。由于涉及数量众多且层级不同的政府，城市群环境污染治理难度较高且单一政府凭借自身权限难以实现区域性公共问题的解决，亟待转变行政分割思路与策略，并构建超越单一政府与部门的制度一体化体制，以开展区域合作并解决跨政区环境污染问题。

三、山东半岛城市群区域合作策略建构

作为多元行动者互动的长期过程，城市群协调发展面对着区域经济发展不平衡、产业同质化以及基础设施重复建设等主要问题，严重制约城市群一体化水平的提高。因此，为推动山东城市群区域合作及其协调发展，需要通过制度层面的整合、协调组织的建立与完善、空间规划的统一、财税政策与资金安排以及基础设施共建共享等五个方面，为其区域合作提供良好环境与人财物等资源支持，进而缓解行政区经济并促进城市群协调发展。

（一）制度层面的区域整合

在我国城市群形成与发展中，政府往往起着主导性作用，并影响着其区域合作开展。然而，由于缺乏规范与统一的制度保障，其政治一体化进程发展缓慢。因此，需加快山东半岛城市群统一化与常态化的制度制定与实施。首先，通过制定专门的地方政府间关系法与污染治理法，明确政府间合作的基本原则、权利与义务以及纠纷解决途径等内容，从而为城市群区域合作与协调发展提供法律依据与制度保障。其次，建立常态化与法律化的城市群污染联防联控等合作制度与公约。尤其是赋予城市间行政协议法律效力，并将其作为区域共同遵守的长期合作规则，以规范山东半岛城市群自发合作，并增强其稳定性。再次，树立城市群一体化发展理念，统一基本的管理制度与政策，消除阻碍城市间人财物等资源流动与集聚的制度障碍，从而推动区域经济协调发展。尤其是建立共同的市场标准及其质量监督体系，减少对城市间商品与货物检验次数，以促进城市间经济联系并形成网络化的空间结构。针对城市过度扩张与土地资源浪费等问题，建立健全城市群土地节约集约利用制度并实行严格耕地保护制度，促进土地使用权、碳排放权以及水污染权等交易市场的建设，并充分发挥市场在资源配置中的决定性作用，从而提高城市间土地资源与生态资源的利用效率。同时，在招商引资等存在利益竞争的方面，建立统一政策并明确不同城市重点发展产业，以引导区域间形成合理的产业分工并引进相应企业。此外，制定激励城市间产业转移与集聚的政策，降低城市间企业转移的成本与代价，从而优化城市群产业的空间布局。最后，建立城市群协调发展绩效考核制度，将经济发展差距、土地高效利用以及环境污染程度等指标纳入地方政府绩效考核评价体系，通过激励与约束机制推动城市群协调发展。

（二）协调组织的建立与完善

相比于国外发达地区的城市群，我国城市群普遍缺乏常规性区域协调组织，导致地方政府及其部门各自为政。因此，通过建立综合性与专门性的区域政府协调组织，综合管理城市群公共事务，并且整合城市间不同利益诉求（如图4-3所示）。首先，在国家尺度可建立跨部委的区域治理委员会，其成员主要由国务院发展和改革委员会、住房和城乡建设部

以及自然资源部等的相关代表组成，专门负责城市群规划制定、重大项目审批以及跨省区环境保护等事务协调。其次，在省级尺度，山东省政府不仅可设立城市群开发与环境保护机构，并赋予较高的行政层级与权力，监督城市群规划的执行等事务。再次，也可以建立产业发展、环境保护以及基础设施建设等特定领域专门领导小组，以促进产业合理分工、土地执法监督以及污染联防联控等具体事务协调。最后，在城市尺度，成立常态化的山东半岛城市间经济协调会与市长联席会等非正式组织机构，强化城市群信息沟通与共同战略的实施，以推动城市间交流互动与区域合作的开展。

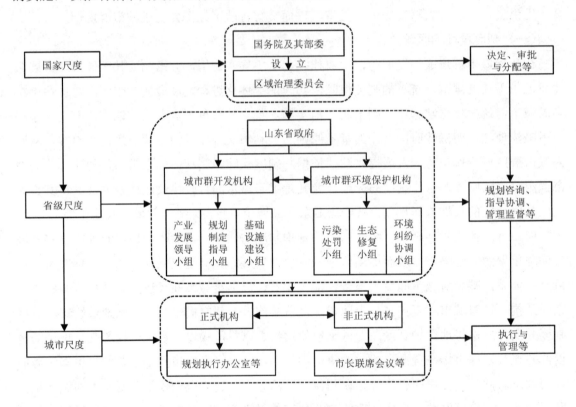

图 4-3　山东半岛城市群协调发展的组织策略

目前，在我国城市群区域合作中，政府往往作为重要的参与者，而企业、公众以及 NGO（非政府组织）等参与广度与深度较为不足，一定程度上影响了合作的民主化与科学性。因此，需引入多元社会主体参与山东半岛城市群环境保护等合作，从而提高区域合作的效率。具体而言，首先建立城市群产业发展协会等特定行业组织，为该地区企业与居民提供合作信息，并通过联合行动促进城市群产业转移及形成合理的地域分工。其次，成立环境保护等 NGO 组织，参与城市群环境污染联合治理与生态保护等活动，从而改善城市群环境质量。再次，成立由专家学者等成员构成的研究咨询类组织，为山东半岛城市群发展建言献策，并为城市群规划、政策以及项目制定与实施提供科学依据。最后，搭建公众参与城市群合作事项的平台，引导公众参与重大事项的咨询、听证与监督等环节，以增强政策的民主化程度。

（三）空间规划的统一与完善

空间规划作为促进城市与区域发展的重要策略，对于推动城市群区域合作具有重要作用。然而，目前城市群规划并未获得法律地位，而是依靠国家发展和改革委员会等国务院部门的支持获得了效力，并且主要是发展蓝图，而缺乏具体实施策略。因此，一方面国家需整合不同部门制定的城市群规划，并专门出台相关法律法规，赋予城市群规划法律地位。另一方面，在城市群规划基础上，城市间应立足地区特色，制定本辖区综合性发展规划以及土地利用、交通建设与生态保护等专门性规划并细化其规划内容，从而减少土地资源浪费与基础设施重复建设等问题。尤其是强化土地利用总体规划的刚性约束，科学划定城市群土地开发、耕地保护红线以及生态保护红线的边界，确保产业发展等其他规划与土地利用总体规划有机衔接，从而提高城市土地资源利用效率。此外，在城市群规划中，应突出强调大气污染与流域污染联防联控，并制定相对明确的实施细则以提高地方政府对环境保护的重视程度。

在山东半岛城市群地区，由于各城市都属于山东省政府管辖，其空间规划主要为省级政府制定并由国务院批复。然而，国务院先前制定的《山东半岛蓝色经济区发展规划》与《黄河三角洲高效生态经济区发展规划》也涉及该城市群多个城市，其内容与省级政府制定规划存在交叉。不同规划间缺乏协调，并且约束力也有一定的差异，使得城市间难以执行。因此，应加强不同类型规划的协调与整合，形成统一城市群发展战略与空间格局。此外，虽然空间规划对于城市群区域合作开展与综合实力提升起到较好作用，但各层级政府也需依据地区社会经济发展特色与职能制定相应的产业分工、土地集约利用以及环境保护等具体事务的配套措施，逐渐改变片面依靠规划的现象，以形成衔接良好、功能全面以及系统化的规划体系，从而提高城市群协调发展水平。

（四）财税政策与资金安排

城市群发展与区域合作离不开充足的资金支持，但政府财政资源有限，需要通过政府、企业以及社会共同出资，以形成多元化财政扶持体系，从而为城市群资源开发利用、基础设施建设以及环境保护等合作项目，提供资金保障。首先，中央政府可针对城市群地区通过财政拨款，成立专门的投资、建设以及生态保护基金，帮助地方政府强化经济发展与环境保护协调能力，以加快城市群协调发展。同时，针对部分发展较为缓慢但生态环境良好的城市群地区，加大转移支付政策力度并且通过生态补偿机制，对其重点项目优先支持并补偿其因保护环境而损失的经济效益，从而促进城市群协调发展。其次，省级政府与城市政府可协商将部分城市与省级财政收入按照一定的出资比例，成立城市群区域合作基金，并将其作为区域协调机构运作与环境联防联控的专项经费，并按照有关手续审批使用。

目前，我国城市群区域合作项目主要依赖政府投资，而社会资金参与不足，难以满足其巨大需求。因此，鼓励企业与个人等参与山东半岛城市群跨政区交通设施与信息设施建设以及污染治理等方面，并通过合理利润分配与保障机制，以维护其基本权益。同时，借鉴国内外城市群发展经验，成立多种形式的基金，并加以组合使用以解决产业发展与生态保护等特定领域的难题。如针对城市群内部产业结构不合理，可成立结构基金支持城市间产业转移与互补，并引导不同地区依据资源禀赋发展优势产业以深化区域间分工，如青岛等沿海城市大力发展海洋产业，而济南等内陆城市发展装备制造等产业。同时，也可以成立团结基金，为城市群因自然灾害与重大事故影响下的社会经济恢复，提供资金保障。针对城市群环境污染严重问题，也可以成立专门的生态保护基金，用于城市群污染联防联控与生态修复。此外，为提高资金利用效率，可成立政府、企业与民众等多元主体组成的资金管理机构，监督城市群区域合作基金的使用，以确保资金专款专用。

（五）基础设施的共建共享

基础设施作为城市群一体化的基本架构，有利于缩短城市间时空距离，并加快资金、技术以及人才等要素快速流动。然而，跨政区交通设施建设往往存在违规征用土地与道路衔接不畅等问题，并且需要充足资金与权力介入。因此，为形成网络化与一体化的基础设施，山东半岛城市群需加快交通、信息以及能源等设施建设并建立共建共享机制，从而避免城市间盲目投资与重复建设。

首先，加快城市间高速公路、高速铁路与机场支线建设，形成立体化交通网络，以提高土地资源利用效率。尤其是加快山东半岛城市间"断头路"衔接与鲁南、鲁西北等地区高速铁路线路的建设，形成城市群三小时通勤圈以及都市圈一小时通勤圈，从而实现城市群"同城"效应并强化城市间联系。同时，实行城市公交与高速公路"一卡通"，并减少道路重复收费现象，为城市间人员往来提供高效与便捷服务。此外，加强城市群地下基础设施开发与利用，建设地下轨道交通、停车场以及公交站等并将其与地面交通设施相衔接，从而提高土地资源利用效率。其次，统筹城市群网络、电力以及环保等设施建设，积极修缮与更新原有基础设施并减少资源重复投资与低效率利用，从而逐步实现信息同享、电力同网以及环保同治等特定领域信息共享与资源互补。最后，提高城市群水利设施建设，并构建水资源高效利用与保障体系，共同出资建设跨政区防洪与防风暴潮等自然灾害的基础设施，以提高灾害预警与恢复能力。

作为一个长期过程，城市群协调发展面临着城市间竞争激烈而合作不足等问题。因此，推进城市群区域合作顺利开展，需要通过制度整合、组织支撑、规划协调、资金支持与设施共建等五位一体的策略，建立起较为全面的合作机制以实现城市群协调发展（如图 4-4所示）。在城市群合作实践中，组织支撑、规划协调以及设施共建等策略中的部分措施，已经受到不同尺度政府的重视并加以实施，但区域合作依然较不成熟，并且缺乏合作策略有效配合。在城市群合作实践中，这些合作策略均具有重要的作用，并且往往相互交织与相辅相成，难以将其影响力大小与具体作用机制进行简单区分，需要将其配套实施并发挥各自的作用，以促进城市群区域合作与区域协调发展。

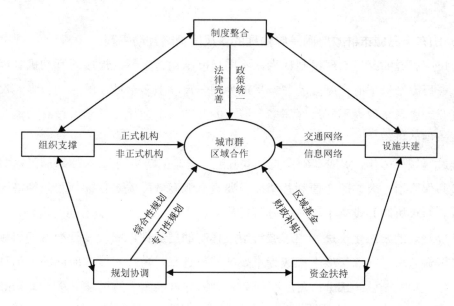

图 4-4　山东半岛城市群区域合作策略构建

四、山东半岛城市群跨界治理作用机制

山东半岛城市群跨界治理作用机制可以归纳为三种类型[①]，具体分析如下。

（一）山东半岛城市群政府间跨界治理的多尺度制度嵌入机制

山东半岛城市群采取多尺度制度嵌入的跨界治理形式，各级政府、政府职能部门和政府联合体之间建立起密切的互动联系。在国家尺度，由中共中央、国务院发布有关区域协调发展和城市群发展的纲领性文件，国家发改委及国家政策研究室和城市群发展研究办公室针对城市群发展向下级尺度行政单位继续做出政策指导。在省级尺度，主要由山东省政府对国家政策文件作出积极响应，通过设立山东半岛城市群领导小组具体负责山东半岛城市群的发展规划工作，由此建立系统性的区域协调发展框架体系，指导山东半岛城市群内三个经济圈的高质量发展。在经济圈尺度，山东省 16 个城市政府在接受省级政府部门的领导的同时根据国家尺度的政策指导开展跨经济圈的活动。

为了积极配合 2019 年提出的黄河流域生态保护和高质量发展国家战略，山东省省会经济圈在核心城市济南市的牵头下与鲁南经济圈的济宁和菏泽两市建立了黄河流域省内沿

① 本节内容修改自如下论文：马学广，贾岩，王新仪. 基于尺度思维的山东半岛城市群政府间公务互动及跨界治理机制研究[J]. 青岛科技大学学报（社会科学版），2022, 38(02): 1-8.

线九市联盟，实行双联盟的跨界治理战略。同时，根据 2018 年淮河生态经济带发展规划，鲁南经济圈将跨界治理尺度扩展到淮海经济区范围内的其他省份城市。同时，山东半岛城市群内三个经济圈在跨界治理过程中也实现了知识、信息和技术等多尺度制度嵌入的跨界协同与跨界共享。

（二）山东半岛城市群政府间跨界治理的多尺度策略互动机制

基于尺度思维的跨界治理机制认为，不同尺度结构背景下，尺度间互动机制存在较大差异。单一尺度结构下的尺度互动逻辑呈现为同一尺度上多个城市的互动，多元尺度结构下的尺度互动逻辑呈现为不同尺度间多个城市的互动，上述尺度互动过程有力地推进着政府间跨界治理的进程。

为推进区域一体化，实现基础设施互联互通、产业创新协同共进、对外开放携手共赢、生态环境共保联治、公共服务便利共享以及要素资源高效配置等目标，胶东经济圈建立了政府间联席会议机制并设立了相应的办事机构（办公室），加速了城市间交流沟通、协同合作以及跨界治理的常态化推进。由于城市治理体制的层级性，高尺度行动者的引领与低尺度行动者资源获取导向的尺度上推成为重要的策略选择，单一尺度政府间跨界治理只是政府间多尺度互动机制的一部分。高尺度行动者引领的自上而下的尺度下移（Down-Scaling）策略与低尺度自下而上推动的尺度上移（Up-Scaling）策略，是山东半岛城市群跨界治理的主要形式。其中，省级尺度在多尺度互动过程中扮演着承上启下的角色，一方面积极响应中央层面国家尺度的政策引导，另一方面对省内具体的政府间跨界合作实践给予指导。在这一过程中，城市尺度对于具体合作事项和过程都起到积极推动的作用。

2021 年 10 月，中共中央、国务院印发《黄河流域生态保护和高质量发展规划纲要》，其中提出要加快城市群之间的互联互通和协调发展，高质量高标准建设沿黄城市群。山东半岛城市群将省内政府间跨界合作网络延伸至黄河流域区域尺度，与黄河流域其他省外城市群对接跨界合作事宜。一方面，继续提升山东半岛城市群中济南和青岛两个中心城市的层级，统筹推进省会经济圈、胶东经济圈和鲁南经济圈各自的一体化发展，利用黄河流域高质量发展这一国家战略提升山东半岛城市群在全国城市群发展中的优势。另一方面，山东半岛城市群不断加强与黄河流域其他城市群的联系，打造黄河流域城市群与国家重点城市群互动合作枢纽，牵头建立黄河流域区域性中心城市发展联盟，强化省会经济圈与郑州都市圈的对接合作，同时通过深度融入京津冀协同发展、深化与长三角城市群合作，加强与粤港澳大湾区对接等方式打造黄河流域城市群与国家重点城市群互动合作的重要枢纽[①]。此外，随着黄河高质量发展这一国家战略的兴起，山东省九个沿黄城市积极开展跨经

---

① 山东大力推动黄河流域生态保护和高质量发展落地落实[EB/OL].[2020/9/26]. https://news.sina.com.cn/c/2020-09-26/doc-iivhvpwy8913026.shtml.

济圈合作交流和资源共享，成立山东黄河流域城市文化旅游联盟①，共同签署《山东黄河流域城市文化旅游联盟合作协议》，构建黄河流域文化旅游发展共同体，构筑起省会经济圈—鲁南经济圈跨尺度政府间跨界治理格局。

（三）山东半岛城市群政府间跨界治理的多尺度协同共享机制

山东半岛城市群政府间跨界治理的多尺度协同共享机制贯穿整个跨界合作网络的各个方面，单一城市积极参与跨尺度政府间合作治理，与周边城市协同发展。山东省三大经济圈分别建立城市政府联席会议制度，设立联席会议办公室，分别由核心城市牵头或依次轮值，定期召开会议，协商研究区域一体化重大事项，向省领导小组报告工作。在政策执行层面，山东半岛城市群各城市着力落实经济圈内合作事宜的同时，积极利用各尺度的城市联盟作用，开展跨区域城市合作和区域一体化。通过城市间协同共享，城市群和经济圈朝向高质量发展方向推进。

山东半岛城市群政府间跨界治理的多尺度协同共享机制推动政府间跨尺度合作、交流与互动的发展，经验、知识和信息的共享是其中最重要的跨界资源收益。各城市政府主动设立专项业务考察团前往其他城市参观学习，多尺度协同共享机制的建立打破了城市政府间的多重壁垒，加速了区域一体化进程。另一方面，城市政府跨界联合也创造着协同共享机制，党政考察团为代表的政府工作组织主动前往其他市县进行先进经验学习②，并形成常态化工作模式；胶东经济圈在全省首创政务服务"跨域通办"新模式，推出跨域共办、互认互通的跨界共享服务。济南市开展大气环境监管相关数据整合，实现了省会经济圈环境治理数据共享，打通了国家、省级尺度与市级平台的数据壁垒，通过技术支持实现数据和决策资源的共建共享③。山东省生态环境厅与山东省人民政府研究室共同主办了"山东黄河流域生态保护和高质量发展专家行"活动④，深化了省内沿黄各城市的发展经验共享合作。青岛市与日本、韩国、德国、以色列以及上合组织等联合打造"国际客厅"，搭建国际园区和跨国产业合作平台⑤，协同共建与国际接轨的开放型经济新体制，打造跨国经济合作先行区。

① 山东黄河流域城市文化旅游联盟成立，济南等九市打造黄河文旅发展共同体[EB/OL].[2021/7/17]. https://www.sohu.com/a/408267760_120214181.html.
② 我县党政考察团赴青岛莱西市　崂山区考察学习[EB/OL].[2020/8/15]. http://www.gaoqing.gov.cn/art/2020/8/15/art_4596_1999413.html.
③ 国家生态环境监测大数据超算云中心落户济南[EB/OL].[2021/12/6]. https://www.eco.gov.cn/news_info/51198.html.
④ 山东举行黄河流域生态保护和污染防治工作发布会[EB/OL].[2021/12/3]. http://www.scio.gov.cn/xwfbh/gssxwfbh/xwfbh/shandong/Document/1717287/1717287.html.
⑤ 胶东经济圈：致力于打造中国经济新的增长极[EB/OL].[2021/12/9].http://www.ceh.com.cn/llpd/2020/12/1334378.shtml.

第四节　基于 TPSN 模型的城际合作空间生产与重构[①]

进入 21 世纪以来，我国的国家空间经历了形式多样、错综复杂的尺度重组[②③]，区域整合开始成为国家空间重构的新趋势，城市间旅游、交通等合作开始兴起。而伴随着城市合作的日益深化，空间本身也成为其重要载体。这些城市合作大多以特定领域空间的建构或重构为手段，以扩展发展空间、承接资本转移、缩小区域差距、调整产业结构等为目标，以共同建设、共同管理为特征，表现为一系列合作区、合作试验区、产业转移工业园等，如深汕特别合作区、江阴—靖江工业园区、粤桂合作特别试验区等。

这一合作形式在全球、国家、区域、城市等尺度上存在多种动因，如全球资本流动的加速和全球地方化趋势的显现，国家空间政策的调整所引发的区域间竞争的加剧，区域内产业分工格局的形成和空间发展的不均衡，城市土地和劳动力成本的上升等。除这些结构性因素外，省政府、市政府、企业、非政府组织等行动者也根据各自利益、运用不同政治策略在城市间合作空间的建构中扮演不同的角色，从而在特定社会空间结构的基础上进一步塑造这一新的空间。总之，基于空间的城市合作是多维的，其中地域、网络和尺度等社会空间维度之间存在复杂的互动，并共同解释了这一过程中资本和权力的运作机制。

一、社会空间过程多重维度解读

社会空间过程是多维的，当前研究多关注地域、地方、尺度、边界、网络等维度[④⑤⑥]，并强调各维度间的层次性[⑦]。其中，边界可构成一定的"有界空间"[⑧]，它成为地域的实体要素。而地方则强调地区间差异和对特定空间的根植性[⑨]，同时也关注对空间的控制和占

---

① 本节内容修改自如下论文：马学广，李鲁奇. 城际合作空间的生产与重构——基于领域、网络与尺度的视角[J]. 地理科学进展，2017, 36(12): 1510-1520.

② Li Y, Wu F L. The Transformation of Regional Governance in China: The Rescaling of Statehood [J]. Progress in Planning, 2012, 78(02): 55-99.

③ 晁恒，马学广，李贵才. 尺度重构视角下国家战略区域的空间生产策略：基于国家级新区的探讨[J]. 经济地理，2015, 35(05): 1-8.

④ Brenner N. The Limits to Scale? Methodological Reflections on Scalar Structuration [J]. Progress in Human Geography, 2001, 25(04): 591-614.

⑤ Agnew J, Mitchell K, Toal G. A Companion to Political Geography [M]. Oxford, UK: Blackwell Publishing, 2003.

⑥ Jessop B, Brenner N, Jones M. Theorizing Sociospatial Relations [J]. Environment and Planning D: Society and Space, 2008, 26(03): 389-401.

⑦ Jones M, Jessop B. Thinking State/Space Incomposibly [J]. Antipode, 2010, 42(05): 1119-1149.

⑧ Painter J. Rethinking Territory [J]. Antipode, 2010, 42(05): 1090-1118.

⑨ Staeheli L A. Place [M]//Agnew J A, Mitchell K, Toal G. A Companion to Political Geography. Oxford, UK: Blackwell Publishing, 2003: 158-170.

有①，它和地域可相互转化，二者分别对应于权力关系的结果和工具。因此，结合广东省深汕特别合作区的实证，本节将重点关注尺度、地域和网络三个维度，而将边界和地方融入再地域化的分析②。

（一）单一维度的空间重构研究

同"空间"概念类似，尺度、领域等维度都不再被视为社会关系的固定、封闭的容器，而是由于社会建构的并反作用于社会过程，同时，网络概念也伴随着关系转向③④而受到进一步关注，由此基于特定维度的空间重构研究在国内外逐渐兴起。

"尺度"概念是整个地理学研究的中心⑤，在其他学科也受到广泛关注。在 20 世纪 80 年代以前，地理学家主要将尺度看作一个制图学概念（即"比例尺"）⑥和"分析层次"，这个意义上的尺度是预先给定的、固定的、嵌套的。20 世纪 80 年代中期，西方人文地理学界经历了"尺度转向"，开始关注尺度的社会建构，并运用马克思主义政治经济学方法⑦⑧分析全球化、国家重构、城市治理等一系列尺度重组过程。随后，尺度逐渐被一些学者视为一种认识论⑨，因而行动者的话语策略等开始受到关注。在这个过程中，尺度政治（Politics of Scale）研究逐渐兴起，学者们从社会运动⑩、环境问题⑪、国家管制⑫、种族问题⑬等多种政治空间过程对其进行应用和发展。自尺度政治引入国内⑭以来，学者们也将其应用于社会

① Leitner H. The Politics of Scale and Networks of Spatial Connectivity: Transnational Interurban Networks and the Rescaling of Political Governance in Europe [M]//Sheppard E, McMaster R B. Scale and Geographic Inquiry: Nature, Society, and Method. Oxford, UK: Blackwell Publishing, 2004: 236-255.

② 本节内容修改自如下论文：马学广，李鲁奇. 城际合作空间的生产与重构——基于领域、网络与尺度的视角[J]. 地理科学进展，2017, 36(12): 1510-1520；马学广. 领域、网络与尺度：城际合作空间的生产与重构研究[A]. 刘云刚主编.地理学评论(第8 辑)-中国政治地理学：进展与展望[C]. 北京：商务印书馆，2017: 173 -176.

③ 李小建，罗庆. 经济地理学的关系转向评述[J]. 世界地理研究，2007, 16(04): 19-27.

④ Wei Y D. Spatiality of Regional Inequality [J]. Applied Geography, 2015, 61: 1-10.

⑤ Marston S A. The Social Construction of Scale [J]. Progress in Human Geography, 2000, 24(02): 219-242.

⑥ McMaster R B, Sheppard E. Introduction: Scale and Geographic Inquiry [M]// Sheppard E, McMaster R B. Scale and Geographic Inquiry: Nature, Society, and Method. Oxford, UK: Blackwell Publishing, 2004: 1-22.

⑦ Marston S A, Jones III J P, Woodward K. Human Geography without Scale [J]. Transactions of the Institute of British Geographers, 2005, 30(04): 416-432.

⑧ 马学广. 全球城市区域的空间生产与跨界治理研究[M]. 北京：科学出版社，2016.

⑨ Jones K T. Scale as Epistemology [J]. Political Geography, 1998, 17(01): 25-28.

⑩ Smith N. Uneven Development: Nature, Capital and the Production of Space [M]. Oxford, UK: Basil Blackwell, 1984.

⑪ Harrison J L. 'Accidents' and Invisibilities: Scaled Discourse and the Naturalization of Regulatory Neglect in California's Pesticide Drift Conflict [J]. Political Geography, 2006, 25(05): 506-529.

⑫ Houdret A, Dombrowsky I, Horlemann L. The Institutionalization of River Basin Management as Politics of Scale: Insights from Mongolia [J]. Journal of Hydrology, 2014, 519: 2392-2404.

⑬ Clarno A. 2013. Rescaling White Space in Post-apartheid Johannesburg [J]. Antipode, 45(05): 1190-1212.

⑭ 刘云刚，王丰龙. 尺度的人文地理内涵与尺度政治：基于 1980 年代以来英语圈人文地理学的尺度研究[J]. 人文地理，2011, 26(03): 1-6.

冲突事件①、地缘政治过程②、区域发展策略③、地方意义的建构和争夺④等问题的研究。

同尺度类似，"地域"在地理学甚至政治学、社会学中得到广泛应用，它通常指被特定边界所包围的空间单元，其内外具有明显的差异性。在人文地理学中，地域更为本质的内涵在于个人、群体或机构对有界空间的占有⑤，而这种占有通常是排他的。这一意义可进一步用"地域性"（Territoriality）来描述，它强调地域的社会属性，指使用有界单元作为取得特定结果的一种行为模式⑥，其目标在于对人和物的控制。在此基础上，"再地域化"成为一个重要的研究对象和分析工具，它以"地域化"（Territorialization）和"去地域化"（Deterritorialization）为前提，前者指"将某些现象或实体同有意义的有界空间连接起来"的过程⑦，后者则强调这一社会关系同有界空间的割裂。

网络在人文地理学界的兴起主要有两个来源⑧：流动空间（the Space of Flows）理论和行动者网络理论（Actor-Network Theory）。同其他维度相比，网络概念本身就摆脱了固定性，它并不被特定的空间形式所包含或存在特定坐标；相反，它跨越空间而非覆盖空间，突破了将政治实体所分割开来的边界⑨，赋予行动者更强的流动性，使其可以动员更广泛的社会力量。同时网络中权力分配的不均衡性也塑造了行动者为获得各种资源而采取的不同政治策略。此外，网络也将资本、信息等要素以及不同的空间单元连接起来，并形成了不同类型的流动空间⑩。

（二）多重社会空间维度的整合

尽管尺度、地域和网络都为政治地理学的研究提供了重要视角，但从单一维度探讨整体的、多元的政治空间过程仍是有问题的。从方法论上看，单一维度只是为分析更复杂的问题提供了一个简单的切入点，常导致概念混乱、对概念的过度扩展、缺乏概念创新等问

---

① 刘云刚, 王丰龙. 三鹿奶粉事件的尺度政治分析[J]. 地理学报, 2011, 66(10): 1368-1378.

② 胡志丁, 葛岳静, 徐建伟. 尺度政治视角下的地缘能源安全评价方法及应用[J]. 地理研究, 2014, 33(05): 853-862.

③ 刘云刚, 叶清露. 区域发展中的路径创造和尺度政治：对广东惠州发展历程的解读[J]. 地理科学, 2013, 33(09): 1029-1036.

④ 陈丹阳. 尺度政治视角下的曾灶财涂鸦[J]. 热带地理, 36(02): 158-165, 173.

⑤ 殷洁, 罗小龙. 尺度重组与地域重构：城市与区域重构的政治经济学分析[J]. 人文地理, 2013, 28(02): 67-73.

⑥ Taylor P J. The State as Container: Territoriality in the Modern World-system [M]//Brenner N, Jessop B, Jones M, et al. State/Space: A Reader. Oxford, UK: Blackwell Publishing, 2003: 101-113.

⑦ Delaney D. Territory: A Short Introduction [M]. Oxford, UK: Blackwell Publishing, 2005.

⑧ Sheppard E. The Spaces and Times of Globalization: Place, Scale, Networks, and Positionality [J]. Economic Geography, 2002, 78(03): 307-330.

⑨ Marston S A, Jones III J P, Woodward K. Human Geography without Scale [J]. Transactions of the Institute of British Geographers, 2005, 30(04): 416-432.

⑩ Castells M. Grassrooting the Space of Flows [J]. Urban Geography, 1999, 20(04): 294-302.

题①。其中，对尺度的过度运用尤其受到学者的批评②③。如有学者指出，尺度概念经常被不假思索地同地方、地域和空间等概念混杂在一起④。总之，对单一维度的分析将面临概念泛化与视角狭窄两个问题，因此对多维度的综合分析在社会空间过程研究中十分必要。

对单一维度的批判在很大程度上是伴随着对多重维度的探讨而展开的。国内外学者对尺度和网络的关系⑤、尺度和地域的关系⑥都进行过深入研究。其中，尺度与网络的相互建构受到广泛关注，学者们一方面强调网络的尺度分化和层级特征⑦，另一方面也关注网络在连接不同尺度并推动"尺度跳跃"中的作用⑧。

尽管多维度的空间政治分析受到广泛关注，但这些讨论大多较为零散，缺乏将各维度整合起来的分析工具。在这一背景下，有学者提出"TPSN"框架，包含地域、地方、尺度、网络四个维度，其中每个维度都可作为结构化原则（Structuring Principle）对其他维度产生影响，并作为结构化场所（Structured Field）而受其他维度影响。例如，地域在地方的影响下表现为核心-边缘结构⑨。此外，每个维度都存在特定的结构矛盾（Structural Tensions），因而不同维度的组合也就进一步体现了地域的有界和跨界、尺度的单一和多重、网络的围合和开放等矛盾及相应的政治策略和结构⑩。基于以上分析，下文将以广东省深汕特别合作区的建设为例，从多个维度对这一社会空间过程进行阐释。

二、深汕特别合作区的空间生产

（一）广东省深汕特别合作区建设中的再地域化

在广东省深汕特别合作区的建设中主要有三种再地域化趋势：深圳市产业向合作区的转移，深圳市管制权力向合作区的延伸，以及汕尾市对四镇地域的管制重塑。其中，汕尾

---

① Jessop B, Brenner N, Jones M. Theorizing Sociospatial Relations [J]. Environment and Planning D: Society and Space, 2008, 26(03): 389-401.

② Howitt R. Scale and the Other: Levinas and Geography [J]. Geoforum, 2002, 33(03): 299-313.

③ Marston S A, Jones III J P, Woodward K. 2005. Human Geography without Scale [J]. Transactions of the Institute of British Geographers, 2005, 30(04): 416-432.

④ Brenner N. The Limits to Scale? Methodological Reflections on Scalar Structuration [J]. Progress in Human Geography, 2001, 25(04): 591-614.

⑤ Bulkeley H. Reconfiguring Environmental Governance: Towards a Politics of Scales and Networks [J]. Political Geography, 2005, 24(08): 875-902.

⑥ Perkmann M. Construction of New Territorial Scales: A Framework and Case Study of the EUREGIO Cross-border Region [J]. Regional Studies, 2007, 41(02): 253-266.

⑦ Bank A, Van Heur B. Transnational Conflicts and the Politics of Scalar Networks: Evidence from Northern Africa [J]. Third World Quarterly, 2007, 28(03): 593-612.

⑧ Cox K R. Spaces of Dependence, Spaces of Engagement and the Politics of Scale, or: Looking for Local Politics [J]. Political Geography, 1998, 17(01): 1-23.

⑨ Jessop B, Brenner N, Jones M. Theorizing Sociospatial Relations [J]. Environment and Planning D: Society and Space, 2008, 26(03): 389-401.

⑩ Jones M, Jessop B. Thinking State/Space Incompossibly [J]. Antipode, 2010, 42(05): 1119-1149.

市在地域上对四镇的管制重构与它面向四镇的尺度间权限调整是一体两面的关系。

第一，深圳市产业的再地域化。合作区的首要功能是作为资本再地域化的场所承接深圳市的产业转移，从而缓解深圳市所面临的发展空间不足、劳动力成本上升等问题，即通过将资本同新的地域相结合保证资本循环的持续进行。深圳市在发展过程中面临较严重的土地资源紧张、劳动力成本上升等问题。在此背景下，广东省于 2008 年 5 月启动"双转移"战略，将珠三角劳动密集型产业向其他地区转移，从而为珠三角发展高端产业腾出空间，并带动粤东西北地区的发展。作为再地域化的重要载体，产业转移工业园在广东省获得巨大发展，其中包括作为合作区起步项目的深圳（汕尾）产业转移工业园。因此，合作区的建设首先是由资本的再地域化推动的，其目标在于破除原地域上资本循环的障碍。

第二，深圳市管制权力的跨界延伸。由于制度的地域根植性，企业在外移过程中将失去作为经济特区的深圳市所提供的资金补贴、税收减免等优惠政策，在这种情况下，深圳市通过将管制权力延伸至合作区，使企业得以继续享有优惠政策，进而破除了这一资本再地域化的阻碍（如图 4-5 所示）。为引导企业的转移，深圳市通过管制权力的延伸在这两个分离的地域上建构起了相对连续的制度空间，进而使这些政策安排随企业一起固着于新的地域之上。具体表现为：入园企业在多个方面可享受和深圳同样的待遇，如可使用深圳电话区号、可为符合条件的人员购买深圳社保等。此外，合作区的其他经济事务也由深圳市主导。这一管制权力的再地域化不仅推动了资本的再地域化，还促使合作区的权力结构发生重组，由此合作区不再只是汕尾市承接产业外移的平台，而成为深圳在东部地区的一座"新城"。

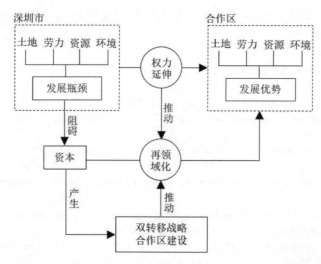

图 4-5　广东省深汕特别合作区建设中资本和管制权力的再地域化

第三，地域的基本矛盾是有界与跨界之间的矛盾[①]。这在案例中集中体现为原有行政边

---

① Jones M, Jessop B. Thinking State/Space Incompossibly [J]. Antipode, 2010, 42(05): 1119-1149.

界对深圳市资本和权力的约束同其穿越这一地域边界之间的冲突。之所以通过再地域化能得到解决，主要取决于以下三方面因素：首先，资本与管制权力在再地域化过程中相互支持、互为条件，资本相比于管制权力具有更强的流动性，因此资本的再地域化成为管制权力再地域化的先导。而管制权力的再地域化又为资本的再地域化提供了制度保证，进一步破除了资本再地域化的阻碍；其次，尺度在再地域化中发挥重要作用，表现为广东省推行的省级双转移政策，强调珠三角地区城市与粤东西北地区城市之间的结对帮扶，直接为跨地域的资本和权力延伸提供了政策依据；最后，深圳和汕尾之间的联系网络为两市协调跨界权力提供了平台，在这一网络中，汕尾市通过让渡部分管制权力换取投资，从而使两市潜在的互补性得以实现。

（二）深汕特别合作区建设中的网络建构

在深汕特别合作区的建设中，各主体间都存在复杂的交互网络（如图4-6所示），其中最关键的两类网络是存在于深圳和汕尾两市与广东省政府之间的以政治动员为目标的网络，以及主要存在于两市之间的以信息共享为目标的网络。

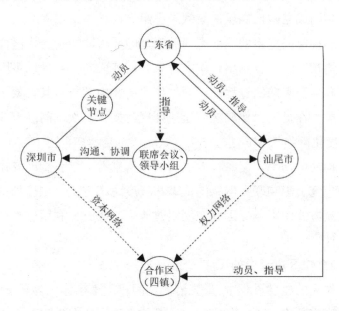

图4-6　广东省深汕特别合作区建设中的主要网络

第一，基于政治动员的网络建构。以政治动员为目标的网络主要将广东省分别同深圳和汕尾两市连接起来。一方面深圳市通过关键行动者的纽带作用动员了省政府，另一方面汕尾市也与省政府在网络中相互动员，由此这一跨尺度网络成为合作区建设倡议进行尺度跳跃的重要手段。在深圳市与广东省的网络建构中，连接两方的关键行动者起了重要作用。深圳作为经济特区、计划单列市、副省级城市，其领导干部常由省领导兼任，这一纽带作用拉近了省市间关系，使合作区建设倡议更容易通过深圳市领导网络节点上升为省级尺度的问题；而在汕尾市与广东省的联系网络中，一方面汕尾市通过向省政府主要领导汇报建设构想、进展等参与了对广东省的动员，另一方面广东省主要领导通过对合作区的多次考察和指导，也进一步动员了汕尾市或合作区的不同行动者。总之，在这一网络中，广东省在成为被动员对象的同时，又成为政治动员的推动者。

第二，基于信息共享的网络建构。为协调城市合作过程中各方尤其是深圳和汕尾两市的利益和策略，基于信息共享的联系网络也以联席会议、领导小组等形式建立起来。地理政区意义上的深汕特别合作区原为汕尾市下辖的四个镇，由于层级分化的官僚体制，深圳市难以同四镇直接开展合作，而需经由其上级行政机关——汕尾市政府进行；同时，省政府的协调也难以直接触及合作区建设的具体问题。因此，深圳和汕尾两市成为合作区建设的主要力量，二者间的信息共享、沟通协调也就至关重要，主要通过松散的或正式的联系网络进行。在 2008 年提出合作构想后，两市就开始对合作区定位、目标等进行频繁沟通，并于 2011 年联合上报《深汕（尾）特别合作区基本框架方案》。深汕特别合作区正式成立并运作后，两市交流便进入更为明显的制度化阶段，如 2014 年 4 月举行深圳—汕尾对口帮扶工作联席会议，共同成立两市高层决策领导小组等。

第三，网络是一种纵横交错的社会空间关系，因此深汕特别合作区建设中的网络建构同尺度和地域的重构相交织。就网络建构本身来看，其成功主要受以下因素影响：首先，网络建构是一个双向甚至多向的过程，不同主体间的共同利益是其首要条件，如深圳和汕尾两市基于共同利益，在提出合作构想后迅速开展对接；其次，网络有非制度化和制度化之分，而先从非制度化网络入手，通过学习、试验或重复博弈，逐步过渡到制度化的网络，有利于提高网络建构的成功率。就跨尺度的网络建构来看，已有制度安排（尤其是尺度上的安排）会在很大程度上影响联系网络的形态和尺度跳跃方式，如深圳市的行政级别和人事安排对其尺度跳跃方式的影响。因此在网络建构中，应充分利用现有制度中的有利条件破除或绕过不利条件。

（三）深汕特别合作区建设中的尺度重组

在深汕特别合作区的建设过程中，最强烈的空间权力重构体现为尺度间关系的调整（如图 4-7 所示），尤其是行政权限的尺度间转移，具体表现为广东省赋予合作区地级权限和汕尾市向合作区下放一系列具体审批权限。

广东省不仅仅是联系网络中被动员的对象，同时它也试图通过合作区的建设探索后发地区与先进地区合作发展的路径，以破解全省区域发展不平衡的难题。为此，广东省通过尺度的调整，提高开展管制试验的自主性。2015 年 7 月，广东省在《广东深汕特别合作区管理服务规定》中，明确给予深汕特别合作区地级市一级经济管理权限，合作区管理事务可直接报省政府及其部门批准。由此，省政府为合作区的制度探索提供了有利的政策环境，进而推动了省级尺度上区域发展不平衡问题的解决。

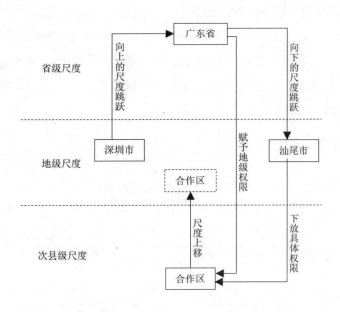

图4-7 深汕特别合作区建设中的尺度间关系调整

为培育地方增长极、带动全市发展，并落实省政府要求，汕尾市也在尺度间关系的调整中扮演关键角色，主要表现为对合作区的具体行政权限下放。汕尾市经济发展水平较低，发展意愿非常强烈，而深汕特别合作区作为增长极，为吸引投资、带动汕尾经济整体发展提供了契机。在这一背景下，汕尾市政府在2014年10月发布《关于深汕特别合作区管理委员会实施的经济管理权限事项目录（第一批）的公告》，将企业注册登记等31项经济管理事项委托合作区管委会实施，以提高其在招商、建设、运营等方面的自主性。

通过广东省、汕尾市等权力中心的行政权限赋予，深汕特别合作区获得了超出原尺度的管制权力，实现权力结构中尺度的上移，为合作区探索发展路径、吸引外部投资等提供了有利的制度环境。

由于管制权力通常是纵向分化的，因此尺度重组中最关键的环节是对高尺度行动者的动员。尽管以往研究通常都强调尺度上推、尺度下推等"过程"，但对于高尺度行动者为何能被动员并进行尺度下推，仍缺乏较为直接的探讨。深汕特别合作区的案例表明，高尺度行动者是因自身利益而被动员起来的，即试图通过尺度下推实现特定利益，如广东省的区域均衡发展。从这个意义上看，高尺度的"第三方"[①]在一定程度上并非"被动员"者，而是尺度政治中积极主动的参与者。

---

① 刘云刚，王丰龙. 尺度的人文地理内涵与尺度政治：基于1980年代以来英语圈人文地理学的尺度研究[J]. 人文地理，2011, 26(03): 1-6.

（四）多维社会空间过程下的制度形态

在以上多维社会空间过程中，深汕特别合作区这一城市合作空间内的权力结构也发生了重组，集中体现在渗透了多方权力和利益的组织架构上。从图 4-8 可以看出，合作区内已形成相对独立的地域权力主体——深汕特别合作区管委会，这表明合作区同原汕尾市之间已形成一定的地域边界。

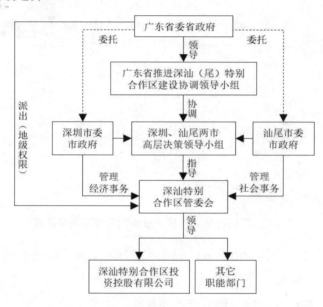

图 4-8　广东省深汕特别合作区初期的组织架构

然而，这一权力主体对该地域并不具有独立的管辖权，实际上它是不同维度的社会空间过程中各主体的权力和利益相互妥协的产物。从尺度上看，管委会本质上是不同层级行政主体间的管制权力在合作区这一尺度的协调和融合，其中广东省为保证合作区管制试验的顺利开展，不仅赋予合作区地级权力以提高其自主性，同时也将管委会作为自身的派出机构；同时，为利用两市已有的地方支持和地方关系，管委会也被委托给两市管理。从地域上看，合作区仍位于汕尾市的行政地域内，但它同时又渗透了深圳市跨边界的管制权力，因此两市存在主管经济事务（基于跨边界的管制权力）和主管社会事务（基于原有的地域内管制权力）的区分。而在人事的安排上，合作区管委会主任一职也选取了同时具有深圳市和汕尾市政府工作背景的领导干部，党工委书记则直接任用汕尾市海丰县的领导干部，这些职务也由两市共同任免并报省政府批准，同样体现了两市间管制权力在这一地域内的协调和平衡。从网络上看，两市间信息共享网络的重要组成部分——两市高层决策领导小组对管委会直接负有指导、协调的责任，而广东省政府也设立协调领导小组对重大问题进行决策。总之，合作区的组织架构本质上是多个维度社会空间过程的集中体现，是多个行动者之间权力和利益关系相互妥协的产物。

但是，主体间相互妥协而形成的制度安排远非最优的制度安排，合作区前期的组织架构主要存在两方面问题。首先，两市的权力分配追求对等、平衡的原则，在人事安排上，汕尾市的权力甚至略大于深圳市的权力；而深圳市在合作区建设中投入了更多的资源，两市合作也存在一定的帮扶性质，这种与资源投入不匹配的制度安排可能影响深圳市的积极性。其次，合作区管委会由三方主体共同领导或管理，极易出现管理混乱、推诿扯皮等问题，影响行政效率。受这些因素影响，加之合作经验不足、利益关系复杂等，合作区建设初期出现了违法建设、违法用地、招工困难甚至贪污腐败等问题。

在此背景下，作为广东省区域合作的试验场，深汕特别合作区的制度安排也处于动态探索中。2017 年 9 月，深汕特别合作区体制机制调整方案正式通过，合作区正式改为深圳市委、市政府的派出机构。由此赋予了深圳市更大的自主权，有利于解决两市间的横向协调问题，进一步增强合作区的区域竞争力。

三、社会空间维度的互动与组合

在以上过程中，地域、网络与尺度等维度间存在明显的相互作用（如图 4-9 所示），表4-2 进一步梳理了三个维度间的两两关系。不过，在现实中，这些维度并非总是一个作为影响因素而另一个作为受其影响的社会关系运作平台，相反，它们之间的组合关系可能更为多样。

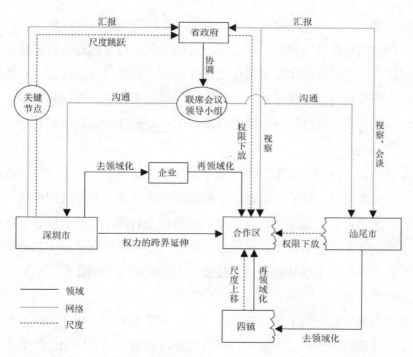

图 4-9 作为多维社会空间过程的广东省深汕特别合作区建设

　　具体来看，各维度间主要存在同一、并行、替代和实现四种组合关系，而不限于一个维度对另一个维度施加影响。其中"是否同属一个社会空间过程"指两个维度所对应的空间过程是否能被拆分为相互独立、完整的两个过程，如汕尾市对合作区的权限赋予尽管同时体现了尺度和地域的重构，但它在现实中是同一个过程；"是否在单一维度能被完整解释"指某一维度所对应的社会空间过程在现实中能否基于该单一维度而独立实现，例如汕尾市对合作区的权限赋予尽管不能被拆分为两个过程，但它可视为一个完整的尺度重组或地域重构过程，而深圳市向广东省的尺度跳跃，若离开网络的建构，则难以解释该尺度跳跃如何实现的问题。下面将分别对这四种组合关系进行简要阐述。

表 4-2　深汕特别合作区建设中地域、网络与尺度间的相互作用

结构化原则	结构化场所		
	地域	网络	尺度
地域	权力或制度的地域（深圳、汕尾）根植性	地域边界（深圳-汕尾）对网络形态的塑造	通过地域（四镇）的重构推动尺度跳跃
网络	地域间（深圳—汕尾）的跨边界信息流动	权力、信息、资本等要素的流动	通过网络连接不同尺度并推动向上或向下的尺度跳跃
尺度	通过行政权限的下放推动地域（四镇）的重塑	网络的纵向延伸（省政府-两市）	行政结构的层级分化；权力在尺度间分配的不均衡性

　　其一，同一关系。即两个维度所表示的是同一个社会空间过程，换言之，一个社会空间过程同时体现了两个维度的重构。如汕尾市对合作区所进行的行政权限赋予不仅意味着合作区因获得地级审批权限而实现了尺度跳跃，同时也意味着合作区这一行政地域本身也发生重构，导致合作区与汕尾其他地域之间形成一条权力边界。在这种关系中，一个社会空间过程只能基于不同的维度进行不同的解读，而难以被区分为两个相对独立的基于不同维度的社会空间过程。

　　其二，并行关系。即两个维度尽管代表不同的社会空间过程，但这两个社会空间过程是并行的，它们可能由同一行动者发起、作用于同一客体甚至具有共同的目标。如广东省政府为促进合作区建设，一方面通过对尺度的调整赋予合作区管委会地级行政权限，另一方面也通过多次到合作区视察的方式运用这一联系网络对合作区建设中的问题进行指导。在这一过程中，尽管权限下放和视察指导是两个不同维度的空间过程，但它们在主体、客体和目标等方面都是相对一致的。

　　其三，替代关系。即当基于某一维度的政治空间策略受到一定阻碍时，行动者通过对基于其他维度政治策略的运用实现原有目标。例如深圳市与汕尾四镇之间的行政地域边界在现有行政体制下很难突破，故通过建构联系网络同汕尾市政府进行沟通和协商，以推动

产业的转移和承接。在这个过程中，基于不同维度的空间政治过程具有共同的目标和主体，但其中一个维度所对应的过程因受到阻碍（这一阻碍可能正缘于该维度本身的性质）而难以顺利进行。

其四，实现关系。即一个维度所对应的社会空间过程成为另一个维度所对应过程的实现方式。如深圳通过联系网络的建构动员了省政府的主要领导，而省政府领导对合作区建设这一倡议的关注又使后者实现了尺度跳跃，成为广东省区域发展战略的一部分。这一过程不能分别从网络和尺度视角被单独解释，因为从尺度视角进行解释时将面临"尺度跳跃如何实现"的问题，因此它不同于同一关系；出于同样的原因，它更不能被拆分为两个独立的社会空间过程，因而也不同于并行关系；此外，网络的建构也并非因尺度跳跃受到阻碍而采取的替代性方案，相反，尺度跳跃通过网络建构得以实现，因此二者也并非替代关系。

四、城际合作空间生产重构反思

基于对社会空间过程多维性的认识，本节从地域、网络和尺度三个维度入手，分析了深汕特别合作区建设中的再地域化、网络建构和尺度重组过程，并对这三个维度之间的关系进行了简要探讨。主要结论如下。

第一，基于空间的合作是城市合作的重要形式，它具有很强的复杂性、综合性和系统性，不仅涉及投资融资、基础设施建设等经济空间过程，还涉及更为复杂的利益关系、权力格局的重构等政治空间过程，因此需要两城市更高强度的投入和更深入的协调。从此角度看，基于空间的合作是城市合作的一种高级形式。在这个过程中，空间成为城市间经济和权力关系调整的舞台、工具和结果，空间的生产伴随着城市间合作关系的生产。

第二，在基于空间的城市合作中，地域、网络与尺度等空间维度都参与进这一复杂的社会空间关系重构。其中，再地域化涉及资本的再地域化和管制权力的再地域化，前者因资本较强的流动性而成为管制权力再地域化的先导，而后者则为资本的再地域化提供制度支撑；网络建构涉及政治动员和信息共享两方面，当基于政治动员的网络被尺度所分化时，它可能成为向上或向下尺度跳跃的重要手段；尺度重组主要涉及跨尺度政治动员和权限调整，其中高尺度行动者发挥十分关键的作用，并且它也试图将自身利益嵌入跨尺度的行动策略。各个空间维度所对应的社会空间过程最终将共同塑造城市合作空间特殊的制度形态，而这一制度形态也同时是多个行动者之间权力和利益关系相互妥协的结果。

第三，在以上社会空间过程中，各个维度之间也存在更为复杂的相互作用，其中每个维度都对其他维度产生不同程度的影响，并表现为多样的社会空间过程。具体来看，在合作区建设中，以"是否同属一个社会空间过程"和"是否在各维度都能被完整解释"两方面为标准，各维度间主要存在同一、并行、替代和实现四种组合关系。

深汕特别合作区的案例表明，共同利益是城市合作中最核心的要素，当城市合作空间的生产能够在不同方面同时满足多个主体的利益时，这些主体就倾向于通过不同维度空间关系的调整参与到这一空间的生产中，如广东省政府作为高尺度的"第三方"，在合作区的建设中发挥了积极主动的作用而非被消极动员，其根本动因正是广东省欲借助深汕特别合作区进行区域均衡发展的管制试验。不过，"共同利益"并非意味着各方利益完全一致，在实践中它更多地意味着利益的重叠，而对于其中相冲突的利益，各方更多地通过谈判和妥协进行协调。例如，汕尾市为吸引外部资本、打造地方增长极，在行政权限方面做出了很大的让步，如将合作区的经济事务管理权让予深圳市，同时下放一批经济管理权限等。而当潜在的重叠利益不足以支撑合作中的成本投入时，或这些相冲突的利益难以得到有效协调时，合作就易于陷入僵局，如深圳、东莞、惠州交界处的"坪新清"合作区倡议的搁置。从这个角度看，城市合作本质上是通过政治动员和制度建设扩大城市间共同利益、协调冲突利益的过程。而对利益、制度、权力等概念的强调则进一步表明城市合作更多的是一个政治空间过程，因此在下一步研究中应更多地借鉴政治学的相关方法、理论或范式。

此外，就多重空间维度间的关系来看，除深汕特别合作区建设中所体现的四种组合关系外，不同维度间也可能存在其他组合模式，如对抗关系，典型表现是一些地方政府通过限制人身自由的方式阻止人员上访，即通过将行动者限制在一定的地域边界内部阻止其跨边界、跨尺度联系网络的建构。总之，在复杂的社会空间实践中，各个维度的关系更可能是相互纠缠、难以区分的，而本节所总结的四种组合关系也仅仅是对少数较为典型的维度间关系的形式化描述，因此在下一步研究中，需要更为系统地对空间政治过程中的多维度互动模式进行总结，并提高其理论性和实用性，形成探讨多维空间生产的分析框架。

第五节　欧盟区域间跨界合作的尺度类型与逻辑解释[①]

跨界合作是欧盟区域政策的内容之一，"边界空间"在欧洲区域化的过程中成为越来越重要的治理单元。INTERREG 区域间合作计划是欧盟跨界合作的重要策略工具。国外学者对欧盟跨界合作的研究呈现出多种形式与多元侧重的特点。具体而言，INTERREG 计划的实施对加强边境区域的合作联系效果显著，效果的衡量离不开科学的评估，项目评估方法设计[②]的研究可以发现评估问题和改进方法。跨界合作是边境空间全方位发展的积极手段，

---

① 本节内容修改自如下论文：马学广，贾岩. 欧盟区域间跨界合作(INTERREG)的尺度类型与逻辑解释[J]. 经济地理，2021，41(09)：1-11.

② Knippschild R, Vock A. The Conformance and Performance Principles in Territorial Cooperation: a Critical Reflection on the Evaluation of INTERREG Projects [J]. Regional Studies, 2017, 51(11): 1735-1745.

合作涵盖领域丰富，空间规划[①]、旅游业[②]等特定领域的探究也是一种视角。跨界合作的开展是促进欧洲化的工具之一，INTERREG 计划对合作伙伴的区域政策制定[③]也会产生影响，欧盟这只看得见的手在有力地影响着区域发展。欧盟跨界合作也受到国内学者的青睐，欧盟是我国跨界合作经验学习的重要目标对象，已有在环境保护[④]、旅游发展[⑤]等方面的启示研究，还对跨境合作的动力机制[⑥]、实践分析[⑦]、凝聚政策[⑧]等进行探讨。行政边界[⑨]也是研究要点，INTERREG 计划实质上为关于边界的合作研究。以 INTERREG 计划为题的研究从概况及具体案例[⑩]，管理运行及借鉴[⑪]等方面展开。这些研究对欧盟跨界合作进行细致刻画，展示出欧盟区域政策的特点与优势。与国外研究相比，国内研究更加注重区域发展研究的整体性，更多的是选择从宏观上把握跨界合作的优势并提取其养分，研究的落脚点常为中国跨界合作的优化。

一、欧盟 INTERREG 计划跨界合作的阶段实践

随着全球化的不断推进，区域成为重要的治理单元纳入全球网络，跨界合作是一种空间重构的治理表现，边境区域作为空间对象进入管理者的视野。"城市区域增长是城市内部、外部各种社会力量相互作用的物质空间反映"[⑫]，城市作为行为体互动的过程常常伴随着跨越行政边界而得到扩展或融合。历史、政治、自然环境等因素下人为划定的"有形"边界无法精确界定"无形"流动要素的活动空间，跨界合作是顺应流动空间[⑬]的内在发展过程，将流动空间以合作的形式塑造一个新的尺度单元。INTERREG 计划是欧盟进行跨界合作的工具，也是将"边境区域"作为一种空间生产策略[⑭]，以解决因行政边界而引发的多重

① Dühr S. A Europe of 'Petites Europes': An Evolutionary Perspective on Transnational Cooperation on Spatial Planning [J]. Planning Perspectives, 2018, 33(04): 543-569.

② Malkowska A .The Program INTERREG IV as an Instrument to Support Tourism in the West Pomeranian Voivodeship [J]. Research Papers of Wrocław University of Economics, 2014, 348: 181-189.

③ Fitjar R D, Leknes E, Thygesen J.Europeanisation of Regional Policy Making: A Boolean Analysis of Norwegian Counties'Participation in the EU's Interreg Programme [J]. Environment and Planning C: Government and Policy, 2013, 31(03): 381-400.

④ 郑军. 欧洲跨地区大气污染防治合作长效机制对我国的启示[J]. 环境保护, 2017, 45(05): 75-77.

⑤ 王灵恩, 王芳, 葛全胜, 等. 从欧盟经验看跨境合作背景下中国边境旅游发展[J]. 开发研究, 2013(04): 51-55.

⑥ 王昆. 跨国境地区合作机制研究[J]. 国际城市规划, 2016, 31(03): 35-39.

⑦ 杨荣海. 欧洲跨境经济合作区的实践分析及启示[J]. 对外经贸实务, 2013(08): 37-40.

⑧ 张晓静. 欧盟凝聚政策的演变及其收敛效应[J]. 国际经贸探索, 2009, 25(10): 34-39.

⑨ 任以胜, 陆林, 朱道才. 区域协调发展战略下的行政边界研究框架[J]. 经济地理, 2019, 39(03): 29-36+47.

⑩ 程遥. 欧盟跨境协作政策述要——以 Interreg III 计划和 Centrope 项目为例[J]. 国际城市规划, 2009, 24 (05): 72-78.

⑪ 熊灵, 覃操, 龚晨. 跨境经济合作的运行机制与管理模式——欧盟 INTERREG 的经验及对中国的启示[J]. 边界与海洋研究, 2017, 2(03): 41-58.

⑫ 马学广. 全球城市区域的空间生产与跨界治理研究[M]. 北京：科学出版社, 2016.

⑬ Castells M. Grassrooting the Space of Flows [J]. Urban Geography, 1999, 20(04): 294-302.

⑭ 晁恒, 马学广, 李贵才. 尺度重构视角下国家战略区域的空间生产策略——基于国家级新区的探讨[J]. 经济地理, 2015, 35(05): 1-8.

困境，平衡区域间的社会经济发展。

INTERREG 计划实施之前，欧洲已经出现许多以跨界为形式的合作。跨界合作一直是欧洲区域发展的关键命题，欧洲国家面积小而数量多，构建合作像是天然需要与欧洲的发展相互渗透。根据网络信息（www.euregio.eu），1958 年，德国与荷兰为解决边境地区发展困局建立 EUREGIO 跨境合作，1972 年，EUREGIO 实行第一个跨境区域行动计划。跨境合作使不同国家紧密相邻却欠缺关心的"边境区域"得到关注。20 世纪 70 年代，欧洲以基金的形式构筑区域尺度的社会经济发展合力，主动为区域发展提供保障。此外，20 世纪 80 年代的欧盟经济增长过程具有趋于发散的特征[①]，区域间经济发展步伐差异以及流动空间要素配置不均衡等问题愈发突显，边界作为地方异质性表现的"隔断带"对此现象产生影响。可见，跨界合作并不是一蹴而就的，它在欧洲区域有着深厚的历史渊源。

INTERREG 计划是针对"边界空间"的发展所开展的合作，跨越边界实现多方共赢是它的使命，"欧盟区域政策推动了将合作作为政府治理关键因素的进程"[②]，跨界合作对区域均衡发展以及欧盟一体化进程具有重要意义。基于欧盟（ec.europa.eu）跨界合作的信息，INTERREG 计划的五个阶段为：INTERREG I（1990—1993 年）、INTERREG II（1994—1999年）、INTERREG III（2000—2006 年）、INTERREG IV（2007—2013 年）、INTERREG V（2014—2020 年），2021—2027 年将开启新一轮的欧洲领土合作进程，INTERREG 计划已然是欧盟跨界合作的可持续策略工具，INTERREG 计划的阶段性发展特点如下：

在欧盟壮大与变革的基础背景下 INTERREG 计划日趋成熟。1990 年，INTERREG 计划以共同体倡议（Community Initiative）的形式发起，当时处于欧洲区域迈向联合的"欧共体"时代。1993 年，欧洲联盟成立，成员国经历"国家身份的重构"[③]，联合体内的跨界合作也成为了重要的一体化策略，联合体的正式确立也为 INTERREG 计划的发展提供了制度化的平台。欧盟的扩展与 INTERREG 计划的推进相辅相成，随着欧洲区域一体化的深入发展，INTERREG 计划的欧盟合作成员国也随之增加，特别是 INTERREG III 阶段，欧盟10 个新成员国加入且涉及东欧国家，欧盟跨界合作的空间也因此得到了延展，这也为INTERREG IV、V 阶段的合作范围奠定基础。另外，INTERREG 计划的预算金额在五个阶段中大幅增加，由 INTERREG I 的 1.1BN（ECU）增加至 INTERREG V 的 10.1BN（EUR），该计划投资的力度持续加大，这为欧盟区域的跨界合作提供了坚实的资金支持，这也是欧盟对该区域发展工具重视程度增加的体现。不论是参与国的数量还是资金的增加，这都为INTERREG 计划在发展中不断走向成熟产生积极效应。

① Magrini S.The Evolution of Income Disparities among the Regions of the European Union [J]. Regional Science and Urban Economics, 1999, 29(02): 257-281.

② 李明. 欧盟区域政策及其对中国中部崛起的启示[M]. 武汉: 武汉大学出版社, 2010.

③ 王滢淇, 刘涛. 超国家主义退潮下的新英欧互动——后脱欧时代英国—欧盟移民社会保障合作问题研究[J]. 华中师范大学学报(人文社会科学版), 2020, 59(05): 35-49.

INTERREG 计划在阶段性发展过程中形式与内容不断调整。1990 年该计划以共同体倡议支持跨境地区的投资与合作，之后的合作不局限于紧紧相邻的边境区域，跨国合作与区域合作也成为重要的形式，从边境区域到国家作为空间单元以及欧盟区域的网络化联系，这使得跨界合作的尺度更加丰富。此外，领土合作计划的治理水平在阶段性发展中不断提高，网络信息显示（eur-lex.europa.eu），INTERREG I 与 INTERREG II 阶段在总结时提出评估与指标体系等问题，INTERREG III 阶段的合作计划在管理、财务等程序方面进行改善，不同阶段的发展也是自身调整的过程，INTERREG 计划在调适中也更加成熟与完备。网络信息（portal.cor.europa.eu/egtc）表明，2006 年，关于欧洲领土合作分组（European Grouping of Territorial Cooperation）促进欧盟跨界合作行动的法律规定出台，EGTC 是促进跨境、跨国以及区域间领土合作并且具有法人资格的重要合作分组，它的设立为支持欧盟区域的跨界合作提供联合管理，这也为 INTERREG IV 阶段的跨界领土合作提供了新的合作分组服务。另外，INTERREG IV 阶段欧盟外部的边界合作工具也进行了整合，跨境合作手段不仅是欧盟内部凝聚力提升的重要工具，同时也是欧盟与周边国家合作与发展的渠道之一，各项跨界合作在阶段性发展中逐渐系统化、明晰化。

二、欧盟 INTERREG 计划跨界合作的内容图景

以欧盟 INTERREG V 计划为例，从四个维度构筑欧盟法律（eur-lex.europa.eu）、INTERREG（interreg.eu）与欧盟（ec.europa.eu）跨界合作的内容图景。

（一）共同目标与合作文件

欧洲领土合作（European Territorial Cooperation），也就是欧盟 INTERREG 计划，它是欧盟区域政策的内容之一，该合作计划的推行为欧盟战略目标的实现提供助力，跨界合作的执行对欧盟 2020 战略的实施具有积极影响。2014—2020 年阶段，它是凝聚政策（Cohesion Policy）的目标之一，该计划有助于推动欧盟各国的空间均衡发展，增强欧盟国家的联系程度与集聚力。跨界区域确定、资金分配使用、领土合作的创新等具体文件使得合作计划的实施有据可依，欧盟相关机构发布了许多文件以对合作计划进行总结与提供指导，主动应对不同局势对合作的影响，鼓励跨界合作中的创新等。宏观区域战略（Macro-regional Strategies）以及国际合作也是欧盟的合作设计，欧盟的合作体系并不是各自孤立的，而是以共同的空间进行侧重不同、形式不同的合作。INTERREG V 计划的治理空间从地方尺度延伸至全球尺度，政治地理的空间属性使得多元尺度合作成为欧盟区域一体化与深入全球化的空间工具。

（二）跨界类型与尺度层级

INTERREG V 计划具体为跨境地区合作（INTERREG A）、跨国合作（INTERREG B）、区域间合作（INTERREG C），三种合作类型在不同空间尺度上跨越边界互动，合作空间的

尺度层级存在变换。跨境地区的合作空间主要集中在欧盟成员国的 NUTS III 地区，边境尺度的跨界合作是欧盟 INTERREG 计划最初的形式也是最主要的合作单元，它涉及的合作项目数量是整个 INTERREG V 最多的。IPA（Instrument for Pre-Accession）与 ENI（European Neighborhood Instrument）的跨境合作尺度主要为欧盟周边国家，这也是欧盟扩大与友好睦邻的合作要求。INTERREG B 是更大范围的国家尺度跨界合作，它的参与范围不仅是某一地区，更是整个国家，其中还包括海外属地与周边国家的联系。区域间合作以整个欧盟区域及周边国家为合作尺度。INTERREG 计划所重构的空间既是合作关系发生的场域，它也因自身所具备的边界特性为跨越界限的资源要素流动给予正式身份，该合作计划是一项富有包容力的区域政策，它广泛的合作尺度是战略设计的体现。

（三）资助来源与资金流向

INTERREG 计划的基金设置是支撑行为体互动的保障，它也激励潜在合作伙伴投入到跨界合作中。资助的主要来源为欧洲区域发展基金（European Regional Development Fund，简称 ERDF），它是欧洲结构与投资基金（European Structural and Investment Funds，简称 ESIF）的一部分，ERDF 以资金形式为区域发展的社会经济等的均衡作保障。

另外，INTERREG 计划开展的合作参与方也将投入部分资金，这种联合资助的模式在提高合作资金规模的同时也有助于规避参与伙伴的机会主义行为。跨境合作中的欧盟（潜在）候选国以及欧盟邻国拥有自身的发展计划，跨境合作是邻国发展的渠道之一。欧盟的合作政策与基金政策是相联系的，资金的流向和分布与跨境、跨国与区域间的合作类型相一致。在 INTERREG V，ERDF 对跨境合作的资金支持为 66 亿欧元，这是资金最为集中的合作领域。资金数额与项目数量有着密切关联，常规的跨境合作是主要的资金流入区。

（四）参与主体与合作领域

跨界合作项目涉及众多国家的参与，它以欧盟成员国为主，并扩展到其他国家。参照 INTERREG V 的跨界类型与尺度层级，参与主体的尺度存在差异，不同成员国参加合作的空间单元也是不同的。INTERREG V 为各国共同解决多个领域所面临的问题搭建了合作与交流的平台，明确了项目合作的具体领域，使得每项合作均具有针对性。根据信息（interreg.eu），计算每个领域纳入合作项目（不包含 IPA 与 ENI）的频次，结果显示环境与资源利用效率、研究与创新等是相对重要的合作领域，橙色部分为信息通讯，该领域的合作项目最少。"区域管理的重点是资源环境结构"，INTERREG V 重视环境与资源问题，这对欧盟区域管理而言意义重大。INTERREG V 合作领域多元且存在差异化，该计划旨在通过跨界的方式形成合力，并向多元领域展开合作。

三、欧盟 INTERREG 计划跨界合作的尺度差异

INTERREG 计划遵循跨境、跨国以及区域间三种基本合作类型的逻辑，合作范围所属

的地理空间具有明显的层次性，主要为边境地区尺度、成员国尺度、欧盟尺度，研究主要以 INTERREG V 计划为例进行介绍。

（一）边境尺度跨界合作：INTERREG A

边境区域是空间共性与异质性的交互融合地带，跨越边界进行的合作既是解决共同问题的工具，也是基于项目进行优势互补的机会。

第一，跨境评议。跨境评议（Cross-Border Review）（ec.europa.eu）是跨境合作新阶段的一项重要回顾，它是跨境合作进程中的监控器，基于"评问题、议方案"的功能成为一项专门内容。它将不同国家的利益相关方通过政策学习的方式连接起来，合作伙伴科学与民主地商议边境问题。就边界障碍而言，空间个体在交互作用中面临着因差异而产生的挑战，根据信息（ec.europa.eu），芬兰与瑞典边境两侧医疗卫生服务存在障碍；德国与法国跨界区域城市交通的票务系统未能有效整合等。INTERREG 计划涉及多维领域，不同国家在合作过程中就边境难题尝试化解，以解决边境地区的多重现实障碍及增加边界区域的各要素流动。此外，公众咨询给予公民、专家和利益相关者对话渠道与交流平台，研讨讲习使合作参与者不局限于项目推行，更是扮演学习伙伴的角色。跨境评议是针对边境区域以现实案例为切入口识别边境障碍，它既是对 INTERREG 计划实践的审视与总结，也是该计划今后合作方案选择的参照系。

第二，管理结构。跨境合作的良性运转需要不同的部门加以联合，基于不同职能定位的部门为实现合作目标形成管理流程。根据法国与意大利的 ALCOTRA 区域跨境合作方案的结构介绍，不同部门的职能与任务明确。管理机构、认证机构和审计机关等均为合作计划的负责单元，管理机构与其支持小组协商进而具体管理，认证机构是针对财务支出的核验部门，组织网络为边境区域的潜在合作伙伴提供项目征集或申请等信息的支持，它是计划网络的信息工具，同时也与其他部门搭建联系，监督委员会负责技术和指导委员会并需要其提出有关意见。项目确立之后依旧会涉及各部门的管理，各个部门通过相互配合与相互牵制共同出力，使得合作方案有效执行，以在行政层面建立合作框架，为跨境合作顺利开展提供管理支持。管理结构在基础稳定的框架下具有灵活性与适应性，它也会随着阶段推进而选择调整，跨境与跨国合作均在管理层面实现了尺度重组。

第三，空间网络。INTERREG A 主要在欧盟成员国边境空间尺度开展，但它也存在着与非欧盟国家的合作，例如葡萄牙、西班牙的海外省与西非国家的合作等。海外属地可以理解为地理空间的间断与历史空间的连接，它在拥有独立载体的同时也留着早期欧洲国家领土扩张的痕迹。由于边境区域的空间邻近特征，合作网络（针对欧洲地区）以清晰的联系线组建，地理位置以及周边国家数量是合作网络的重要变量。中欧国家德国与周边波兰、捷克、奥地利、法国、比利时等国家在边境尺度发生合作联系，西欧国家爱尔兰与英国的边境区域是它们的主要跨界合作空间，爱尔兰临洋靠海的空间定位也对它参与跨境合作的能力产生了影响，但它却是欧洲与北美洲联系的重要联络点。INTERREG A 合作计划主要勾勒出针对欧洲地区边境尺度的合作网络，运用边缘空间联合发展的手段将对增加欧盟区域国家联系与成员国凝聚力具有积极效应。需要说明的是，由于合作尺度的广泛性与复杂性，在此将国家作为空间行为体来描绘合作联系。

（二）国家尺度跨界合作：INTERREG B

国家尺度跨界合作相对于跨境尺度而言，它的地域范围更加广阔。INTERREG B 合作项目将尺度扩大至整个国家作为主要主体参与合作，也将尺度延展至欧盟以外国家，在欧洲尺度、国际尺度均开展了侧重不同的合作。

第一，跨界反馈。跨国合作在更大的尺度上产生了正向反馈，跨国合作所具备的附加值是多元而丰富的，这也是国家尺度推行跨界合作的内在需求。欧洲区域海陆交错的地貌特征也使得项目合作的维度是多元而广泛的。私营单位、公共部门、科研机构以及民间社会组织等均可以加入到跨国合作中来，主体的多元性使得项目成果收益也是多元流向的。均衡发展离不开多元共进，增值领域也由常态领域向长期忽视的领域进行了扩展，跨界合作的动力不止于扫清障碍，更在于它的效能多元，信息显示（www.interreg-npa.eu），2007—2013 年的北部周边与北极跨国合作计划中，该项目产生的有形影响为改善偏远农村地区的医疗保健服务、增加就业机会等，同时也对政策制定等产生无形的影响。跨国合作形成的反馈是具体的也是深远的，它对新一轮合作计划的展开具有重要的参照作用，参与伙伴间各有所长，跨越壁垒的相互学习也促进了欧洲区域的内生性发展。

第二，运作方式。跨界合作成员国的行为过程实质是联系交叉的沙漏式互动过程。以关注较多的波罗的海区域为例，2014—2020 年 INTERREG B 波罗的海项目的运作流程从合作伙伴到欧盟委员会，各机构的职能分工联系形成项目运作网络并实现管理结构的尺度重组。管理机构/联合秘书处负责的活动涉及网站管理、新闻提供、面向项目申请人提供咨询服务等信息与日常活动，监督职能由具有联合性质的监督委员会执行，以定位合作过程的偏差，项目流程中还包括不同机构间签订相关合同以明确要求。管理、监督以及控制的配合服务于整个项目的开展，其中一级控制 FLC（First Level Control）是具体到每个成员国家的控制管理，FLC 基于不同参与国情况有所差别，但项目合作者均需受到 FLC 对项目进度以及支出报告的验证，这是对项目成员国资金使用严格把控与明确流向的基本途径，同时 FLC 的相对独立性也是核查可靠性的保障。二级审计是由审计机构对项目运行进行核实与查验，项目流程中审计的重要性是显然的，它是确保管理落到实处以及保证项目成效的关键职能。

第三，空间网络。INTERREG V 的跨国合作联系映射在全球空间上形成以欧盟为中心的放射状结构，从欧盟延伸出三个大小不等的叶状网络组织（ArcGIS 图中法国海外属地的连线不是基于自身位置而是基于所属国家）。成员国间的跨界合作聚焦在西北欧、中欧、北海、地中海等区域，这是跨国计划参与合作最为频繁的地域空间。跨国合作尺度是相对灵活的，跨界合作同时也是一种跨尺度联系。波罗的海跨国合作是欧盟与东部国家联系的窗口之一，俄罗斯西北部地区也是该计划的参与方。欧洲北部周边与北极跨界合作（Northern Periphery and Arctic 2014—2020 年）的伙伴国连接出细叶状的合作网络，合作尺度延伸至北极圈地区。叶状合作网络还分布在印度洋与大西洋区域。印度洋区域的跨界合作为最大的叶状网络，它由法国海外领地与印度洋周边的部分国家进行合作，参与主体也有英联邦的成员国，跨界合作促进了各国间多方位交流以及资源要素流动。大西洋区域的叶状合作网络是最为密集的，且大西洋东西均有跨国合作。大西洋区域跨国合作（INTERREG-Atlantic Area）包括西班牙、葡萄牙等，加勒比海跨界合作（INTERREG-Caribbean）主要涉及欧盟成员国法国海外地区以及加勒比海周边国家等。欧盟国家的海外属地也纳入到跨界合作中，既通过地理位置的差异扩展了合作范围，同时对国家的凝聚与发展大有裨益。

（三）欧盟尺度跨界合作：INTERREG C

INTERREG C 是以欧盟为主要尺度开展的合作，它鼓励欧盟区域发展的网络化学习。依据 INTERREG 网站（INTERREG.eu）的信息与资料，从功能定位、政策学习、社会网络三个层面进行信息分析与图表绘制。

第一，功能定位。INTERREG C 计划具体为 INTERREG Europe、Interact、Espon 和 Urbact，它们都将学习交流与知识共享作为平台的重要功能，跨界合作过程中的协调方法与知识工具等都是值得借鉴的合作方式。Urbact 以促进城市综合发展为目标，它将城市作为明确的治理对象，同时将关于城市发展应对实践进行学习与共享，它将城市治理与知识工具加以结合，使得城市发展行动具备坚实的科学依据与经验基础。INTERREG Europe 拥有专门的政策学习栏目，提供专家知识等，Interact 提供丰富的在线课程学习等，Espon 为政策的制定提供了系统的信息与数据等。欧盟作为一个系统而言，其内部"器件"也不可避免地存在摩擦，或是相似的背景形成基础共识，或是历史的创伤形成文化割裂，成员国的情况十分复杂，但是基于跨界合作项目将不同地方进行联合与协调，知识共享便成为一剂良药，情况各异的地区在知识层面是平等的，网络化的学习方式也给予管理者更多的选择自由。

第二，政策学习。区域间合作的共同特征是注重政策学习，为区域间知识流提供了交换与创新的环境。"政策网络的开放程度与政策学习能力、政策创新的实现程度密切相关"，而开放的共享网络为能力提高与创新提供契机，知识流构建的欧盟区域网络化联系对于提高政策制定的能力以及实现欧盟社会、经济与领土的发展具有积极效应。网络平台的应用和学习活动的开展是区域间合作政策学习的方式，知识的共享在信息领域打破了传统的行政壁垒与信息垄断。经验的共享与交流是跨界合作计划的"收纳工具"，它具备信息输入与启发的双重作用。知识经验的互动使得合作变得高效，选择优秀的实践案例进行信息传播与知识转移，这可以为同类问题提供解决方案以及为不同项目提供借鉴。学习交流过程中存在对专家智库的吸收与转化，也存在研讨过程中的批判与思考，以最大地迸发出创新力量，因此知识收益的过程也是知识再生产①的过程。欧盟 INTERREG C 计划为欧盟成员国提供了交互式的网络学习平台，为改善区域公共政策的制定与执行提供坚实的智力支持。

第三，社会网络。区域间合作是以欧盟为主要尺度进行的，它的合作范围涉及所有成员国，与边境尺度、国家尺度相比，它的合作空间更加集中。区域间合作项目集中在欧盟成员国，冰岛、列支敦士登、瑞士以及挪威也参与到部分合作中。欧盟国家间联系紧密，各行为体联通性很强，德国、英国、斯洛文尼亚、法国等在合作网络中成为重要的中心。德国、法国、英国、意大利等是欧盟区域的经济引擎，且德国处于中部地带的优越位置，这些均为 INTERREG 计划发展提供了助力。斯洛文尼亚、克罗地亚虽然经济优势不明显，位于欧盟经济格局的外围，但是它们位于国家相对较多的南欧地区，地中海、多瑙河等跨国合作中均有它们的身影。社会网络基于欧盟尺度的测量具有一定局限性，例如法国海外属地在欧洲之外的合作网络并没有纳入其中。

第四，不同空间尺度的跨界合作对比。不同空间尺度下的跨界合作在运作特点、空间结构等方面存在差异。由于尺度是嵌入跨界合作中的一种动态要素，尺度变换的过程伴随着空间重构以及运作结构的调整。依据跨越边界、空间单元的性质划分为不同的尺度类型，其运作特点主要表现为欧盟尺度的信息共享的政策平台搭建以及跨国、跨边境合作中通过尺度重组实现的联合过程。其空间结构在不同尺度上产生的空间网络也存在差异。INTERREG 计划将不同尺度下的跨界合作加以整合，以跨越边界为突破进而塑造网络化交织的合作空间，同时也在重塑跨界合作的治理体系。边境尺度跨界合作的优势为距离邻近、跨界实践的可行性较高，跨国合作涉及的空间范围更广阔、合作领域也更加多元，这也是规避国家主义潜在影响的策略工具。欧盟则为成员国及周边国家提供了信息共享平台，以此为驱动吸引着多国行动者参与。

四、欧盟 INTERREG 计划跨界合作的逻辑解释

INTERREG 作为一项合作计划的渊源在历史行动中便可以寻找到痕迹，同时边界邻接空间相异的地区场景也使得跨界行为是复杂的。制度化设计、基金政策等均为跨界合作的运作与发展提供了重要解释。

（一）跨越边界的选择：历史与场景化的双重效应

跨越边界的合作既是基于共性基础的历史选择，也会受到多元化国家背景的特定影响。康德在论述世界永久和平的过程中指出建立世界联盟以及世界公民有权利自由出入其他国

---

① 周建国, 熊烨. 政策知识再生产：全球化时代政策转移中的知识叙事[J]. 江苏行政学院学报, 2016(04): 84-92.

家[1]，欧盟跨界合作实践在欧洲地区实现康德的部分和平理念，这是全球局部区域的范例也是世界和平的未来走向。跨界合作难以影响边界的设立，但欧洲国家面积小、数量多以及由海域连接的地貌状况，使得跨越边界是不同主体共同发展的理性选择。不过，"对边界的概括必须基于更广泛的社会过程和语境特征"[2]。波罗的海由于其特殊的地缘政治而成为联系东西方的交叉口，周边国家包括前苏联成员国，历史遗留问题需要考量。匈牙利与波兰出现偏离欧洲化的趋势[3]，这与地缘政治的复杂历史息息相关，边界空间的政治属性使得跨越界限与设立障碍的选择是动态的，合作进程中也伴随着偏离的过程。INTERREG 计划既是政治地理空间发展的历史选择，也是边界多侧个性化场景下的共赢出路。

（二）跨界合作的空间安排：制度化设计

制度安排是跨界合作的固化剂。跨界合作使得"边界"的功能定位发生了改变，它从传统的作为空间异质性的界限转化为空间合作与融合发展的策略手段。边界对空间功能的限制不仅是地理上的，更是政治、经济、文化等多类要素的分割，简单地打开一道流通之门并不能解决边界的所有障碍。空间也是合作与冲突不断转化的承载地，边界多侧的设计规则、运作模式、功能定位等差异难免引起冲突，不同空间模式下的跨界合作需要制度工具来实现常态化，创立共同的合作制度是十分必要的。欧洲议会（European Parliament）在跨境合作由自发现象转变为欧洲计划的漫长过程中发挥了重要作用[4]，对制度化的追求使得跨界成为一种正式工具来推进区域发展的去边界化与再边界化。如果跨界区域是为了协同发展而重构的新空间，那么边境区域的不同行为体在治理空间下将形成新的利益共同体。欧盟 INTERREG 计划的巧妙之处是通过跨越边界的制度认可将竞争更多地转化为合作，通过打通边界结点进而深化欧洲一体化的发展。

（三）跨界合作有效推行的刚性要求：基金政策

欧盟拥有着强大的基金政策为社会经济均衡发展提供支撑。欧洲结构和投资基金（ESIF）涉及区域发展、农业发展以及海洋发展等领域。欧盟及国家层面的资金支持与财政激励的可持续是促进跨界合作必不可少的[5]。基金政策作为一项灵活治理工具，它相对于完全的行政命令更具有吸引力与鼓励性。它是合作项目为载体的资金投入模式，资金的提供成为项目开展的"总阀门"，资金的意外中断可能造成计划难以推进的严峻局势。基金政策的透明性保障着 INTERREG 计划的效益。根据 INTERREG 计划的具体管理流程，审计机

① 康德（著），何兆武（译）.永久和平论[M].上海：上海人民出版社，2005.

② Paasi A, Prokkola E K. Territorial Dynamics, Cross-border Work and Everyday Life in the Finnish–Swedish Border Area [J]. Space and Polity, 2008, 12(01): 13-29.

③ 高歌.匈牙利和波兰"欧洲化"道路的偏离[J].国外理论动态，2019(10): 84-93.

④ Sassano S. The Long Road to INTERREG: The Role of European Parliament in the Institutionalization of Cross-border Cooperation in Europe (1958-1990) [J]. Eurolimes, 2015, 20: 145-163.

⑤ Podadera Rivera P, Francisco J. Calderón Vázquez. Institutional Aspects of Portugal-Spain Cross-Border Cooperation [J]. Journal of Borderlands Studies, 2018, 33(04): 585-604.

关、认证机关等针对资金进行严格的控制。基金政策的实施为跨界合作项目开展提供可能，保证资金使用的公开透明有助于项目效用得以发挥。项目投资会受到国际金融状况等外部环境的影响，它需要以稳定的政策来确保。欧盟区域发展基金政策是跨界合作有效落实的刚性要求，它是推行 INTERREG 跨界合作的重要资金工具。

（四）跨界合作的柔性之治：聚焦创新与文化激励

欧盟以丰富多样的文化载体鼓励跨界合作中的创新，通过节日设立、塑造典型等形式对跨界合作进行宣传，这可以视为关于跨界合作的激励措施。"欧洲合作日"的设立为跨界合作计划提供宣传，通过庆祝节日与开展活动的形式使公民更加了解欧盟的区域发展，这对"建立集体的文化认同和加固文化记忆"[1]有着深刻的影响。通过评选荣誉项目来为其他相关参与者设立标杆，激励更多的人参与到创新中来。此外，设立的"RegioStars"奖，它用于奖励在区域发展方面的创新方法与突出成就，欧洲领土合作分组平台（portal.cor.europa.eu）的"欧洲跨境建设（Building Europe across Borders）"奖项也是一项激励设置。给予跨界合作中的成就以认可与奖励是一种正强化，在欧盟区域发展的实践中会迸发更多的创新力量。文化激励不仅增加了跨界合作的宣传力度，也拉近了公民与区域政策之间的距离，同时以奖励形式作为反馈激发了参与者的创造性，这也吸引更多参与伙伴投身于跨界合作。

（五）跨界合作行动的内核：共信共享的理念

共信共享的理念是跨界合作的无形支撑，但它却产生了实质的影响。模糊的事物有时比精准的细节更能在空间上发挥作用，理念是不同行为体有序合作的内在基础，理念虽模糊且难以精准刻画，但是它在跨界合作过程的支撑作用是显著的。共同信任、身份认同[2]是跨界合作网络中行为体的"连接轴"，它是合作意愿的前提与经验共享的心理基础。例如，芬兰—俄罗斯的跨界合作中行为体间的空间信任（The Spatiality of Trust）[3]对于突破领土空间制约以及加强跨界合作是至关重要的。跨界合作重构的空间不仅是突破行政界限的地理空间融合，同时也是理念培育的过程。共享既是合作的前提也是合作的结果，不同国家或区域行为体共享基本信息、增进各方了解，这是规避信息孤岛风险以及有效合作的要求。对区域间典型的合作案例进行经验共享也成为参与方的智慧收益，知识网络的建立又进一步为欧盟合作创造了共信共享的合作氛围。

---

① 王霄冰. 节日：一种特殊的公共文化空间[J]. 河南社会科学, 2007(04): 5-8.
② 杨娜. 欧洲模式的韧性：新冠肺炎疫情与欧盟卫生治理[J]. 外交评论(外交学院学报), 2020, 37(06): 74-98+6-7.
③ Koch K. The Spatiality of Trust in EU External Cross-border Cooperation [J]. 2017, 26(03): 591-610.

第五章 国家尺度重组与飞地产业园区空间生产

　　飞地是人文地理学科历久弥新的重要研究对象[①]，飞地经济是地方政府主导推动下，资本、技术和劳动力等生产要素跨越行政区划界限重新布局，以实现区域间互利共赢的经济发展模式[②③]，既因其鲜明的外部嵌入特征而与周边环境相隔离[④]，又因其突出的联系纽带功能而将不相邻的地理区域链接在一起[⑤]，成为我国各级政府积极倡导的密切区域合作、促进区域均衡发展、推动区域一体化的创新实践模式和实现国家空间重构的特殊试验手段[⑥⑦]。研究表明，在资本过度积累的危机和再地域化的驱动下，飞地经济产生于地方制度试验，并因与国家空间选择性的演变趋势相一致而被纳入国家空间策略，以培育区域竞争力和协调区域间关系。其治理结构因涉及复杂的地域间、尺度间和政府—市场关系而存在一定内在矛盾。因此，飞地经济应被视为国家空间重构中的一种特殊试验手段，主要发挥"引导"作用，并同其他空间或非空间政策相衔接。

第一节 飞地经济的空间生产机理与治理结构[⑧]

　　进入 21 世纪以来，"飞地经济"这一城市合作形式在长三角、珠三角等地区迅速发展起来并扩散到全国，成为协调区域发展的重要空间策略。"飞地经济"（Enclave Economy）

---

　　① 姚丹燕，刘云刚. 从域外领土到飞地社区：人文地理学中的飞地研究进展[J]. 人文地理, 2019, 34(1): 20-27.

　　② 何深静. 中国飞地城市主义及其社会空间影响[J]. 城市与区域规划研究, 2019, 11(1): 190-222.

　　③ 孙久文，苏玺鉴. 新时代区域高质量发展的理论创新和实践探索[J]. 经济纵横, 2020(2): 6-14+2.

　　④ 姚尚建. 制度嵌入与价值冲突——"飞地"治理中的利益与正义[J]. 苏州大学学报(哲学社会科学版), 2012(6): 66-72.

　　⑤ 李鲁奇，马学广，鹿宇. 飞地经济的空间生产与治理结构——基于国家空间重构视角[J]. 地理科学进展, 2019, 38(3): 44-54.

　　⑥ 麻宝斌，杜平. 区域经济合作中的"飞地经济"治理研究[J]. 天津行政学院学报, 2014 (2): 73-81.

　　⑦ 冯云廷. 飞地经济模式及其互利共赢机制研究[J]. 财经问题研究, 2013(7): 96-104.

　　⑧ 本节内容修改自如下论文：李鲁奇，马学广，鹿宇. 飞地经济的空间生产与治理结构——基于国家空间重构视角[J]. 地理科学进展, 2019, 38(03): 346-356.

通常指一国外向型或高新技术产业被国际资本主导而非嵌入地方经济的现象①②，反映了国际经济体系中边缘国家对核心国家的依附；同时，它也指在移民或少数族群内部所形成的劳动力市场，即"族群飞地经济"（Ethnic Enclave Economy）③④。国外研究多关注跨国家边界的区域合作，尤其是欧盟内国际合作及相应的尺度和地域重组过程⑤⑥⑦，国内分析主要侧重以下方面：首先，以经济资源的跨界流动为关注点，探讨飞地经济在区域资源配置中的功能和绩效⑧⑨；其次，以治理权力的跨界流动为关注点，探讨包括两地政府在内的多方主体间的权力关系和制度安排⑩；最后，从规划和管理实践入手，归纳总结园区合作共建的一般机制和模式⑪⑫等。

一、飞地经济的发展过程与类型

在由城市尺度到区域尺度的国家空间重构中，飞地经济作为一种新兴的空间重构策略开始被城市、区域和国家等不同尺度的行动者重视。该部分将简要分析飞地经济的发展过程，并对其分布和类型进行简要总结。

（一）地方制度试验中的飞地经济

飞地经济是地方制度试验的产物，最早产生于长三角、珠三角和京津冀等经济水平较高、经济体制改革较为深入的地区，并多集中于各区域内部。长三角地区的江阴—靖江工业园区早在 2002 年就已提出，是国内最早的飞地经济实践之一。2005 年江苏省在出台《关于加快南北产业转移意见的通知》后开始了大规模的苏南、苏北园区共建，成为长三角甚

① Gallagher K P, Zarsky L. The Enclave Economy: Foreign Investment and Sustainable Development in Mexico's Silicon Valley [M]. Cambridge, UK: The MIT Press, 2007.

② Bustos-Gallardo B. The Post 2008 Chilean Salmon Industry: An Example of an Enclave Economy [J]. The Geographical Journal, 2017, 183(02): 152-163.

③ Light I, Sabagh G, Bozorgmehr M, et al. Beyond the Ethnic Enclave Economy [J]. Social Problems, 1994, 41(01): 65-80.

④ Wingfield A H. 2009. Doing Business with Beauty: Black Women, Hair Salons, and the Racial Enclave Economy [M]. Lanham, MD: Rowman and Littlefield Publishers.

⑤ Perkmann M. Construction of New Territorial Scales: A Framework and Case Study of the EUREGIO Cross-border Region [J]. Regional Studies, 2007, 41(02): 253-266.

⑥ Pikner T. Reorganizing Cross-border Governance Capacity: The Case of the Helsinki-Tallinn Euregio [J]. European Urban and Regional Studies, 2008, 15(03): 211-227.

⑦ Johnson C M. Cross-border Regions and Territorial Restructuring in Central Europe [J]. European Urban and Regional Studies, 2009, 16(02): 177-191.

⑧ 杨玲丽. "嵌入性"约束下的产业转移制度安排：江苏省南北挂钩共建产业园区的经验借鉴[J]. 科技进步与对策, 2015, 32(05): 48-53.

⑨ 连莲, 叶旭廷. 京津冀协同发展中的"飞地"经济研究[J]. 经济问题探索, 2016(05): 146-151.

⑩ 罗小龙, 沈建法. 中国城市化进程中的增长联盟和反增长联盟：以江阴经济开发区靖江园区为例[J]. 城市规划, 2006, 30(03): 48-52.

⑪ 金利霞, 张虹鸥, 殷江滨, 等. 基于新区域主义的广东省"核心-外围"区域合作治理：以广东顺德清远(英德)经济合作区为例[J]. 经济地理, 2015, 35(04): 19-25.

⑫ 苏文松, 方创琳. 京津冀城市群高科技园区协同发展动力机制与合作共建模式：以中关村科技园为例[J]. 地理科学进展, 2017, 36(06): 657-666.

至全国飞地经济的典范。同时，张江平湖科技园区、上海漕河泾开发区盐城分区等跨省实践也随之兴起。珠三角地区的飞地经济主要依托 2008 年后广东省的"双转移"政策而大规模发展起来，截至 2016 年已达 83 家，如深汕特别合作区、广州（梅州）产业转移工业园等。京津冀地区的实践亦强调产业转移和合作，并同京津冀协同发展战略相联系，如 2015 年的《京津冀协同发展规划纲要》对产业转移问题进行了研究，随后跨省的飞地经济在河北逐渐发展起来，如曹妃甸协同发展示范区、威县·顺义产业园等。在全国其他地区，飞地经济也大量兴起，如湖北武汉与黄冈 2014 年开始的园区共建、四川成都与德阳在 2013 年建立的成德工业园等。这其中也包括一定的跨区域实践，如广东深圳与河北保定 2016 年签署共建的"保定深圳园"。此外，与飞地经济相关的区域性非营利组织也逐渐产生，如长三角园区共建联盟、广东省工业园区协会等。

（二）国家空间政策中的飞地经济

地方制度试验中的飞地经济多集中于区域内部，而在国家尺度，除培育区域竞争力外，协调区域发展差距同样是重要关注点，因此中央政府更强调飞地经济与各类对口支援和帮扶等政策的衔接，以缩小中西部地区与东部地区间的发展差距。尽管在地方制度试验中，飞地经济早在 2003 年就已产生，但在 2008 年汶川地震的灾后重建规划中才受到国务院关注。此后，除针对重庆、内蒙古、江西等省级行政区的专项文件外，飞地经济也直接同西部大开发、中部崛起等区域发展政策相结合，如 2010 年的《国务院关于中西部地区承接产业转移的指导意见》即强调园区共建在带动中西部发展中的作用。与此同时，区域内的飞地经济亦受到国家关注，并同长江经济带发展、泛珠三角区域合作等战略相结合，以推进区域一体化、提高区域竞争力。在此基础上，飞地经济进一步被纳入全国性的空间政策，并同国土开发、生态补偿、农民工返乡创业等一系列空间或非空间政策相衔接。如 2017 年被正式纳入全国国土规划纲要，标志着飞地经济由自下而上的制度试验正式转变为国家尺度的空间发展战略。在国家发展和改革委员会等部门 2017 年 6 月联合发布的《关于支持"飞地经济"发展的指导意见》中，亦肯定了飞地经济在区域化中的作用，并进一步将其与三大国家战略相联系。在这些政策的指导下，全国尤其是中西部地区的飞地经济依托对口援建或帮扶等项目发展起来，如喀什深圳产业园、凯里·杭州经济开发区协作园等。

（三）飞地经济的分布与类型

本节基于网络资料，针对各省区分别进行检索，截至 2017 年底共整理得到全国 351 个共建园区。从核密度上看，飞出地高度集中于京津冀、长三角和珠三角三大城市群，在中部地区也有零星分布；而飞入地则相对分散，在中部形成纵向轴带，在东北、成渝等地区也呈团块状分布，但仍主要集中于江苏和广东。根据飞出地与飞入地的空间距离将其分为 4 级，可发现强烈的距离衰减特征。其中 506.4 千米以下的飞地经济有 224 个，占总数的 63.8%，主要分布于沿海地区和成渝地区，多以区域中心城市为核心向周边扩散；506.5～

1214.0 千米的共有 71 个, 仍主要以三大城市群为核心呈扇形向中部地区和东部其他地区扩散; 其余两级则分别包含 39 个和 17 个长距离联系, 主要存在于东部地区与中西部地区之间, 以及东部部分城市群之间。

在飞地经济的分类上, 当前研究多基于投资和产业发展模式进行总结[1][2], 但这些分类较为微观, 难以把握飞地经济与国家空间重构之间的关系。从领域范围和开发管理模式两个维度出发, 可以总结出六种飞地经济类型。

从领域范围上看, 飞地经济可表现为区域内合作和跨区域合作。前者通常以地方政府为主导, 以产业转移、提高区域竞争力为基本目标, 多存在于东南沿海地区; 后者亦可以地方政府为主导, 但常常贯穿了中央的政策导向 (如西部大开发政策、全国国土规划), 以产业转移、对口援建等为目标, 多存在于东部地区与中西部地区之间。二者的根本区别并非在于空间范围的大小, 而在于目标或功能的不同: 前者目标在于推进区域化、增强城市—区域的竞争力, 同朝向关键区域的国家空间重构趋势相一致; 后者则是为协调区域间关系、缩小区域发展差距, 更多依托中央的政策导向。

在开发管理模式上, 飞地经济主要存在以下几种类型: (1) 飞出地主导模式, 主要由飞出地进行投资, 开发建设和日常运作也多依托飞出地的开发区、政府或投资公司; (2) 飞入地主导模式, 管理和开发机构主要由飞入地领导, 规划、建设和招商等工作也主要依托所在地, 而飞出地则主要负责协助招商等工作; (3) 双方共管模式, 多由两地共同出资, 并共同负责园区的规划、开发、管理等事务; (4) 多尺度参与模式, 不仅涉及飞出地和飞入地, 同时其他尺度主体 (尤其是省区政府) 也在协调、投资、开发等事务中发挥关键作用, 园区管委会甚至在名义上受省政府领导。

二、飞地经济的空间生产机理

飞地经济作为一种新的制度空间, 在根本上由资本的空间运动所驱动, 同时也是地方和国家制度试验的一部分, 在复杂的国家空间重构过程中被塑造, 以进一步重构国家空间 (如图 5-1 所示)。该部分将基于这一思路对飞地经济的空间生产机理进行简要论述。

① 蒋费雯, 罗小龙. 产业园区合作共建模式分析: 以江苏省为例[J]. 城市问题, 2016(07): 38-43.
② 苏文松, 方创琳. 京津冀城市群高科技园区协同发展动力机制与合作共建模式: 以中关村科技园为例[J]. 地理科学进展, 2017, 36(06): 657-666.

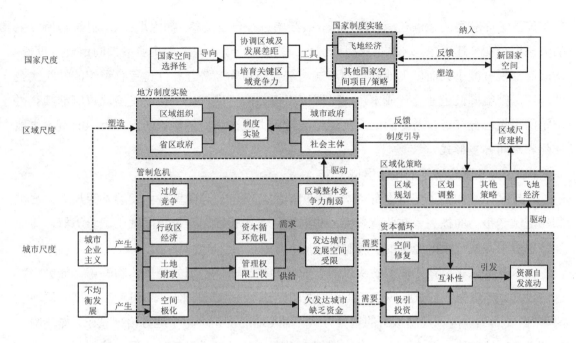

图 5-1　飞地经济的空间生产机理

（一）不均衡空间发展与资本的再地域化

尽管资本主义在根本上试图朝向均衡化发展，以生产出均质化和一体化的空间，但从具体劳动的角度看，不均衡发展同样是资本主义的内在属性[①]。在这个过程中，资本日益集中地附着于特定地理空间，并由于特殊的区位优势获得超额利润；但这种"附着"表现为难以流通的固定资本和本地劳动力市场，其地方根植性使资本的空间转移面临一定障碍[②]。在此背景下，资本过度积累的危机日益集中于特定空间及其建成环境中，而解决危机的方法则是将资本从这一空间中解放出来，寻找新的可以获得超额利润的空间，以实现空间修复。这种不均衡地理发展下的去地域化和再地域化过程表现为"蛙跳式"的资本空间运动[③]，成为中国社会主义市场经济体制下飞地经济形成的根本驱动力。

改革开放以来，在经济较为发达的部分中心城市，资本因过度积累而趋于饱和（表现为基础设施的重复建设等），土地、劳动力等要素也日益紧张，集聚不经济现象日益突出，严重制约城市发展。同时，分权化下地方主义的盛行导致城市间竞争加剧，使城市即使出现过度积累的危机也不愿进行产业转移，以免导致税收流失、就业率下降等问题。更严重的是，土地财政导致了不合理的土地利用模式，引发土地管理权的上收和耕地保护政策的收紧，加剧了土地资源的紧张局面。在此背景下，企业经营成本急剧上升，因区位优势、

[①] Smith N. Uneven Development: Nature, Capital, and the Production of Space [M]. Oxford, UK: Basil Blackwell, 1990.

[②] Harvey D. The Limits to Capital [M]. Chicago, IL: University of Chicago Press, 1982.

[③] Smith N. Uneven Development: Nature, Capital, and the Production of Space [M]. Oxford, UK: Basil Blackwell, 1990.

集聚经济等而获得的超额利润逐渐降低,故开始进行自发迁移,如深圳在 21 世纪初所发生的大规模企业外迁现象。这对企业和城市政府均造成一定损失,如企业增加固定资产投资,而政府则税基减小。而以飞地经济为形式,基于城市间经济互补性进行有组织的蛙跳式企业外迁,则能降低企业经营成本,同时通过"权力的再地域化"保证飞出地政府继续获得一定的税收、分红等收益。因此,飞地经济本质上是由政府所协调的、有组织的资本再地域化和空间修复形式。

(二)行政区经济下的试验区域主义

行政区经济加剧了城市本身资本过度积累的危机,也导致区域内发展差距加大,严重制约区域竞争力的提高。在此背景下,与同城化、市长联席会议等区域化试验类似,飞地经济也成为破解行政区经济的一种制度试验。

改革开放以来,在"摸着石头过河"原则的指导下,中国的经济体制改革(如经济特区的设立)形成强烈的试验属性,其基本逻辑是试验—总结—推广。相应地,"试验区域主义"[1]也成为当前区域尺度重组的重要方式。而飞地经济正产生于地方治理试验,如江阴—靖江工业园区被称为"文件上没有、惯例上没有、领导讲话里暂时还没有的创新和突破"。相比于其他制度试验,飞地经济具有更大的灵活性。如在空间范围上可同时用于协调区域内和区域间关系;在制度安排上不需要进行剧烈的行政组织重构,政治和经济风险相对较低;在参与主体上飞出地与飞入地的双边关系更容易协调,合作成功率也更高。

作为制度试验,飞地经济的产生需要较为宽松的制度环境、良好的地缘和人缘条件,甚至富有改革精神的官员等。飞地经济最早产生于珠三角、长三角等改革较为深入、思想较为开放的地区,而在中西部等地区则易受观念和行政体制的制约。同时,飞地经济以短距离联系为主,集中于区域内部,甚至直接依托城市间对口帮扶而发展起来。这是由于飞地经济本质上是城市间重复博弈的结果,而地缘相近或有长期合作关系的城市在长期互动中更容易关注长期利益并进行合作。此外,"试验"的本质是基于某种假设而进行尝试,通常面临较大的失败风险,因此具有冒险和改革精神的试验者常常发挥关键作用。例如在江阴—靖江工业园区和深汕特别合作区的建设中,均有省政府和各市特定官员的支持和推动。总之,"试验"属性决定了飞地经济的产生是一系列必然和偶然因素交互作用的结果,而一旦成功,其经验就具有积累性和可推广性,这成为广东、江苏等地飞地经济迅速发展的重要原因。

(三)面向区域尺度的国家空间选择性

国家空间选择性体现了国家对特定尺度和地域的偏好,这种偏好使其通过国家空间项

---

① Gualini E. Regionalization as "Experimental Regionalism": The Rescaling of Territorial Policy-making in Germany [J]. International Journal of Urban and Regional Research, 2004, 28(02): 329-353.

目或策略引导国家机构和社会经济空间的重构①。2001 年以来，中国的国家空间选择性在尺度上日益关注区域，在地域上则重点关注有全球竞争力的关键城市—区域，并兼顾区域间的协调发展。在此背景下，飞地经济从自下而上的制度试验上升为国家空间策略，并叠加于城市群规划、西部大开发等原有策略上，成为国家空间重构的新兴手段。

在中国的区域尺度重组中，国家空间政策主要关注以下两方面。首先，与西欧新一轮国家空间重构类似，在区域尺度上应对城市企业主义的治理危机、提高区域竞争力是首要关注点，如 2016 年的《长江三角洲城市群发展规划》明确提出"长三角城市群是我国参与国际竞争的重要平台"。而飞地经济既为中心城市产业转型升级提供了空间，又能使边缘城市获得发展要素，故在推动区域一体化、提高区域整体竞争力中发挥重要作用。其次，以区域为单元培育国际竞争力可能加剧区域间的不均衡格局。为此，中国区域政策在 2000 年以来也开始重视区域协调发展，出台了西部大开发等一系列政策。在这个过程中，飞地经济的优势再次显现出来。相比于一般的跨界合作，飞地经济将资源集中于园区，有利于发挥集聚效应并培育增长极；而相比于一般的产业园区，飞地经济是一种结对式、稳定持续的合作，有利于城市间长期合作制度的建立和发展模式的探索。这一优势加之空间范围上的灵活性使其成为协调区域发展的有力工具，使国家在培育关键区域竞争力的同时，缓解区域尺度上新的空间极化问题，促进全国尺度资源的优化配置。

三、飞地经济的一般治理结构

飞地经济存在灵活多样的治理结构，综合当前飞地经济实践，可将其一般治理结构总结如下（如图 5-2 所示）。在主体上，飞地经济可涉及两地政府或开发区、高尺度政府、政府间协调组织、管理和开发主体等。其中，飞出地和飞入地城市政府以及管委会通常是飞地经济最基本的治理主体。除城市政府外，飞地经济也常常依托飞出地或飞入地开发区设立，管委会也受开发区领导。同时为协调城市间关系，两地主要领导可成立联席会议或领导小组，决定开发建设中的重大事项。在管理和开发上，飞地经济通常采取市场化运营，出资成立开发公司或委托第三方。此外在省内和跨省实践中，省级政府也常直接参与到飞地经济建设中，或间接地提供政策支持；中央政府较少直接参与，而通常在区域政策和飞地经济专项政策等方面提供指导和支持。

可以发现，飞地经济中主要涉及三对关系：地域间关系、尺度间关系、政府—市场关系。这决定了飞地经济相比于国家级新区等新的制度空间，治理结构更为复杂。尽管复杂的治理结构可用来协调多种主体间复杂的利益关系，但由于各主体均追求自身利益最大化，飞地经济中的结构性矛盾也常常凸显。

---

① Brenner N. New State Spaces: Urban Governance and the Rescaling of Statehood [M]. Oxford, UK: Oxford University Press, 2004.

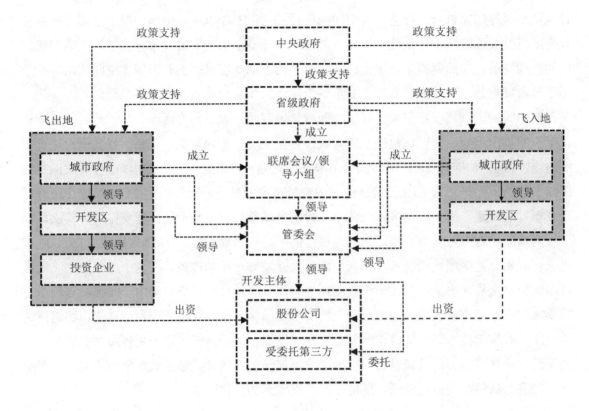

图 5-2　飞地经济的一般治理结构

在城市间关系上，飞地经济不仅涉及资本的再地域化，也涉及权力的再地域化，是典型的地域政治问题。地域（Territory）的本质在于特定权力主体对一定有界空间的占有[①]，这种占有具有排他性并直接服务于权力主体自身利益。相比于同城化、跨界园区等再地域化过程，飞地经济的特点在于飞出地在原有行政安排下完全缺乏对园区土地的管辖权，它在园区的权力完全来自飞入地的让渡（有时也来自上级政府的授予）。这一地域权力格局的潜在问题在于，飞入地对园区仍保持名义上或事实上的管辖权（如社会管理权力），且对飞出地权力的"侵入"相当敏感，因此当利益格局发生变化时，飞入地可能试图收回或干扰飞入地在园区的权力，如靖江对封闭运作的江阴—靖江工业园区的介入[②]。此外，当飞地经济带动起由飞出地到飞入地的产业转移浪潮时，飞入地也可能积极扶持无需权力和利益分享的开发区，并同共建园区进行竞争。

这一问题除源自权力再地域化本身的性质、城市间在观念和利益方面的分歧外，也同飞地经济中贯穿的城市企业主义逻辑紧密相关。尽管飞地经济是一种区域化制度试验，但

---

① Delaney D. Territory: A Short Introduction [M]. Oxford, UK: Blackwell Publishing, 2005.

② 张京祥，耿磊，殷洁，等. 基于区域空间生产视角的区域合作治理：以江阴经济开发区靖江园区为例[J]. 人文地理，2011, 26(01): 5-9.

仍受城市企业主义治理模式的影响。对于飞出地和飞入地来说，飞地经济均体现了强烈的发展和竞争导向（如腾笼换鸟或实现经济起飞），城市自身利益和竞争力始终是参与方的首要关注点。同时，飞地经济是一种新兴的土地开发模式，土地财政在一些城市仍是开展飞地经济的动因之一，如 2010 年湖北襄樊深圳工业园的违规土地开发。在这一逻辑下，城市间以及政府、企业、居民等主体间极易陷入利益争夺而阻碍合作进程。

从尺度上看，飞地经济常涉及省区或中央政府等高尺度行动者，这一复杂的尺度间关系亦产生一系列矛盾。高尺度行动者在飞地经济中主要扮演两种角色。其一是不直接参与飞地经济的开发管理，但在土地、税收、人事等方面对城市政府具有领导权。因此当上级政府态度不积极时，飞地经济可能在土地审批等方面受到牵制，城市官员也可能考虑到潜在政治风险而裹足不前。其二是高尺度行动者直接参与飞地经济建设，发挥协调作用并提供政策和资金支持。尽管这有利于飞地经济的有效实施，但参与主体的增加也使权力和利益结构进一步复杂化，在人事安排、税收分成等方面产生矛盾。同时，由于飞地经济对区域政策（如广东省双转移政策、江苏省沿江开发政策等）具有强烈的依赖性，当高尺度政策发生变动时，飞地经济也将呈现出明显的脆弱性和不稳定性。

此外，异地共建园区具有开发区的一般属性，如吸引投资并促进产业发展，进而带动地区经济增长。因此，它也有开发区这一特殊制度空间的各类结构性矛盾，如管委会与地方政府之间的矛盾、产业发展问题等。其中，产业转移是飞地经济的基本功能（因对口帮扶而共建的园区也常常具备产业转移功能），但这一过程中可能导致飞入地环境恶化、飞出地产业空心化等问题。同时，飞入产业和本地产业链不衔接、规划选址不科学、飞入地要素价格上涨、飞入地行政管理效率低下等问题均可对园区产业发展形成制约，进而威胁合作的稳定性。

从实际效果上看，飞地经济在区域发展中的作用也参差不齐。例如，制度建设较为完善、资源投入较为充分的深汕特别合作区已成为深圳的一座"新城"，在缓解深圳土地紧张问题、带动粤东经济发展等方面发挥了有效作用。然而，仍有部分飞地经济在发展过程中面临日益严峻的管理体制和经济发展困境，如江阴—靖江工业园区联动开发协调会曾一度中断，两地在实际管理中也存在大量冲突。此外，亦有大量飞地经济因后续投资和管理不到位、产业规划不合理、土地利用违规等问题而举步维艰。

综上所述，飞地经济产生于中国国家空间重构的宏观背景下，是国家空间选择性由城市尺度向区域尺度转移的过程中所产生的新兴治理策略，飞地经济在长三角、珠三角、京津冀等经济水平较高、改革较为深入的地区发展较为成熟，资本过度积累的危机以及相应的再地域化（或空间修复）是飞地经济兴起的根本驱动力。相比于其他空间重构策略，飞地经济在治理结构上较为复杂，涉及地域间关系、尺度间关系、政府—市场关系。这一结构存在一系列内在矛盾，如飞出地再地域化的权力与飞入地原有地域权力间的矛盾、尺度间在行政管理和政策支持等方面的问题等。这使得飞地经济呈现出一定的脆弱性和不稳定性，表明其仍是国家空间动态重构中的特殊试验手段，其作用的发挥需同区域规划、政府体制改革等其他空间或非空间政策相配套。

第二节　飞地经济跨界空间治理的理论与实践①

21 世纪以来，经济全球化与区域一体化的发展推动了全球、国家、区域以及地方层面等多维空间尺度的治理融合化②，以纵向权力线和横向职能线③为划分依据的传统政府治理路径渐趋不适用于跨国家、跨区域和跨层级的空间治理需求，区域可持续发展逐渐转向跨界治理与区域协作。同一发展背景下，打破相互独立、非均衡发展地域界限的，以跨区域经济合作为推进方式，旨在促进区域间资源互通、优势互补、统筹协同的"飞地经济"模式出现并得到快速发展④，"飞地经济"的角色和职能逐渐从单一的跨区域经济发展载体⑤过渡到跨区域合作与治理平台⑥，成为协调区域关系的跨界治理手段与空间策略选择。

一、飞地经济跨界空间治理的理论基础

"飞地经济"的跨界空间治理伴随着国家—地方尺度重组与地域重构，表现为跨地理、跨行政与跨治理边界的跨空间融合治理，尺度重组与制度嵌入奠定了"飞地经济"的跨界空间治理理论与实践基础（如图 5-3 所示）。

（一）尺度重组："飞地经济"跨界空间治理的策略性

"尺度"是表述空间规模、层次与相互关系的量度⑦，随着资本地域化与尺度实践的发展，在经济地理学、人文地理学和城市地理学等领域进一步延伸出尺度重组概念，涉及地理层面的地域重构、社会层面的社会建构以及政治层面的空间权力与治理结构优化⑧三大维度，并与各种社会-权力关系相交织，同地域、网络和地方发展了"交互空间"，表现为具有区域空间权力的尺度迁移与经济网络化特征。作为空间重构的一个维度，尺度重组涉

---

① 本节内容修改自如下论文：张钊，马学广，王新仪. 尺度重组与制度嵌入："飞地经济"的跨界治理实践[J]. 贵州省党校学报，2021(06)：61-71.

② 曹海军.国外城市治理理论研究[M]. 天津：天津人民出版社，2017：251.

③ 刘祺.跨界治理的研究进展：文献计量、述评与展望[J]. 学习论坛，2019(10)：58-65.

④ Zhou M. China Town: The Socioeconomic Potential of an Urban Enclave [M]. Philadelphia, Pa.: Temple University Press, 1992: 10.

⑤ 安增军，林昌辉. 可持续"飞地经济"的基本共赢条件与战略思路——基于地方政府视角[J]. 华东经济管理，2008(12)：42-46.

⑥ 连连，叶旭廷. 京津冀协同发展中的"飞地"经济研究[J]. 经济问题探索，2016(05)：146-151.

⑦ Howitt R. Scale and the Other: Levinas and Geography [J]. Geoforum, 2002, 33: 299-313.

⑧ 温丽，魏立华，丛艳国. 尺度重组视角下地域空间演变及管治机制述评[J]. 南方建筑，2020(04)：126-134.

及广泛的社会空间过程①，在其实践过程和广泛的社会化治理中，引发了对地理空间作为重要的空间生产实践的思考，尤其是以地域重构而促进的跨区域空间发展，进一步形成了国家对区域层面相关发展策略的引导与重视，为国家与区域、区域与区域的空间治理和权力管制互动提供了新的方法和主题。

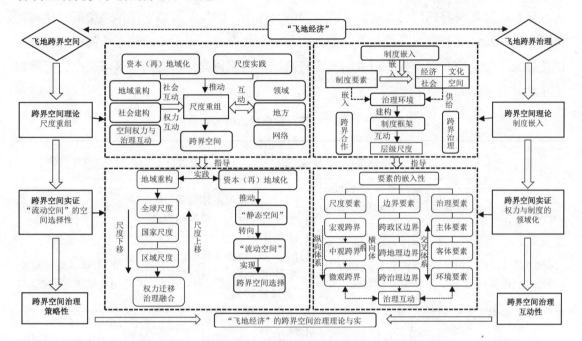

图 5-3　"飞地经济"的跨界空间治理理论与实践基础

在国家—区域空间生产实践中，地域重构与资本迁移促进了"流动空间"的发展，表现为具有跨政区异地镶嵌形式的"飞地经济"的实践，在这一过程中，尺度重组为"飞地经济"提供了跨界空间生产的可能性。一方面，地域重构为"飞地经济"跨界生产提供了区域空间选择性。空间生产的不均衡化重构了在全球尺度、国家尺度乃至城市尺度的权力迁移与治理融合，并伴随着行政区划的调整奠定了"飞地经济"尺度上移与尺度下移的空间选择。另一方面，资本地域化与再地域化推动飞地"流动空间"的形成与发展。资本逻辑作为追求时空价值和利益最大化的重要策略，以及资本空间转向开辟的新域地理空间由"静态空间"向"流动空间"转变，推动了资本（再）地域化与"飞地经济"的空间交互。以地域重构与资本（再）地域化为主要实践的尺度重组过程，从理论与实践层面建构了"飞地经济"在不同尺度的空间选择，厘清了"飞地经济"跨界空间生产的可能性，并奠定了跨界空间治理的策略性。

（二）制度嵌入："飞地经济"跨界空间治理的互动性

匈牙利学者卡尔·波兰尼（Karl Polanyi）提出的"嵌入性"（Embeddedness）概念指的

---

① 马学广, 李鲁奇. 全球重构中尺度重组及其地域性管制实践研究[J]. 地域研究与开发, 2017, 36(02): 1-6.

是在社会关系建构经济行为的过程，即进行的经济行为受到所处社会环境制约，后由经济领域延伸至其他领域[①]。在新制度主义领域，地理空间的正常运转须嵌入到经济、文化、社会乃至空间结构之中，其发展也相应地受到刚性制度的策略安排[②]，制度嵌入为地理空间研究带来了新的视角。制度框架为跨区域合作与治理的稳定性提供了支持与保障，尤其是在跨政区、跨层级与跨部门的政府间、政企间的合作中，刚性制度锚定了地理空间的建构，涉及横向地域关系与纵向尺度关系。交互式与嵌套式形成的多中心跨区域空间结构提供了制度嵌入环境，而在此背景下形成的复合行政、契约化协同治理等为跨区域的空间互动奠定了治理理论基础。

表 5-1　"飞地经济"多尺度治理结构简表

治理尺度	治理主体	治理框架	治理手段与内容	治理特征	治理实例
国家尺度	国家发展改革委员会等部委机构	国家力量介入"飞地经济"的跨界发展与顶层治理	通过顶层规划与行动计划，推动考核机制、激励机制与保障机制不断完善与落实，实现对"飞地经济"的经济发展与跨界空间治理	管理主体明确、管理幅度大，统筹能力强	2017 年《关于支持"飞地经济"发展的指导意见》
区域尺度	区域组织、联席机构等	相关区域政府机构组成联席会议或领导小组开展多层级网络化协作		协调主体明确、合作高效、区域统筹、协作能力强	2015 年《京津冀协同发展规划纲要》
省市县尺度	省、市、县政府及开发区等相关部门	各省、市、县对"飞地经济"的顶层规划落实到基层治理		治理主体明确、府际关系明显、行政区体制优势显著	2019 年辽宁省《辽宁省人民政府关于支持"飞地经济"发展的实施意见》　2020 年《沂南县飞地经济政策实施意见》
园区尺度	园区管委会、股份公司、投资企业等	园区管委会等负责飞地具体的投资、建设、开发与治理		治理主体明确且多元，机构设置灵活、统筹与协调能力较弱	2020 年《金东区产业创新飞地园区管理办法（修订稿）》

　　制度嵌入不仅涉及资本的（再）地域化，也建构了权力与制度的（再）地域化[③]，为"飞地经济"跨界空间治理实践提供互动基础。"飞地经济"主要形成了以飞出地管理、飞入地管理与飞地双方共管的三种管理模式，其制度约束也嵌入到各尺度政府、各地域企业以及嵌套式的社会文化与地理空间结构中。首先，尺度要素的制度嵌入。"飞地经济"形式下的跨区域治理范式有赖于区域内部合作，即纵向层级内部间建立了稳固的制度化合作方式，

①　卡尔·波兰尼. 大转型：我们时代政治与经济的起源[M]. 冯钢, 刘阳, 译. 杭州：浙江人民出版社, 2007: 20.
②　周建国, 曹新富. 基于治理整合和制度嵌入的河长制研究[J]. 江苏行政学院学报, 2020 (03): 112-119.
③　马学广, 李鲁奇. 全球重构中尺度重组及其地域性管制实践研究[J]. 地域研究与开发, 2017, 36(02): 1-6.

形成了中央政府主导的宏观跨界"飞地园区"、省市级政府主导的中观跨界"飞地园区"和企业主导的微观跨界"飞地园区"制度体系和合作方式（如表 5-1 所示）。其次，边界要素的制度嵌入。在"以国内大循环为主体、国内国际双循环相互促进的新发展格局"下，统筹城乡发展、统筹东中西部均衡发展以及统筹国内外协调发展为"飞地经济"提供了跨边界要素制度安排，表现为跨政区边界、跨地理边界以及跨治理边界。最后，治理要素的制度嵌入。形成的"飞地经济"组织管理模式与体制机制是实现治理的核心，包含治理主体要素（即各尺度政府及其园区管理委员会），治理客体要素，以及治理环境要素，形成了"飞地经济"共建共治共享的治理互动。

二、飞地经济跨界空间选择性和治理选择性

"流动空间"正逐渐改变着传统地域空间关系，为"飞地经济"的跨界空间治理提供了空间选择性，同时，飞地的类型与模式为"飞地经济"的跨界空间治理提供了治理选择性。基于此，本节基于网络信息，整理得出 2015—2020 年 183 个跨省飞地，通过"飞地经济"的空间格局与联系、类型与模式，研究其跨界空间选择性与治理选择性。

（一）"飞地经济"的跨界空间选择性

"飞地"的空间分布与格局特征表征了"飞地经济"的空间优势选择性，并以空间类分思维阐释了"飞地经济"的跨界空间选择。"飞地经济"具备"流动空间"的属性与特点，在全国大部分省市均有分布[①]。从省级行政区空间尺度分布来看，飞出地省份数量较少但相对集中，以豫鄂湘三省为空心呈"O"型格局，其中江苏、浙江、山东和上海等东部省份和直辖市飞出地数量最多；飞入地省份数量多但相对分散，除甘肃（港澳台无数据）外，其他各省区市均有分布，其中四川、新疆、山西和陕西等中西部省级单位飞入地数量最多，具备"飞入地"最优空间选择条件。从市级尺度分布来看，我国"飞地经济"的地域空间分异特征显著。飞出地城市主要分布在东部沿海地区，集聚效应显著，形成了以京津冀鲁—长三角为主的带状和以珠三角为主的团状分布格局；飞入地城市分布相对广泛，形成了以京津冀鲁—长三角—成渝—珠三角—湘桂粤为主的"个"字型、哈大为主的带状以及零星点状的空间分布格局。飞地空间分布的不均衡和区域发展的不协调成为要素跨区域流动的重要推力，为"飞地经济"跨域空间生产和治理互动提供了空间基础选择性。

"飞地经济"双方建立的稳固空间联系为制度要素跨区域嵌入与跨界治理提供了方向与区域空间选择。从空间联系方向维度上，"飞地经济"双方构建了 151 对城市联系[②]，其

---

　　① 详情请参考如下论文：张钏，马学广，王新仪. 尺度重组与制度嵌入："飞地经济"的跨界治理实践[J]. 贵州省党校学报, 2021(06): 61-71.

　　② 详情请参考如下论文：张钏，马学广，王新仪. 尺度重组与制度嵌入："飞地经济"的跨界治理实践[J]. 贵州省党校学报, 2021(06): 61-71.

中，飞出地位于东部地区的城市占比 81.5%，飞入地位于中西部地区的城市占比 66.2%，总体呈东—西向的"飞地经济"空间联系格局；从空间联系距离维度上，"飞地经济"城市空间距离跨度大，其中中短距离的"飞地经济"联系有 117 条，占比 77.5%，中长距离的"飞地经济"联系有 34 条，占比 22.5%，总体上呈明显的距离衰减特征；从空间联系区域维度上，中短距离的"飞地经济"联系构成了以京津冀—长三角—珠三角—成渝地区为核心的菱形空间结构，各区域内部省市建立了密切联系，而中长距离的"飞地经济"空间联系相对广泛，各大区域间均建立了不同程度的"飞地经济"联系。

（二）"飞地经济"的跨界治理选择性

"飞地经济"的类型与模式是其跨界空间治理的重要选择内容。按照合作地域划分，可将"飞地经济"类型大致划分为农业型飞地、工业制造型飞地、商贸合作型飞地、服务业型飞地以及科技创新型飞地五类[①]，其中工业制造型和科技创新型飞地数量最多。从飞出地类型-省份联系来看，北京、浙江、上海、江苏、广东、山东等东部沿海省份为科技创新型和工业制造型飞出省份，在区域空间选择与治理内容上具有优势主导地位；从飞入地类型-省份联系来看，安徽、新疆、陕西、四川等中西部省份为科技创新型和工业制造型飞入省份，在空间选择与治理内容上存在被动接受现象。值得注意的是：第一，商贸合作型、农业型和服务业型"飞地经济"数量少，在"飞地经济"类型领域治理内容选择上存在失衡现象；第二，山东、江苏、广东、上海等少数东部地区省份呈现显著的双向"飞地经济"优势特征。

"飞地经济"模式依据侧重内容，为"飞地经济"提供了多项治理选择（如图 5-4 所示）。以合作建设主体为视角，可以划分为由政府统一规划、主导治理的"政府+政策"的政建型，由资本引导、先进理念支撑的"企业+资本"的企建型和由政企合作、职责共担的"政府+企业"的合建型三种飞地建设模式；以开发运营管理为视角，主要包括了飞入地主导管理模式、飞出地主导管理模式、飞地双方共管模式以及多尺度间主体协同管理模式四类[②]，其中多尺度间主体包括了不同层级政府、各类飞地入驻企业、社会资本以及园区管委会等；以区域合作尺度为视角，主要有跨市飞地模式、跨省飞地模式、跨国飞地模式等不同飞地模式，值得注意的是，近年来，区域内部飞地合作模式成为加强区域协同一体化治理的新路径。总的来看，"飞地经济"的建设模式或运营管理模式都不同程度地形成了近似封闭的系统，在飞地地域内，由建设、管理主体形成的行动者网络与客体、环境开展互动，为飞地跨界治理提供了可供选择的模式依赖。

---

① 马学广，鹿宇. 我国（境内）国际合作园区的空间布局研究[A]. 宋文红编，全球化视野下高校创新人才培养探索[C]. 青岛：中国海洋大学出版社，2018：32-45.

② 李鲁奇，马学广，鹿宇. 飞地经济的空间生产与治理结构——基于国家空间重构视角[J]. 地理科学进展，2019，38(03)：346-356.

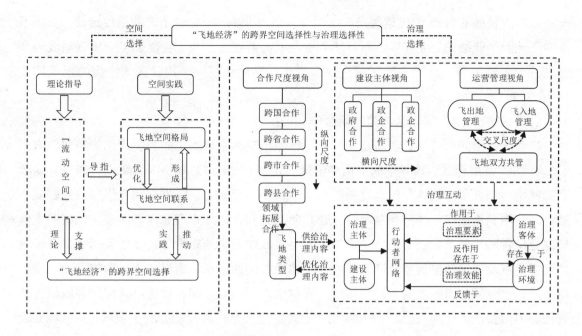

图 5-4 "飞地经济"的跨界空间选择性与治理选择性

三、飞地经济跨界空间治理的实践成效

"飞地经济"弥合了地理空间分离与环境分异的劣势，其跨界治理实践在地域空间的各个维度取得了成效，表现为经济上的互利共赢，社会上的互动共治，文化上的互鉴共融，生态上的互助共识和资源上的互换共享。

（一）经济共荣，推动经济高质量发展

"飞地经济"的本质是资本的逐利，即以投资等为主要手段，跨越行政区划界限开辟新的经济地域空间，实现跨区域生产要素效益最大化的经济行为。随着我国经济进入新常态，"飞地经济"也逐渐成为突破经济发展瓶颈、实现跨越式发展的重要手段与策略，在跨区域的产业融合、产城融合等方面为区域经济发展注入新的活力，其经济治理成效主要表现为以下几方面。第一，经济发展范式的转变。"飞地经济"改变了以往粗放式、赶超型、封闭式的传统经济发展模式，飞入地通过引智、引资、引技与飞出地合作共建飞地园区，通过健全激励机制、利益保障机制和完善顶层设计机制等构建飞地经济发展平台，形成了通过优化营商环境聚合不同行业和企业实施精细化、开放式的经济发展新范式。第二，区域经济融通能力的提高。飞地承载的生产要素最大限度突破行政区划和属地管理的双重束缚在区域间自由流动，并以飞地园区为载体形成规模经济。通过双向飞地的连锁效应优化生产要素空间配置，实现区域的互联互通，进而推动区域经济融通发展，如长三角地区的三省一市通过共建飞地园区极大促进了省市间的经济融合。第三，经济产业结构的不断调整。

产业是经济发展的引擎，"飞地经济"推动飞入地产业承接，促进了产业梯度转移，优化了双向飞地的产业结构。尤其以创新驱动为引导的高新技术产业、智能加工业正逐渐成为产业转移的主要内容，从而实现区域产业合理化与高度化统一，构建区域协调的现代产业体系。

（二）社会共治，实现区域跨越新合作

推动跨界空间治理形式创新是完善我国区域治理体系和治理能力现代化的重要内容，"飞地经济"发展模式为跨界空间提供了治理与协同互动，在跨界空间范畴内构建了行动者联动网络、加强了宽领域合作力度和提高了多尺度治理能力。跨界空间合作共治问题复杂且治理范围涵盖面广，经济利益导向、公共问题导向、组织管理导向等促使飞地相关主体建立行动者网络体系。在"飞地经济"的发展实践中，飞地建设者、飞地组织管理者、飞地监督者以及飞地顶层规划设计者等行为主体通过沟通协调、事权分担，构建了政府间、政企间、企业间等跨区域的联动协同行动者网络，在利益分配、解决公共问题和组织协调管理等方面实现了互动共治。"飞地经济"的跨界空间合作涉及社会的多领域，从微观要素视角来看，资本要素、信息要素、人才要素、市场要素、技术要素等在区域内实现自由流动与集聚；从中观园区视角来看，飞地类型多样，在绿色农业、工业制造、高新技术、商贸服务等领域实现飞地园区自领域化合作；从宏观跨域视角来看，经济融通、社会善治、文化交流、生态建设以及资源互换等优化了区域地域合作格局。"飞地经济"的社会共治还体现在府际合作与治理[1]维度，即提高多尺度治理能力，在区域间构建纵向尺度的政府功能分层治理合作网络和横向尺度的政府权力让渡治理合作网络，同时注重多元主体的弹性协调合作，例如深汕特别合作区在多尺度政府间实现了跨界空间合作与治理统筹。

（三）文化共生，引导价值与制度建构

价值理念和制度建构是文化用以表征空间的重要内容，在这个维度上，附带文化功能的"飞地经济"成为动态建构和生产新的社会关系的场所，并赋予其再域化功能[2]。利益与正义冲突实则是文化根植性与外来性两种价值的对立，而"飞地经济"蕴含的包容与认同理念则促进了文化的地域化与再域化。地域辽远、文化迥异的飞地园区渐趋实现了文化与价值理念认同，如对口支援型飞地园区大多由东部省份对中西部民族地区帮扶建设而来，在飞地跨界空间的规划、运行与管理过程中，推动了飞出地先进的管理理念、技术理念与飞入地的民族文化、乡土风情、社会习俗等文化元素的融合与价值认同。文化共生的另一重要表现是社会制度的建构，即以政策为手段实现飞地双方的权力平等与正义供给。从政策的尺度来看，国家层级的如《关于支持"飞地经济"发展的指导意见》、区域层级的如《京津冀协同发展规划纲要》、省级层级的如《关于加快南北产业转移意见的通知》，多尺度的

① 华子岩. 飞地府际合作治理模式的确立与逻辑展开[J]. 中国土地科学, 2020, 34(12): 51-58

② 张德明. 文化飞地的空间表征[J]. 杭州师范大学学报（社会科学版）, 2012, 34(06): 22-26.

政策规划促进了飞地跨区域刚性制度的形成。此外，随着"飞地经济"建设中历史文化与现实发展相交织碰撞而逐渐演化的社会变迁，成为飞地文化融合中的柔性约束。因此，"飞地经济"文化的空间表征是价值理念与制度建构的统一，是文化跨界空间治理实践的具体化。

（四）生态共保，探索生态保护新模式

十八大以来，生态文明建设成为"五位一体"总体布局的关键环节，也是统筹我国经济社会长远发展的重要内容，因此，如何处理好生态保护在跨界空间治理中与经济、文化和社会的关系是可持续发展面临的核心问题。"飞地经济"是落实生态文明建设理念、推进循环发展的具体实践，也是以创新思维突破地域空间发展限制，实施"点"上开发，"面"上保护的新模式。近年来，"飞地经济"的横向跨区域生态补偿机制构建[①]成为探索飞地生态保护的新兴方式，如成都与甘孜共建的成甘工业园区作为"飞地经济"践行生态保护的有益尝试，通过制定资源开发修复产业化制度、协调产业集群与生态受益区的关系以及建立异地生态保护示范区等具体举措来实现经济与生态的良性循环。另一方面，将生态文明理念融入"飞地经济"建设的顶层设计，推动了生态与经济、文化、产业、城镇的有机融合，如浙江省先行先试的山海协作生态旅游文化产业园，大多为"一园多点"或"一园两翼"协同带动的点-面空间格局，开发为集生态保护、产业集聚、文创旅游、资源整合等于一体的产城融合新典范。最后，提升"飞地经济"在跨界空间中生态文明建设的治理效能，增强飞地双方在"绿色产业"的协作带动能力，还体现在生态刚性政策的约束与绿色循环发展理念的规范中。

（五）资源共享，整合区域发展新要素

要素自由有序流动，资源自由合理配置是区域经济协同发展的基础，因此，充分发挥不同地区资源比较优势，强化资源集约利用，是"飞地经济"推动跨区域资源整合和产业革新的必然要求。飞地双方资源禀赋优势为产业空间布局效应提供了能动基础，表现为区域协同增长效应、区域产业结构成长效应和区域技术、就业与价格传导效应[②]，既推动了资源由单空间生产到跨界空间生产的社会化过程，也推动了地区发展模式与合作关系的转变。发挥市场在资源配置中的决定性作用，使生产要素在双向多元的飞地发展格局中呈现叠加优势。第一，要素竞争的合理化。逆向招商引资是地方政府为应对产业转型升级压力、解决市场资源在跨区域配置中堵点的新举措，例如近年来的"人才飞地""智创飞地"等逆向型飞地在发达地区实现"就地孵化"，在欠发达地区实现"异地传导"，推动生产要素由极化竞争到合理配置。第二，要素流通的顺畅化。推动飞地双方优化营商环境，实施生产要

---

① 于代松，刘俊，赵佳伟，兰虹. 飞地经济与横向生态补偿机制构建探索——以成都、甘孜共建成甘工业园区为例[J]. 西南金融，2020(01)：33-45.

② 冯云廷. 飞地经济模式及其互利共赢机制研究[J]. 财经问题研究，2013(07)：94-102.

素跨区域的流动创新工程，打破要素流动壁垒，构建飞地双向流通渠道，实现了要素自由流动与区域资源特点、区域分工定位相匹配。第三，要素配置的有效化。推动基础资源、优势资源在飞地双方实现差别化供给，把握要素在不同时空配置的控制与决策，以飞地为载体，促进区域间资源要素的互换共享。

四、飞地经济跨界空间治理的实现条件

"飞地经济"实施以来，在宽领域、跨空间取得了成果显著的治理互动，但在横向区域的融合治理与纵向政府的层级治理中仍面临着复杂化、长期性的治理难题，因此，"飞地经济"的跨界空间治理需要多方齐抓共建，提升其跨界空间的协同治理效能。

（一）定位"飞地经济"建设的空间选择

"飞地经济"建设的空间选择伴随着国家—地方尺度重组，定位尺度上移的区域-国家空间与尺度下移的城市—飞地园区空间两种不同尺度的"极化"空间，是其开展跨界空间治理与实现高质量发展的前提。从区域—国家尺度来看，推广地方制度试验与协调国家空间政策是优化"飞地经济"空间格局的重要策略。推动区域内部空间生产合作与地方制度试验推广相结合，即实现优势区域空间扩散，如苏南苏北产业转移、浙江山海协作工程等制度试验加快了区域内部空间的互联互动，同时，随着国家空间政策的倾斜，如"十四五"规划强调深入实施的区域协调发展战略，使飞地空间选择在发展中促进了空间格局的相对平衡。从城市—飞地园区尺度来看，加快空间优势动能与"飞地经济"建设相匹配，能有效厘定飞地角色定位，即以实现飞地生产与治理要素的差别化供给，如产城融合，表现为城市区位与基础资源为"飞地经济"提供了空间选择。

（二）优化"飞地经济"运行的"软硬环境"

加快市场经济与政府统筹治理建设为"飞地经济"的运行与管理供给"软硬环境"。第一，优化以市场经济为主导的飞地"软环境"。聚焦营商环境再优化，优先构建服务于"飞地经济"核心产业的集服务化、市场化、法制化与国际化等为一体的营商环境；实现资源要素再集聚，加快宽领域的市场环境建设，推动资本、信息、技术等要素的跨空间生产；立足产业网络再构建，完善"飞地经济"跨企业边界形成的互信、互利与互补关系，形成协调互动的市场经济网络。第二，统筹建设以政府治理为导向的飞地"硬环境"。提高纵向尺度的政府层级治理建设能力，建立由中央政府到地方政府再到飞地园区自上而下的内嵌式权力结构与运行机制，实现"飞地经济"的集权与分权统一化治理；加强横向尺度的政府联动治理建设能力，"飞地经济"的跨界空间生产要求政府创新治理形式，即建立纵横交叉、协调互动与内外联结的横向政府跨界协同治理新范式。

（三）完善"飞地经济"治理的制度建设

推动制度建设是"飞地经济"实现跨界治理的根本举措。首先，立足"飞地经济"跨

界空间治理的顶层设计。从国家尺度建立高层次的科学规范决策和推进制度，将"飞地经济"有效的地方制度试验上升为国家空间政策，实现其跨界空间治理的顶层推动。其次，开展"飞地经济"跨界空间治理的立法探索。制度建设，立法先行，"飞地经济"作为跨界空间治理的新兴形式，通过进一步释放地方立法权[①]为其打造跨界治理的法理样板，推进飞地空间法制化建设。再次，促进"飞地经济"跨界空间治理的理念融合。树立"飞地经济"跨界治理理念新思维，通过持续互动，强化飞地双方及相关利益主体对跨界治理理念与制度认同。最后，加强"飞地经济"跨界空间治理的组织协调。从跨界空间治理的广角出发，构建多元化、深层次的跨界协调联动机制，建立组织协调沟通制度，解决"飞地经济"在跨区域、跨层级与跨部门中的治理难题。

（四）健全"飞地经济"发展的保障机制

建立健全"飞地经济"发展的保障机制，是推动其跨界空间治理与高质量发展常态化的关键。第一，加快"飞地经济"的基础设施建设。安排"水、电、路、讯"等基础设施投资建设专项资金，完善基础配套设施供给，推动"筑巢引凤"工程建设，提高飞地园区项目承载能力。第二，加大"飞地经济"的财政支持力度。畅通飞地双向政府财政沟通协调渠道，建立财政激励制度、财政收支监督制度、财政补偿制度、财政转移支付制度等具体支持措施。第三，建立"飞地经济"的利益分享机制。建立合理的利益分享机制是飞地相关主体核心利益的根本保障，如河南省《关于完善"飞地经济"利益分享机制促进开发区改革创新发展的通知》、山东省《山东省人民政府办公厅关于建立"飞地"项目主体税收分享制度的通知》等建立具体刚性政策与制度。第四，完善"飞地经济"的监督管理体制。防止飞地发展过程中出现监督盲区与治理真空，因此将监督管理融入飞地发展的每一方面，如推动飞地双方实现管辖权与事权的统一、压实管理主体职责统一、量化飞地管理绩效等，形成监督管理的倒逼自查制度，建设好飞地发展的最后一道防线。

第三节　异地共建产业园区空间生产及其作用机理[②]

20 世纪 90 年代以来，伴随着经济全球化和交通、通讯技术的不断进步，区域空间固化状态被进一步打破，地域间的联系也因资本的跨域流动而变得更加紧密。"飞地经济"为

---

① 高轩, 张洪荣. 区域协作背景下飞地治理立法研究——以深汕特别合作区为例[J]. 江汉论坛, 2020(03): 116-121.

② 本节内容修改自如下论文：马学广. 异地共建产业园区的空间生产及其作用机理——以山东省为例[J]. 学习与探索, 2023(03): 1-9.

全球资本积累带来了新的发展形式①②，以尺度重组③和"流动空间"理论④为支撑建构了全球地域空间范围内的跨区域经济发展的新范式。其中，以企业为主体、以商业运作为基础、以异地镶嵌为形式的具备"飞地"属性的共建产业园区成为跨区域经济发展的具体载体，满足了区域产业梯度转移、资源优势互补和多方利益主体合作共赢的需求。

一、山东省异地共建产业园区空间生产的实践内容

据官方统计资料和网络信息，截至 2020 年 10 月，山东省在全国和世界各地共有 88 家异地共建产业园区，园区数量多、类型丰富且分布广泛。山东省异地共建产业园区的空间生产实践包含三大发展阶段、五大园区类型和三种空间生产模式。

（一）山东省异地共建产业园区空间生产阶段

经济要素流向、园区产业发展特征、国家政策导向等既贯穿于山东省异地共建产业园区发展的全过程，也成为划分其空间生产阶段的重要依据，可以归纳为 2013 年之前的初期探索阶段，2013—2018 年的中期成长阶段和 2018 年之后的后期转型阶段，各阶段具备相应的园区发展形式和特色（如表 5-2 所示）。

表 5-2　山东省异地共建产业园区空间生产的主要阶段

阶段名称	时间划分	划分依据及阶段特征	代表性园区
初期探索阶段	2013 年之前	园区政策：政策处于探索制定阶段 园区特征：园区形式及产业发展单一化 经济要素：要素以"顺向"流动为主，兼顾"逆向"转移	淄博石嘴山工业园、中俄托木斯克木材工贸合作区、海尔中东工业园
中期成长阶段	2013 年至 2018 年	园区政策：政策数量增加，管理领域拓宽 园区特征：园区形式与产业发展趋于多样化，园区数量显著增多，"散点状"分布明显 经济要素：产业要素在全球尺度空间内流动，积极服务于"双循环"发展格局	湘西（济南）工业园、中英创新产业园、中欧商贸物流合作园区
后期转型阶段	2018 年至今	园区政策：政策趋于完善，保障与支持体系不断健全 园区特征："群飞"特征显著，园区类型与建设质量稳步提升 经济要素：经济要素规模化、集群化流动	绿色铝创新产业园、印度海尔工业园

---

① Friedmann J. Where We Stand: A Decade of World City Research [A] // P Knox and P Taylor. World Cities in a World-System [C]. New York: Cambridge University Press, 1995.

② 马学广. 全球城市区域的空间生产与跨界治理研究[M]. 北京：科学出版社, 2016: 20.

③ Brenner N. New State Spaces: Urban Governance and the Rescaling of Statehood [M]. Oxford: Oxford University Press, 2004.

④ Castells M. Globalisation, Networking, Urbanisation: Reflections on the Spatial Dynamics of the Information Age [J]. Urban Studies. 2010, 47(13): 2737-2745.

1. 山东省异地共建产业园区空间生产的初期探索阶段

异地共建产业园区在山东省跨行政区开展经济活动的初期一直处于探索发展阶段，相继发展了顺向型和逆向型两种类型园区。顺向型异地共建产业园区，指资金、技术、设备等经济要素由经济发达地区向经济欠发达地区顺向转移，与当地的土地资源、人力资源形成优势互补，共同开拓产业空间，实现双方共赢的园区形式。2000年后，随着西部大开发等区域协调战略实施以来，为满足山东省及省外发达经济体产业转移需要，山东省初期的异地产业园区建设遵循产业梯度转移规律，实现省内外资源要素顺向优化配置。该阶段以工业制造类园区为主，表现为援建式（帮扶式）异地共建产业园区和产业招商式异地共建产业园区等具体发展模式。为规避经济风险，山东省异地共建产业园区不断创新其开发模式和运行机制，将资金、资源以及产品需求等产业要素由经济欠发达地区逆向流入到经济发达地区，逆势打通产业要素流通的渠道，与当地先进的技术、人才、基础设施等形成优势回馈，形成逆向型园区发展形式。该类型弥补了传统异地共建产业园区的不足，充分协调了双向区域的经济发展，与顺向型异地共建产业园区共同满足了区域平衡发展和利益共享需求，为山东省异地共建产业园区的发展奠定了坚实基础。

2. 山东省异地共建产业园区空间生产的中期成长阶段

山东省异地共建产业园区初期探索阶段已相继在省域尺度、国家尺度以及全球尺度上建立了不同类型但数量有限的园区，随着产业转移加快和经济全球化的推进，山东省亟需开展多尺度间异地共建产业园区的建设以满足本省经济发展。2013年"一带一路"倡议加快了中国与世界合作的步伐，山东省地处陆上丝绸之路和海上丝绸之路的衔接点，充分发挥了其独特的地理优势，以对外合作为契机进入园区发展的第二阶段，山东省异地共建产业园区积极服务于国内国际双循环，在政府指导和企业自主探索下，园区数量、类型等得到长足发展，拓展了园区发展的广度和深度。但因园区功能、类型以及经济要素流向不同，各类园区呈散点状分布，构成山东省异地园区建设的"散飞"发展形式。该阶段呈现两大特点：第一，异地共建产业园区呈井喷式发展，山东省为园区建设开辟新的地域空间，园区数量不断增长，尤其是在全球尺度上，产业要素流动效率最高；第二，建成的异地产业园区"各自为政"，各园区建设主体之间缺乏有效衔接与联结，产业联动能力较弱，因此解决园区在产业集群、要素流向、协同联动等方面的问题是山东省异地共建产业园区可持续发展的前提要求。

3. 山东省异地共建产业园区空间生产的后期转型阶段

2018年山东省新旧动能转换综合试验区成立，标志着建立以新科技、新产业、新业态和新模式为核心的现代经济发展体系，优结构、增动能成为促进山东省经济高质量发展的重要途径，在此背景下，山东省异地共建产业园区需要改变其"散飞"发展形态和优化传统园区类型以适应山东省经济转型需要。进入后期转型阶段，省内异地共建产业园区产业协同遵循比较优势原理，以各市资源禀赋、基础条件和产业发展优势为基础优化区域资源配置，拓宽产业转移渠道，青岛前湾保税港区发挥了集群资源配置作用，协同带动周边城市经济转型；省外异地共建产业园区朝向"产业+地方"统一建设的集群化发展方向，解决"散飞"发展形态存在的问题，实现园区发展由"散飞"形态向"群飞"形态的转变，例如柬埔寨中柬合作青岛产业园、柬埔寨中启控股斯努经济特区、柬埔寨山东桑莎（柴桢）经济特区等异地共建产业园区初步形成"群飞"规模，"产业+地方"合作效果显著，成为山东省经济发展新的牵引动力。此外，山东省积极与发达国家开展省内建园步伐，园区类型多为科技创新类，弥补了山东科技创新的短板，为山东省新旧动能转换和经济高质量发展注入了新的活力。

（二）山东省异地共建产业园区的主要类型

按照合作领域划分，山东省异地共建产业园区大致可以分为农业型异地共建产业园区、工业制造型异地共建产业园区、科技创新型异地共建产业园区、商贸合作型异地共建产业园区以及现代服务型异地共建产业园区五类[①]，按主要合作领域划分的各类园区数量分布如表 5-3 所示。农业型异地共建产业园区是指由政府引导、企业运作，依靠先进的管理理念和管理技术，在具备一定的气候、资源、市场、区位等要素的地域空间聚集区，一般包括传统型农业产业园区和现代绿色农业示范园区。该类园区数量最少，且大都是山东省植入国外的传统型农业产业园区，由江苏省宿迁市植入聊城市的山东绿隆农业科技示范园是唯一一家省内农业园区，其定位为集智能化生产、高科技农业展示、农业科技培训与推广、三产融合为一体的现代化农业高科技示范产业园。

表 5-3　山东省异地共建产业园区类型数量分布表（单位：个）

园区类型	省内尺度	全国尺度		全球尺度		总计	代表性园区
		植入省内	植入山东	植入国外	植入山东		
农业型异地共建产业园区	0	0	1	6	0	7	山东绿隆农业科技示范园、中苏农业开发区
工业制造型异地共建产业园区	2	13	0	19	4	38	岳普湖泰岳工业园、印度海尔工业园
科技创新型异地共建产业园区	0	2	3	3	10	18	红云高新技术产业园、中英创新产业园
商贸合作型异地共建产业园区	8	1	0	7	1	17	欧亚经贸合作产业园、青岛中韩贸易合作区
现代服务型异地共建产业园区	0	2	0	2	4	8	中韩烟台产业园
总计	10	18	4	37	19	88	

---

① 马学广，鹿宇. 中国海外园区发展的动因、实践与模式——以青岛市为例[J]. 青岛科技大学学报（社会科学版），2019，35(04): 20-26.

工业制造型异地共建产业园区是指为满足政府或企业承接产业转移、优化区域经济结构需求，与跨行政区的政府或企业在当地集聚生产要素、整合优势资源、优化产业功能布局的工业生产区，例如新疆岳普湖泰岳工业园、印度海尔工业园等园区。该类园区数量最多，分布广泛，大都由山东省植入省外或国外，这既与山东长期以来的传统经济发展形式有关，也与当前山东园区建设发展建设阶段相关联。

科技创新型异地共建产业园区是指为加快产业科技发展，异地镶嵌集聚规模企业，形成知识密集和技术密集的产业开发园区，例如红云高技术产业园、中英创新产业园区等。该类产业园区主要是由发达国家植入山东省，充分发挥了国外先进技术与山东省完备的基础设施、广阔的市场和优势资源相补充的特点，弥补了山东省高新技术的短板和不足。

商贸合作型异地共建产业园区是指由当地政府为满足跨区域经济发展而建立的基础设施完备、服务功能完善具有辐射功能的投融资环境、物流中转站、公共服务平台等于一体的纽带空间，例如欧亚经贸合作产业园、青岛中韩贸易合作区。该类园区常见于跨国经济合作交流的发展实践中，成为服务于"一带一路"和"国内国际双循环"的联通纽带。

现代服务型异地共建产业园区是指由政府或企业主导，以金融、科技、智造等为引领的具备完善功能和优良生产环境的服务业集群区域空间。该类园区数量偏少，分布也仅集中于全球尺度，国内和省内尺度有待建设。综上，山东省异地共建产园区基本形成了多类型、多数量的园区建设形态，具有明显的优势产业输出、高新技术引进的发展特点。

（三）山东省异地共建产业园区的空间生产模式

作为一种行政创新，运行机制创新、开发模式创新和管理模式创新的[①]异地共建产业园区已发展了多种共建模式，本节结合目前已有园区案例，以共建主体为视角总结山东省异地共建合作园区具有代表性的空间生产模式。

1. "政府+政策联通"的政建模式

"政府+政策联通"的政建模式是指由两地政府部门双向合作，共签建园协议，园区管理委员会处理园区建设发展过程中出现的问题，依靠政府和政策双重作用推动园区发展的一种合作机制模式，这种模式常见于中西部对口合作、中外合作缔约、扶助"一带一路"沿线欠发达国家的园区建设实践中。该模式依靠政府和政策的行政命令手段可以在短时间内建设园区，利于园区服务于政策贯通的一致性，提升园区所在地经济发展水平，是实现地区经济联动发展最有效的园区模式之一，但同时存在投资收益不匹配与行政影响市场正常运行等问题。由山东省委省政府、泰安市委市政府与岳普湖县人民政府签约，双向政府牵头共建岳普湖工业园区是这类模式的典型代表（如图5-5所示）。岳普湖泰岳工业园区用活国家特殊政策，在两地政府密切合作下充分发挥当地劳动力和特殊地缘优势资源优势，

---

① 秦贤宏. 飞地经济与共建园区——苏沪合作试验区规划前期研究[M]. 北京：科学出版社.2017.

承接山东产业转移，两地签署战略合作框架协议，按照"优势互补、重点推进"的原则建立长期稳定的合作关系，构建了政府+政策支持的政建模式。

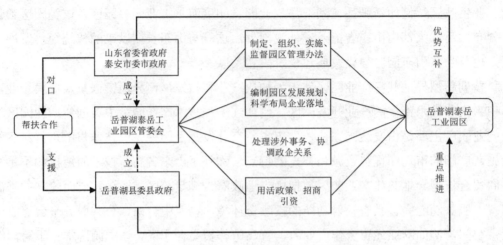

图 5-5　岳普湖泰岳工业园区政建模式图

2. "企业+企业畅通"的企建模式

"企业+企业畅通"的企建模式是指双方企业共同出资建设或者成立公司来开发建设区中园，双方企业共同或由成立的公司负责园区规划、投融资开发、招引工作以及维护园区运营，收益按股本结构分成，完全适应企业化管理的共建合作园区发展模式，这类园区常见于双方实行股份合作、股份与招引综合型园区等建设实践中。该模式具有企业化运行的规范化发展形式，清晰的企业双方责权，完善的收益分配机制等优势条件，但同时存在因地域文化导致的管理理念与方式差异问题以及园区规划建设监管等具体问题。巴基斯坦工银—如意马苏德纺织服装工业园是"企业+企业畅通"企建模式的典型代表（如图 5-6 所示）。该工业园区的企通模式注重企业之间的优势配置，充分发挥企业在园区建设中的投融资效能、企业运行管理效能，完善企业对园区建设与地方发展的带动能力，成为产业与国际资本、金融资本成功结合的典例，为合作园区企建模式的发展奠定了良好基础。

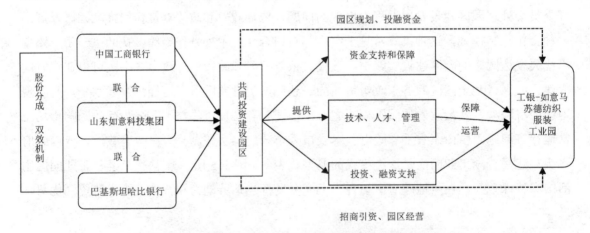

图 5-6　巴基斯坦工银—如意马苏德纺织服装工业园企建模式图

3."政府+企业互通"的合建模式

"政府+企业互通"的合建模式采用政府为主体、企业为主导的市场化运营方式，由政府配套基础设施和提供政策保障等措施，招引企业入驻园区，双方达成合作协议共谋发展、共享利益的异地产业园区发展模式，这种模式常见于地方政府产业招商、政府委托企业管理以及政企合作等。该模式优势为政府为合作园区发展提供基础保障，园区实行企业化运营，规范管理，实现利益共享，政企互通；其劣势在于需要双方共同担责，对政企沟通要求较高，双方需要长时间的磨合。青岛—安顺共建产业园区属于"政府+企业"的合建模式（如图 5-7 所示），合建模式注重政府与企业盈利共享，青岛—安顺共建园区在地方政府、开发区与各主体企业之间建立稳固、快速、有效的沟通和运营平台，在园区建设发展过程中涉及含有土地收益、房地产开发、税收返还、招引奖励、基础设施服务等内容的盈利分享模式，共同构筑了"政府+企业"共享成果的合建模式。

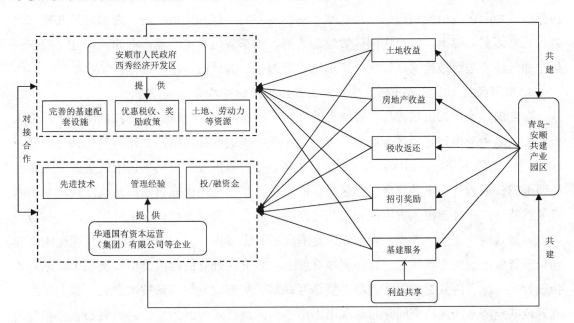

图 5-7　青岛—安顺共建产业园区合建模式图

二、山东省异地共建产业园区空间分布的分布格局

异地共建产业园区空间格局反映出山东省在不同尺度空间下的地域空间联系特征，基于此，本节分别从省域尺度、国家尺度以及全球尺度分析山东省异地产业园区的空间格局及其联系规模。

（一）山东省异地共建产业园区的多尺度空间分布格局

通过 ArcGIS 空间分析可直观反映出山东省 88 个异地共建产业园区在省域尺度、国家尺度以及全球尺度上的分布形态、联系方向及空间格局特征。

1. 省域尺度上山东省异地共建产业园区的空间分布

截至 2020 年 10 月，山东省内地级市之间已建 10 个异地共建产业园区，对合作双方地级市进行可视化可看出，全省大部分城市都存在异地共建产业园区的合作关系。合作流出方向维度，表现最为突出的是青岛市，在共建园区的 10 条合作联系线中，与青岛市相连的有 9 条，与其有合作关系的地级市分别为潍坊市、德州市、聊城市、济宁市、菏泽市、滨州市、临沂市、泰安市，青岛市与省内大部分城市均存在园区建设关系；烟台市向西与德州市也存在合作关系，与青岛市共同构成了山东异地共建产业园区的西向网络联系特征。合作流入方向维度，济宁市和德州市都分别与其他城市合作建立了 2 个园区，成为山东省流入地建立园区最多的城市。值得注意的是，济南市与其他省内城市并未建立合作产业园区，其虹吸和带动能力较弱，未来应以合作园区为抓手与省内其他城市建立联系，突出其省内区域中心地位。从区域空间来看，山东省省内异地共建产业园区基本形成构成了以青岛都市圈为园区飞出地的跨都市区（圈）的发展格局，但都市区（圈）内部异地共建园区合作相对薄弱。综上，以合作园区数量为依据，山东省内异地共建产业园区构建了胶东—鲁中西的核心边缘结构网络特征，突出以青岛为中心的单向流出特征。

2. 国家尺度上山东省异地共建产业园区的空间分布格局

在全国尺度上，山东省与省外城市的合作联系线共有 22 条[①]。合作流向维度上，植入外省的山东省异地共建园区合作省市主要分布在中国的西部地区，共建有异地共建产业园区 17 个，新疆维吾尔自治区、重庆市、贵州省、甘肃省以及宁夏回族自治区等经济欠发达的西部省份成为与山东共建合作园区最多的省份，呈现出由山东自东向西跳跃式辐射的网络结构特征；由外部植入省内的异地共建产业园区大都为具备优势区位的东部沿海省份，共有异地共建产业园区 5 个，合作地区是浙江省、上海市、天津市等省市，呈现出由南北向山东省聚集的夹心状特征。合作领域维度上，建立在外省的园区类型多是加工制造业等传统行业，在省内共建的园区类型主要是互联网、生态农业等高新技术产业。综上，山东省异地共建产业园区的空间分布呈现出由山东向西跳跃式辐射为主，省内夹心状分布为辅的空间网络结构特征，同时表明向外输出传统强势产业和向内吸收高新技术产业的特征。

3. 全球尺度上山东省异地共建产业园区的空间分布格局

在全球尺度上，山东省与其他国家或地区的合作联系线有 56 条[②]。合作流向维度上，山东省向国外共植出 37 家园区，在亚洲、非洲、欧洲、北美洲、南美洲以及大洋洲均建有产业园区，主要形成以柬埔寨、巴基斯坦、印度尼西亚、南非、赞比亚、苏丹等"一带一

---

　① 详情请参考如下论文：马学广. 异地共建产业园区的空间生产及其作用机理——以山东省为例[J]. 学习与探索，2023(03): 1-9.

　② 详情请参考如下论文：马学广. 异地共建产业园区的空间生产及其作用机理——以山东省为例[J]. 学习与探索，2023(03): 1-9.

路"国家和非洲国家为核心的全球空间网络联系特征；国外向山东省内共植入 19 家产业园区，共建方主要为德国、韩国、美国、以色列等发达国家，值得注意的是，印度成为与山东省共建园区的重要国家，成为"逆向型"园区的典型代表。合作领域维度上，山东省向外植出的各类园区在各大洲均有分布，并形成以工业制造类园区为主，其他类型园区为辅的地域空间分布特征；国外向山东省植入的园区类型多为高新技术、商贸合作、服务业类园区，与园区合作国的经济发展状态相辅相成。综上，山东省各类异地共建产业园区在全球均有分布，以合作园区数量为依据，主要形成了以共建"一带一路"国家、非洲国家为核心和与其他地区国家为边缘的全球网络空间分布特征。

（二）山东省各市异地共建园区的合作规模

从山东省各地级市的异地共建园区的合作规模来看，青岛市的合作规模最大，济南市、烟台市、潍坊市合作规模相同，处于第二等级，潍坊的合作联系数量为 5 个，处于第三等级，其他城市合作规模均较小，处于第四等级（如图 5-8 所示）。青岛市在省域尺度、国家尺度和全球尺度上均占据了绝对优势，共参与了 43 家产业园区的合作开发建设，以最大合作规模位居全省第一。全球尺度上，青岛市与其他国家建设了 28 个园区，与合作国家在工业制造、国际物流、现代贸易、投资合作、商旅文化等领域展开了广泛合作，促进了"国际大循环"，在"一带一路"新亚欧大陆桥经济走廊和海上合作方面发挥了"桥头堡"的作用，助力山东省形成东西双向互济、陆海内外联动的开放新格局；在国家尺度上，青岛市与中西部省份合作共建了 6 个产业园区，在创新国内异地共建园区的合作模式、支援中西部地区产业发展、协调区域经济发展等方面走在了全省前列，成为山东省参与"国内大循环"的重要推力；在省域尺度上，青岛市以前湾保税港区为支撑，积极向山东省西部城市建设拓展功能区，成为带动山东省经济发展的新引擎。

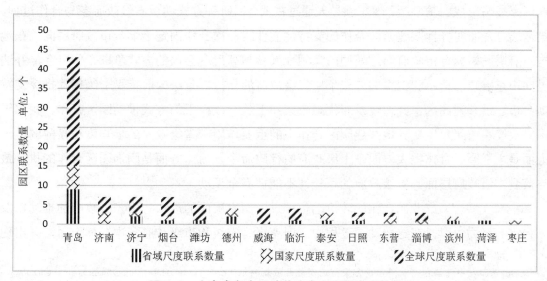

图 5-8　山东省各市异地共建产业园区联系数量

济南市、济宁市与烟台市的异地共建产业园区的合作规模相同，但其侧重点有所不同。济南市暂缺与其他城市的合作联系，在省内的辐射与带动作用相对较弱，但与其他省份和其他国家分别合作建设了 3 个和 4 个园区，对外辐射效果显著；济宁市和烟台市在省域、国家以及全球尺度上均建有合作园区，类型丰富但单一尺度上的园区数量较少，经济辐射带动能力也有待进一步提高。处于第三等级的潍坊市暂无与其他省份的合作，在省内只有一家与青岛合作建设的园区，但在全球尺度上，潍坊市有 4 家合作园区，均呈对外流向，与潍坊市积极参与"一带一路"建设，服务于"国际大循环"密切相关。处于第四等级的其他城市合作规模均较小，值得注意的是，威海市凭借便捷的海运交通和毗邻日韩优越的地理区位，在全球尺度上与其他国家合作建设了 4 家产业园区。

三、山东省异地共建产业园区空间生产的合作模式

本节在通过对收集的案例进行比较后，依据合作双方所跨越的行政单位的级别，划分为跨国合作模式、跨省合作模式和跨市合作模式三种。通过分析不同模式的案例后，得出不同模式下异地共建园区合作的特点。

（一）跨国合作模式

跨国合作模式合作典型案例，比如中韩产业园。中韩产业园共建合作历史悠久，其中中韩（烟台）产业园是我国与韩国合作的典型代表。它由韩国与我国山东省烟台市合作共建，是国内唯一同时具有国别属性和自贸区属性的园区[1]。

中韩（烟台）产业园合作中形成了多元行动者网络，中央政府层面的国家领导人、山东省政府以及烟台市政府是多元网络中的主要行动者。在国家层面，国家领导人通过签订协议的方式促成国家层面的合作，高尺度的合作关系得以建立（如中韩自贸协定的签订）；在国家战略形成的基础上，国家领导人通过视察、调研等方式动员省级政府参与合作过程。最后通过发布对异地共建园区合作的支持性文件将此次合作固定于烟台市政府层面。在地方政府层面，烟台市政府通过随同国家领导人参与高尺度会议的方式争取合作机会，并通过向山东省政府请示和汇报的方式争取省级政府的支持。省级政府接受上级行政指令支持烟台市建设共建园区，并通过发布优惠政策和下放行政权限的方式推动园区合作。相比于国家尺度和市级尺度在异地共建园区合作中的重要作用，省级政府的参与度稍显薄弱，一方面是由于园区合作很大方面是上级政府的行政命令，另一方面是因为园区合作的执行最终落到市级政府层面，省级政府的积极性不能被完全调动。

中韩（烟台）产业园合作的政治动员经过了国家层面的洽谈、山东省政府的推动以及烟台市的努力争取。在这一动员过程中，国家级、省级和市级政府多次发挥作用，并出现

---

[1] 山东印发中韩烟台产业园建设方案打造对外开放新高地[EB/OL].[2018/11/19]. http://finance.china.com.cn/news/20181119/4812795.shtml.

了多次向上或向下的尺度跳跃。不难看出，在跨国省内合作模式中，国家尺度行动者发挥重要作用并积极将国家战略下移至市级，从而保障政策落实到地面；同时，地市级政府也积极主动争取机会，通过向省级政府申请优惠政策推动园区建立。

在跨国合作模式中，国家尺度关键行动者的支持起到重要作用。一般由国家层面倡导推动，省市政府主导建设，是自上而下的带动模式。这种模式由高尺度政府发起，通过达成一定的战略协议给予优惠政策上的倾斜，促进国家间、地区间合作，高层次领导人展开交流促进双方合作，通过经济合作增加双方核心竞争力，从而融入世界经济循环。此种模式两种文化的碰撞和相互嵌入，由于社会、经济、政治等多种因素可能不相容，国家层次的支持显得尤为重要。

高尺度政府参与的优势是具有权威性和政策保障，有利于从国家高度宏观调控并把握全局。这种模式在国家层面受到重视，因此地方政府在向上级政府进行申请时，一般不会受到阻碍反而会得到上级政策的大力支持。另外，高层次的合作协议和高层次对话，对于此种模式异地共建园区的建立起到至关重要的作用。高尺度政府主导作用的发挥最终还是要落实到低尺度政府的执行上，因此低尺度政府的执行程度关乎跨国合作模式的顺利推进。跨国合作模式同样存在一定缺点。由于合作由高尺度政府推动，低尺度政府的发展要求并不能完全满足，在前期低尺度政府因为得到政策和资金而热情高涨，随着合作的深入和需求匹配问题的暴露，低尺度政府基于其城市企业主义思想很可能出现积极性降低、项目落实不到位的情况。

（二）跨省合作模式

跨省合作模式典型案例，比如红云高新技术产业园合作是在高尺度策略支持下进行的跨省界合作。2009 年 12 月国务院通过《黄河三角洲高效生态经济区发展规划》，黄河三角洲生态经济区正式上升为国家战略，山东庆云县被赋予打造天津市产业转移承接地的任务。在此背景下，两地的合作被推升至国家层面并得到中央政府的支持。在中央政府的引导下，两地高层级领导人开始频繁展开交流，以考察和座谈会的方式进行前期接触，由此红云高新技术产业园的建设开始在两市间正式展开合作。2010 年 3 月天津市红桥区的主要领导干部对庆云县进行考察、交流，德州市领导干部进行接见并共同签订战略合作框架协议①。这一系列关键事件代表高尺度的行动策略已经能通过尺度下移转移到市级政府与县级政府；同时地方政府的合作依托国家战略向上级政府继续争取支持政策，例如德州市通过向山东省政府和德州市政府申请项目基金的方式进行下一轮的尺度上移。

在跨省合作模式中，国家区域战略发挥重要的指导和引领作用。按照异地共建园区所在省份的不同，跨省合作模式表现出不同的特点。建设在山东省内的跨省合作模式的共建

---

① 邓卫华. 黄三角对接滨海新区诞生中国首个异地共建开发区[EB/OL]. (2010-1-17) [2021-12-13]. https://www.gov.cn/jrzg/2010-01/17/content_1512978.htm.

园区，因为本省内制造业等传统产业模式趋向饱和，因此承接产业多为科技创新类产业等。建设在山东省以外城市的共建园区，一般受到国家战略或高尺度行政命令推动，有强烈的扶贫协作色彩。

跨省合作模式由省内市级或县级城市与省外城市合作，由于合作双方不在同一行政范围内，省级政府的协调作用减弱，高尺度的国家战略成为两地合作的重要推动力量。这种模式在全国性的宏观战略指导下进行，在政策延续性上有较大优势。另外，跨省合作模式能够有推动欠发达地区的工业化进程，有效缓解区域不平衡现象。这一模式的横向合作涉及多个尺度，主要是在市级和县级尺度上展开且跨越不同的省级行政区，不管是建设在山东省内还是省外的异地共建园区，其合作都离不开高尺度政府的协调和指导，高尺度的国家战略对此类模式合作的推进起到至关重要的作用。如果缺乏高尺度在制度对接、人员安排进行协调，跨越省级行政区的合作将困难重重。另外，由于跨省合作模式跨越不同省份，涉及到文化等因素的深度嵌入，对于文化互通以及交流合作历史要求较高，如果合作双方无法互相认同，交流不到位，则对于后续合作进程产生不利影响。

（三）省内跨市合作模式

省内跨市合作模式典型案例，比如青岛保税港区菏泽功能区是青岛保税港区与菏泽市政府合作共建的园区，菏泽功能区以物流业为发展先导，主要为企业创建具有政策优惠和功能优势的合作平台[①]。

在青岛前湾综合保税区菏泽功能区的建设中，山东省政府、青岛市政府与菏泽市政府都是积极的动员者。青岛前湾综合保税区管委会是山东省政府的派出机构，其主要领导由青岛市级官员担任，因此其有较大的行政权限。同时，青岛作为副省级城市在山东省内有较大的发言权，青岛市政府通过动员上级政府甚至中央政府，将功能拓展区的建设进行尺度上移并获得了上级政府建立功能分区的支持。在此过程中，山东省政府基于拓展青岛前湾综合保税区优惠政策的辐射范围的目的，也支持前湾保税区进行"区区联动"和"走出去"战略，因此积极协调青岛市与其他省内城市合作共建功能区。当菏泽市政府提出建设功能分区的申请后，山东省政府表示支持，并积极动员两地展开合作，将两地合作纳入到了山东省"十三五"规划，实现了合作的尺度上移。菏泽市政府与青岛保税港区签署协议，正式设立菏泽功能区，并启动菏泽功能区的各项筹备工作。

在省内城市间合作模式中，省级政府和省级战略为两地合作提供了统一的行动指南。此类合作模式发展方式一般发生在经济差异较大的省份中，而山东省由于全省的发展没有明显的不均衡性，导致省内的异地园区发展较为缓慢。但是由于山东省某些城市特殊的地理位置与战略地位，以贸易物流保税港功能拓展为基础的异地共建园区得以在全省铺展。

---

① 姜培军. 青岛保税港区菏泽功能区签署合作框架协议[EB/OL]. （2014-12-13）[2022-04-25]. http://epaper.hezeribao.com/shtml/mdwb/20141213/168003.shtml.

在合作过程中，省级政府的推动和协调成为合作成功推进的重要原因，如山东省人民政府提出的《西部经济隆起带发展规划》、"一圈一带"战略规划都成为指导两地合作的协调准则。以省内城市间合作为模式建立的异地共建园区同时注重园区的地理位置，尤其是靠近高速公路交通便利的区位尤其受到迁入主体青睐。

省内城市间合作模式的优势是处于同一政治语境下，能够共同接受同一行政主体的共同领导，同时同一省内的政策通达度较高执行力更强。省内城市间合作模式建立的异地共建园区中，省政府可以发挥举足轻重的动员和"桥梁"作用，并且作为合作双方城市的上级政府，在统一的战略部署下，双方城市合作会更加顺利。省内城市间合作模式因其合作范围局限于省内，同一省内的产业趋同性高，因此可能会出现省内城市之间的恶性竞争的情况，同时城市功能的重复布局也会造成资源浪费与重复建设。

四、山东省异地共建产业园区空间生产的合作机制

不同合作模式的机制在细节上不尽相同，但是其一般的合作机制有共同之处。异地共建园区合作的驱动机制、异地共建园区合作的形成机制和异地共建园区合作的协调机制三个互相耦合的环节。

（一）山东省异地共建园区合作的驱动机制

山东省异地共建园区合作是在多尺度驱动机制下共同作用完成的。驱动机制包括资本扩张与国家尺度重组的宏观尺度驱动机制、非均衡格局与区域化的中观尺度驱动机制、城市间经济与制度互补性的微观尺度驱动机制。

第一，宏观尺度驱动机制：资本扩张与国家尺度重组。资本扩张和国家尺度的空间重组是山东省异地共建园区合作的宏观尺度驱动机制。在20世纪的经济全球化进程中，资本作为可以流通的要素通过资本的"三次循环"进一步加速了经济全球化的过程，同时实现了其不断扩张和积累的要求，资本通过对于产品、货物以及所需的厂房等地理平台的投入以及学校、超市等生活配套的建设，实现其地理层面的"附着"。但是，在与经济全球化的相互加速过程中，局限于原有的行政单元已经不能满足其快速积累的要求，行政单元界线的打破与跨越成为必然。以大型跨国公司为代表的经济实体开始跨过国界进行寻找新一轮投资机会，跨国园区成为资本"附着"的受体。城市的基础设施、产业结构、市场前景与优惠政策都不同程度地吸引资本投入。从这个意义上来说，资本的经济全球化被资本扩展的本质驱动，根据城市的条件选择性地附着。

为了增强自身的全球竞争力，同时也是为了吸引投资，国家之间的联合和城市间的"抱团取暖"越来越常见。由此，国家作为整体进行经济活动的尺度开始被重组，资本越来越

青睐于在超国家尺度和次国家尺度集结①。在全球资本这一选择性的影响下，国家开始重视关键区域竞争力的培育。从权力上看，国家开始将更多的权力下放到区域和城市，区域和城市被看作独立的行动个体而不仅是国家的一部分②。从发展策略上看，国家开始着重培养有特殊优势的区域，提供优势的政策环境提高其全球竞争力。国家出台了许多政策聚焦某些特定区域，如西部大开发政策、各种城市群政策等，这在一定程度上体现了国家的空间选择性③。中国的空间选择性在国内部分关注两方面重点：培育区域核心竞争力和协调区域发展。中国逐步认识到在日渐激烈的全球竞争中，关键的区域和城市已经成为参与全球竞争的主体。为了提高区域和城市的竞争力，飞地经济开始被国家倡导。首先异地共建园区既为中心城市产业转型升级提供空间，又能帮助欠发达地区培育增长极，故在发挥中心城市引领作用、培育核心竞争力上能发挥重要作用。其次，异地共建园区突出的资源聚集能力和持续稳定的合作方式，既能解决培育关键区域核心竞争力的同时，又能缓解空间极化带来的资源分配不平衡问题。

第二，中观尺度驱动机制：非均衡格局与区域化。非均衡格局与区域化是在中观尺度上推动山东省异地共建园区合作的机制。在国家尺度重组的选择中，一部分区域被赋予提升竞争力、吸引全球资本的任务，优惠政策和各类资源向这些关键地区倾斜以增强其竞争力。各种资源和优惠政策以及权力投向东部沿海地区，使得东部沿海地区和中西部地区的经济发展水平逐渐拉大，全国层面的东西部不平衡格局形成。非均衡格局的形成在一定程度上成为异地共建园区合作的基础，东部地区有充足的资金、先进的技术，然而其土地等自然资源却面临耗竭，西部地区有丰富的自然资源和大量未经开发的土地，然而却缺乏资金和技术进行开发，非均衡格局为城市间异地共建园区合作提供可能。

区域化是一种尺度上移的国家策略调整，将一个个"破碎"的城市整合为一个整体共同发展，它可以缓解全国不均衡发展格局下带来的城市间恶性竞争等问题。当城市间各自独立发展时，由于城市企业主义思想的存在，城市之间竞争多于合作，地方保护主义也大行其道。区域化的兴起倡导城市间合作，不仅缓解恶性竞争问题还能增加交流，促进区域"内循环"畅通。区域内部异地共建园区的合作就是释放区域内生动力的一种方式，如长江三角洲地区上海市将其众多企业转移到安徽省，这一将资本和技术从中心城市向区域内边缘性城市转移的载体就是异地共建园区④。

① Jessop B. The Rise of Governance and the Risks of Failure: The Case of Economic Development [J]. International Social Science Journal, 1998, 50(01): 29-45.

② Brenner N. Urban Governance and the Production of New State Spaces in Western Europe, 1960-2000 [J]. Review of International Political Economy, 2004, 11(03): 447-488.

③ Brenner N. New State Spaces: Urban Governance and the Rescaling of Statehood [M]. Oxford, UK: Oxford University Press, 2004.

④ 刘红光, 王云平, 季璐. 中国区域间产业转移特征、机理与模式研究[J]. 经济地理, 2014, 34(01): 102-107.

第三，微观尺度驱动机制：城市间经济与制度互补性。城市间经济与制度互补性是山东省异地共建园区合作的微观驱动机制。异地共建园区合作的直接驱动力来自于合作双方可以互补共赢带来的吸引力。山东省异地共建园区合作的互补性来自于政府之间对于资本、技术、人才、劳动力、自然资源、优惠政策之间的相互需要，这些因素可归纳为经济互补性和制度互补性。

经济上的互补性主要存在于东西部地区城市之间。东西部地区在经济发展上存在较大差异，但在发展过程中都遇到了瓶颈。东部发达地区城市拥有充足的资金、技术、人才和管理经验，然而受到土地资源的限制，迫切需要获得额外的土地资源进行发展空间的拓展；西部欠发达地区拥有大片尚未开发的建设用地，自然资源开发程度低，然而却因资金缺乏、技术落后无法进行产业升级。在这一双向需要的推动下，发达地区与欠发达地区展开合作成为可能，异地共建园区合作是可以实现土地资源充分利用、资本再地域化、人才和技术共享的合作方式，"飞地"的性质使其可以跨越行政边界进行合作。

制度互补性来源于国家对某一地区特殊优惠政策的赋予，其目的是平衡地区发展差距，一般此类政策会向欠发达地区倾斜。国家通过为欠发达地区提供优惠政策从而吸引投资，通过吸引发达地区与欠发达地区进行合作使不平衡格局得到改善。对于发达地区来说，通过与欠发达地区建立异地共建园区的方式，可以获得国家的优惠政策；对于欠发达地区来说，特殊的政策制度是吸引发达地区进行投资的法宝，但是仅仅依靠制度优势留住发达地区企业有一定脆弱性，当政策红利消失后，企业可能选择退出园区。因此欠发达地区不能过多依赖于政策上的互补性吸引投资，而需考虑真正与发达地区互补的因素，以实现长期发展。

（二）山东省异地共建园区合作的形成机制

动员各级政府着手进行异地共建园区合作是关键一环。在动员成功后，多方利益相关者通过反复博弈最终形成行动方案，在行动方案指导下，嵌入多方利益的政治-制度空间和社会-经济空间得以建立。

第一，合作中的政治动员。发起方式不同形成了不同政治动员重点和过程。政治动员的方向并不是简单的自上而下或者自下而上的过程，动员主体和动员对象也不是唯一固定的，政治动员过程是一个由多个动员主体和对象共同作用的复杂的尺度政治过程。高尺度政府对于低尺度政府的动员逻辑一般为：低尺度政府将异地共建园区的合作事项向上级政府提出申请，上级政府进行批复。当所提的合作符合高尺度政府的发展战略时，高尺度政府会积极接受动员，并主动加入到向更高一级政府的政策动员中去。高尺度政府对于低尺度政府的动员一般会出现在两种情况中：一是高尺度政府推行本辖区内的发展战略，鼓励低尺度政府通过异地共建园区合作的方式积极参与进本辖区的发展规划中。二是高尺度政府出于培育关键地方竞争力的考虑积极协调低尺度政府对外合作。常见于全球视角下国家动员关键地方投入全球竞争。企业为了降低成本、拓展市场，需要跨越两城市边界甚至是国界，而企业的投资建厂行为必然会产生与政府的接触，例如建设用地的审批权、管理权掌握在政府手中，在这种情况下对于地方政府的政治动员显得尤为重要。

第二，政治-制度空间的形成。山东省异地共建园区合作制度空间的生产，本质上是权力在各个尺度政府之间的运作。在宏观尺度上，权力为了提升地方全球竞争力从而融入全球生产网络生产出制度空间，如城市群、自由港区和各类开发区等①。在微观尺度上，权力在不同利益相关者的博弈中游移，最终形成相对稳定的政治-制度空间，即新管制层级。新管制层级能够调控在此尺度上的经济和社会活动，并为异地共建园区生产和运营提供原则，同时满足合作各方的利益诉求。将自身利益关系嵌入到最终的制度建设是利益相关者相互博弈的最终诉求。多方行动者通过会谈、考察、签约等方式将能表达自身利益最大化的权力关系投射到制度设计中。制度设计中的条约、规划、合作框架、设计方案和沟通机制共同构成制度空间。在内容上，异地共建园区合作中的制度空间由于合作主体、双方诉求、合作模式的不同而有所区别，但通常会涉及责任分配、组织架构、人员安排和利益分配等方面，随着沟通机制的运行，制度空间会继续调整和变化，重新与新的利益诉求相协调。

第三，社会-经济空间的形成。社会-经济空间是指在新尺度层级指导下建立的异地共建园区地理平台以及发生的社会经济活动所形成的空间。社会-经济空间受到资本循环运动的推动并包含了多尺度行动者对于空间的诉求。异地共建园区合作所构建的社会-经济空间实体首先体现在地理平台的构建上，而这一地理平台的构建需要体现各尺度行动者在空间上的诉求。基于尺度可看成不同等级地域的纵向分化，因此新的地理平台的构建也意味着新尺度的建构。新的地理平台承载不同尺度行动主体的空间诉求。在全球尺度上，异地共建园区通常被选择建立在土地和劳动力价格低廉地区，原因在于能降低成本，便于资本附着。在区域尺度上，异地共建园区的地理平台是满足合作双方共同诉求的载体。经济全球化以及中国市场经济的发展引发了城市企业主义的兴起②，官员绩效考核的经济发展导向导致了地方财政的"以 GDP 为王"现象，早期的土地征收和出让带来了巨大的经济效应，同时也带来了占用农业用地、城市用地蔓延的问题，但随着土地管理权限的上收，产业的承载空间进一步压缩，出现了严重的土地空间不足问题。对于迁入地来说，利用闲置土地资源、有效利用未开发空间成为在异地共建园区合作中的重要诉求。因此，异地共建园区地理平台的构建本质上是各尺度行动者对于空间不同诉求的博弈，在构建内容上包含空间规划、基础设施的建立等。

① 殷洁，罗小龙. 资本、权力与空间："空间的生产"解析[J]. 人文地理，2012，27(02)：12-16+11.

② Jessop B, Sum N. 2016. An Entrepreneurial City in Action: Hong Kong's Emerging Strategies in and for (inter)urban Competition [J]. Urban Studies, 37(12): 2287-2313.

（三）山东省异地共建园区合作的协调机制

在实践过程中，在异地共建园区合作是一个动态演进的过程，合作双方随着利益诉求的不断变化试图对生产空间进行改变，尤其是对政治-制度空间进行调整和重组。第一，利益博弈的沟通协调。政治-制度空间是对不同尺度行动者利益和权力关系的稳定和固化，但是随着合作双方利益诉求的变化和政治-制度空间的运行反馈，需要通过沟通协调进行下一轮利益博弈。具体而言，合作双方的利益关系发生转变后，在前期形成的利益平衡格局被打破，权力和利益分配关系将重新调整。迁入地在前期可能对异地共建园区的合作呈现欢迎态度，因为异地共建园区的建立在早期可以大大带动当地经济的发展，提供众多就业岗位并引进人才，然而当异地共建园区发展到后期，权力利益格局发生变动，迁入地不满足于处于被动状态，有可能会介入迁出地在异地共建园区的权力或者要求重新进行利益分配规则的制定[①]。第二，动态演进的空间调整。异地共建园区合作的空间调整分为两类：一是在已经进行的异地共建园区合作中进行的空间调整；异地共建园区合作的强势方往往拥有较高的管理权限和更多的利益分成，弱势方基于自身发展目标不断争取控制权，从而建立更加平等的合作。例如在前期青岛前湾综合保税区与菏泽的合作中，菏泽市政府应主动争取更多权限，积极调整发展方向，努力达成平等公正的政治-制度空间；二是在未进行的合作中进行空间生产的路径突破。此类空间调整一般基于前期的合作经验和试错性实验。

五、山东省异地共建产业园区空间生产的作用机理

资本与权力是地域空间得以发生改变和产生联系的根本驱动因素，创新与资源是异地共建产业园区空间布局的最优化选择，因此，资本要素、制度政策、创新驱动和资源互通可以揭示异地共建产业园区空间生产实践运行机理，分析其发展阶段、生产模式与类型的合理性。

（一）资本驱动：资本循环与去（再）地域化

经济全球化下出现了新的资本积累形式，哈维倡导的"资本三次循环"理论提出利润是资本积累、生产、循环和促进空间发展的根本动因[②]，也是市场经济发展的根本导向。在此基础上，经济要素在多尺度空间范围内的资本去地域化与再地域化过程中[③]循环，兼具流动与固态双重属性的异地共建产业园区成为经济发展新的网络节点。资本要素在循环与地域化过程中开辟了新的经济地域空间，在追求时空效应和经济效益的过程中阐释了异地共

---

① 张京祥, 耿磊, 殷洁, 等. 基于区域空间生产视角的区域合作治理：以江阴经济开发区靖江园区为例[J]. 人文地理, 2011, 26(01): 5-9.

② Harvey D. The Urban Process Under Capitalism: A Framework for Analysis[J]. International Journal of Urban & Regional Research, 1978, 2(1-3): 101-131.

③ Brenner N. Globalisation as Reterritorialisation: The Re-scaling of Urban Governance in the European Union[J]. Urban Studies, 1999, 36(03): 431-451.

建产业园区的价值依据。

20 世纪 80 年代以来，山东先后经历的吸引外资发展工业、建设与培育房地产市场、推动产业转型等三个阶段[①]是山东经济发展客观要求下用以引导资本集聚和转移的策略手段。进入 21 世纪 10 年代后，资本转向城市空间再造和升级，去（再）地域化过程加快，山东省经济发展逐渐转向重点盘活城市空间存量、提高城市品质发展、生态绿色发展等经济领域，山东省优势产业加快"存量变革"，进入经济结构调整与产业转型升级发展新阶段。此时，山东需要资本要素循环带动城市经济发展，实现在不同区域空间经济优势互补和利益共享效度。因此，在山东省产业结构调整的需求中异地共建产业园区成为在市域、省域以及国际三大维度中的空间网络发展节点，成为在资本要素驱动下跨区域镶嵌与扩散至多尺度空间中的经济发展载体。

（二）政策驱动：政府支持与制度保障

异地共建产业合作园区是解决区域经济发展不平衡不充分问题新的路径，我国中央政府从国家层面立足于各区域资源环境承载力，在发挥各地经济比较优势基础等方面制定了异地共建产业合作园区的制度及政策，成为保障国内区域经济发展均衡的"内循环"制度策略；海外园区建设成为我国对外开放重要的桥梁通道与空间载体，进一步推动了我国对外开放新格局的形成，来自双向政府的制度和政策安排为海外园区这一"外循环"经济空间的开发、建设和运行提供了本质保障。

近年来，山东省为保障异地共建产业园区的发展在省、市层面建立了全方位、多层次和宽领域的引领性政策文本，以政策内容和侧重方向为划分依据，大致将其划分先行先试引领性政策与指导意见阶段、制度安排与考核管理阶段和细化内容与实施方案阶段，也为山东省异地共建产业园区发展阶段划分提供了基础依据。《山东省人民政府办公厅关于建立"飞地"项目主体税收分享制度的通知》《山东省境外经贸合作区考核管理办法》等政策文本规范了飞地园区税收分享制度，理顺了迁移双方财政利益关系，从根本上维护了园区共建双方的经济利益，以规范考核监管为手段为合作园区建设与运营提供了制度保障，成为激发山东省推动优质资源跨省市流动实施异地建园工程和加快"走出去""引进来"战略合作共商建园的制度引领。

（三）创新驱动：技术赋能与产业升级

十九大报告提出，要"建立以企业为主体、市场为导向、产学研深度融合的技术创新体系"，创新是来自于产业结构调整，立足于产业统筹谋划和建设创新生态平台任务的迫切需求，对我国当前供给侧结构性改革和经济产业转型发展具有重要意义。产业发展方式和技术创新是对于对传统经济发展模式的重大突破，是在新时代背景下对新型经济模式，经

① 王有正，张京祥. 资本的城市化：基于资本三级循环理论的改革开放后我国城市发展初探[J]. 现代城市研究，2018(06)：99-105.

济高质量发展的重大调整。在此背景下，异地共建产业园区践行的技术赋能、人才培养、创新体系建设、创新环境以及顶层设计发展形式等为经济产业结构调整注入新的发展要素。

山东省近年来坚持以供给侧结构性改革为主线，坚定践行新发展理念，积极推进新旧动能转换工作，纵深推进重点领域改革，加速优化营商环境，培育和支持创新型企业发展，创新驱动发展战略深入实施，为山东异地共建园区的发展奠定了创新发展的优势环境和为园区第三阶段建设提供了技术支撑。山东省的产业结构升级与优化目前已成为工业化阶段经济增长的主题，也是山东在新历史时期和"国内、国际双循环"下提升优势产业发展的重大战略决策。从山东省异地产业园区建设情况来看，山东对外的合作园区大都是传统产业类型，与其他合作方在省内建设的园区多为科技创新型，这种以异地共建合作园区为载体的跨区域经济发展方式是山东省产业结构转型和调整创新的新路径。

（四）资源驱动：资源开放与资源调配

资源是异地共建产业园区在两区域或多区域间构建关联的微观要素，在资源开放与资源调配的推动下，异地共建产业园区成为动态视角下优化地区产业结构和促进资源互补的具体实施载体。资源驱动因素可包括由气候要素、矿藏要素、土地要素等组成的自然资源和由人力要素、市场要素、信息要素、技术要素、交通要素等组成的社会资源两大类，进而推动形成了山东省区域间资源开放与资源调配的地理空间格局。

山东省异地共建产业园区的建设发展离不开资源的支持，建立的资源开放与资源调配优势为省内外园区的建设、发展和运营提供了基础条件。从资源开放视角看，山东省已查明的矿产资源储量十分丰富，具备完善的工农业基础设施环境，并辅助以丰富的人力资源和广阔的市场资源，为省内合作建园开辟了必备空间，也为省内园区的建设发展奠定了资源供给优势；从资源调配的视角看，山东省以新旧动能转换加快产业省外转移步伐为资源调配环境要素，以通达的交通网络体系要素为支撑，利用合作地区的自然资源优势实现以异地共建产业园区为载体的省内外资源优势互补和动态平衡格局。

六、山东省异地共建产业园区空间生产的对策建议

当前，山东省异地共建产业园区面临着合建模式单一化、产业类型集中化、园区布局畸形化等诸多挑战，成为山东省异地共建产业园区进一步发展的阻碍。因此，本节将从园区的合建模式、产业发展类型、空间布局优化以及园区的角色定位四方面提出山东省异地共建产业园区的发展对策建议。

（一）构建多利益主体合作的园区建设模式

当前山东省异地共建产业园区主要分为企建模式、政建模式以及合建模式三类，合作建设主体较为单一，园区的建设、管理以及运行受到来自多方利益者的影响，因此，未来山东省异地共建产业园区的合作建设模式应转向多利益者共同合作的综合建设模式。"政

府+企业+第三方"的合作建设涉及多方利益主体，是有效克服园区开发建设中出现土地划拨、规划管理、监督考核、投融资建设困难等问题的建设模式。由园区所在地政府与合作建园地政府共签合作项目并出台保障性政策，形成制度保障，由所在地政府负责提供或规划建设用地，制定并完善园区建设规范，对园区建设运行实施监督考核，服务于合作园区建设；明确企业建设责任，与政府共创园区管理平台进行全面规划，确定园区长效利益分享机制，主抓合作园区的招引与融资工作，为园区后续的运行提供支撑；第三方主要指社会资本，其主要任务是参与制定园区发展定位与目标，负责园区的招商引资宣传工作，为园区建设开发投融资渠道，从而服务于园区建设运行。

（二）丰富多产业联动均衡发展的园区类型

山东省异地共建产业园区呈现园区类型集中化但流向不均衡化发展的双重趋势，园区核心类型突出但多产业类型之间出现不协调现象，成为山东省异地共建产业园区提升综合竞争力的阻碍因素。未来山东省异地共建产业园区应逐步构建起高端制造业和高新技术产业为主、其他产业为辅的多产业联动的类型体系。首先，山东省以新旧动能转换为契机推动山东省产业结构升级，实施优势传统加工制造业与其他地区之间的合作建设战略，发挥工业制造的核心引领作用；其次填补不同尺度下缺失园区产业类型，补充山东省内尺度、外省植入山东尺度下缺失的农业、服务业、科技创新类园区类型，均衡园区产业类型；最后，在园区类型流向不均衡化发展方面，山东省应积极服务于"以国内大循环为主体、国内国际双循环相互促进新发展格局"战略，多倾向建设省内尺度、外省植入山东省尺度的园区类型，构筑起多产业联动均衡发展格局。

（三）优化国省市尺度下的园区地域空间布局

山东省异地共建产业园区在国省市尺度下总体上形成了核心—边缘结构的地域空间格局，一定程度上影响着山东异地共建园区的合理空间布局，因此，合理规划园区发展方向和优化园区地域空间选择成为园区进一步发展的新举措。在省域尺度上，由"青岛—城市"单向型流向向"城市—城市"多向型流向转变，实现省内城市在异地园区建设中的多链条式发展；在国家尺度上，继续依靠植入外省的优势经验，在向西部省份延伸布局园区的基础上加强山东与周边省市的合作，逐步构建省内—省外的圈层园区发展格局；在全球尺度上，拓展植入国外的园区数量和质量，重点向南美洲、北美洲、大洋洲地区扩展，形成以山东为中心的放射状全球空间格局，同时，依靠优越的地理区位和完备的基础设施吸引国外企业来鲁建园，同欧洲、北美洲、大洋洲等地区的发达国家开展在异地共建产业园区的合作。因此，山东省异地共建产业园区在未来应形成多链条互动式发展的省内空间格局，圈层递进式的全国发展格局以及形成外建园区的放射状和内建园区向心状的全球地域空间布局。

（四）厘定经济发展与区域治理的园区角色

山东省异地共建产业园区的建设和发展过多地倾向于经济效能，弱化了其区域协作的作用，山东省"孤岛"发展的困局依然显著。未来，山东省应积极实现园区流出地和流入地双城政府高层对接和腹地建设，推进区域协作，将厘清经济跨域发展和区域协同治理的关系作为山东省异地共建产业园区建设和发展的重点。在省域尺度上，以省内都市圈为依托构建区域合作机制和区域互助机制，通过省内共建园区强化区域联动发展；国家尺度上，山东省异地共建产业园区积极服务于省际区域协同发展战略，与合作省份健全规划对接、环境共治、利益共享、治理共商等机制，推进与合作省份的组织、政策、产业等协同治理；全球尺度上，山东省异地共建产业园区应依靠"一带一路"倡议深度参与国际区域合作，创新中日韩、中欧、中非等地方合作机制，全球尺度下的园区合作建设应积极推动全球治理朝向秩序化建设。

（五）从不同空间尺度上强化区域经济发展和空间治理

第一，紧跟高尺度政策导向，增强政策引力。紧跟高尺度政策导向意味着异地共建园区合作能获得持久动力。依托高尺度政策导向有以下意义：一是在高尺度政策指导下的合作双方有共同的政策导向，双方定位更加清晰，能够减少摩擦，利于合作顺利推行；二是将自身发展与区域政策相结合有利于获取高尺度政府的支持，例如青岛前湾综合保税区将自身拓展发展空间的需求同山东省同期倡导"走出去"的战略相吻合，从而得到了省级政府的大力支持。因此，山东省的异地共建园区合作应多多着眼于宏观的国家战略以及区域战略，例如"一带一路"倡议、山东半岛城市群建设等，将异地共建园区合作积极融入高尺度战略，从而获取上级政策支持。

第二，争取高尺度支持，提高自身实力。在异地共建园区合作中，高尺度政府不仅可以充当合作双方的协调者而且可以对合作进行宏观指导，避免合作双方将眼光过于局限于自身利益而忽视区域或国家利益。争取到高尺度的支持对于地方建立异地共建园区尤为重要，这一方面得益于历史机遇和国家战略，但同时也离不开地方自身的产业积淀和主动争取，在争取高尺度政府的支持前，城市本身必须具有发展经验和相关的产业基础，才能获得上级政府的青睐。另外，在向高尺度申请批示时，应对合作项目进行充分论证，以过硬质量接受上级政府的考察。

第三，鼓励多主体参与，完善多元行动者网络。在异地共建园区合作中，政府部门的作用不可或缺，企业、社会组织等多元主体的共同参与更是异地共建园区合作中的重要组成部分。一方面，企业等主体自发将本地产业对外扩展，在此过程中，企业发挥着主导作用，而政府部门起到引导和协助的作用；另一方面，企业是入驻园区的主体，并且能带动产业转移。商会等社会组织在异地共建园区合作中能发挥其"桥梁"作用，引导两地企业合作，促进两地信息流动、互联互通。因此，在山东省异地共建园区合作中，政府应注重对多元主体的引导，提供宽松的政策环境，吸引更多主体参与到异地共建园区合作中，从而完善多元行动者网络，增加异地共建园区合作的稳固性。

异地共建产业园区为山东省跨域经济发展和区域治理带来了新的发展方向，也成为山东省新旧动能转换、促进产业结构升级、实现资本要素流动重要的载体形式，进一步推动了山东省经济高质量发展。当前，山东省异地共建产业园区的空间生产实践已过渡到第三阶段，五大园区类型不断得到丰富和发展，以建设主体为视角相继构建了"政府+政策联通"的政建模式、"企业+企业畅通"的企建模式和"政府+企业互通"的合建模式，实现了在全球、国家和省域多尺度空间分布。面对经济高质量发展的新要求和出现的阻碍因素，山东省异地共建产业园区分别从资本、政策、创新和资源四个维度分析了其空间生产及运作的作用机理，并针对性地提出从创新合建模式、丰富产业发展类型、优化空间布局以及定位园区角色破解难题。今后，异地共建产业园区将在跨区域经济融通发展和区域治理中扮演更重要的角色，也将进一步推动山东省在东中西协作和"双循环"格局中发挥建设性作用。

第四节　中国海外园区的发展和空间治理体系重构①

20 世纪 70 年代以来，在"全球—地方"连接下，世界各国普遍通过增长极和产业特区等与经济增长有关的空间选择（Spatial Selectivity）来形成不同空间尺度之间新的经济联系。其中，以政府和企业为主要行为主体，以跨国产业合作为主要内容，具有"飞地式"异质嵌入区位属性的海外园区成为我国参与全球生产体系重构的重要空间载体，推动我国在全球范围内实现生产要素重组和生产方式组织创新。海外园区（Overseas Industrial Parks, OIPs）突破了国家疆域行政边界的束缚，通过跨国公司和跨境企业合作加速了不同尺度空间组织与治理形式的重构，使区域成为参与全球竞争和实现国家财富积累的重要空间单元。因此，作为重塑国家和区域竞争力的政策创新实践和空间治理手段，海外园区成为国家为创造新的资本积累空间而进行的空间生产策略，海外园区的空间选择及其治理模式创新引起了国内外学术界的高度关注（Brenner, 1997；Jessop, 2000；Jones, 2001）。美国学者 Neil Brenner 聚焦于国家尺度重组研究并发展了新国家空间（New State Space）理论，认为国家尺度重组的趋势与结果来源于国家空间选择性，国家通过空间选择性对国家空间重构的动态过程进行引导与调整（Brenner, 2004），进而塑造了多元、多层以及马赛克式的国家空间格局，海外园区的空间选择成为全球化背景下国家尺度重组的重要策略。

---

① 本节内容修改自如下论文：马学广，鹿宇. 尺度重组视角下我国海外园区空间治理体系重构研究[J]. 中国海洋大学学报（社会科学版），2021(05): 88-99.

作为承接国家或地区间产业转移和实现生产要素全球性流动的重要空间载体与完善全球治理的重要探索平台，海外园区正逐渐成为全球网络中重要的空间治理单元。鉴于当前海外园区的发展，特别是我国海外园区在其建设及其治理过程中存在诸多问题。因此，学者就海外园区的空间治理体系也展开了相应的讨论，主要表现在海外园区现有空间治理体系的组织架构和海外园区空间治理体系的建构两个方面。就海外园区空间治理体系的组织架构而言，主要包括主管与管理模式[①]、投资方与建设方共管[②③]以及政府联动与市场建设相结合[④]等三种组织架构类型。就海外园区空间治理体系的建构而言，学者分别从海外园区高尺度总揽治理[⑤⑥⑦⑧]、多尺度治理[⑨⑩]两个方面进行了论述。综上可以发现，我国对海外园区在空间治理层面的研究处于起步阶段，研究涉及层面较窄，未涉及多尺度尤其是未能在全球尺度重组和空间重构背景下建立起从园区自身尺度到国家宏观尺度的立体化空间治理体系。因此，本节将基于空间视角，以尺度重组作为重要的分析工具，以尺度分析法作为主要的研究方法，通过 TPSN 模型重构我国海外园区空间治理体系框架，进而结合地域、地方、尺度与网络等多重社会空间维度对我国海外园区空间治理进行分析并提出相应优化路径。

一、我国海外园区的发展动因和实践历程[⑪]

伴随着经济全球化的进程与中国改革开放的浪潮，中国海外园区的发展顺应了全球性生产要素流动与产业空间重构的趋势，成为"一带一路"倡议下，中国"走出去"的外化表现。

（一）中国海外园区的发展动因

随着 20 世纪 70 年代以来新一轮全球化进程以及新自由主义的发展，全球政治、经济乃至社会重构，在这一全球重构（Global Restructuring）进程中，"流动空间"对"地方空间"的取代日益显现，生产要素不再受制于行政边界而开始在全球范围内流动，但由于新

---

① 王爱华. 海外园区：山东半岛蓝色经济区境外投资新模式研究[J]. 生态经济, 2013(10): 150-154.

② 刘佳. 建设境外经贸合作区 加速融入"一带一路"[J]. 宏观经济管理, 2016(08): 58-61.

③ 赵胜波，王兴平，胡雪峰. "一带一路"沿线中国国际合作园区发展研究——现状、影响与趋势[J]. 城市规划, 2018, 42(09): 9-20+38.

④ 李鲁，刘乃全，刘学华. 园区出海服务"一带一路"的逻辑与对策：以上海为例[J]. 外国经济与管理, 2017, 39(07): 118-128.

⑤ 孟广文，杜明明，赵钏，等. 中国海外园区越南龙江工业园投资效益与启示[J]. 经济地理, 2019, 39(06): 16-25.

⑥ 林闽钢. 高科技园区的社会建构——以苏州工业园区产业综合体转型为例的研究[J]. 中国软科学, 2007(02): 143-149.

⑦ 林拓，蔡永记. 打造"一带一路"前行航标——新时代中国海外园区再出发[M]. 北京：中国社会科学出版社, 2018.

⑧ 沈正平，简晓彬，赵洁. "一带一路"沿线中国境外合作产业园区建设模式研究[J]. 国际城市规划, 2018, 33(02): 33-40.

⑨ 曾智华. 通过开放与创新打造国际化新城——以苏州工业园区为案例[J]. 城市发展研究, 2017, 24(10): 117-124.

⑩ 雷小华. 中国—东盟跨境经济合作区发展研究[J]. 亚太经济, 2013(03): 112-117.

⑪ 本节内容根据以下论文修改：马学广，鹿宇. 中国海外园区建设的动因、实践与发展模式：以青岛市为例[J]. 青岛科技大学学报（社会科学版）, 2019, 35(04): 20-26.

地域空间的重构，资本在相对固定的环境中再生产，就是在这一资本的去地域化与再地域化的过程中，地区乃至国家基于经济互补性普遍通过产业特区、合作园区等与经济增长有关的空间选择来形成不同空间尺度之间新的经济联系。

近十年中国对外直接投资进展来看，2008 年至 2017 年中国对外直接投资、境外企业实现销售收入，以及境外企业雇佣外方员工数总体呈现上升态势，且在"一带一路"倡议提出后，中国对外直接投资实现了质的提升，在 2017 年对外直接投资进展比十年前的数据有了大幅提升。可以看出在经济全球化的背景下，中国的生产要素向海外流动的趋势逐步扩大，而作为承载生产要素流动的中国企业"走出去"成效明显，在海外生产创造自身效益的同时，遵循"共商、共建、共享"原则也为当地提供大量的就业机会，实现海外社会效益。与此同时，作为资本等要素在流入国再生产的载体，中国海外园区的建设成为生产要素全球空间生产与经济联系的体现。中国在建海外园区数量从 2016 年的 77 个迅速上升到 2018 年的 113 个，其中"一带一路"沿线境外经济贸易合作区在 2018 年达到 80 个，合作国家也从 36 个上升到 46 个，吸引入驻企业数量更是从 1522 个扩大到 4542 个，为当地创造就业岗位近 30 万个，并为东道国每年实现将近 30 亿美元的税费收入。这充分表明作为实现全球生产要素空间再生产的平台，以及落实"一带一路"倡议的重要空间载体，中国海外园区成为全球化与地方化相互作用下去地域化和再地域化交相融合的结果，是中国参与经济全球化进程中的重要空间选择，具有重要的政策内涵和实践价值。

（二）中国海外园区发展的政策指引

为支持海外园区的发展，中国政府出台了一系列鼓励支持政策，这标志着海外园区的发展从企业自发"走出去"阶段进入到政府扶持的新阶段。从中国海外园区政策实践看，在 2005 年底，商务部提出建立境外经贸合作区的对外投资合作举措，鼓励企业到境外建设经济贸易合作区，商务部在 2006 年发布《境外中国经济贸易合作区的基本要求和申办程序》，这标志着政府开始扶持企业建设海外园区。随着海外园区的进一步发展，国务院在 2008 年颁发《关于同意推进境外经济贸易合作区建设意见的批复》，商务部和财政部印发《境外经济贸易合作区确认考核暂行办法》，由此海外园区建设上升为"走出去"国家战略，并全面建设开来。

而随着"一带一路"倡议的提出，2013 年财政部和商务部制定了《境外经济贸易合作区确认考核和年度考核管理办法》，确定了海外园区的主要类型及考核的具体要求；同年，《商务部 国家开发银行关于支持境外经济贸易合作区建设发展有关问题的通知》的发文为海外园区的发展提供了投融资方面的具体措施。2015 年，国务院发布的《关于推进国际产能和装备制造合作的指导意见》中明确提出要积极参与合作园区建设；商务部则印发《境外经贸合作区服务指南范本》制订符合合作区发展的信息咨询、运营管理、物业管理以及突发事件应急等方面的服务指南；国家发改委、外交部和商务部联合发布的《推动共建丝绸之路经济带和 21 世纪海上丝绸之路的愿景与行动》更是为海外园区的全球布局和拓展提供了顶层设计和方向指引。2016 年工业和信息化部、财政部、国土资源部、环境保护部与商务部等五部委《关于深入推进新型工业化产业示范基地建设的指导意见》中指出要加大政策支持，包括加强财政支持、完善金融保障以及完善金融保障等，同时鼓励示范基地以"一带一路"国家、境外产业园区为重点，加强国际合作园区的开发与建设。在 2017 年初，国务院办公厅印发的《关于促进开发区改革和创新发展的若干意见》明确提出"积极探索合作办园区的发展模式"的要求。在 2018 年，习近平主席在庆祝改革开放 40 周年讲话中更是提出，要以共建"一带一路"为重点，同各方一道打造国际合作新平台；同时在 2019 年，习近平主席在第二届"一带一路"国际合作高峰论坛记者会上的讲话中也提出，发展经贸产业合作园区是未来共建"一带一路"合作的重点。因此，中国海外园区成为"一带一路"倡议下国家间合作的重要载体以及共建园区发展模式的探索平台。

（三）中国海外园区的实践历程

改革开放以来，中国大力推动"走出去"。而随着中国确立社会主义市场经济体制以及加入世界贸易组织，我国企业逐渐自发走出国门，到境外投资建厂设园，如海尔公司到美国设立美国海尔工业园、天津市保税区投资公司在美国南卡州设立天津美国商贸工业园等，这是中国海外园区发展的第一阶段，即企业自发"走出去"阶段，但在该阶段中海外园区数量较少，发展水平较低。通过上文可知，中国政府自 2005 年底起，开始在中国海外园区的发展中提供政策指引，这也使得中国海外园区的发展走上新台阶，在这一阶段中，确立了一批国家级海外园区，推动以巴基斯坦海尔—鲁巴工业园等国家级海外园区为代表的中国海外园区在世界范围内建设开来，但该阶段海外园区主要集中在亚洲发展中国家内，且主要以一、二产业合作为主。而随着 "一带一路"倡议的提出与《推动共建丝绸之路经济带和 21 世纪海上丝绸之路的愿景与行动》的发布，我国海外园区迎来了新的发展机遇期，成为中国"一带一路"建设的重要平台，在这一新的发展阶段中，中国海外园区的发展迎来了质的提升，园区数量极大增加、合作领域多元化发展，集中布局在"一带一路"国家，并以此向外延伸，扩展全球布局网络。

二、我国现行海外园区空间治理体系及其问题

随着"一带一路"倡议的提出，我国海外园区进入新的发展阶段，相继建立了自下而上高尺度支持性、自上而下高尺度总揽性和低尺度支持性三种园区空间治理体系，成为海外园区建设和运行的重要保障，但同时也面临着诸多问题。

（一）自下而上的高尺度支持性空间治理体系

全球化进程推动了企业自发到境外投资建园的步伐，这种经济行为受到了中央政府与省级政府等高尺度行动者们的支持，形成了以企业为主导、政府支持下的自下而上的高尺

度支持性的海外园区空间治理体系。一方面，外方政府作为产业输入国需要提供优惠政策鼓励企业投资设厂建园，中方政府作为产业输出国也需要以企业为载体推动要素输出；另一方面，外方政府以减少审批程序并提供良好基础设施吸引更多企业入驻，中方政府也为企业在海外设厂建园提供政策与法律援助。该体系常见于我国海外园区的空间治理中，最具代表性的为埃塞俄比亚东方工业园，其积极谋求政府行动者的支持，在中埃两国均进入了国家重点计划，进而在规划建设、投融资、制度保障方面获得了来自高尺度行动者的支持，建立了自下而上的高尺度支持性空间治理体系，但由于在这种海外园区空间治理体系中，外方政府更具话语权，因此，海外园区的建设发展处于较为被动的地位。

（二）自上而下的高尺度总揽性空间治理体系

由中央或省级政府等高尺度行动者发起，对通过确认考核的国家或省级海外园区提供"差别化"制度供给，形成了优先于其他海外园区在政策、资金与权力等资源保障下的自上而下的高尺度总揽性空间治理体系。在这种园区的空间治理体系中，合作对象与空间选址由高尺度行动者决定，企业依据相关要求参与到海外园区的建设与运营中，但其自身意愿以及交流互动有限，该治理体系中的多尺度行动者积极性调动不够充分，往往依靠高尺度行动者强制执行，因此园区建设合作对象多为国有企业而非民营企业。但另一方面，自上而下的高尺度总揽性空间治理体系通过双方签订合作协议的方式建立高级别协调机构，为企业实质性参与海外园区的空间治理提供一定保障，增强了企业话语权，例如，中国—白俄罗斯工业园是由两国元首亲自倡导，两国中央政府大力支持推动的重点项目，中白两国共同组建的最高协调机构推进园区的发展，由白俄罗斯总统通过国家立法来精简管理机构，划定园区边界，提供政策支持，形成了高尺度总揽性的组织架构。

（三）低尺度支持下园区地域化空间治理体系

低尺度行动者也积极参与到我国海外园区的空间治理之中，这类海外园区以自身的地域化为主，受到飞出地与飞入地等低尺度政府的双向管辖，建立了低尺度政府支持下的园区空间治理体系。在该类园区空间治理体系下，并未有多元主体参与，且缺少来自各层级尺度政府的深度参与，因此海外建园企业多为基于经济利益走出去的民营企业，在园区内实行地域化治理。例如，马来西亚北方农渔业产业园是由民营企业主导，中外双方低尺度行动者共同推动的合作项目，青岛市与马来西亚相关部门为园区建设与生产提供了诸多政策保障，形成了低尺度支持下园区地域化空间治理体系。但该种空间治理体系缺少来自飞出地的政策保障，不具备充分的稳定性，对于园区内出现的问题主要依靠市场力量进行解决，一旦问题无法解决或是建园企业自身出现经营问题，园区极易出现停摆现象；同时海外园区直接受飞入地地方政府的管辖，由于企业与政府间的不对等关系，因此在政策沟通、园区服务等方面极易面临飞入地地方政府的刁难，从而使得园区发展受阻。

（四）我国现行海外园区空间治理体系存在的主要问题

尽管我国建立了三种海外园区空间治理体系，在多方参与与协同治理下取得了良好的园区发展成效，但同时也面临着诸多问题，成为我国海外园区进一步发展的阻碍。首先，缺乏来自高尺度的顶层设计。主要表现在低尺度行动者鼓励建设的海外园区往往得不到高尺度行动者的支持而陷入地域化发展中；当前海外园区产业混杂、扎堆布局等问题较为突出。其次，缺乏稳定的空间治理体系。当前我国海外园区空间治理体系中，海外园区由于受外方政府直接管理，因而面临政治风险、经济风险、社会与文化风险等多重风险，致使海外园区的空间治理体系缺乏稳定性。再次，园区空间规划与实践脱节。主要表现在海外园区所在国政府部门实际治理能力有限，因而一些规划设计的方案不能有效执行；大多数的海外园区尚未形成成熟的运营模式和长远规划，导致海外园区产业难以有效集聚以及园区产业定位出现前后偏差；海外园区通常构筑高大围墙以规避安全威胁，距离城区较远，"孤岛式"发展现象严重[①]。最后，面临较大的投资与融资压力。在自上而下的高尺度总揽性空间治理体系的海外园区建设中，多出现援建形式，因此依赖于国家政府投资，而缺少市场化力量的参与；而以自下而上的高尺度支持性空间治理体系与低尺度支持下园区地域化空间治理体系为主的海外园区建设中，通常市场化力量参与较多，却由于投资金额大、建设周期长、缺少高尺度行动者支持，极易遭受经济风险。

三、重构我国海外园区空间治理体系框架的思路

我国海外园区空间治理体系的主要内容可组合为涵盖运营与管理乃至顶层设计的制度架构，包括由土地、资源、劳动力、产业结构、选址、建设、规划要素、空间要素所组成的空间规划体系，由资金、资源等经济要素和财税构成的投融资体系，由合作协议、风险防控、绩效考核、财税资金供给所构成的保障体系。鉴于海外园区空间治理体系仍然存在的诸多问题，如运营管理分治、参与主体单一、产业结构偏低、投融资困难以及保障力度不够等，因此本节结合 TPSN 模型对我国海外园区空间治理体系进行进一步细化与建构。

海外园区作为社会建构及资本地域化过程中的产物，在尺度层面，高尺度行动者进行制度设计与组织安排，通过宏观规划、风险防控、绩效考核来发挥海外园区作为我国"一带一路"建设平台的作用；低尺度行动者对海外园区的建设以及运营提供行动支持，从而融入高尺度行动者的发展策略中；园区自身尺度需要发挥自主性并积极参与到园区的建设中，并与高（低）尺度行动者开展良性互动，构成纵向层级的行动者网络体系。地域与地方在一定程度上可以相互替代，在资本地域化与再地域化之中，积极构建海外园区的投融资体系，一方面表现为就园区建设、产业发展、招商引资以及市场化运营实现自主融资，

① Caglar A. Hometown Associations, The Rescaling of State Spatiality and Migrant Grassroots Transnationalism [J]. Global Networks, 2010, 6(01): 1-22.

另一方面表现为与地方开展互动，寻求飞入地城市资金支持，构成园区与飞入城市的产城融合，以破解"孤岛"现象。就网络而言，形成以海外园区为节点的全球空间联系网络，以高尺度行动者的宏观规划来调整海外园区的战略布局与产业优化；同时，作为行动者网络，各尺度行动者通过友好合作建构海外园区合作框架，通过中外协同共治为海外园区发展提供保障。因此，以地域、地方、尺度以及网络为视角，结合园区发展实践，将海外园区的空间治理细化为制度设计、组织体系、规划体系、投融资体系以及保障体系的重构。制度设计总揽全局，制定顶层设计统筹海外园区的发展方向；组织体系、规划体系和投融资体系分别负责海外园区的运营管理、空间布局和园区融资，是制度设计的具体化；保障体系主要对海外园区进行风险评估，搭建政府合作平台，为制度设计及其具体化提供重要保障。

四、重构我国海外园区空间治理体系的内容组成

在尺度重组过程中，地域与地方互为补充，行动者网络协同互动，地域、地方、尺度与网络等多维社会空间关系相互作用，为海外园区空间治理体系在制度设计、组织体系、规划体系、投融资体系与保障体系重构提供了新的视角。

（一）重构我国海外园区空间治理体系的制度设计

我国海外园区已经成为融入全球化的重要空间选择，因此海外园区空间治理体系的制度设计应当依托人类命运共同体进行构建，突出制度设计的高尺度权威性。

第一，制定顶层设计。从国家尺度构建海外园区发展的顶层设计，统筹安排海外园区的布局、治理与保障，使其具有制度设计的权威性。顶层设计策略的制定，一是应围绕"一带一路"倡议总体要求，整合优化现有推动海外园区建设的政策条例，从国家尺度上通过法律条例的形式推进高水平海外园区建设的行动方案，主要包括海外园区实施指导方案、投融资审批、财税补贴等相关配套政策；二是应结合现有海外园区发展水平，飞入国当地经济、社会发展水平、文化背景与政治局势，以及推动海外园区发展的相关政策等科学制定高水平海外园区评价体系，实现差异化支持[①]；三是高尺度行动者之间可通过超国家尺度联盟的构建，着眼于增强与海外园区飞入国的优势互补，对海外园区的建设规划确立统一标准，对海外园区产业结构优化布局，为海外园区经营管理谋划协同共治。

第二，重构海外园区管理体系。管理体系一般包含管理、运营以及两者间关系，但由于海外园区属于飞地经济，管理与运营实行中外分治，同时海外园区发展秉持市场化运作，因此管理与运营间并不存在政企不分现象，其重点环节在于国内管理机构的建设。当前而言，各尺度主管部门对海外园区更多的是通过绩效考核予以财税支持，两者间联系较为松

---

① 叶振宇. 中国建设高水平海外产业园区的战略思考[J]. 中国发展观察, 2016(01): 29-30.

散，此外，海外园区的建设一般是规划先行，政策滞后，因此各尺度主管部门对海外园区建设运营中遇到的问题难以及时解决。基于此，有必要设立单独的高尺度海外园区管理机构，对海外园区的战略边界、组织边界、盈利边界以及分配边界实行统一量化管理，尤其是将涉及海外园区发展的相关部门的管理权限统一整合进入管理机构，积极对接海外园区飞入国主管部门，主动普查海外园区实际运行情况，严格把控海外园区建设企业的资质，监督管理海外园区发展情况，科学制定决策，及时解决海外园区发展中存在问题。

（二）重构我国海外园区空间治理的组织体系

成熟的空间治理应当适时调整组织体系，对不适应治理需求的组织体系进行矫正和纠偏[①]，同时，空间治理能力的提升也需要有完备的组织体系的保证，因此，海外园区空间治理的组织体系重构是海外园区空间治理体系重构的重点。

第一，尺度下移的园区自主治理。在海外园区自上而下的高尺度总揽性空间治理体系中，一般由合作双方高尺度行动者将园区的合作模式、建设方式、空间规划、产业结构、招商引资以及园区管理等各方面通过合作协议、政策法规等形式予以确定，特别是在园区管理中，由外方政府指定管委会负责人对园区负责，中方政府予以政策支持与协调，而在海外园区自下而上的高尺度支持性空间治理体系或是低尺度支持下园区地域化空间治理体系中，一般由企业自发到海外建园，并对园区进行运营管理，但由于企业与外方政府的不对等关系，园区在实际运行中也无法有效运转。因此，必须赋予园区自主性，通过双方高尺度行动者协商合作，将部分权力下移至园区，给予建园企业在实际运行中对产业发展、招商引资等工作的按照市场规则独立推进的权力。

第二，尺度上移的政府宏观指导。由于部分海外园区是自发或低尺度行动者支持建设而成，缺乏高尺度行动者的宏观指导，企业仅凭市场化原则运作，出现了扎堆竞争、产业结构低下、面临"市场失灵"等问题[②]。因此高尺度行动者需要拓宽海外园区尺度上移的渠道，除国家尺度外，完善省级、地市级尺度政府对海外园区布局、双方政府间协调的工作机制，一方面，在企业出海建园之初，对企业资质、产业发展等进行审核，推动优质企业优势产业出海服务，另一方面对已建、在建的海外园区，提供法律援助、财税帮扶，同时积极对接外方政府协商支持企业建园，从而更好地指导海外园区的建设与运行。

第三，多元主体的多尺度网络参与。由于权力的尺度迁移、资本的地域化与再地域化，海外园区的土地要素、规划管理乃至制度设计重构，企业因追逐利益和政府因扩大管理权限导致多元主体功能溢出。因此，在我国海外园区空间治理的组织体系中，要推动多尺度

① 陈朋. 大数据时代政府治理何以转型[J]. 中共中央党校(国家行政学院)学报, 2019, 23(06): 25-30.
② 杨剑, 祁欣, 褚晓. 中国境外经贸合作区发展现状、问题与建议——以中埃泰达苏伊士经贸合作区为例[J]. 国际经济合作, 2019(01): 118-126.

行动者网络形成①。应当建立多尺度网络架构，由中方企业独资或与外方企业合资建设运营园区，以飞入地政府组建管委会直接管理园区相关事务，同时，双方省级、国家尺度政府行动者以达成合作协议、建立友好关系的方式，建立最高层级管理机构协调园区双方合作事务。此外，由于中外双方的政策法规差异、文化形态差异，相关规划建设标准不一，以及在建设中企业资金缺口等问题，也需要融入第三方机构的参与，为双方实际负责主体提供法律、规划、建设以及资金支持。因此，构建由飞出地各尺度政府、飞入地各尺度政府以及第三方机构等多元主体参与的行动者网络，实现对海外园区组织体系的动态治理效能。

（三）重构我国海外园区空间治理的投融资体系

在当前我国海外园区空间治理投融资体系下，仍存在融资困难、投资风险大收益小等问题，导致海外园区建设无法有效展开，因此需要进一步完善投融资体系，确保海外园区的建设与运营。

第一，投融资体系与地域、地方、尺度和网络。在地域层面，我国海外园区跨越多尺度政区管理边界积极谋求各级政府的资金支持；在尺度层面建立行动者网络，地方政府行动者积极推动海外园区获得高尺度行动者的资金支持与政策贷款，确保海外园区有效开展建设与运营，园区自身也积极谋求金融机构、专项基金的支持，建立了内外联通的投融资网络体系②。但随着资本的地域化与再地域，以及与海外园区飞入地城市的互动，要切实结合飞入地的文化形态、宗教信仰与文化传统推动产城互动，进而对金融服务本地化提出了更高要求，同时随着流动网络的显现，需要加强人民币国际化支付能力建设，以此解决海外园区在国际货币兑换中因汇率变动，换汇困难所造成的经济损失。

第二，调整政府与市场的关系。在海外园区建设及运营过程中，政府部门尤其是飞入地政府功能溢出现象严重，而伴随着资本与市场的扩张，企业逐利行为趋于显著，并且形成的极不对等的政企关系严重影响着海外园区的健康发展，因此有必要调整政府与市场的关系，充分贯彻政府支持、企业主导、市场化运作的模式，确保海外园区的发展。因此，通过政府部门与政策性金融机构的参与，简化服务流程，为海外园区的建设提供优惠的存贷款利率以及信用保险政策等支持；争取境内外专项基金，为企业建设海外园区提供投融资服务；支持海外园区争创国家"一带一路"重点项目，实现高尺度的资金政策支持③。此外，在企业投资建设海外园区的国家中，也存在相关法律不健全、腐败、商业违约等现象，因此国内政府也应当为园区建设的企业提供海外国家投资风险、投资政策的解读，以更好支持企业出海建园。

---

①　董千里. 境外园区在"一带一路"产能合作中的新使命及实现机制[J]. 中国流通经济, 2018, 32(10): 26-38.

②　林拓, 蔡永记. 打造"一带一路"前行航标——新时代中国海外园区再出发[M]. 北京：中国社会科学出版社, 2018.

③　马学广, 鹿宇. 中国海外园区发展的动因、实践与模式——以青岛市为例[J]. 青岛科技大学学报（社会科学版）, 2019, 35(04): 20-26.

第三，提供本地化金融服务的支持。海外园区在资本的地域化与再地域过程中以"飞地"形式嵌入地方，发挥生产要素流动的载体作用，因此离不开飞入地的支持。体现在海外园区空间治理的投融资体系中，即应发挥金融本地化的作用，一是积极寻求飞入地各级政府的金融支持；二是与飞入地地方金融机构、商会等达成合作协议以获取大额低息贷款，并引入金融机构的入驻；三是以成立中外合资开发公司的形式，引入飞入地地方企业的资金注入；四是与飞入地地方政府合作，积极招商引资，吸引来自更多地方乃至国家的优质企业入驻；五是直接成立园区投资专项基金，通过投资飞入地地方股票、期货市场乃至其他市场项目获取收益，尝试以股权、土地、矿产开采权等多种形式进行融资抵押①；六是将飞入地文化传统、宗教信仰等根植性文化与金融服务体系相对接，实现飞地双方在文化与经济地域的共融式发展，避免因文化差异导致投融资金出现困难。

第四，推动人民币国际化。随着我国"一带一路"倡议的提出，人民币国际化已经成为"一带一路"建设的一大助力，为解决海外园区企业在投融资中遇到的国际货币兑换、汇率换算等困难提供了新的方向。因此，在人民币国际化的趋势下，我国通过高尺度行动者、国内金融机构与海外园区飞入国的合作，建立人民币跨境支付系统，推动双方货币直接换算，乃至进一步发展人民币离岸市场，在园区驻地设立中资银行分支机构等措施，以此谋求海外园区投资贸易中使用人民币结算，从而缓解海外园区投资融压力。

（四）重构我国海外园区空间治理的规划体系

空间规划作为空间治理体系中的核心，但在海外园区空间治理体系中尚未建立起顶层规划安排，致使园区扎堆布局，同时，海外园区以资源获取为主要内容，忽视了环境问题以及与飞入地城市的互动。因此，有必要完善我国海外园区空间治理中的规划体系。

第一，规划体系与地域、地方、尺度和网络。基于地域、地方、尺度与网络等多维社会空间关系对我国海外园区空间治理中的规划体系进行重构。就尺度而言，我国海外园区规划主要包括国家尺度的顶层规划以及园区尺度的自身规划。由于资本的地域化与再地域化，以及生产要素的流动，海外园区成为经济全球化中突破政区界限承接产业转移、资本流动的重要节点，因而需要从国家层面对海外园区的空间总体布局做出战略性空间选择，根据产业结构升级与发展需求，以海外园区为平台推动优势产业出海服务，在园区尺度上，应当以国家尺度的相关规划为指引，做好园区间的互动交流，积极开展与飞入地地方城市的产城融合，特别是对飞入地地方的环境保护。

第二，建立顶层规划。制定统一协调的空间规划标准是解决海外园区杂乱无序的前提条件：一是可以参考中国境内国际合作园区的发展经验制定规划，二是应当依托当前"一带一路"建设，与超国家尺度联盟协调，积极推动海外园区规划建设标准实现国内与国际

① 张金杰. 中国境外经贸园区发展面临的机遇、挑战与经验总结[J]. 经济纵横, 2018(07): 52-58.

对接，三是充分考虑海外园区飞入国实际情况，分国别、分区域因地制宜考虑标准的制定。此外，在海外园区布局中，应当考虑"一带一路"倡议，根据地缘政治格局，以战略支点建设为目的，对海外园区布局进行战略规划；在海外园区产业发展方面，积极推动优势产业的输出，通过"两地双园"建设，吸引外方高端产业的输入，同时避免相同产业型海外园区扎堆竞争。

第三，体现规划生态性。我国央企或地方国企建设的海外园区在规划中能够体现生态性，注重对园区所在地环境的保护，这是由于中外双方高尺度行动者预先协调，且主导企业资金雄厚，建设中更多的是援助建设。但以民营企业为主导建设的海外园区以营利为目的，多布局于自然资源丰富的地域，实行粗放式规划建设与过度开发利用的方式，对当地生态环境造成了一定影响。因此，在海外园区空间规划中应当体现生态性，同时，高尺度行动者扶持生态环保型海外园区的建设，并对民营企业在绩效考核中引入生态环保标准，对符合标准的海外园区适当予以资金支持。

第四，推动产城融合。我国海外园区多布局在邻近交通要道，位于外方首都或大城市附近，以打造大城市卫星城为目标，如中国—白俄罗斯工业园邻近白俄罗斯首都，未来将打造首都的卫星城。但当前在我国海外园区建设中，由于对当地风俗习惯、文化传统、法律规范的不熟悉，以及当地社会较为动荡，因而在规划中多与当地社会相离，形成"孤岛式"发展困局，背离了地域化与再地域化的趋势，地方根植性弱，产生社会效益较小，同时由于缺乏与当地交流，在园区建设中易因沟通不足而停滞。因此，必须强调海外园区的本地化建设，积极承担飞入地社会责任，营造良好的文化氛围与功能配置，推动海外园区与地方城市的产城融合，促进海外园区与地方社会的互动与融合①。

（五）重构我国海外园区空间治理的保障体系

我国海外园区的发展离不开各项保障措施的供给，但并非所有海外园区都能得到来自省级、中央政府等高尺度行动者的保障性措施，因此有必要对我国海外园区空间治理的保障体系进行重构。

第一，保障体系与地域、地方、尺度和网络。根据地域、地方、尺度与网络等多重社会空间关系重构我国海外园区空间治理的保障体系。就尺度而言，保障体系的重构离不开中外双方各级政府的合作，基于省级、中央政府等高尺度行动者建立合作协议，签订海外园区备忘录，为园区建设提供制度保障，通过地方政府间友好城市缔结，对海外园区发展提供优良环境，推动海外园区建设纳入高尺度行动者发展战略，架构起我国海外园区空间治理的保障体系中的行动者网络。就地域自身而言，海外园区应建立公共宣传平台，及时向社会公开自身发展情况；就地域、地方与尺度关系而言，飞出地指向高尺度行动者对海

---

① 施一峰，王兴平. 境外园区与地方城市互动发展及影响因素研究——以中国—白俄罗斯工业园为例[J]. 城市发展研究，2019，26(03)：49-58+124.

外园区的监督考核，建立海外园区发展数据库并向社会公示，接受社会公众监督，飞入地则指向海外园区对地方的风险评估。

第二，外部风险评估的常态化。海外园区空间治理体系面临来自政治、经济、社会等多重风险，因此我国各级尺度政府行动者应当对海外投资风险、安全风险等进行常态化评估，并及时公开评估结果，以此在企业出海建设园区前、建设中、运营中提供安全指南，在园区遇到风险时能够及时提供相关保障。同时，由国内高尺度行动者联合金融机构、商业性保险机构乃至与飞入地各级尺度行动者共同建立海外园区风险基金，维持海外园区的正常运营，减少因风险带来的经济损失。此外，园区自身也应当加强园区间互动，或者通过企业集群式的海外园区建设方式，加强园区间合作交流，共同抵御外部风险。

第三，搭建政府间友好合作平台。在海外园区建设运行初始，由于跨越不同尺度的管理边界和政区边界，中外双方各级尺度政府行动者之间缺少交流互动，使得企业在海外园区建设中没有制度保障。因此，一方面，省级、国家尺度政府行动者可以通过双方签署政府间合作协议、工作备忘录等形式，建立海外园区政府间磋商机制，成立高尺度行动者参与的协调机构，共同解决海外园区重大问题，尤其是关系到海外园区运营过程中出现的行为管理边界问题，同时成立海外园区联合办公室作为海外园区的办事机构，协调处理海外园区日常事务和具体问题[①]。另一方面，地方尺度政府间可以通过缔结友好城市的方式，以产业合作为主要内容，在双方共同规划建设园区与良性互动中推动海外园区的有效运转。

第四，园区监督考核与数据公开。监督考核是海外园区空间治理保障体系的重点，督促海外园区合理规划空间，积极招商引资，推动产业发展以实现有效运作[②]。首先，我国应当建立多尺度联动监督考核，扩大考核范围；其次，海外园区考核标准应当适时调整，自我国商务部与财政部在 2013 年出台考核管理办法后一直沿用至今，因此有必要加强对海外园区的研究定期对考核标准进行调整。此外，当前国家尺度与省级尺度海外园区考核结果、海外园区相关发展数据并未向社会公示，诸多园区自身也未建立公共宣传平台[③]，因此有必要建立海外园区大数据库，及时向社会公开海外园区相关数据。

五、构建我国海外战略支点港口体系保障海上通道安全

海上通道是全球重要战略资源，也是世界政治博弈的主战场。党的二十大报告重申坚持总体国家安全观，加强海外安全保障能力建设，凸显海外利益的维护、拓展和升华的重要性，也从侧面反映出海上通道安全已经构成维护国家海外利益和保障总体国家安全的重

---

① 张广荣. 中国境外经贸合作区发展政策探析[J]. 国际经济合作, 2013(02): 40-42.
② 余官胜, 范朋真, 龙文. 东道国风险、境外经贸合作区与我国企业对外直接投资进入速度——度量与跨国面板数据实证研究[J]. 国际商务研究, 2019, 40(02): 15-25.
③ 张金杰. 中国境外经贸园区发展面临的机遇、挑战与经验总结[J]. 经济纵横, 2018(07): 52-58.

要屏障。以港口为载体打造我国海外战略支点，不仅有助于保障我国海上通道安全，还能够为实现我国与相关国家的共同繁荣和稳定发展提供重要的空间支撑。然而，我国海上通道安全形势依旧严峻复杂，且我国海外战略支点港口建设仍然存在顶层设计不清晰、空间布局不合理、合作层次欠丰富、治理模式低效率等问题，亟需着力探索以海外支点港口体系保障我国海上通道安全的路径方向。

（一）我国海上通道安全形势研判

中国大陆海岸线绵长，与众多国家为邻，在一些重要性通道上往往跨越多个区域、海峡，至于一些关键性通道更是因为涉及多个国家利益，不管是域内国家还是域外大国，都会使得我国海上通道形势愈趋复杂。

第一，我国海上通道面临军事存在、领土纠纷、沿海通道国家政局变动等传统安全隐患，应对难度大且长期持久。首先是领土纠纷引发的安全隐患。典型事件包括中国与东南亚国家的南海争端、印巴的克什米尔争端、以色列与中东国家的争端等等，这些领土争端无疑给我国海上通道安全带来了阻碍。其次是军事存在构成的安全隐患。例如，西方发达国家的军事基地基本遍布全球各角落，是海域不稳定状况的重要因素。此外，台湾问题局势变化同样对我国海上通道安全构成重大影响。从内部来说，"台独"势力试图阻挠祖国统一的嚣张气焰，不断制造海峡两岸局势的不稳定；从外部来说，西方大国对台湾出售军事武器装备，严重危害我国国家安全和台海局势稳定性，给台湾海峡及其附近的海上通道的安全设置障碍。最后是通道沿岸国家政治冲突引发的安全隐患。例如，在印度洋区域，中印两国在边境上一直存在着领土争议，再加上印度实施的印度洋海洋战略有排他性特点，使得印度一直对我国存在很强的戒备心理。在中东地区，美伊两国的对抗上升、伊朗核危机加剧、黎以的武装冲突、巴勒斯坦国内局势动荡、巴以局势日趋复杂紧张等，这其中的至少一个不稳定因素都可能导致发生不可想象的海上通道安全危机。

第二，我国海上通道还面临海盗及海上恐怖主义活动、文化渗透、资源环境破坏等非传统安全问题，突发性强且动态演化。首先是海盗及海上恐怖主义活动带来的安全隐患。目前海上通道深受非传统安全威胁因素影响之一的就是马六甲海峡、索马里亚丁湾海域至红海一带、孟加拉湾沿岸、几内亚湾沿岸以及整个东南亚海域等五大海域频繁密集发生的海盗事件和海上恐怖主义活动。其次是文化渗透下的安全隐患。当今的文化渗透表现明显的就有"中国威胁论"、宗教冲突、族群冲突等，其中"中国威胁论"不仅影响了中国的对外交往和中国与周边国家发展政经贸关系，还使得一些西方大国有借口继续在亚洲保持军事存在。在宗教和族群冲突方面，中东地区作为典型区域，其宗教民族冲突已引发数次中东战争，更是严重影响了红海至地中海一带的海上通道航行。最后是资源环境破坏引发的安全隐患。我国与海上通道沿岸各国共同面临近岸海洋生态系统退化和近海资源枯竭、海洋污染和环境恶化、全球气候变化、南北极冰盖快速融化、海平面上升、海洋酸化、海洋自然灾害、日本核污水排海等诸多挑战，这些无疑都严重影响我国海上通道的正常航行。

（二）构建海外战略支点港口体系的重要性与必要性

第一，构建海外战略支点港口体系是我国全方位战略体系的重要一环。当今时代，国家竞争不仅是财富规模和财富创造能力的竞争，更是国家战略能力的综合比拼。构建海外战略支点港口体系无疑是对我国现阶段国家战略体系的拓展与深入，将我国的战略视角转向港口这一尺度较小但却极其重要的区域空间，能够明显提升我国的经济发展、科技创新、新兴领域竞争、军事战略威慑、国际规则主导等战略能力，进而实现国家发展和安全统筹谋划、经济建设和国防建设整体推进、海洋资源和陆地资源一齐调配，达成国家大体系集成效益和国家战略收益最大化。

第二，构建海外战略支点港口体系是应对相关国家海洋战略挑衅、落实我国涉海国家战略倡议的具体实践。面对西方发达国家及我国周边国家海洋战略政策对我国带来的指向性"冲击"，党的十八大以来，我国先后明确提出了建设海洋强国、建设"一带一路"、构建海洋人类命运共同体等重大涉海战略倡议，为我国利用发展海洋和维护海洋合法权益提供了基本遵循和重要导向。构建海外战略支点港口体系正是对我国涉海战略倡议及相关国家海洋战略"冲击"的积极响应，是将理论指导转化为实际行动的重要路径，通过港口这一涉海战略资源，既能极大地推动我国与"一带一路"沿海国家的双边或多边合作，有效应对西方国家和周边国家压制性政策，促使海洋资源共用共享、科学技术成果普惠互利，又能维护海上战略通道和海洋形势的安全稳定，从而早日达成我国海洋强国和海洋命运共同体建设目标。

第三，构建海外战略支点港口体系是加快转变我国海洋经济发展方式的催化剂。面对我国海洋经济发展存在的产业结构层次较低、资源开发利用方式粗放、区域布局同构、创新能力不强等突出问题，亟需通过港口这一海陆衔接空间释放海洋经济发展潜力，促进我国海洋经济结构的优化升级。构建海外战略支点港口体系，是深入打开当地市场的基本方式，可以引导我国海洋产业结构调整与优化重组，促进生产要素的跨境调配，加强国内外区域及港口的战略合作，推动我国科技创新能力和科技成果转化能力的提高，从而成为我国海洋经济高质量发展的又一重要路径。

第四，构建海外战略支点港口体系是体现我国实质性存在、增强国际影响力的重要象征。目前，我国仍面临较为严峻的海洋主权问题和海上贸易壁垒问题，海上恐怖主义和海上霸权主义现象也层出不穷，均对我国国际地位构成严峻挑战。构建海外战略支点港口体系，可通过海外战略支点港口的选择、布局与治理加强我国对海洋主权的监督管辖和实质性存在，促进以港口为纽带的国际政治、经济、文化合作交流，从而维护我国的海洋大国地位，增强我国的综合国力和国际影响力。

（三）以海外战略支点港口体系保障我国海上通道安全的路径方向

基于我国海上通道安全形势和发展要求，拟从完善港口选择体系、建设各航段重要港口、健全双边多边合作机制、加强港口制度架构、重构港口投融资体系、完善港口空间规划体系六个方面提出以海外战略支点港口体系保障我国海上通道安全的具体行动。

第一，建立"逻辑层—数据层—评价层—决策层—监测层"五层嵌套的我国海外战略支点港口选择体系。构建海外战略支点港口的空间选择机制是建设海外支点港口体系的首要一环，需要借助现代信息技术手段，搭建系列数据库和系统平台进行选择决策。首先，从逻辑层、数据层、评价层、决策层和监测层五个方面构建我国海外战略支点港口空间选择机制，多源多渠道采集、整合并剖析国外重点港口属性信息，建立以"数据云+港口"为内核的海外重点港口基本信息数据库，对上述各港口的发展历程、发展条件、发展趋势、主要类型等进行可视化描述和智能分析，并构建海外战略支点港口空间选择的决策支持系统。其次对上述港口潜在的政治经济风险、合作意愿和历史合作基础等进行有针对性的调查和比较，强化风险识别预警、风险分级评估、风险分类管控和风险监控预案建设，并借助上述决策支持系统进行海外战略支点港口风险演变动态监测，涵盖补充数据库、优化评价方法以及总结度建设经验等内容。

第二，因地制宜建设巴生港、皎漂港、汉班托塔港、瓜达尔港、吉布提港、恰巴哈尔港、比雷埃夫斯港等"一带一路"不同航段重要港口。根据前期港口选择评价指标体系测算结果，建议重点合作建设以下战略支点港口。首先是东南亚航段中的巴生港和皎漂港。中国港航企业可以通过投资参股或租赁等方式获得两港口的经营权，扩建深水港同时发展临港物流和加工制造业，加强交通基础设施的建设实现与我国水上和陆地相结合的互联互通体系。其次是南亚航段中的汉班托塔港和瓜达尔港。就汉班托塔港而言，我国应将建设重心放在临港工业和服务业，打造成为我国在印度洋海上航运的战略重要基地；就瓜达尔港而言，因为经济基础较薄弱，我国港航企业可以通过港口援建和投资参股的方式投资其基础设施建设。再次是波斯湾和红海航段中的吉布提港和恰巴哈尔港。在该航段中沿线地区的港口多用于石油出口，我国港航企业可以通过与上述两港的企业合作，带动港口合作推进双方经贸合作，保障能源运输安全。最后是地中海航段的比雷埃夫斯港。我国应加大对这一"欧洲南大门"的合作投资强度，更新所有港口设备，实施国际船舶与码头安全费项目，针对当地市场狭小的问题，集中精力开拓国际市场，并提升码头客户服务水准。

第三，建立健全海外战略支点港口的双边和多边合作机制，具体体现在金融合作、信息合作、政策合作和文化合作等诸多方面。首先，在金融合作方面，推动人民币在海上丝绸之路沿线区域内的结算功能，在沿线区域建立金融合作机制，统一结算业务，畅通贸易资金，推动人民币成为区域内国际结算货币。其次，在信息合作方面，沿线区域港口需首先依照同一的标准完善自身条件，在此基础上建立信息合作机制和信息共享平台。再次，在政策合作方面，与海上丝绸之路沿线战略支点港口国家应成立专门的海上丝绸之路港务处理机构，负责参与制定沿线航运政策；由国家政府牵头，港口航运企业以及其他利益相关者共同参与，定期开展海上丝绸之路沿线区域港口的研讨会，探讨并制定港口合作机制的各项政策制度。最后，在文化合作方面，加强我国与沿线各国的人员交流，通过在海上丝绸之路沿线国家开办孔子学院等其他途径，加强沿线国家民众对中国语言和文化的了解；可倡议联合发起、以我国为主建立专项基金，对上述战略支点港口地区的文化发展与保护提供资金支持。

第四，以协议签订、联盟构建为着力点加强海外战略支点港口的制度架构。首先，整合优化现有推动海外港口建设的政策条例，通过法律条例的形式推进高水平海外港口建设的行动方案及相关配套政策，包括签署双边合作协议、贸易协定、合作备忘录、谅解备忘录、合作伙伴关系协定等；其次，应结合现有海外战略支点港口发展水平、所在国家政治经济文化状况和相关政策，制定由区位禀赋、战略意义、腹地环境、政策配套、发展潜力五大维度构成的高水平海外战略支点港口评价体系，实现差异化支持；再次，高尺度行动者之间可通过超国家尺度联盟的构建，对战略支点港口的建设规划确立类型框架，对战略支点港口产业结构优化布局，为战略支点港口经营管理谋划协同共治。

第五，重构以政策优惠、风险防控为核心的海外战略支点港口的投融资体系。首先，通过政府部门与政策性金融机构的参与，简化服务流程，为海外战略支点港口的建设提供优惠的存贷款利率以及信用保险政策等支持；其次，支持海外战略支点港口争创国家重点项目，实现高尺度的资金政策支持；再次，国内政府应为港口建设的企业提供海外国家投资风险、投资政策的解读，以更好支持企业出海建港；第四，我国各级尺度政府行动者应当对海外投资风险、安全风险等进行常态化评估，建立港口治理差异化监管考核体系，制定富有针对性的治理纠偏与优化策略；第五，由国内高尺度行动者联合金融机构、商业性保险机构乃至与港口所在地各级尺度行动者共同建立战略支点港口风险基金，减少因风险带来的经济损失。

第六，以打造多尺度战略支点推动海外战略支点港口空间规划体系建设。首先，打造"战略支点国家—海上战略通道—战略支点城市—战略支点港口—战略支点园区"五重空间尺度影响下我国海外战略支点港口体系及其运作程序，明确不同尺度支点空间的选择与布局机制，对其潜在的政治经济风险、合作意愿等进行有针对性的调查和比较；其次，依托战略支点体系和当前"一带一路"建设，与超国家尺度联盟协调，积极推动海外战略支点港口规划建设标准实现国内与国际对接；再次，充分考虑海外战略支点港口所在国实际情况，分国别、分区域因地制宜考虑标准的制定；四是积极推动优势产业的输出，通过"两地双港"建设，吸引外方高端产业的输入，同时避免相同产业型港口扎堆竞争。

第六章 跨界海洋空间规划与多尺度治理

海洋是高质量发展的战略要地，是人类赖以生存和发展的重要空间载体，也是沿海国家国土空间的重要组成部分。进入 21 世纪以来，随着海洋资源价值的日益凸显，尤其是海洋环境极大的包容性，允许不同的海洋使用者开展各种人类活动，这就使得海洋空间在共同使用过程中不可避免地产生各种冲突和矛盾。海洋空间规划（Marine Spatial Planning，简称 MSP）是一个改进海洋资源利用决策的规划框架，同时也是一种减少海洋使用者冲突的机制，因为其采用生态系统方法和基于生态系统的管理原则，而成为一种可持续的管理海洋环境和使用海洋资源的手段[1][2][3]。中共中央、国务院于 2019 年 5 月发布的《关于建立国土空间规划体系并监督实施的若干意见》提出到 2020 年基本建立涵盖海洋功能区划在内的国土空间规划体系，到 2035 年全面提升国土空间治理体系和治理能力现代化水平。因此，海洋空间规划的复杂性、长远性、战略性日渐凸显，为中国开发和保护海洋资源、维护国家主权和海洋权益等提供了新的视点。

第一节 跨界海洋空间规划的方法和挑战[4]

跨界思维是海洋空间规划的核心，是海洋空间规划生态系统方法的重要组成部分。海洋空间规划中的跨界合作思维已经被许多沿海国家和地区广泛采用[5]，2019 年 2 月 12 日，

---

① Douvere F. The Importance of Marine Spatial Planning in Advancing Ecosystem-based Sea Use Management [J]. Marine Policy, 2008, 32(05): 762-771.

② Ritchie H, Ellis G. A System that Works for the Sea? Exploring Stakeholder Engagement in Marine Spatial Planning [J]. Journal of Environmental Planning and Management, 2010, 53(06): 701-23.

③ Burns K. Global Perspectives on How Marine Spatial Planning can Contribute to the Management of Ireland's Ocean [J]. Borderlands: The Journal of Spatial Planning in Ireland, 2012(02): 73–85.

④ 本节内容修改自如下论文：马学广，赵彩霞. 融合、嬗变与实现：跨界海洋空间规划方法论[J]. 中国海洋大学学报（社会科学版），2019(05): 69-80.

⑤ Flannery W, O'Hagan A M, O'Mahony C, et al. Evaluating Conditions for Transboundary Marine Spatial Planning: Challenges and Opportunities on the Island of Ireland [J]. Marine Policy, 2015, 51: 86–95

联合国教科文组织政府间海洋学委员会（Intergovernmental Oceanographic Commission，简称 IOC）和欧盟委员会在法国巴黎启动了"全球海洋空间规划"（MSP Global），这是一项促进全球跨界海洋空间规划的最新联合倡议。本节在梳理了海洋空间规划方法论的演变之后，整理出跨界海洋空间规划的内涵层次，并在此基础之上分析海洋空间规划跨界合作的必要性和挑战，提出我国跨界海洋空间规划的实现机制。

一、跨界海洋空间规划的演变

当前国际学术界对海洋空间规划的关注程度逐年上升。在 Web of Science 数据库中以"Marine Spatial Planning"为主题进行检索，并且按照国家和地区对检索结果进行分类，可以发现以研究成果数量表征的不同国家对于海洋空间规划和跨界海洋空间规划的重视程度。研究结果表明，美国、英国、澳大利亚和德国等国家的海洋空间规划研究处于世界前列。

结合文献检索结果，根据海洋发达国家的海洋空间规划相关政策，可以梳理出跨界海洋空间规划方法论的演变趋势，具体划分为三个阶段。第一阶段是 1950 年至 1980 年，确定了海洋空间规划的作用，建立海洋保护区制度框架，并且明确海洋空间的多用途性。1958年，第一届联合国海洋法会议对海洋区域进行了划分，这是最初意义上的海洋空间规划[①]，之后许多海洋发达国家开始制定海洋总体规划和分区用途规划以解决海域使用矛盾和保护海洋环境。比如，美国在 1959 年提出《海洋学十年规划（1960—1970 年）》，强调发展海岸经济和海洋经济。第二阶段是 1980 年至 2010 年，世界各国的海洋空间规划研究和实践注重基于自然生态系统的海洋空间综合管理。其中，1987 年澳大利亚发布的《大堡礁珊瑚海洋公园海域多用途区划》，注重运用综合方法对整个生态系统实施管理[②]；联合国环境与发展大会 1992 年通过的《21 世纪议程》提出了开展海洋综合管理的建议；2002 年发布的《欧盟海岸带综合管理建议书》（EU Recommendations on Integrated Coastal Zone Management，简称 IC-ZM）将海洋空间规划确定为整体区域资源管理的重要组成部分；2006 年联合国教科文组织召开的第一届海洋空间规划国际研讨会讨论了利用海洋空间规划手段实施基于生态系统的海岸带管理[③]。2007 年发布的《欧盟海洋综合政策蓝皮书》（An Integrated Maritime Policy for the European Union）将海洋空间规划视为海洋地区和沿海地区可持续发展的基础工具，并且提出了"综合海洋空间规划"（Integrated Maritime Spatial Planning，简称 IMSP）的概念。第三阶段是 2010 年至今，在国际组织及全球大环境推动下，海洋空间规划开始强调跨界合作。2014 年欧盟《海洋空间规划指令》（MSPD）要求沿海成员国就其海洋区域在海洋空间规划领域开展合作，在其指引下，很多欧洲国家已经在

---

① 徐丛春，王晓惠，李双建. 国际海洋空间规划发展趋势及对我国的启示[J]. 海洋开发与管理，2008(09): 45-49.
② 方春洪，刘堃，滕欣，等. 海洋发达国家海洋空间规划体系概述[J]. 海洋开发与管理，2018, 35(04): 51-55.
③ 张云峰，张振克，张静，等. 欧美国家海洋空间规划研究进展[J]. 海洋通报，2013, 32(03): 352-360.

海洋空间规划中采取了与邻国保持互动与联系的做法；联合国教科文组织政府间海洋学委员会（IOC-UNESCO）和欧洲委员会海事和渔业局（DG-MARE）于 2017 年联合发布了《加速全球海上/海洋空间规划进程联合路线图》（Joint Roadmap to Accelerate Maritime/Marine Spatial Planning (MSP) Processes Worldwide），强调决策者在制定和执行海洋空间规划时应考虑跨界合作；2019 年，联合国教科文组织海委会和欧盟委员会推出"全球海洋空间规划"（MSP Global）倡议，旨在优化全球跨界海洋空间规划，缓解和规避海洋空间冲突事项，改善人类海上活动。

综合国际海洋发展形势和海洋发达国家的政策进展，世界上海洋发达国家在确定了海洋空间规划在海洋管理中的重要地位之后的演变趋势大体上是：从制定海洋空间规划总体规划，再到专属经济区规划，再到强调区域间合作；从海洋保护区单一管理，再到实现多重目标，再到综合性海洋管理；从关注内海，到远海，再到跨界合作；从注重单一区域的发展到注重海陆空多种要素的联系；从注重经济发展走向注重科技创新。

二、跨界海洋空间规划的内涵

由于海洋和沿海生态系统的活动超越了行政边界，为了避免与邻国冲突，同时能充分利用共享或者相邻资源，跨界或跨境思维作为海洋空间规划生态系统方法的重要组成部分而受到关注[1]。Flannery 等提出了跨界海洋空间规划的概念[2]，认为跨界海洋空间规划是一个过程，可以在基于生态系统办法的现有管理框架内实现更大的整合和协调，主要包括保护有价值的生态系统服务、实现有效的渔业管理、解决海洋污染问题、跨界海洋保护和区域发展中合理选址的问题。Jay 等认为跨界思维是 MSP 的核心[3]，是共享海域里解决多种海洋活动冲突的关键。从治理和政策视角下分析内部跨界关系的发展，不仅涉及到区域地理和海洋资源活动，更是包含了数据管理、决策制定及利益相关者参与等多种过程。

跨界海洋空间规划主要包括以下三个层面的内涵：跨行政边界海洋空间规划、跨地理边界海洋空间规划、跨治理边界海洋空间规划。其中，跨行政边界海洋空间规划是跨地理边界海洋空间规划和跨治理边界海洋空间规划的对外表现，跨地理边界海洋空间规划是跨行政边界海洋空间规划和跨治理边界海洋空间规划的内在要求，跨治理边界海洋空间规划是跨地理边界海洋空间规划和跨行政边界海洋空间规划的实质特征。跨行政边界海洋空间规划是指海洋空间规划活动跨越了至少两个司法管辖区，共同管理一个共享海域的海洋空间资源配置形式和过程，这种跨界资源配置既可以是横向的跨越超国家组织之间的边界、

---

① 张翼飞，马学广. 海洋空间规划的实现及其研究动态[J]. 浙江海洋学院学报（人文科学版），2017, 34(03): 17-26.

② Flannery W, O'Hagan A M, O'Mahony C. Evaluating Conditions for Transboundary Marine Spatial Planning: Challenges and Opportunities on the Island of Ireland[J]. Marine Policy, 2015, 51: 86-95.

③ Jay S, Alves F L, O'Mahony C, et al. Transboundary Dimensions of Marine Spatial Planning: Fostering Inter-jurisdictional Relations and Governance[J]. Marine Policy, 2016, 65: 85-96.

国家之间的边界、州或市之间的边界、部门之间的边界，也可以是纵向的跨越国家、州或市、部门之间的边界。跨地理边界海洋空间规划是指海洋空间规划的活动不仅仅局限于海洋空间，还跨越陆地、河流、海岸、大气等的边界，实现海洋空间规划的空间一体化。跨治理边界海洋空间规划是指海洋空间资源配置过程中，制度规范、治理体系、数据信息、利益相关者等层面的跨界合作过程，是多种类、多尺度、多时序海洋空间治理形式和过程的相互叠加和渗透。跨界海洋空间规划的核心是利益相关者在跨界海洋公共资源配置和跨界海洋公共物品生产与分配等议题上的跨界合作。

（一）跨行政边界海洋空间规划的内涵和实践

众多的跨行政边界海洋空间规划事务中，国内外学者对跨国界海洋空间规划的研究较为丰富。每个国家都有明确的行政管辖范围，但由于海洋生态系统强烈的内在关联性，超国家尺度海洋空间规划的跨境合作变得非常有必要。Hassan et al.（2015）将跨界海洋空间规划定义为"至少两个国家在领海或专属经济区共享一个边界，共同管理一个海洋区域的过程"[1]。但是，这种"边界"具有较高的尺度弹性，涵盖了国家、次国家、区域乃至城市等尺度层级或形态。因此，跨行政边界海洋空间规划合作既包括横向的（跨越同一层级的行政管辖区，如国家与国家之间、区域与区域之间、城市与城市之间等）不同行政单元之间的跨界合作，又包括纵向的（跨越不同层级的行政管辖区，如国家与区域之间、区域与城市之间等）不同行政单元之间的跨界合作。

在多数情况下，跨行政边界海洋空间规划是由大尺度对象（超国家级）解决环境或生态系统退化的需要来驱动的，在这种情况下，需要多个国家或行政当局共同努力保护生态系统、减少破坏活动和对抗气候变化[2]。如欧盟《海洋空间规划指令》要求各成员国在2021年之前制定海洋空间规划，并为此类海洋空间规划制定了一套最低要求和标准（比如加强国家间一致性和合作性的指标），通过这一指令建设欧盟区域统一的海洋空间规划框架的理念已经基本实现。联合国教科文组织政府间海洋学委员会（IOC-UNESCO）和欧洲委员会海事和渔业局（DG-MARE）于2017年通过的《加速全球海上/海洋空间规划进程的联合路线图》表明决策者在发展跨行政边界海洋可持续利用机制方面的决心。《加速全球海上/海洋空间规划进程的联合路线图》呼吁将海洋安全计划作为一个重要的跨部门工具，加强各国合作、保持政策一致性，从而实现海洋资源可持续管理和利用的目标。

在我国，作为一种海洋资源配置和海洋环境管理创新途径的海洋空间规划方兴未艾，大多局限于特定行政边界内部的规划探索，跨国家尺度上与周边国家合作开展的海洋空间

---

① Hassan D, Kuokkanen T, Soininen N, et al. Transboundary Marine Spatial Planning and International Law [M]. Abingdon: Earthscan Oceans, 2015.

② Carneiro G, Thomas H L, Olsen S B, et al. Cross-border Cooperation in Maritime Spatial Planning [DB/OL]. https://publications.europa.eu/en/publication-detail/-/publication/985c28bb-45ab-11e7-aea8-01aa75ed71a1.

规划较为罕见，甚至国内跨省界的海洋空间规划也并不多见。但是，我国跨境渔业资源冲突和跨省海洋资源与环境问题屡见不鲜且有愈益频繁化和尖锐化的倾向，跨行政边界海洋空间规划势在必行。比如，在长江三角洲地区，上海、江苏和浙江这三个省级行政单元的海洋法规虽在各自区域内能够有效运行，但涉及跨界公共资源分配和跨界公共问题解决上却陷入"囚徒困境"①，对海洋环境保护和区域一体化目标的实现带来不利影响。

（二）跨地理边界海洋空间规划的内涵和实践

海洋空间规划具有综合性、生态性以及跨越海陆地理边界的特点，因此与各种规划之间存在不可避免的整合和衔接。向陆地一侧的土地利用规划和流域综合管理规划、向海一侧的海洋空间规划以及跨越向陆地和向海区域的海岸带综合管理规划四种不同类型和属性的区域管理工具可能在具体沿海区域内集中甚至重叠。但是，在我国当前空间规划实践"多规合一"的政策背景下，将内陆边界、沿海流域或者汇水地区以及领海等综合规划成功的有机融合的空间规划实践仍然较为稀缺。

土地利用规划是环境规划中最常用和最早启用的方法②，而海洋空间规划是海岸向海一侧的首选工具③，也被视为解决海洋环境问题的首选策略。由于实现海洋和陆地系统的统一规划需要在自然、政治、法律、经济和可操作性等方面达成统一，因此两者结合的研究尚不多见。流域综合管理规划和海岸带综合管理规划与以上两种工具相比更像是一种治理方案，其视角更广且不局限于单一的政策工具。流域综合管理规划侧重于特定水文边界内的土地、水源和植被等自然资源的规划开发管理和使用，与沿海生态系统和海洋联系密切。但实际上，流域综合管理规划在沿海地区与其他相关规划之间并没有获得科学充分的整合和合作④。海岸带综合管理规划是指对海岸资源和空间的保护和可持续利用做出合理决策的过程⑤，这一过程旨在促进海陆空的空间一体化、从地方到国际的纵向一体化、跨部门的横向一体化等。海岸带综合管理规划方案实施的范围跨越海岸带的向陆侧和向海侧，是四种方法中能同时处理陆地和海洋资源配置关系的核心方案，具有综合性、参与性和强烈的实践性等特点。目前，虽然海洋环境中的空间边界存在较多重叠，但是上述四种空间规划方案缺乏必要的整合，空间集成度很低。因此，迫切需要运用跨界思维，跨越土地利用规划、流域综合管理规划、海岸带综合管理规划和海洋空间规划单独设置的地理边界，推动

①　易凌. 长三角海洋法规差异冲突与协调研究[J]. 法治研究, 2010(12): 56-63.

②　Douvere F. The Importance of Marine Spatial Planning in Advancing Ecosystem-based Sea Use Management [J]. Marine Policy, 2008, 32(05): 762-771.

③　Botero C M, Fanning L M, Milanes C, et al. An Indicator Framework for Assessing Progress in Land and Marine Planning in Colombia and Cuba [J]. Ecological Indicators, 2016, 64 : 181-193.

④　Coccossis H. Integrated Coastal Management and River Basin [J]. Water, Air and Soil Pollution: Focus, 2004, 4 (04-05): 411-419.

⑤　Cicin-Sain B, Knecht R W. Integrated Coastal and Ocean Management: Concept and Practices [M]. Washington, D C. : Island Press, 1998.

海洋空间规划向陆侧和向海侧规划工具的有机融合和一体化。

（三）跨治理边界海洋空间规划的内涵和实践

跨界思维在海洋空间规划中的运用不仅仅局限于行政、地理和生态边界方面，由于在邻近管辖区的社会、文化、政策不同，因此在制度规范、治理体系、数据信息以及利益相关者的偏好上很难取得完全一致，亟需跨越不同领域、治理体系和利益相关者的边界，实现利益相关者在跨界海洋公共资源配置和跨界海洋公共物品生产与分配等议题上的跨界合作。

海洋空间规划应该更多地和生态系统和资源的地理位置相一致，海洋空间规划更多地依赖该地区的自然要素空间分布和人类活动时空过程的相关信息，因此数据的收集、处理、共享和可视化应该受到优先重视。但是，边界的分割性导致数据信息在收集、管理和共享等领域遇到较多挑战，数据不兼容、数据缺口、收集数据的不同标准、数据属性、敏感数据的共享、早先数据与现有数据的不统一等问题给跨界海洋空间规划过程带来了极为突出的困难。因此，不仅要融合不同单位采集而来的互不兼容的空间数据，还需要了解相邻司法管辖区的治理体系和治理结构，对不同边界限制下所实施治理框架的分析有助于简化跨界合作与融合的步骤，加速治理体系的跨界一体化。另外，由于跨区域文化、实践和意识活动差异的存在，利益相关者的能力和意识在不同的海洋空间规划发展阶段有不同的水平，识别冲突并在共同关心的问题上达成一致，无疑是冲破文化与利益偏好等形成的治理体系边界并形成集体认同感的重要途径和策略。

三、跨界海洋空间规划的必要性

为实现建设海洋强国的目标，在我国推行跨界海洋空间规划有环境、经济、政策、战略四方面的考虑，首先，海洋环境的流动性和不稳定性要求在实行海洋空间规划时考虑跨界因素；其次，跨界海洋空间规划有利于海洋空间的合理利用和保护；再次，我国实现陆海统筹离不开海洋空间规划的跨界合作；最后，跨界海洋空间规划是打开 21 世纪海上丝绸之路新局面的"先锋"。

（一）海洋环境特殊性的要求

自然环境是一个持续运动的状态和过程，海洋环境中的物质流动时刻呈现全球性运动态势，必然会跨越行政边界。以自然环境流动性为载体的人类活动（如航运）以及人类活动带来的影响（如海洋污染）同样会跨越行政边界、打破海洋空间边界。与此同时，海洋资源以及海洋活动的有效规划和管理离不开邻近管辖区的合作。作为一种全球性资源，海洋占全球地表面积的 70.8％，如此广袤且不断变化中的海洋环境是没有地理边界限制的，因此，单个国家和地区不可能只在管理辖区内施加影响。因此，在海洋环境中，一切都是相互联系的①。海洋空间规划是基于生态系统的，而不是基于地域的，旨在以一种更广泛的方式来治理海洋，维持自然环境的完整性和海洋资源的可持续利用以及实施对海洋物种多样性的保护。有效实施海洋空间规划可以降低由人类活动带来的海洋环境的破碎化，海洋环境的特殊性要求海洋事务利益相关者在共享海域内进行合作。

（二）海洋空间科学开发和保护的基础

海洋是地球上最大的生态系统，但是人类对海洋系统的保护和规划却远远落后于陆地②。尤其是自工业革命以来，人类的海上活动愈加频繁，过度捕捞、石油污染、物种灭绝等问题在海洋环境中层出不穷，导致海洋生态环境的急剧恶化。这迫切要求在海洋资源开发与利用的过程中，海洋空间规划不仅要解决用海者之间的矛盾和冲突，还要实现人类与海洋环境的和谐共处。另外，经营性海洋牧场集中区、海上风电场、港口区等海洋空间利用类型的开发强度较大，需要大尺度的区域进行配合从而制定大比例尺的详细规划。这就要求海洋管理者和其他利益相关者对横向上的涉海行业如环保、旅游、渔业、交通运输和能源等进行协调，同时，还要对纵向上的涉海地域，比如包括海底在内的海洋表面拓展到整个水域的各个层面进行规划。跨界海洋空间规划承认海洋区域的差别和不平衡，要求全方位、全海域、全过程进行协调，可以对整个海洋空间进行综合管理，立体化配置海洋空间资源，保护海洋生态环境与资源。

（三）实现陆海统筹新格局的措施

党的十九大报告指出："坚持陆海统筹，加快建设海洋强国。"依据这一指示，中央和各级地方政府相继制定政策推动建设陆海统筹新格局。陆海统筹是指立足海岸带海陆资源环境特点，对海洋和陆地资源开发、产业布局、生态环境保护及综合管理等进行宏观调控，促进经济社会的持续发展和人与自然的健康和谐③。跨界海洋空间规划与陆海统筹在内容的广泛性、手段的多样性、目标的持续性上一脉相承，陆海统筹的重点区域在海岸带，这也是跨界海洋空间规划跨越陆海边界的核心地带，但是海岸地带的空间规划、建设和使用存在较多因土地利用功能不兼容而引起的功能性空间冲突④。因此，实现陆海空间互补和陆海生态互通依赖于在编制和实施海洋空间规划时运用跨界思维，改变陆海规划割裂的现状，统筹陆海空间的协调发展。

（四）建设 21 世纪海上丝绸之路的途径

建设 21 世纪海上丝绸之路是一个以海洋为载体、以跨界为方法、以合作为本质的跨国

① 王淼, 胡本强, 辛万光, 等. 我国海洋环境污染的现状、成因与治理[J]. 中国海洋大学学报（社会科学版）, 2006(05): 1-6.
② 张晓. 国际海洋生态环境保护新视角：海洋保护区空间规划的功效[J]. 国外社会科学, 2016(05): 89-98.
③ 杨荫凯. 陆海统筹发展的理论、实践与对策[J]. 区域经济评论, 2013(05): 31-34.
④ 马学广, 唐承辉, 贾朝祥. 青岛市海岸地带空间冲突及其治理研究[J]. 青岛科技大学学报（社会科学版）, 2017, 33(03): 13-20.

行动倡议，其目的是适应新世纪世界发展态势，寻求并扩展中国与沿线国家的利益交汇点，与相关国家共同打造政治互信、经济融合、文化包容、互联互通的利益共同体和命运共同体，实现沿线各国的共同发展①。因此，建设 21 世纪海上丝绸之路首先就是在海上推进中国与沿线国家的务实合作②，这与跨界海洋空间规划存在内在的一致性。目前，共建 21 世纪海上丝绸之路，在经济、政治、安全、观念、法律等方面存在诸多挑战，但是共同保护海洋环境、合理开发利用资源是达成一致意见的基础。因此，在解决敏感的国际战略和政治博弈的背景下，跨界海洋空间规划方法在国家规模、发达程度、历史传统、民族宗教、语言文化、利益诉求的差异方面能得到发挥。21 世纪海上丝绸之路的重点区域在南海，加强南海区域各个国家之间的政治、经济、文化合作，要求运用跨界海洋空间规划思维，首先打开海上的交流与合作，从海上逐渐到内陆，展开全方位的合作与交流。

四、跨界海洋空间规划的挑战

综合国际上已经进行的实践探索和我国实行海洋空间规划跨界合作上遇到的困难，总结出跨界海洋空间规划最主要的三个困难，分别是缺乏法律基础、跨界数据管理困难、司法管辖区间治理体系的差异。

（一）缺乏法律基础

跨界海洋空间规划几乎没有坚实的法律基础，这意味着大多数国家的跨界海洋空间规划本质上是自愿的，通常是以非正式项目合作的形式出现。虽然有些欧洲国家已经开始在跨界海洋空间规划上做出努力，如波罗的海国家根据《赫尔科姆公约》（1975 年）共同商定实现波罗的海环境地位行动计划。由于国家之间以及各部门间的治理结构不同，往往缺乏一致性和综合性的政策。但是不管是在国家层面还是在次国家层面上，都没有专门的跨界海洋空间规划法律和政策的出台与规定。

在我国，国家层面的领海外海洋空间资源的使用审批、规划管理制度等相关领域存在法律与规划的空白，在自然资源法一般法和海洋专门法之间存在逻辑冲突，例如《中华人民共和国矿产资源法》和《中华人民共和国海域使用管理法》之间的冲突和人工岛制度的缺失。在次国家层面，规划系统和部门规章之间存在内部矛盾。例如，海洋资源是外向型的、开拓性的，以发展为价值取向；海洋环境是一个内向型的、守成性的，以保护为价值取向。海洋环境与海洋资源由同一部门管理时，通过行政命令手段进行协调，确定保护手段以及开发利用方式，但是现在是由不同的国务院部门在管理，部门之间容易出现摩擦与牵制。然而，由于在跨界海洋空间规划方面缺少法律依据，不管是国家之间还是部门之间只能进行自愿且较弱的合作，通常以试点项目的形式进行。

---

① 刘赐贵. 发展海洋合作伙伴关系——推进 21 世纪海上丝绸之路建设的若干思考[J]. 国际问题研究, 2014(04): 1-8+131.

② 杨荫凯. 陆海统筹发展的理论、实践与对策[J]. 区域经济评论, 2013(05): 31-34.

（二）跨界数据管理困难

搜集和整理空间数据是跨界海洋空间规划中最常见的挑战[①]，搜集数据时往往存在尺度不统一导致不兼容的情况出现，从而使得数据管理困难重重。数据搜集过程同样是跨界过程，需要跨越不同司法管辖区与不同空间领域，然而不同尺度的数据可比性不高，导致数据搜集工作徒劳无功。因此，Hughes et al.（2005）提出识别尺度是数据搜集过程的关键问题[②]。另外，不同领域的界限不清，例如在河流入海口如何定义河海界限，如何在多辖区交汇处定义规划单元等问题亟需解决。

数据搜集过程中层层累积的、不兼容的数据数据管理过程中设置了重重障碍。不同国家的海洋空间规划进程不同，在数据管理的发展水平上出现差异，导致在进行海洋空间规划合作时数据不对口，无法有效匹配；也可能出现同一司法管辖区的早期数据与当前搜集数据的不兼容情况，比如搜集的目的不同导致所搜索到具体条目的区别，技术进步导致数据管理工具、坐标系、数据属性、文件格式等存在差异，给数据管理带来了挑战。敏感数据不易共享，敏感区域不易合作等问题较为突出。此外，在不同国家之间和较为敏感的海域，跨界海洋空间规划的合作往往会存在某些政治色彩，各个国家主体基于自身利益，对于某些关键的数据不愿共享，导致跨界海洋空间规划在实际推进过程中阻力重重。

（三）司法管辖区间治理体系差异

跨界海洋空间规划的推进之所以存在困难，并不仅仅因为在数据收集和整理上的技术问题，更在于它的实质是治理问题。不同国家有不同的治理结构和空间规划体系，部门间的治理可能也存在很大差异，海洋空间规划跨界合作所依据的法律法规、想要实现的预期目标、规划实施的时间、审批程序、语言沟通等诸多方面都易于产生大量的分歧、争议、矛盾和冲突。比如，某些沿海国家已经发展出较为系统的海洋空间规划政策并付诸运行，在这种情况下跨界海洋空间规划应该着重考虑如何与之相适应而不发生冲突和矛盾。另外，由于全球各国家和地区对跨界海洋空间规划的认识程度不同，因此会对其产生不同的态度。如德国已经制定并实施了海洋空间规划，波兰的海洋空间规划却仍然处于比较早期的阶段。在欧洲大西洋规划中，北爱尔兰已经开始协商海洋空间规划进程，但是爱尔兰还在审议海洋空间规划的结构。如果邻国没有海洋空间规划跨界合作上做出明确的努力，就很难进行有效的合作。而在我国，次国家尺度海洋资源与环境开发管理的冲突和矛盾非常严重，即使在一个沿海省域内，各个分辖区也难以形成海洋开发利用的整体统筹或充足有效的跨辖区统筹协调机制。

---

① 张翼飞，马学广. 海洋空间规划的实现及其研究动态[J]. 浙江海洋学院学报（人文科学版），2017, 34(03): 17-26.

② Hughes T P, Bellwood D R, Folke C, et al. New Paradigms for Supporting the Resilience of Marine Ecosystems [J]. Trends in Ecology and Evolution, 2005, 20(07): 380-386.

五、跨界海洋空间规划的实现机制

空间合作是城市合作的重要形式，同时又是一个涉及领域、网络和尺度等多维度的社会空间过程[①]，海洋空间也不例外。从最广泛的意义上讲，跨界海洋空间规划可以被视为从信息交流到制定联合跨境计划的任何事项，因此要想成功实现跨界海洋空间规划，需要在实现政策趋同、优化数据管理、建立跨界协调机构、融合治理体系四个层面做出努力。

（一）加快立法，实现政策趋同

相邻司法管辖区的跨界政策和立法安排的融合程度是能否实现跨界海洋空间规划的关键因素，政策和法律结构融合程度和衔接性越高，实现跨界海洋空间规划的可能性就越大[②]。在政策趋同上包括相邻国家间、不同部门间、不同领域间政策的融合与衔接。海洋资源跨主权、跨边境的特性决定了海洋资源法律制度的特殊性，仅仅依靠单独的法律是远远不够的，必须制定系统的、综合性的法律体系。

在国际层面，推动形成新的稳定的具有创新意义的国家实践，促进国际习惯法的形成与发展。《联合国海洋法公约》修改工作中可以充实跨界海洋空间规划法律的条款；《南海行为准则》中的自然资源活动规则也正在制定中，可推动中非等国海上资源协作，推动形成区域性的《海洋资源保护利用协定》；在 21 世纪海上丝绸之路建设上，也可以融入海洋空间规划的跨界合作思维。

在不同领域不同部门间，国土空间规划框架下必须以不同深度规划为依托，在尊重海洋管理的特殊性的前提下，实施陆海统筹的全域全类型空间规划，避免陆海资源法治建设失衡。土地利用规划、流域综合管理规划、海洋空间规划以及海岸带综合管理规划等空间治理策略相互之间衔接不够，需要进一步实现四种规划管理方法的整合。例如，《中华人民共和国海域使用管理法》《中华人民共和国领海及毗连区法》与《中华人民共和国专属经济区和大陆架法》之间要实现细化衔接；《中华人民共和国海岛保护法》与《中华人民共和国海域使用管理法》《中华人民共和国土地管理法》等之间需要进行进一步衔接等。在制定有关海洋空间规划跨界合作的相关法律规划时，不能简单地套用陆地资源开发与管理的理论方法，或者直接照搬国际上相关法律和理论，这些做法都是远远不能满足我国海洋资源与环境管理的实际需要的，每个地区都应该根据自己特殊的文化背景、治理结构、目标与相邻管辖区进行跨界合作。

---

① 马学广, 李鲁奇. 城际合作空间的生产与重构——基于领域、网络与尺度的视角[J]. 地理科学进展, 2017, 36(12): 1510-1520.

② Wiering M, Verwijmeren J. Limits and Borders: Stages of Transboundary Water Management [J]. Journal of Borderlands Studies, 2012, 27(03): 257–272.

（二）建立跨界协调机构，分享经验、建设能力和解决共同问题

不同国家有不同的治理结构，不同部门的规章、依据和准则也大相径庭，独特的利益、价值以及管理海洋的不同方法极其容易引发冲突。因此，迫切需要建立一个促进利益相关者参与承诺的协调机构。这个跨界协调机构既可以是超国家层级的，也可以是次国家层级的，甚至可以跨越项目本身而建立更加永久的协调机构。

实践证明，基于问题导向的项目式合作是海洋空间规划跨界倡议中最为有效的手段，只有把注意力放在共享领域中将要共同解决的问题上，跨界合作才会更有针对性、更具有效率。首先，利益相关主体应该根据所处背景、现实条件、实际情况等确定想要解决的问题，而不是采用"一刀切"的办法。其次，在确定跨界倡议的核心问题后，各个利益相关者定期面对面交流分享经验，了解不同国家或地区的文化、实践、意识、规划系统和偏好，减少沟通障碍，识别冲突领域，最大限度地发挥合作潜力，寻找协同领域并最终制定一套共同的目标和计划来解决共同问题。第三，协调机构提供定期且不断的交流对话机会，利益相关者的集体认同感得以建立，从而反过来更加促进了跨界协调机构的发展。第四，由于参加跨界合作的国家或地区可能在社会经济发展情况、知识水平等方面存在差异，因此能力建设至关重要。在进行能力建设的过程中，各利益相关主体能够在学习中形成共同语言，对关键概念形成一致的理解，从而在海洋空间规划合作中构建通用性语言。第五，立法和政策趋同的过程可以赋予跨界协调机构法律地位，使其运行有法可依，跨界协调机构在发展过程中产生许多符合实际的政策建议，是立法和政策趋同过程的"催化剂"。

在建立跨界协调机构之后，海洋空间规划与政策、倡议等的互动可能影响其效能发挥，因此适时地以科学方法评估其发挥的作用和影响至关重要。Kidd and McGowan（2013）开发的跨国伙伴关系评估体系不仅可以应用于超国家机构，在次国家尺度上也同样适用①。信息共享是第一级别，其含义是在各个国家、市场和民间社会利益相关者之间建立海洋利益的信任；第二级别是管理共享，主要集中在合作更紧密的优势领域，这种合作既可以是短期的也可以是长期的；第三个级别是联合规则的商定，在这一阶段利益相关者开始希望建立与特定活动领域相关的共同程序或协议的商定联合规则；第四级别是组织的联合，在这一阶段利益相关者开始建立新的联合研究机构、小组；最后一个级别是法律的整合，这种新的整合可能会为特定海域的管理带来新的政治秩序。从下往上的过程是由不正式合作向正式合作过渡的过程。在此可以把信息共享归于商讨阶段，把管理共享、商定联合规则和组织联合归于合作阶段，把法律整合置于立法阶段。在建立合作关系时，不一定所有的合

---

① Kidd S, McGowan L. Constructing a Ladder of Transnational Partnership Working in Support of Marine Spatial Planning: Thoughts from the Irish Sea [J]. Journal of Environmental Management, 2013, 126: 63–71.

作都寻求最高等级，也可以循序渐进的方式进行开发，毕竟信息共享是所有合作的起点①。

（三）优化数据管理，实现数据共享

在进行数据管理上的跨界合作时，应该基于信息需要，按照一套技术准则对行政边界、生物特征、人类活动（包括过去、现在以及将来可能进行的活动）等信息进行收集、整理、协调工作。欧洲大西洋跨界海洋空间规划（Transboundary Planning in the European Atlantic，简称 TPEA）项目定义了六个收集和协调数据的步骤：识别和编译数据、评估数据、协调数据、编辑或创建元数据、输入到地理数据库和共享数据。通过这六个步骤，实现数据管理在不同司法管辖区的跨界。目前，为了帮助跨界数据集标准化，常用的操作平台是 ArcGIS 空间分析系统，允许用户以多种形式观察、理解、查询、解释数据并使数据可视化，保证跨界数据集拥有共同的测量框架和数据标准，让利益相关者参与实地调查和数据收集、共享会使经验的分享过程更为顺畅和有效，同时还可以提高数据质量和数据的相关性。值得注意的是，相关参与主体共享敏感数据，从而共创可以指导跨界讨论的公开透明的跨界数据集，这对海洋空间规划跨界合作至关重要。但是，在对数据进行管理的过程中，不同的相关主体在技术能力方面可能存在差异，导致数据质量良莠不齐。

融合治理体系，寻找更广泛的治理方法。每个国家和地区都有独特的行政和管理系统，这些系统在可能产生海洋空间规划跨界合作的国家中有较大差异，同时国家的优先事项可能与目标不兼容，所以跨界海洋空间规划面临着将它们连接、融合和重构的挑战。关于跨界海洋空间规划治理框架的分析，Jay et al.（2016）认为，对治理框架的分析应有助于确定国家和区域的优先事项；有助于确保跨界海洋空间规划的战略目标考虑到立法、政策和行政结构，尤其是尚未涵盖的问题；不需要对法律和程序进行标准化；强调信息流和持续沟通；识别需要跨界的海洋活动非常有用②。因此，在建立更广泛的治理结构时，需要考虑到现有的经济、政治、文化、法制结构，将在其他领域得到的经验运用到跨界海洋空间规划中，充分利用利益相关者的力量，借助官方和民间的有关组织，寻求更广泛的合作。

第二节　欧盟海洋空间规划的理念和方法③

作为生命支持系统中的关键一环，海洋为全球气候安全、全球粮食安全以及全球经济

---

① Kidd S, McGowan L. Constructing a Ladder of Transnational Partnership Working in Support of Marine Spatial Planning: Thoughts from the Irish Sea [J]. Journal of Environmental Management, 2013, 126: 63–71.

② Jay S, Alves F L, O'Mahony C, et al. Transboundary Dimensions of Marine Spatial Planning: Fostering Inter-jurisdictional Relations and Governance [J]. Marine Policy, 2016 , 65: 85–96.

③ 本节内容修改自如下论文：王新仪，马学广. 欧盟海洋空间规划理念、方法及启示[J]. 浙江海洋大学学报（人文科学版），2022, 39(03): 9-17.

发展作出巨大贡献，如何有效管理海洋资源已经成为人类社会的重要议题[①]。而传统海洋空间治理缺乏应对生态问题的总体方法和规划工具，同时治理活动分散割裂，不同部门的行动协调困难，最终导致海洋治理效果不佳。因此，必须建立一个前沿性的海洋管理方法来改善海洋空间治理难题，为各主体在海洋空间获取产品和服务提供行为准则，合理规划海上人类活动。

以 2006 年联合国教科文组织在巴黎举办第一次海洋空间规划国际讲习班为开端，海洋空间规划逐渐从一个概念逐渐发展为一种实用的方法。与传统海洋管理相对比，海洋空间规划是分析和分配海洋地区人类活动时空分配，实现规定的生态、经济和社会目标的公共过程[②]，努力减少资源用途与生态环境冲突，从而有效应对传统海洋管理中存在的环境挑战[③]。通过海洋空间规划优化海洋空间分配，以减少人类压力和重建海洋生态，以实现联合国可持续发展目标[④]。它作为一个促进海洋资源合理优化配置的法定规划框架，为海洋使用者之间的竞争冲突提供解决方案[⑤]，增强部门活动协同性，提高部门协作工作效率[⑥]，向可持续海洋经济目标推进[⑦]。与此同时，追求经济发展需求和海洋自然环境之间的平衡协调[⑧]，重点关注海洋资源的可持续管理[⑨]，因此它也是促进蓝色经济发展和实现海洋生态可持续的重要手段[⑩]。

一、欧盟海洋空间规划的发展重点

随着海洋空间竞争的日益加剧，人类活动对海洋生态系统的累积影响加深，对海洋事务管理的要求越来越高。在过去的二十年中，海洋空间规划已经从一个概念成熟为一种实

---

① P. S. Levin, M.R. Poe. Conservation for the Anthropocene Ocean [M]. Seattle: Academic Press, 2017: 65-88.

② M. Ntona, E. Morgera. Connecting SDG 14 with the Other Sustainable Development Goals through Marine Spatial Planning [J]. Marine Policy, 2018, 93: 214–222.

③ K. Pınarbaş, I. Galparsoro, A. Borja, et al. Decision Support Tools in Marine Spatial Planning: Present Applications, Gaps and Future Perspectives [J]. Marine Policy, 2018, 83: 83–91.

④ M. Ntona, E. Morgera. Connecting SDG 14 with the Other Sustainable Development Goals through Marine Spatial Planning [J]. Marine Policy, 2018, 93: 214–222.

⑤ V.I. Chalastani, P. Manetos, A.M. Al-Suwailem, et al. Reconciling Tourism Development and Conservation Outcomes through Marine Spatial Planning for a Saudi Giga-project in the Red Sea (The Red Sea Project, Vision 2030)[J]. Frontier Marine Science, 2020, 07: 168.

⑥ E. Domínguez-Tejo, G. Metternicht, E. Johnston, et al. Marine Spatial Planning Advancing the Ecosystem-based Approach to Coastal Zone Management: a Review[J]. Marine Policy, 2016, 72: 115–130.

⑦ 马学广，赵彩霞. 融合、嬗变与实现：跨界海洋空间规划方法论[J]. 中国海洋大学学报（社会科学版），2019(05): 69-80.

⑧ S. Kidd, H. Calado, K. Gee, M. Gilek, et al. Marine Spatial Planning and Sustainability: Examining the Roles of Integration-Scale, Policies, Stakeholders and Knowledge [J]. Ocean & Coastal Management, 2020, 191: 105182.

⑨ V.I. Chalastani, P. Manetos, A.M. Al-Suwailem, et al. Reconciling Tourism Development and Conservation Outcomes through Marine Spatial Planning for a Saudi Giga-project in the Red Sea (The Red Sea Project, Vision 2030)[J]. Frontier Marine Science, 2020, 07: 168.

⑩ C. Ehler, F. Douvere. Marine Spatial Planning: A Step-by-Step Approach toward Ecosystem-Based Management. IOC Manual and Guides 53[R]. Intergovernmental Oceanographic Commission and Man and the Biosphere Programme, 2009, Paris, UNESCO.

用的方法。

（一）欧盟海洋空间规划发展历程

海洋空间规划现在已经扩展到超过 75 个国家[①]。1995 年联合国发布了《联合国海洋法公约》，后续海洋空间规划相关政策以此为依据确定海洋空间规划的地理范围，欧盟海洋空间规划事业逐渐兴起，并围绕着整合合作、重视生态保护和可持续以及发展蓝色经济四个关键方面进行发展完善。

欧盟海洋空间规划始终贯穿着整合合作思想：一是海洋管理部门职能整合，《欧盟综合海事政策》建立了一个有关海洋空间规划的整合框架，以在达成海洋经济、社会和环境尺度上的可持续与平衡的目标上实现相关部门的职能整合和合作有效，与《欧盟海洋战略框架指令》共同呼吁成员国在海洋空间规划上采取协调行动。二是陆海统筹协调管理，《2020年欧盟领土议程》致力于实现陆海连续体的和谐和可持续发展，以及《海洋空间规划指令》强调在规划编制与实施过程中考虑陆海相互作用。三是海洋空间规划跨界合作，《加速全球海上/海洋空间规划进程的联合路线图》明确了跨国界海洋空间规划的优先地位，强调加强欧盟成员国和第三国之间的合作。

欧盟海洋空间规划一直注重生态保护，从《欧盟综合海事政策》采取综合海洋政策办法以解决人类活动对海洋生态系统的累积影响的问题，再到《欧盟海洋战略框架指令》特别要求各国在合作的基础上制定多样化的包括海洋保护区在内的海洋区域战略，推动建立具有代表性、涵盖多样性生态系统的海洋保护区网络，为基于生态系统方法的运用打下实践基础。2014 年《海洋空间规划指令》提出基于生态系统的方法在海洋空间规划中的作用，自此之后基于生态系统的方法在海洋空间规划中成为关键方法。

2007 年后，可持续成为重点关注领域，既是政策颁布背景也是政策作用目标。《欧盟综合海事政策》要求以可持续的方式使所有海洋活动得到最佳发展。在此基础上，《海洋空间规划指令》建立了一个海洋空间规划框架，旨在促进海洋经济的可持续增长、海洋区域的可持续发展和海洋资源的可持续利用。考虑到无序开发海洋空间和资源可能对可持续的领土发展产生影响，《2020 年欧盟领土议程》提出将海洋空间规划纳入各层级规划系统以使陆海连续体可持续发展有着规划基础。《加速全球海上/海洋空间规划进程的联合路线图》和"全球海洋空间规划 2030"也继续将促进海洋及其资源的养护和可持续利用与海洋空间规划相联系。

2014 年 5 月，欧盟推出名为"蓝色经济"的创新计划，从这一时期开始，欧盟海洋空间规划的发展广泛体现蓝色经济思想，《加速全球海上/海洋空间规划进程的联合路线图》

---

① IOC-UNESCO. Marine Spatial Planning Website Status of MSP[EB/OL].[2021-09-12]. http://msp.ioc-unesco.org/world-applications/status_of_msp/.

中蓝色增长是其海洋空间规划优先事项之一①。"全球海洋空间规划2030"旨在制定海洋空间规划的国际准则，以规范近岸和海洋水域的人类活动，实现促进海洋的可持续发展，促进蓝色经济增长。

（二）欧盟海洋空间规划关注重点

通过以上内容分析发现，整合合作、生态保护、可持续和蓝色经济是欧盟海洋空间规划随着发展展现突出的重点内容。整合合作分为职能整合、陆海统筹和跨界合作三个方面，整合合作是重要实践特点，其中由于跨界合作是一个概念较新的实践特点。不同时期的生态保护做法为基于生态系统的方法应用提供了实践条件，采用基于生态系统的方法是重要规划方法。可持续是长期关注的内容，并将在未来随着国际形势继续成为重点工作。蓝色经济虽然提出时间较晚，但与欧盟海洋空间规划得到了紧密的联系，发展蓝色经济和推动可持续为欧盟海洋空间规划提供了重要规划指导思想。此外，建立数据共享平台是工作中的实践支撑，跨界合作产生的尺度重组是重要工作策略。各个内容要素都紧紧围绕着海洋空间规划，有着丰富的背景和内涵，并体现着鲜明的重要性。

在结合过往欧盟海洋空间规划的政策内容的基础上，本节以《加速全球海上/海洋空间规划进程的联合路线图》和"全球海洋空间规划2030"为重点案例，对欧盟海洋空间规划的指导思想进行阐释并对重点工作做法进行分析，最后提出后续工作的经验借鉴，以期展现欧盟海洋空间规划发展图景。

二、欧盟海洋空间规划的指导思想

蓝色经济思想和可持续理念是欧盟海洋空间规划的重要指导思想，蓝色经济与可持续是在海洋空间规划政策常被共同提及。海洋空间规划体系将是平衡蓝色经济不同部门利益的重要工具，有助于确保宝贵海洋资源的有效和可持续利用。

（一）欧盟海洋空间规划发展蓝色经济策略

"蓝色经济"是现代全球海洋治理中的流行概念，它将发展和保护两个工作结合起来，这一概念旨在将发展海洋经济的同时做到有效管理和保护海洋环境。

第一，蓝色经济战略提出的背景。蓝色经济起源于2012年联合国可持续发展大会中的绿色经济概念，内涵包括经济活动、生态环境和可持续性三种要素，预期成果包括显著减少环境风险和生态稀缺②，核心是将社会经济发展与环境退化脱钩，其概念包含海洋生态系统和遗传资源的养护、可持续利用和管理的活动，是经济发展的同时加强海洋生态环境保护并提高海洋生态和经济活动可持续性的一种经济活动形式。最近，世界银行将蓝色经济

---

① 程遥，李渊文，赵民. 陆海统筹视角下的海洋空间规划：欧盟的经验与启示[J]. 城市规划学刊，2019(05): 59-67.

② United Nations. Blue Economy Concept Paper [EB/OL]. (2019-06-20)[2022-03-18]. https://sustainabledevelopment.un.org/concent/documents/2978BEconcept.pdf.

定义进一步扩展，点明促进经济发展以及可持续的重要性，即"在保持海洋生态系统健康的同时，可持续利用海洋资源实现经济增长，改善生计和就业[①]"。在这里，蓝色经济中的可持续包括从可持续渔业到生态系统健康和预防污染等有关海洋可持续性的多个方面。根据联合国环境规划署发布的《可持续蓝色经济金融原则》内容，海洋空间规划能够加快实现可持续蓝色经济的进程。采用以海洋空间规划为代表的基于生态系统的管理战略，是促进蓝色经济即海洋活动的可持续发展的重要手段，全球海洋空间规划对可持续蓝色经济发挥了助推器的作用。在这一过程中，可持续蓝色经济概念是制定指导方针、提供有关培训和课程，以及制定跨界路线图的推动力量。

第二，发展"蓝色经济"是海洋空间规划的优先方向。《加速全球海上/海洋空间规划进程的联合路线图》确定了 5 个优先发展方向，其中，促进蓝色经济的发展作为优先发展方向之一，并辅以两方面行动：行动一是针对海洋空间规划和蓝色增长的两项研究，涵盖海洋空间规划进程和计划会如何支持蓝色增长以及蓝色经济效益的内容，之后将利用研究结果对关于蓝色经济的海洋空间规划进程中设计和实施的共同原则进行完善；行动二是关于蓝色增长的专题会议，就海洋空间规划如何能够促成海洋经济的确定性和可持续性并促进跨部门一体化的最佳做法进行交流，协助海洋空间规划者实现其可持续的蓝色经济规划目标，并支持海洋空间规划审查进程。"全球海洋空间规划 2030"项目制定了支持可持续蓝色经济的海洋空间规划国际准则，以规范近岸和海洋水域的人类活动，促进蓝色经济增长，实现基于生态系统的方法来支持可持续蓝色经济。在该项目"参与、交流和传播"的工作包中，将产出置于每个地区可持续蓝色经济的中心。此外，项目规定的西地中海、东南太平洋两个地区的试点项目工作中也明确体现了关于"蓝色经济"建立可持续蓝色经济路线图的任务要求，例如 WestMED 倡议—MSP Global 联合网络研讨会将如何更一致地利用数据收集和分析来促进地方、国家或区域层面的蓝色经济作为活动主要目标之一。

（二）欧盟海洋空间规划多维推动可持续

联合国《2030 年可持续发展议程》提出了"水下生物可持续发展"的目标，为海洋可持续和海洋空间规划的发展提供了指引，蓝色经济与海洋可持续密不可分。

第一，可持续目标的提出与重要性。全球生态系统的正常运转离不开海洋的影响，也正是海洋让地球能够成为一个适宜人类居住的大环境，在海洋空间规划中体现可持续理念，对促进海洋的可持续利用与发展至关重要。《海洋空间规划指令》体现了欧盟在海洋空间规划中对于"可持续"理念的关注。这种关注包括了海洋部门可持续、海洋经济可持续、海洋区域可持续以及海洋资源可持续四个方面。在对于"综合海洋政策"的定义中，规定该

---

① World Bank, United Nations Department of Economic and Social Affairs. The Potential of the Blue Economy: Increasing Long-term Benefits of the Sustainable Use of Marine Resources for Small Island Developing States and Coastal Least Developed Countries[R]. World Bank Group. 2017, Washington DC, World Bank.

政策的实施要做到最大限度地实现成员国特别是沿海、岛屿和最外围区域以及海洋部门的可持续发展、经济增长和社会凝聚力。该指令建立的海洋空间规划框架旨在促进海洋经济的可持续增长、海洋区域的可持续发展和海洋资源的可持续利用。根据当前国际发展领域的纲领性文件《2030 年可持续发展议程》，目标 14"水下生物可持续发展"的实行过程中，该指令提供了一套持续管理海洋和沿海生态系统的框架，避免陆地污染对海洋的损害，同时应对海洋酸化带来的不良影响，推动了保护和可持续利用海洋和海洋资源工作的进行以促进可持续发展。在欧盟尺度，海洋空间规划方面已有重要经验可供进一步借鉴。

第二，实现可持续发展是海洋空间规划的重要综合目标。以目标 14 为基础，《加速全球海上/海洋空间规划进程的联合路线图》、"全球海洋空间规划 2030"提出了关于"可持续"理念的做法和新要求，在跨界行为、促进蓝色增长、设立国际论坛方面采取相关行动来推动海洋空间规划中的"可持续"。在跨界行为中，一方面欧盟推动跨界战略行动计划来实现海洋资源的长期可持续利用，另一方面，教科文组织海委将以生态系统健康、社会经济影响和治理进程为重点，在加强跨界环境压力知识的同时为关于可持续发展目标 14 制定工作作出贡献，组织关于蓝色增长的专题会议中就海洋空间规划如何能够促成海洋经济可持续性的最佳做法进行交流，同时，参与海洋空间规划的所有利益相关者将会在国际论坛上确定可持续的方式利用海洋资源。受"蓝色经济"概念和《加速全球海上/海洋空间规划进程的联合路线图》的双重影响，在"全球海洋空间规划 2030"项目中，促进海洋的可持续发展是其主要目标之一，对于可持续的关注主要在于蓝色经济的可持续发展，要求实现基于生态系统的方法来支持可持续蓝色经济，主要体现在将项目产出通过各主体的参与、交流与传播置于每个地区可持续蓝色经济的中心，以及在试点项目的工作建立可持续蓝色经济路线图的任务。

三、欧盟海洋空间规划的工作方法

采用基于生态系统的方法可以在综合管理人类海上活动、保护沿海生态系统的脆弱性、侵蚀以及社会和经济因素方面发挥非常有益的作用，跨界合作和数据共享能够在一定程度上有效应对海洋的动态管理需求，由此尺度重组已成为重要策略。因此在欧盟海洋空间规划的现阶段，基于生态系统的方法、尺度重组策略、跨界合作机制和数据共享是重点工作方法。

（一）欧盟海洋空间规划基于生态系统的方法

欧盟的海洋管理方式已经转向对海洋环境进行基于生态系统的管理，以实现海洋的可持续发展，目前基于生态系统的方法已经在海洋空间规划中被广泛应用。

第一，基于生态系统的方法的首次强调。人类生活生产活动的进一步扩张，同时又缺乏必要可持续性资源利用的综合规划和决策，海洋、海岸和相关资源的经济活动正在面临着不良局面。在这样的情境之下，需要制定管理准则实现海洋健康以及建立兼容性和持久关系的共同发展。《海洋空间规划指令》首次在背景、定义和目标中对基于生态系统的方法的重要性进行强调，在对"海洋空间规划"的定义中，该指令将生态作为相关成员国当局分析和组织海洋地区人类活动的重要目标之一，并明确提出基于生态系统的方法促进海洋经济的可持续增长、海洋区域的可持续发展和海洋资源的可持续利用。明确的海洋空间规划目标也体现了基于生态的方法的重要性：在制定和实施海洋空间规划时，成员国应采用基于生态系统的方法，在经济、社会和环境的情境下支持海洋部门的可持续发展和增长。此外，应适应不同海洋区域的具体生态系统和其他特性，采用一种具有地区特性的、有弹性的以生态系统为基础的方法。基于生态系统的方法在海洋空间规划政策中的首次提出，在粮食生产、娱乐和旅游、减缓和适应气候变化、控制海岸线动态和预防灾害等方面都具有重要意义。

第二，基于生态系统是海洋空间规划的重要管理方法。欧盟已转向对海洋环境进行更加综合的和基于生态系统的管理，以实现海洋的可持续发展。《加速全球海上/海洋空间规划进程的联合路线图》旨在促进以生态系统为基础的管理，包括通过制定和传播海洋空间规划，并在成员国内建立相关的技术能力。该文件提出的多个重点领域和行动都与生态息息相关。"基于生态系统的海洋空间规划"的优先发展方向明确指出通过解决冲突和管理海洋活动，海洋战略可以为实现良好的环境状况作出重大贡献。同时，海洋环境和自然资源部一直在启动项目并收集一系列基于生态系统的海洋空间规划的良好做法。在"跨界海洋空间规划"优先发展方向中，明确指出为了有助于实现基于生态系统的海洋空间规划实现总体一致性，欧盟成员国有义务在海盆内开展合作。"全球海洋空间规划2030"项目将为政策制定者、科学家、公民和其他利益相关者的积极有效参与提供环境，以改善多层次的治理，实现基于生态系统的方法来支持蓝色经济。欧盟海洋空间规划通过加强综合管理做法，保护和恢复海洋和沿海生态系统，增强复原力，促进一个健康和多产的海洋，是实现全球海洋治理目标和2030年可持续发展议程的重要手段。

（二）欧盟海洋空间规划体现尺度重组策略

由于海洋活动和海洋管理的地理跨界性质以及欧盟长此以往的跨界管理管理实践，尺度重组成为欧盟海洋空间规划实施中的一个突出实践策略，并已存在成形案例以供研究。

第一，尺度重组的理论概念。尺度重组的概念随着世界政治经济地理格局在全球化进程实现多重空间尺度上的系统重塑[①]而愈发受到重视，尺度重组过程发生在行政体制结构变化、城市治理和区域治理等多个方面。以尺度重组为视角切入的国家空间和城市治理重

---

① Brenner N. New State Spaces: Urban Governance and the Rescaling of Statehood [M]. Oxford: Oxford University Press, 2004: 38.

构①、区域发展实践②、国家战略区域规划③、都市圈构建④和旅游发展⑤等主题的研究是目前的主流方向。尺度重组与广泛的社会空间过程相关，是纵向分化的一个空间重构维度⑥，同时它与再地域化、再边界化等空间重构现象形成交织关系。20 世纪 90 年代，区域整体竞争力成为地区发展的重要驱动力，区域合作成为潮流议题，跨边界区域合作发展成为全球范围内尺度重组实践的突出表现形式⑦。根据已有研究，跨行政边界的尺度重组研究已在理论和案例方面取得重大进展，但在有关欧盟海洋空间规划的探究多是对欧盟海洋空间规划的内涵定义以及跨界合作议题的关注，结合欧盟海洋空间规划实践对于欧盟海洋空间规划实践中的尺度重组剖析甚少。

第二，尺度重组是海洋空间规划的区域合作特别策略。"全球海洋空间规划 2030"将全球海洋空间规划的实现分为不同的工作包，在西地中海层面，最终期望能够得到西地中海跨界海洋空间规划和可持续蓝色经济路线图。2017 年欧盟发起了一项促进西地中海地区蓝色经济可持续发展的新倡议，即西地中海倡议，已与"全球海洋空间规划"项目建立了深厚的联系，西地中海倡议的推进将对包括西地中海乃至整个欧盟区域的海洋空间规划发展做出突出贡献，海洋空间规划中的尺度重组在西地中海倡议中得到了充分体现。

西地中海倡议参与主体打破了欧盟海洋空间规划的欧盟主体范围，成员国由法国、意大利、葡萄牙、西班牙和马耳他等欧盟成员国和阿尔及利亚、利比亚、毛里塔尼亚、摩洛哥和突尼斯在内的五个南方伙伴国家构成。首先西地中海倡议动力机制的动机目标一致，成员国愿意为该地区的共同利益而共同努力，并且愿意为了对加强海上安全和保障，促进可持续的蓝色增长和就业，保护生态系统和生物多样性等目标而进行合作治理；其次，政治推动坚实，该倡议不仅是《欧洲地中海蓝色经济部长级宣言》的后续行动，而且在第二年，各成员国的外交部长与地中海秘书处联盟一道进一步开展倡议；再次，政策基础丰富，该倡议以欧盟在海洋流域和宏观区域战略方面的长期经验以及该区域有关的其他政策为基础开展工作。西地中海指导委员会提供组织条件以确保实现该倡议的预期成果，并监测其实施情况，成员包括来自参与国、欧盟委员会和地中海秘书处联盟相关部委的国家协调员，以及来自国际组织和金融机构的观察员；另外，西地中海援助机制与西地中海指导委员会及其技术工作组密切合作，提供业务、后勤和行政支持。

---

① 马学广，李鲁奇. 全球重构中尺度重组及其地域性管制实践研究[J]. 地域研究与开发，2017, 36(02): 1-6.

② Brenner N. Globalisation as Reterritorialisation: The Rescaling of Urban Governance in the European Union [J]. Urban Studies, 1999, 36(03): 431-451.

③ 魏成，沈静，范建红. 尺度重组：全球化时代的国家角色转化与区域空间生产策略[J]. 城市规划，2011, 35(06): 28-35.

④ 张京祥. 国家-区域治理的尺度重构：基于"国家战略区域规划"视角的剖析[J]. 城市发展研究，2013, 20(05): 45-50.

⑤ 罗小龙，沈建法，陈雯. 新区域主义视角下的管治尺度构建：以南京都市圈建设为例[J]. 长江流域资源与环境，2009, 18(07): 603-608.

⑥ 余凤龙，黄震方，吴丽敏. 尺度视角下的中国农村居民旅游研究体系探讨[J]. 地域研究与开发，2013, 32(06): 79-83.

⑦ 吴超，魏清泉. 美国的"都市区域主义"及其引发的思考[J]. 地域研究与开发，2005, 24(01): 6-11.

综上所述，西地中海倡议作为欧盟支持发展蓝色经济和海洋可持续的重点项目，其尺度并没有局限于欧盟成员国，而是尺度下沉至西地中海区域，并与南方伙伴国家建立了合作关系，这种尺度重组有着坚实的动力机制和组织条件。尽管该倡议的重点是西地中海地区和构成"5+5"对话的 10 个国家，但由于跨界性，其行动范围和潜在惠益很容易外溢，因此，行动可能涉及整个地中海的伙伴，同时保持对其他国家的开放。

（三）欧盟海洋空间规划建立跨界合作机制

海洋活动跨越管辖边界带来多层面的管理问题，跨界合作机制在实践需求中应运而生，而为了跨界合作能够科学开展，搭建官方、可靠和及时更新的数据共享平台便尤为重要。

第一，海洋空间规划跨界合作的必要性。为充分利用共享的或相邻的海洋资源，避免与邻国发生冲突，海洋空间规划应延伸至更广泛的区域，因此，妥善解决跨界问题成为关键方面，跨界思维应是海洋空间规划的一个组成部分，甚至是核心要素。目前，欧盟海洋政策的利益攸关方已经认识到欧盟区域各国地理位置关系复杂并且对于海洋活动有着较大的需求，所以在海洋空间规划上实施跨界合作具有显著必要性。根据已有政策和倡议来看，国际内多个区域已采取措施推进海洋空间规划的跨界合作，在国际层面，大堡礁海洋公园、中美洲美洲礁、佩拉戈斯海洋保护区和亚喀巴湾和平公园等区域都已经进行了具有借鉴意义的跨界合作实践。从欧盟尺度看，《海洋空间规划指令》已经明确将确保成员国之间的跨界合作是海洋空间规划的最低要求之一。最近，欧盟海洋空间规划纲领和欧盟成员国海洋空间规划专家小组将海洋空间规划的跨界合作工作在等制度和组织平台中日益制度化[①]。跨界合作能够通过国家间的合作沟通和知识交流，减少碎片化和不协调的决策，促进跨界海洋空间规划行动者之间一体化进程，最后达到积极协同作用。

第二，跨界合作是海洋空间规划的必要实践模式。《加速全球海上/海洋空间规划进程的联合路线图》确定的跨国界海洋空间规划、以生态系统为基础的海洋空间规划、加强能力建设、加强相互沟通和交流四个优先发展方向都体现了海洋空间规划跨界工作的要求部署。在进行"基于生态系统的海洋空间规划"建设时加强关于跨界环境压力的知识，它将继续与成员国和区域海洋公约合作，将其转化为实际决策。除了开展培训活动提升能力建设之外，还在跨国界海洋空间规划、以生态系统为基础的海洋空间规划、加强相互沟通和交流三个重点工作领域推动海洋空间规划的跨界合作工作。此外，为了更好地建立相互理解和沟通的海洋空间规划，通过设立一个国际论坛和制定交流战略的方式就海洋空间规划工作进行沟通，以确定跨界行动的优化方案。

"全球海洋空间规划 2030"项目与海洋空间规划的跨界合作关系最为密切，可以说它的开展目的就是制定国际跨境规划指南，在项目的工作包中，意图采取多方面的工作行动

---

① Jay S, Alves F L, O'Mahony C, et al. Transboundary Dimensions of Marine Spatial Planning: Fostering Inter-jurisdictional Relations and Governance [J]. Marine Policy, 2016, 65: 85-96.

为海洋空间规划的跨界合作发展铺路。首先，制定关于跨界和跨界海洋空间规划的国际指导，将跨界合作的良好做法在国际层面上传播。其次，通过较多经验的当局参与，加强利益攸关方关于跨界工作的交流，及时沟通和传播项目进展和成果。再次，在可持续蓝色经济背景下支持区域、国家和地方各级各主管部门之间的机构对话以促进跨界对话与合作。

（四）欧盟海洋空间规划依托数据共享平台

在现阶段进行的海洋空间规划跨界工作中，数据共享有助于增加邻国之间的知识、经验，推动欧盟尺度内甚至全球尺度的海洋管理数据统筹与整理，为海洋可持续提供技术支持。

第一，数据共享平台建立的必要性。为了更好地促进海洋空间规划过程中的跨界合作，处理好在不同司法管辖区管理的海域中大量的零散孤立的数据是成员国需要着手的一项重要工作。定期交流有关海洋开发、价值和未来发展的最新的知识，协调各方生产信息和工具并加强协作工作，以及建立一个实时更新的联合知识库是确保利益相关者参与和提高流程可信度的关键。各成员国将现有的最佳数据和信息、相关利益攸关方手中掌握的信息以及现有的数据收集工具三者共同利用起来，数据可以包括在编制活动中收集的环境、社会和经济数据和关于海水的海洋物理数据，使用的文书和工具包括国际管理计划和其他相关的联盟政策，这样可以提高数据获取的可靠性以及减少可能带来的行政成本负担，这也将使官员、规划者和其他对海洋空间规划感兴趣的利益攸关方能够在现有资源的基础上再接再厉，避免工作重复，协助能力建设，并促进海洋空间规划新做法的发展。《海洋空间规划指令》在适应性管理、提高信息可靠性和加强工作监督的三个有关海洋空间规划进程方面，明确工作要求进行数据共享工作：各成员国应向委员会发送其海洋空间规划和任何更新的副本，以便委员会能够监督本指令的实施，掌握最新进展情况。欧盟委员会将利用成员国提供的信息和欧盟立法下的现有信息，向欧洲议会和理事会通报执行该指令的进展情况。

第二，数据共享平台是海洋空间规划的必要支持平台。《加速全球海上/海洋空间规划进程的联合路线图》对于各国海洋空间规划工作中数据共享起到了很大程度上的推动作用。例如，联合国教科文组织海洋学委员会将利用海洋空间规划和蓝色增长的研究结果，关注最终用户在科学、数据和信息要求方面的知识需求。"全球海洋空间规划 2030"项目在全球范围内开展了能力发展活动，以促进知识交流和对话，以加快全球的海洋空间规划进程，包括建立数据、知识、政策和决策工具库的试点子项目，并在试点子项目中，建立具体的参与机制，以便在各国之间分享有关海洋空间规划专门知识。从数据共享实践平台的搭建来看，以欧洲海洋空间规划平台为代表，由欧盟海洋事务和渔业总局资助，是海洋空间规划进程和项目中产生的中心交流论坛，旨在为所有欧盟成员国在未来几年实施海洋空间规划提供支持，目前该平台已收录 260 余项相关数据以供分享。该平台提供交互式信息网络平台，展示从现有的海洋空间规划进程和项目中提取的各种知识和资源，专家团队不断收集有关经验、资金和培训机会的相关活动的信息并回复有关建议和问题，提供来自不同学科的最新发展。此外，该平台还会进行海洋空间规划数据研究，评估实施海洋空间规划的数据和知识差距，解决诸如通过数据基础设施提供数据等技术问题，并且将原始数据转换为适用于空间规划的格式以及实现跨境共享数据等。结合以上各方面内容分析，可以发现，发展蓝色经济、推动可持续发展是欧盟海洋空间规划的重要指导思想，采用基于生态系统的方法、建立跨界合作机制、依托数据共享平台以及建构尺度重组思想是欧盟海洋空间规划的重点工作方法。

蓝色经济作为重要的海洋空间规划理念，需要采用基于生态系统的方法予以推进，需要跨界合作的实践为之搭建工作框架，反之，它又为跨界合作的实践丰富了内涵，并推动了海洋可持续的工作。在实践中发展成的跨界合作机制，一方面为蓝色经济和海洋可持续提供了工作框架与工作机制，另一方面又在跨界合作工作之中促成了欧盟海洋空间规划中再地域化，实现尺度重组的运行形式。基于生态系统的方法同数据共享的实践所发挥的作用相类似，基于生态系统的方法是工作方法、数据共享是工作工具，二者皆交叉融合于欧盟海洋空间规划的其他各个方面，在保护海洋生态环境的背景下，基于生态系统的方法被广泛利用，在跨界合作成为主流实践形式时，其支撑平台数据共享又为其他方面提供支持和帮助。所以，本节所分析的欧盟海洋空间规划的指导思想和重点工作方法是在海洋空间规划工作内容析取的基础上相互联系和相互作用的。

四、南海海洋空间规划的政策建议

海洋在国际政治、经济、安全和科学技术等领域的重要性日益增加，与此同时，海洋划界和领土主权争端日益激烈，影响着国家间的关系。自20世纪70年代开始，南海深陷主权争端和权益维护的漩涡之中。越南、菲律宾、马来西亚、文莱等南海周边国家以及美国、日本等域外国家的干预使得我国对南海主权的行使频繁受到侵扰。2017年3月，联合国安理会一致通过了第2344号决议，呼吁通过"一带一路"建设等加强区域经济合作，敦促各方为"一带一路"建设提供安全保障环境、加强发展政策战略对接、推进互联互通务实合作等。南海地处太平洋与印度洋之间，是我国近海中面积最大、水深最深的海区，渔业资源、油气资源丰富，是各国商业航运、石油运输和海军舰队往返的主要航道。

（一）南海海洋开发管理现状

我国是最早发现南海诸岛的国家，更是最早命名和最早经营开发南海诸岛的国家。南海有着丰富的海洋资源，自古以来便是我国渔民开展渔业活动的海域，同时也蕴藏着丰富的油气资源，这些无一不是其他国家侵犯我国南海主权的关键驱动因素。我国南海海域辽阔、资源丰富、战略地位突出，发展海洋经济的潜力巨大，是我国重要的安全屏障和贸易通道。近些年来，南海区域内国家贸易总量占世界贸易的比重在不断上升，南海区域各国经济贸易活动频繁，进出口贸易额在不断增长，区域共同市场发展十分迅速，在世界市场中占有的比重越来越高。得天独厚的地缘政治优势使得南海有着更好的条件和更多的机遇发展海洋经济。

在 21 世纪海上丝绸之路建设背景下，如何在南海争端日趋激烈的现实背景下推动南海区域发展是我们直接面对的客观问题。相关研究结果显示，中国与越南、菲律宾两国经贸关系发展整体上呈现相对稳定的上升态势，中国与包括越南和菲律宾在内的东盟国家的经贸关系正在形成一个相对独立且稳定的系统，南海争端的影响基本被限制在政治安全领域，这意味着在环南海区域内开展经济活动和区域协作发展正处在一个较为平稳且有发展潜力的国际环境中。

南海地缘政治意义显著、自然资源丰富且开发潜力大，但由于历史政治原因，南海自 20 世纪 70 年代以来都处在与某些南海周边国家和其他大国势力之间的主权争端问题的漩涡之中。以海洋空间规划为切入点，将南海从主权争议的漩涡中抽离出来，在坚定维护我国领土主权完整的前提下，优化和完善海洋管理技术手段，在海洋空间规划中采取措施实现南海可持续发展，将会为我国海洋事业的壮大和发展提供重要保障。

（二）国外典型案例的经验借鉴

国家间海洋利用的和谐、公平和可持续发展正逐渐成为世界海洋发展的未来趋势。如何在国家间存在主权争议和其他海洋利用矛盾的海域中，通过海洋空间规划实现国家间关系的缓和、海洋利用的可持续，是一个值得研究的重要课题，近些年来一些国家已经开始实践并取得了良好的收益。

案例一：以色列 Rosh Hanikra 海洋保护区。Rosh Hanikra 海洋保护区有着丰富的油气资源，该海洋保护区北部界限与以色列军事演习区以及以色列与黎巴嫩有争议的海事边界相邻，两国在与海洋保护区相邻的约 850 平方千米的争议区域存在分歧。以色列 Rosh Hanikra 海洋保护区的案例显示出，沿海国家以各国独立管理为关键原则在其海洋领土边境附近建立海洋保护区，可以看作是单方面规划跨境环境的行为，这种单方面建立的行为，很大程度上是因为某海域主权未在各国之间达成共识造成的。但是这种海洋保护区的建立迎合了海洋生态保护和可持续发展的理念，当海洋主权争端中的国家达成一致并有着对于海洋保护共同的愿景，那么这种单边的海洋保护区将会为多边的海洋保护提供场所，促进富有成效的海洋环境合作。

案例二：直布罗陀南部水域。直布罗陀是欧洲伊比利亚半岛南端港口城市，扼大西洋和地中海交通咽喉，战略地位十分重要。由于历史遗留问题，直布罗陀及其海域的主权归属问题一直在西班牙和英国之间存在矛盾，直布罗陀的归属问题迄今没有解决。2006 年 7 月，直布罗陀政府根据《欧盟栖息地指令》和《欧盟鸟类指令》的要求，宣布直布罗陀南部水域为双重保护区和特殊保护区并写入直布罗陀法律。然而，该计划与现行的直布罗陀南部水域管理计划相冲突，该计划引入的措施对直布罗陀南部水域会造成有害的经济和环境影响。例如，《直布罗陀自然保护法》和《直布罗陀管理方案》南部水域禁止基于环境理由用渔网进行商业捕鱼。考虑到两国正在各自领海实行类似立法，根据《欧盟栖息地指令》，搁置主权、各自开发，注重环境和经济利益，可能是对于直布罗陀海域可持续发展的有益途径。

案例三：北海 Dogger 沙滩。Dogger 沙滩是北海中一个孤立宽阔的浅滩，位于英格兰东北海岸外约 100 公里，是欧洲最大的海洋保护区之一。英国、荷兰、德国、丹麦和挪威对北海的国际权利分界线在 Dogger 沙滩以北相交，Dogger 沙滩由英国、荷兰、德国和丹麦共享，但该区域的跨境渔业管理是四个国家之间冲突的根源。为了解决不同意见，荷兰发起成立了政府间 Dogger 沙滩指导小组，该小组由四个 Dogger 沙滩共享国家和欧盟委员会的政府当局代表组成，任务是协调跨境进程，处理国家和欧洲立法之间的能力斗争。然而在该政府间指导小组的运作过程中并没有对 Dogger 沙滩的管理起到完全积极推动的作用，反而在总体进程中缺乏明确性、透明度、共同的政治意愿、承诺和方向，无法在小组成员国之间谈判出一个联合协作的管理办法。

案例四：波罗的海西南海域。波罗的海西南海域附近有着重要的港口和城市，与包括航运、近海能源生产、砂砾开采、渔业、海底和重要基础设施在内的多个部门密切相关。德国、丹麦、瑞典和波兰在波罗的西南部的领海和专属经济区互相接壤，边界纠纷尚待解决，具有跨界性质的用海活动与利益之间存在许多冲突。在具体的跨界合作过程中，需要对伙伴国负责海洋空间规划的国家主管部门进行跨国协调、各国家当局在国家环境中进行横向协调、各区域当局和其他利益攸关方在国家环境中进行纵向协调和部分国家允许地方当局进行跨界讨论，同时及时通过信息共享平台将跨界知识反馈到地方以下各级。但在此过程的早期，各国的部门行动者并不习惯跨界合作思维，仍然局限于以自身部门需求为优先级，而未能认识到其他部门的需求，这使得提出跨部门视角特别具有挑战性。根据实践经验，应对这种挑战的最佳方法是汇编现有数据信息，找到与利益相关者更好沟通的方法，确定各部门在海洋利用或海洋保护上的共同愿景，明确未来合作中要承担的关键任务。即使在短时间内难以影响某些部门改变其惯有的运作方式，但这种知识的共享和更全面的观点的发展，促进了各部门之间的正式沟通和协调，缓解冲突领域的紧张局势。

根据以色列 Rosh Hanikra 海洋保护区的案例我们可以发现沿海国家在某一海域归属与他国发生矛盾时，如果通过各国独立管理为关键原则在其海洋领土边境附近建立海洋保护区，可以在该海域宣示主权的同时更加凸显海洋生态保护的价值，将主权争议搁置，向海域的共同保护发展。在直布罗陀南部水域，与以色列 Rosh Hanikra 海洋保护区理念相类似，当对立国在争议海域采取无法认可的侵权行为时，从侧面抓住其行为的环境破坏性来保护本国的海洋领土主权。北海 Dogger 海滩虽然没有直接涉及海滩的主权争议，但在其范围内的渔业管理是四国摩擦的重点，通过加入利益相关者的参与和建立政府间指导小组实现跨界治理，也是实现海域共同治理的有益做法。波罗的海西南海域案例将在争议地区实行跨界合作作为在国家之间建立合作和生产关系的关键法宝。以上这些举措可以将国家的主权争端和海洋管理争端产生搁置和缓和的趋势，这些举措虽然目的性是复杂和隐晦的，但在某些情况下，它们能够用作促进有争议地区主权主张的手段，也能同时能有效作为海洋保护工具存在。

（三）我国南海海洋空间规划优化建议

为了更科学地维护我国南海的领土主权，在 21 世纪海上丝绸之路倡议的背景下，对于南海的海洋空间规划工作提出如下建议。

第一，侧重南海的生态保护工作，划定珊瑚礁生态系统海洋保护区。从以色列 Rosh Hanikra 海洋保护区的措施中可以看出，以色列把扩展海洋保护区作为其与黎巴嫩在呼吁主权争端上的有力工具，通过限制黎巴嫩在该海域内的潜在的破坏海洋环境的行动维护本国海洋主权不受侵害，同时在海洋空间规划上体现生态保护价值。我国可以从南海珊瑚礁生态系统入手，建立南沙群岛的珊瑚礁保护区，颁布相应的政策文件，并从技术层面加强对南沙群岛珊瑚礁的监测预警，逐渐恢复被破坏的珊瑚礁生态系统，在此过程中从生态保护的角度明确我国在南沙群岛的主权，并为监督他国的非法入侵和非法海洋活动提供条件。

第二，搭建南海活动的跨界合作平台。为了更有效率地协调英国、荷兰、德国和丹麦在 Dogger 沙滩上的利益，荷兰发起了一个政府间指导小组，得到了国际海洋勘探理事会的科学支持以及欧盟和各利益攸关方的参与。在南海海洋空间规划的工作中，可以将近岸海域的海洋生态空间、海洋开发利用空间与相邻东盟国家通过合作信息共享平台和交流会议实现海洋生态保护、生物多样性保护和可持续发展等方面的融会贯通，南海作为"21 世纪海上丝绸之路"的起点，力争实现在有争议或潜在争议的海域实现海洋生态保护上的价值一致。

第三，强化利益相关者的发言权。在波罗的海西南海域案例中，为了更好地在各部门中进行跨界合作，更好地与利益相关者沟通需求，通过知识共享的方式促进正式沟通和协调，缓解在海洋活动的紧张局势。在制定每一轮海洋空间规划的过程中，充分汲取在南海海域活动的利益相关者的意见（例如油气资源、矿产资源的开采利用者、在南海海域活动的渔民、受南海生态环境影响较大的产业组织、沿岸居民，以及在南海发展旅游业的群体等），并在海洋空间规划实施的过程中，在监督反馈层面接受第三方的评估，实现南海海洋空间规划自下而上、自实践到理论的共同愿景下的推动完善。

第四，进一步强化陆海统筹理念。以共建"21 世纪海上丝绸之路"为指引，拓展蓝色"朋友圈"，完善全球海洋治理，推动南海周边国家协力构建海洋命运共同体。然而，不论是从政府的角度出发还是从社会意识的角度出发，把发展的思路从陆地转向海洋都需要充分的思想准备、意识准备、政策准备和工作衔接。在具体的陆海统筹的工作中，可以从以下几个方面入手：实现技术标准的统一，对海洋生态保护红线、海岸带建筑退缩线等明确各类用途的分区和界限；有效利用"双评价"等技术方法实现南海的海洋功能分区；在人文条件和自然条件的背景下，实现陆海产业的协同发展，最终推进陆海一张图的整合，尽快形成南海相关的陆海统筹协同体系，颁布更新的南海海洋空间规划系列文件，通过陆海有机衔接的方式，强化我国南海的主权意识，实现南海有政策依据的有效开发。

第三节　海岸地带区域空间治理的问题和对策①

青岛市海岸地带面临自然因素、人为因素和管理因素所塑造的危机和问题，凸显出空间经济、空间生态、空间社会、空间协调和空间功能等多个维度的空间冲突，其成因在于粗放的土地开发模式、滞后的管理制度设计、不健全的社会参与机制以及市场失灵和政府失灵并存等。本节从完善海岸地带生态环境法律法规体系、近海海洋生态环境保护政策、完善海洋灾害防范能力政策的政策体系，完善海域有偿使用的财政金融政策、海洋产业投融资政策、建立海洋产权交易服务平台的财税资金政策，构建海岸地带区域性的协调组织及协调机制、完善青岛海岸地带生态环境公共政策体系的管理体制机制，推进全民海洋意识教育政策四方面提出了青岛市重构海岸地带空间治理体系的主要思路和途径，从蓝色港湾、生态岛礁、环湾绿肺、智慧海洋、审慎填海和科学规划六个方面提出实施青岛市海岸地带空间治理重构的重点工程。

一、青岛市海岸地带空间发展现状

受全球气候变化和人类活动的影响，大规模的近海岸活动使得青岛的海岸地带资源和环境面临危险，海洋生态环境承载压力不断加大，海岸地带的可持续发展受到了威胁，海洋、海岸地带以及海岸地带城市—区域已成为青岛当代环境治理的重点领域。

（一）青岛面临的主要海岸地带资源与环境问题

第一，自然因素。一是海岸侵蚀。青岛市胶州湾附近基岩港湾海岸除湾内海岸岸线稳定或略有淤涨外，其余岸段均受不同程度的侵蚀，砂质海岸普遍受到侵蚀。二是海水入侵造成严重的水文地质灾害。海水入侵是青岛市主要环境地质灾害之一，会造成土壤盐渍化和饮用水污染等后果，影响人类正常的生产和生活。三是海平面上升。海平面上升使得低地、湿地被淹没，生产设施和生活基础受威胁，沿海工农业将深受其害。

---

① 本节内容修改自如下报告：马学广，白佳玉. 青岛海岸带区域空间治理的建议[R]. 青岛市"双百调研工程"研究报告与决策建议, 2016(06): 1-18.

　　第二，人为因素。一是海岸地带海洋污染严重。近岸海域由于大量陆源工业废水、生活污水无节制地直接或间接排放，引起环境质量下降、景观破坏、赤潮浒苔频现等不良现象。海上交通事故、海底钻井平台管道漏油等事故加重海洋污染，破坏海洋生态环境。二是海岸地带过度开发垦殖沿海滩涂和湿地造成生态灾难。海岸湿地是海岸地带的重要组成部分，有着独特的湿地生态系统和较高的生产力，是一种重要的土地资源和空间资源，蕴藏着各种矿产、生物及其他海洋资源，起着调节气候、涵养水源、过滤污染物、为大量湿地生物提供栖息地等作用①。三是海岸地带围填海等海岸工程造成海洋生态环境破坏。填海造地彻底改变了海域的自然属性，破坏了被填海域的海洋生态系统服务功能，严重影响了周边海域的生态环境，造成海湾纳潮能力下降、水质恶化、生物多样性迅速减少等问题②。四是海岸地带人工开发造成区域生物多样性降低生态质量恶化，近海渔业资源"荒漠化"严重。海洋"荒漠化"导致的渔业资源衰竭加剧，使可再生的渔业资源变成了稀缺资源。

　　第三，管理因素。一是湿地保护缺乏专门立法保护。现行的相关法律法规表述较为简单，缺乏较详尽的规范，使得胶州湾湿地保护缺乏应有的法律保障。二是围填海法律、法规不健全。《中华人民共和国海域使用管理法》偏重海洋权属，对用海方式约束、规范极少，缺少对围填海造地的条例约束，破坏了海洋资源的开发利用，损害了海洋生态环境。三是社会大众对海岸地带重要性及其保护的认知程度不高，对保护湿地的重要性认识不足，缺乏对湿地资源可持续发展的理念，在处理人与湿地关系时，只知一味索取，不知保护。

（二）青岛市的海岸地带空间保护政策和措施

　　近年来，青岛市按照"五大"发展理念，开展生态文明建设，采取多项措施实施海岸地带空间冲突的管理。

　　第一，设立海岸地带自然保护区等制度性生态保护区。青岛市着力打造海洋生态环境保护示范区，将岸线保护、海洋生境修复、建设海洋与海岛保护区纳入全市蓝色经济发展规划，已建成国家级自然保护区 1 处，国家级海洋公园 2 处（胶州湾国家级海洋公园和西海岸国家级海洋公园），省级自然保护区 5 处，海洋类自然保护区 2 处（大公岛和灵山岛两处岛屿生态系统省级自然保护区），以及市级文昌鱼水生野生动物自然保护区和省级胶州湾滨海湿地海洋特别保护区等。

　　第二，设置专门化的海岸地带资源环境保护与开发机构。青岛市政府十分关注胶州湾海域的管理工作，为海岸地带空间治理的实施提供了重要的组织依托和实施平台：1985 年，设立青岛海洋资源研究开发保护委员会，组织专家开展胶州湾研究工作；1994 年，设立胶州湾规划和保护联席会议，编写《胶州湾及邻近海岸地带功能区划》；2014 年，设立胶州湾保护委员会，全力做好污染防治、生态修复、岸线整治、养殖设施清理、环湾绿道建设

---

　　① 方中祥, 李国庆, 冯龙, 等. 胶州湾湿地景观格局变化特征[J]. 湿地科学, 2016, 14(02): 276-281.

　　② 朱高儒, 许学工. 关于有序填海的思路与方法[J]. 生态环境学报, 2011, 20(12): 1974-1980.

等保护工作。

第三，颁布和修改海岸地带资源环境保护的专项法律与法规。1995 年，青岛市通过了《青岛近岸海域环境保护规定》和《青岛海岸带规划管理规定》，将开发、保护胶州湾正式纳入法治轨道。2005 年，青岛市人大通过了保护胶州湾的议案。2012 年，青岛市第十五届人大常委会划定青岛市胶州湾保护控制线。2014 年，《青岛市胶州湾保护条例》正式施行。2015 年，青岛市启动编制《青岛市海岸带规划导则》，将划定海岸地带规划建设的原则和标准，以指导全市海岸地带沿线各项保护和开发建设活动的开展。

第四，制定科学的空间管制措施以加强海岸地带的资源保护。2012 年，青岛市出台《青岛市胶州湾保护控制线》，通过规范用海项目、实施退池还海等工程，全力推进胶州湾生态修复工作，建立"胶州湾滨海湿地省级海洋特别保护区"。2016 年，由国务院审核通过的《青岛市城市总体规划（2011—2020 年）》提出，以建设海洋强市和蓝色领军城市为目标，坚持海陆统筹的原则，编制《环胶州湾保护控制线划定与岸线整理规划方案》。此外，青岛市还着力加强大沽河流域的生态建设，设置并启动大沽河河口的中央湿地保护区建设，构建贯穿青岛全域的生态中轴。

第五，通过基础性数据平台建设构建科学的信息监测体系。构建严密而完善的信息监测体系是实施海岸地带空间治理的重要辅助手段。青岛市在胶州湾海域建立人工监测和自动监测相结合的水质监测体系，设置了 39 处海水监测点位，在胶州湾全域实施网格化监测，对《海水水质标准》（GB3097-1997）中的全部 30 项指标进行分析。以控制陆源污染为目标，将陆源污染防治与胶州湾保护结合，对大沽河、李村河、墨水河等 8 条主要入湾河流及环湾区域 13 座污水处理厂实施常态化监管。

二、青岛市海岸地带空间冲突存在的主要问题

（一）青岛市海岸地带空间冲突的主要类型

各种社会需求在空间资源利用上的利益重叠或空间利用目标之间的矛盾是空间冲突形成的根本原因，根据类型的不同，青岛市的海岸地带空间冲突主要分为以下五类。

第一，经济冲突。巨大的经济回报驱动着青岛市海岸地带连续不断的围填海工程，但大规模的围填海活动带来了一系列严重的资源、环境、社会问题，主要表现在：滩涂湿地生态环境丧失，生态系统退化；自然岸线减少，人工岸线增多；生物多样性消失，渔业资源衰竭；水文动力环境改变，水域环境污染加剧等。人类在从海岸地带获取资源的同时，也给海岸地带的环境带来了巨大的压力。随着时间的推移，经济利益与生态环境的空间冲突将愈益强烈。

第二，生态冲突。海岸地带环境问题主要表现在湿地被侵占和工厂化养殖等空间资源利用行为对生态环境造成的影响，盐田和盐化工业对生态环境的影响，高密度水产养殖对

近岸海域环境的影响，海湾筑坝带来的灾难性后果，港口建设对生态环境的影响以及沿海防护林面积缩减等。环胶州湾地区是青岛市海湾大都市区的核心区域，但胶州湾海湾面积长期以来总体处于日渐萎缩状态，从 1928 年的 560 平方公里，缩减到 2012 年的 343.5 平方公里①。

第三，社会冲突。海岸地带空间使用的失序造成沿海地区空间利益分配的失衡。（1）经济利益驱动下产生的区域剥夺、资源失配等，形成了处于社会贫困阶层的弱势群体和弱势区域，社会阶层和区域发展出现两极分化，由此产生的社会冲突与矛盾将对海岸地带的社会稳定构成潜在威胁。（2）海岸线和土地资源的无序性"再分配"引发不合理的空间利益分割。各利益相关者对海岸线及公共空间资源的争夺日趋激烈，海岸线和土地的圈占现象不同程度地存在着，造成公共海岸线和土地资源的丧失。（3）海岸地带岸线空间资源的超前开发造成海滨公共资源储备的流失。海岸地带建设用地的蔓延扩张，带来资源和空间的超前开发，最终影响了海岸线作为公共资源的开放性，剥夺了公众对公共资源应有的权利。

第四，协调冲突。分散存在的海岸地带政府管理部门间不充分的职能协调引起激烈的空间冲突。（1）海陆分离的矛盾。海岸地带广泛存在的非法养殖、海域占用、生态风险、地质灾害、污染防控等问题需要多个部门的相互支持与协调统一，但由于涉海和陆地管理部门层次众多、职能各异，易出现互不协调、互相扯皮的现象②。（2）行动脱节的矛盾。面对同一个围填海的违法案子，不同的执法机构，给出的处罚结果往往不同，会出现重审批轻结果的现象，间接造成了海湾地区资源的浪费。（3）利益纠缠的矛盾。众多产业部门争占有限的海岸空间，部门间的利益纠葛纷繁复杂，资源利用的矛盾日益突出，容易造成决策失误，引起社会纠纷和冲突。（4）多头管理的矛盾。涉海事务分散在多个部门，多头管理造成责任界限不清，不同部门的管理目标不同，利益不同，各部门重视的是审批权和部门分管资源利益的最大化，容易出现"有了利益抢着上、有了责任绕着走"的现象。

第五，功能冲突。海岸地带的空间规划、建设和使用存在较多因土地利用功能不兼容而引起的功能性空间冲突。（1）海洋基础设施建设不当引发较大风险。海岸地带海滨道路等基础设施的建设，存在由于引导不当所诱发的生态风险。（2）海岸地带用地结构和布局有待优化。由于缺乏特定的空间规划，海岸地带缺乏明确的总体格局。（3）现有空间结构在发展过程中面临多重冲击，城市各种功能区对海滨岸线资源的争夺无序而激烈。（4）海岸地带土地需求量的提高与土地质量的退化形成冲突。土地质量的退化会使需求的满足付出更大的投入，甚至造成恶性循环。（5）自然演化过程与人工干预之间的冲突。海岸地带建设用地供需矛盾日益尖锐，不合理的过度建设利用对海岸地带的生态环境造成破坏，使

① 马立杰，杨曦光，祁雅莉，等. 胶州湾海域面积变化及原因探讨[J]. 地理科学，2014, 34(03): 365-369.
② 王诗成. 关于山东海岸带规划与管理问题的探讨[J]. 海岸工程，2006, 25(S): 1-7.

得海岸地带各种用地资源严重退化，最终引发一系列资源和生态环境问题。

（二）青岛市海岸地带空间冲突的主要成因

1. 海岸地带土地开发模式粗放及产业结构不合理

海岸地带的海洋产业布局缺乏特色，低水平重复建设严重。海岸地带较低的产业结构层次，不仅制约了海洋产业的优化发展，还浪费了大量土地资源。（1）近岸养殖因素。局部近岸海域在养殖规模、养殖方式和养殖品种等方面缺乏必要的规划和控制，造成近岸海域水体营养指标升高、下层水体贫氧、底层沉积物中有机质和营养盐含量升高、有害微生物和嗜污生物占优势、海洋环境富营养化程度加重等状况。（2）工业建设及生活排污因素。大量的工业污染和生活污染造成渔场外迁、鱼群死亡、赤潮泛滥，有些滩涂养殖场荒废，一些珍贵的近海生物资源正在丧失。（3）城市扩张因素。冲动性的填海造地行为不仅加剧了海洋环境污染，也严重地破坏了沿海滩涂湿地等自然资源。

2. 海岸地带生态环境管理和制度设计滞后

海岸地带生态环境管理制度不健全、利害关系人之间的权利与义务模糊不清，国土部门、环保部门与海洋部门职能衔接不畅，导致海岸地带生态环境管理效率不佳。另外，海岸地带生态环境政策也表现出一定的不适应性，"重末端治理、轻源头防治"的污染控制模式，不适应海岸地带生态环境"污染在海洋，治理在陆地"的特点，无法在海岸地带生态环境管理和保护中发挥作用。

3. 海岸地带空间管理市场失灵与政府失灵并存

海岸地带生态环境保护的市场机制不健全是造成市场失灵的主要原因。海岸地带资源的稀缺性并没有在开发和利用过程中显现出来，海岸地带资源低价或者免费进入生产领域，巨额海岸地带开发成本在经济决策中被低估，导致产业或者项目进入门槛过低，出现过度重复建设，海岸工程低水平雷同。因此，适当的政府干预是海岸地带生态环境保护的重要途径。现行的生态环境干预体系难以应对海岸地带生态环境问题，相关主管部门责任不明、互相推诿、缺乏协作等造成了较为严重的政府失灵现象，出现管理体制不健全、专门保护机构缺乏、环境保护投入严重不足等问题。

4. 海岸地带空间管理的社会参与机制较不健全

公众参与、信息公开、宣传教育等方面能够在海岸地带生态环境管理中发挥着极其重要作用。近年来，随着公众环保意识的提高，青岛在城市环境治理等方面已取得较大进展，然而对海岸地带生态环境的关注还相对较少。

三、青岛市海岸地带空间治理的对策建议

加强空间治理是当前推进海岸地带治理体系和治理能力现代化的重要举措，以空间作为环境与生态治理的切入点，有利于推动整个海岸地带空间治理水平的不断提升。

（一）完善青岛市海岸地带空间的政策体系

1. 完善海岸地带生态环境法律法规体系

加强海洋生态文明建设的法治保障，用现代海洋经济理念和法律制度来管理海洋、开发海洋、保护海洋。通过加强海洋执法的联动性、交互性，消除行业执法的孤立性，推动和扩展海洋环境保护的范围。（1）对沿海工业污染和生活污染，沿海农业农药和化肥的生产、施用，近海养殖业饲料和病害防治药的生产、施用，海岸地带环境规划以及用地规划等方面进行详细的规定。（2）以法律的形式确立海岸地带空间环保使用原则，主要针对沿海工业污染治理、海岸地带环境规划、海岸地带土地利用规划、海岸地带环境整治、沿海农村农药和化肥的生产及施用管理、海岸地带生态环境信息公开以及公众参与监督等制度的任务与地位等，为依法行政提供基本条件。（3）完善海岸地带生态环境管理中的行政法律责任制度、民事法律责任制度、刑事法律责任制度等，提高破坏海岸地带生态环境的机会成本。（4）加强湿地保护法规和相关制度建设，依法保护湿地。尽快立法，严厉禁止私自填海造地的行为，严格控制滩涂围垦养殖，加强自然岸线的恢复和保护，明确湿地保护与利用的目标任务和具体措施，做到生态保护和生态修复相结合。

2. 完善近海海洋生态环境保护政策

（1）实施重点流域主要入海污染物总量控制制度，设置海洋生态保护红线制度。（2）生态环境补偿机制的构建，对违规围填海和重大污染事故实施责任追究制和生态补偿。（3）建立工程施工环境影响评估制度。在涉及钢铁、造船、造纸等对环境有重大影响的滨海工业项目的选址、布局时，均应通过项目环境影响评估，以保护整体海岸地带的脆弱生态系统，实现海岸地带资源的可持续利用。

3. 完善海洋灾害防范能力政策

制定《海洋灾害防御条例》，建立滨海建设控制线和海岸线建设退缩线制度；制定海洋减灾避灾预案，完善沿海地区海洋防灾减灾联动机制；建立海洋灾害损失救助补偿及风险转移机制和巨灾保险机制；加强用海项目后评估，开展高程测量、警戒潮位核定等。要强化海岸地带灾害防御体系建设，建立青岛市海岸地带海洋灾害预报和预警机制，加强海洋灾害防御体系建设，为海岸地带的经济社会发展服务。

（二）完善青岛市海岸地带空间的财税资金政策

1. 完善海域有偿使用的财政金融政策

完善海域资源有偿使用制度，提高围填海资源环境占用成本。通过市场经济途径出让填海造地海域使用权，提高国家海域资产的保值增值能力，强化海域使用权二级市场体系建设，建立健全海域使用权市场流通体系，提高填海占用国有海域空间资源的成本。科学评估填海对海洋资源环境的占用和损害程度，研究制定填海生态补偿方式和标准，建立和实施填海生态补偿制度。对填海占用和破坏海洋生态环境收取生态补偿金，用于污损海域的生态修复与整治。

2. 优化海洋产业投融资政策

采用鼓励与限制兼用的经济和财政指施加以引导，对符合国家空间发展目标和意向的所有经济活动给予各种财政支持和鼓励。建立青岛市海洋产业发展基金，统一由财政资金引领、金融资本和社会资本参与，采用市场化运作模式，主要投向高端海洋装备制造、海洋生物技术应用等领域。建立政策性融资担保机制，探索用于涉海高技术中小企业在产业化阶段的风险投资和融资担保，或用于贷款、融资租赁等的风险补偿等。

3. 建立海洋产权交易服务平台

产权交易服务平台的设立是加速和完善青岛市海岸地带空间治理体系的重要举措。（1）建立海洋产权制度。加强海洋领域多层次资本市场体系建设，建立多样化的资产管理体系和资本交易制度，并做到归属清晰、责任明确、保护严格、流转顺畅。（2）建立海洋产权交易服务平台。开展海洋产权试点示范，建立集产业投融资、技术产业化、产权登记托管等为一体海洋产权交易、信息和结算一揽子服务机构。（3）催化海洋产权交易平台服务功能。实现海洋资源的市场化配置，开展海域、海岛、岸线等使用权的收储、抵押和交易，海洋工程构筑物、船舶等海洋有形产权及其衍生品的交易，海洋知识产权、股权等无形产权及其技术的交易或质押，加快海洋排污权和海洋碳排放交易试点等。

（三）完善青岛市海岸地带空间的管理体制机制

1. 构建海岸地带区域性的协调组织及协调机制

海岸地带空间治理的实现，要通过多种力量参与的操作程序、弹性的规划目标、沟通、协调的渐进式发展策略。必须要建立起城际协调机制，通过签订具有约束力的双边或多边法律协定或者行政协定来式来彼此协调合作。建立利益分享和利益补偿机制。通过地区间利益的分享来实现地区的共同富裕，通过规范的利益转移来实现地区间的协调发展和整个社会的全面进步。建立良好的城际合作制度环境、合理的组织安排以及完善的合作规则，确保城际政府间合作机制的有效运转。同时，健全非官方中介服务体系。非官方组织具有灵活性、成本低、根植于民间社会和寻求合作的积极性等优势，在海岸地带空间治理中起着重要的推动作用，为公众和官方机构建立起沟通和信任的桥梁。

2. 完善青岛海岸地带生态环境公共政策体系

重点包括海岸地带各类资源的产权制度，海岸地带资源开发利用的价格政策、税费政策和财政政策，海岸地带生态环境管理体制，海岸地带环境准入门槛制度等。（1）从海岸地带空间及土地的管辖权限来看，海岸地带分属建设、国土、海洋与渔业等部门管辖，依据不同的部门法规和政策。海岸地带规划空间管制的实施在组织框架、机构设置及制度设计上，必须充分正视和考虑空间管辖权属分散的现实，并加以解决。（2）构建产权清晰、多元参与、激励约束并重、系统完整的生态文明制度体系，把生态文明建设纳入法治化、制度化轨道。（3）完善经济社会发展考核评价体系。把资源消耗、环境损害、生态效益等体现生态文明建设状况的指标，纳入经济社会发展评价体系，建立体现生态文明要求的目标体系、考核办法和奖惩机制，使之成为推进生态文明建设的重要导向和约束。

（四）推进全民海洋意识教育政策

出台全民海洋意识教育指导纲要，促进海洋知识进学校、进课堂、进教材；建立全国海洋意识教育示范基地，强化舆论引导，制定鼓励社会力量共同参与海洋意识教育的相关优惠政策，推进海洋主题宣传活动。（1）采取多种渠道，开展形式多样和喜闻乐见的宣传方式，如科普讲座、制作专题片、环保志愿者等活动，进一步加强舆论监督。（2）完善信访、举报和听证制度，特别要加大警示宣传的力度，提高公民环保意识，使海岸地带保护成为各级领导和广大人民群众的自觉行为。（3）加大海洋保护宣传力度，加强海洋保护宣传，强调海洋资源对于人类生命活动的重要性，有利于培养公民的海洋意识，使海洋开发利用人员建立牢固的海洋意识。（4）建立透明便捷的公众参与制度，完善信息公开方式，促进公众参与的具体化，加强群众监督作用。通过建立公众参与用海监督的模式或渠道，增强公众参与海洋管理的意识，推进海洋经济发展和生态文明建设。

四、青岛市海岸地带空间治理的六大重点工程

针对青岛市海岸地带所存在的主要空间冲突类型、主导性形成因素以及青岛市政府所采取的应对措施，特提出青岛市空间治理的六大重点工程。

（一）"蓝色港湾"工程：实施海岸地带国土整治与生态修复工程

海岸地带国土整治的重点包括：河口整治、海岸防护、非法用海整治、海岸环境整治、养殖秩序整治、港口船只整治、海平面控制、海损应急管理、海洋渔业基础设施建设等[①]。青岛市海岸地带国土整治的具体措施应包括以下几方面。

第一，沿海开发利用整治。对海上养殖进行全面清查，依法查处非法占用海域、非法围填海、非法养殖、非法采挖海砂、非法开发利用或破坏岸线资源等违法行为。

第二，陆源污染整治。全面清查、严格监管陆源污染物、沿海岸地带区域工程建设项目，依法查处偷排、漏排、超排等违法行为。

第三，违法建设整治。对非法占用林地、非法占用集体土地、非法占用沙滩岸线、擅自改变土地使用性质，以及未取得合法手续的建设行为，依法进行查处。

（二）"生态岛礁"工程：优化海岛保护策略

第一，制定海岛建设的财政、土地、海域使用等相关优惠政策，科学把握开发建设的时序和规模，提升海岛经济发展的质量和效益。

---

① 董卫卫，林桂兰，蔺爱军. 海岸资源质量管理与海岸综合整治修复对策探讨[J]. 海洋开发与管理, 2016(09): 75- 80.

第二，在资金筹措上发挥市场机制作用，采取政府投入为引导、企业和社会投入为辅助、其他投入为补充的多元投入机制，支撑海岛经济高端发展。

第三，规范海岛开发审批程序，鼓励保护性开发和资源修复型开发，杜绝损害海岛及其周围海域资源环境的开发；重点是建立海陆统筹发展格局，做好与临近陆地产业的结合。

第四，强化监督检查，切实保护海岛及其周边生态系统，将海岛管理纳入全区海域使用管理范畴，重点予以保护。

第五，开展海岛资源环境综合调查评估，逐个全面查清海岛的基本现状，包括海岛地理信息、海流信息、生物信息等基础资料，摸清海岛环境承载能力，建立高精度、大比例尺、实用可靠的海岛管理信息系统，为海岛保护与开发提供可靠依据。

第六，编制海岛保护与开发专项规划，制定海岛分类保护的具体措施和开发方案，统筹考虑海洋资源环境承载能力和各要素配置，对海岛发展进行科学定位和合理布局。

（三）"环湾绿肺"工程：强化滨海湿地公园和湿地保护区建设

建立海岸地带湿地自然保护区和湿地公园是保护湿地的重要措施，根据不同的区域和类型，采取不同的保护手段，需要绝对保护的区域应建立湿地自然保护区，可以改造、恢复、利用的区域应建设湿地公园，全面维护湿地生态系统的特性和基本功能。

第一，认真做好湿地保护规划，划分不同用途的功能区，设定差异化的保护目标。

第二，建立职能协调统一的湿地保护专门管理机构，实行湿地管理机构垂直管理和统一领导，对海岸红线范围内的湿地实施绝对保护。

第三，建立湿地保护长效机制和多元化资金投入机制，建立多层次、多渠道投资机制。一方面不断增加湿地保护的公共财政投入，使各级财政投入成为湿地保护资金的主渠道；另一方面通过市场机制进行各种形式的社会融资，鼓励和引导企业、个人以各种形式（如BOT 模式和 PPP 模式）参与到湿地公园建设中。

（四）"智慧海洋"工程：建立区域海洋立体监测网络

加大海岸地带信息基础设施投入力度，建立区域型海洋立体监测网络系统。

第一，强化完善海岸地带的科研监测体系，选择具有典型代表性、生物多样性受威胁和压力比较敏感的区域建立定位监测点，对气候、水文、土壤、生物和保护管理状况进行定位研究。

第二，优化岸基、船基、海基、空（天）基等监测平台的空间布局，建立行之有效的信息共享和联动机制，形成集海洋科学认知、管理支撑、信息共享和智能服务于一体的区域海洋信息化体系。

第三，完善监管体制和审批制度，整合涉海监管部门和审批部门，统一执法标准和审批尺度，构建地、空、人三位一体的智能化监测体系，充分保障海洋资源的合理开发利用。

第四，实施建设用海项目全过程监管，强化各级海洋主管部门、海域使用动态监管部门、海洋执法部门的紧密协作，健全海域使用动态监测系统，建立覆盖用海项目全过程的动态监管体系，全面监测海域使用动态和海洋环境损害情况，防控建设用海项目活动产生的资源环境重大影响和社会利益冲突问题。

第五，建立海洋环境影响监测的评价体系，统一评价标准，使对海洋环境的评价有据可依，起到有效保护和评价海洋环境的效果。

第六，建立区域性海洋生态预警机制。加强对环境质量出现明显变化时的监控，形成建立全天候、立体化、错层次、多功能、全覆盖的海洋监视监测与预警网络[①]。当出现恶劣影响或污染时，能及时地、有组织地开展应急监测并对监测结果进行分析和评估。

（五）"审慎填海"工程：有序有度依法用海和科学用海

采取"积极审慎"的态度实施围填海工程。综合评估填海造地的资源环境与经济损益，从严控制填海造地活动。建立填海项目后期评估制度，对填海项目所产生的海洋资源环境影响、社会经济效益等进行跟踪监测调查，研究建立具有可操作性的围填海项目综合评估方法，以全面揭示填海造地的损益实际情况。

建立海洋蓝线制度，根据填海资源环境承载力，实行填海总量控制制度。根据每个海洋功能区围填海资源环境适宜性、围填海工程施工技术可行性、填海造地成本和社会经济发展现状，估算各个功能区填海资源环境承载力，形成填海资源环境总体承载力，作为填海总量控制的总体目标。

（六）"科学规划"工程：制定严谨的功能分区规划并上升为公共政策

根据地域分异规律和发展需要而进行的政策分区是空间治理的重要实施路径之一。"政策分区"正成为海岸地带城市—区域空间治理的重要手段。

第一，按照海岸地带自然特征和资源基本构成条件，科学划分海岸地段分区，并针对各岸段不同旅游及景观资源、生态及环境资源的保护与开发两大重点问题加以科学引导，按类别制定海岸线资源管理的相关政策。

第二，划定不可开发地区和设立海岸建设退缩线。规划海岸建设退缩线在平均高潮位线向陆 100—300 m 的距离上划定，退缩线向海一侧为不可建设区，而经环境影响评估后的对公共安全及服务必不可少的建筑物不在此限制之列。

第三，优化海岸带空间布局，构建近海环境友好型空间格局。严格控制建设用海域、岸线等空间资源增量，调整提高空间资源存量与利用率，满足居民生活水平提高和消费结构转型的需要。

---

① 曹宇峰，林春梅，余麒祥. 简谈围填海工程对海洋生态环境的影响[J]. 中国海洋工程咨询协会海洋生态文明建设交流会，2014：166-169.

第四节 多尺度海洋空间规划法律问题论纲[①]

海洋空间规划作为面向海洋的划区管理工具，逐渐得到国际社会以及国内企事业单位和科研机构等的重视。经过多年的理论发展与具体实践，海洋空间规划逐渐从一国管辖范围内的海洋划区和空间管理拓展到跨境合作与国家管辖范围外（公域）的海洋公共事务治理，但法律层面有关的问题也随之产生。中国作为海洋空间规划理论与实践的积极行动者，在一国管辖范围内、跨境海洋空间规划以及全球公域的海洋空间规划实践方面均有涉及，面对未来海洋空间规划发展的挑战，应当作出对应的积极回应。

一、一国管辖范围内海洋空间规划核心法律问题

（一）法源追溯

大多数 MSP 都以法律或行政法规的形式作为载体[②]，例如德国《联邦空间规划法》、葡萄牙《海洋空间规划与管理法》、韩国《海洋空间规划与管理法》等。MSP 始于澳大利亚 1975 年大堡礁公园的建设。澳大利亚《大堡礁海洋公园法》纳入了当时国际海洋环境法的方法论与原则，包括 EBM、环境可持续利用原则、预防原则和代际公平原则等[③]。EBM 于 20 世纪 50 年代被提出[④]，1958 年《捕鱼及养护公海生物资源公约》规定海洋资源的养护、利用、保护和开发框架体现着基于生态系统的管理的理念[⑤]；风险预防原则已经在 1985 年在维也纳签订的《保护臭氧层维也纳公约》序言中初步体现[⑥]；代际公平原则在 1987 年《我们共同的未来》中体现[⑦]；环境可持续利用原则在 1992 年《里约宣言》原则四中体现[⑧]。

---

① 本节内容修改自如下论文：马学广，朱开磊，白佳玉. 多尺度海洋空间规划法律问题论纲[J]. 中华海洋法学评论：中英文版，2021(02): 56-108.

② MSP-IOC, OVERVIEW, MSP-IOC website (Mar. 8, 2021), http://msp.ioc-unesco.org/world-applications/overview/.

③ Asraful Alam, Marine Spatial Planning for Bangladesh: Learning from the Great Barrier Reef Marine Park, Australia, Western Sydney University ResearchDirect website (Mar. 8, 2021), https://researchdirect.westernsydney.edu.au/islandora/object/uws:57233/datastream/PDF/view.

④ Trine Skovgaard Kirkfeldt. An Ocean of Concepts: Why Choosing between Ecosystem-based Management, Ecosystem-based Approach and Ecosystem Approach Makes a Difference [J]. Marine Policy, 2019, 106: 103541.

⑤ 如《捕鱼及养护公海生物资源公约》第6—8 条、第 10 条、第 12 条。

⑥ 序言中提到"……注意到国家一级和国际一级上已经采取的保护臭氧层的预防措施，意识到保护臭氧层使不会因人类活动而发生变化的措施需要国际的合作和行动，并应依据有关的科学和技术考虑，还意识到有需要继续从事研究和有系统的观察"。

⑦ 挪威前首相布伦特兰夫人在 1987 年《我们共同的未来》报告中提出："可持续发展是既满足当代人的需要，又不对后代人满足需要的能力构成危害的发展。"

⑧ 《里约宣言》原则四：为了达到可持续发展，环境保护应成为发展进程中的一个组成部分，不能同发展进程孤立开看待。

由于 MSP 作为较新的划区管理工具，因此在 MSP 的国家法律实践中存在与现有工具下的制度如海岸带综合管理的调适问题，此外还有如何应对 MSP 与行政体制与行政区划的矛盾或冲突的问题。

（二）海洋空间规划与海岸带综合管理之间的调适问题

海岸带综合管理（Integrated Coastal Zone Management，以下简称 ICZM）被广泛视为解决复杂的社会经济和环境系统在陆地—海洋界面上的不同需要和利益的一种有利办法[①]。ICZM 最早见于美国 1972 年颁布的《沿海地区管理法》。由于 ICZM 的管理对象同时包括陆地和海洋，在此之前针对海洋各国并没有较为系统性的规划，因此 ICZM 是现代社会国家针对海洋系统性治理迈出的重要一步。MSP 与 ICZM 的调适问题是由于 ICZM 涉及有关海洋的部分存在与 MSP 重合的可能而产生的。对此情形，各国的规定并不统一，有的国家以陆上规划工具为优先，但也有相反规定。英国有关海洋治理的法律主要由《海洋与海岸带准入法》（适用于英格兰和威尔士）、《苏格兰海洋法》（适用于苏格兰）和 2011 年《英国海洋政策声明》组成。英国鼓励有关空间规划的部门合作，但如若不同类型的规划发生冲突且最终无法协调，应以土地规划为准[②]。葡萄牙在 2019 年《态势规划-海洋空间规划计划》中明确指出，若无法协调不同类型的规划，将以国家海洋空间规划为准，并且要废除或修订的现有方案和领土计划中与之不相容的规则[③]。

（三）海洋空间规划与行政区划不完全契合

从全球来看，MSP 方法的应用正从特定的部门规划转向基于生态系统的多目标规划，并向更大尺度发展[④]。EBM 下的 MSP 一般需要遵从连通性原则，即考虑与规划区相邻的生态系统和人类活动，基于水体的连通性进行跨区管理。海洋具有生态连通性[⑤]，而 MSP 从生态角度涉及到的治理范围与边界可能与一国管辖范围内的行政区划边界无法完全契合，从而影响实施效果。针对 MSP 与行政区划的问题，根本原因在于行政区划的边界划分标准与生态系统的标准并非完全相符，因此以行政手段处理生态事宜必然要面对协调问题。这一问题可以通过两方面缓解：一是行政决策者应当加强对生态系统的了解，只有熟知生态知识，才能处理好生态治理问题；二是横向行政部门应当加强合作，只有多部门合作，才能最大限度覆盖生态系统涉及到的相关领域，保证生态治理的效果。但是目前一些国家或地区在该方面仍需要进一步完善。以中国台湾为例，近年沿海地区旅游业发展的动力导

---

① Jan Warnken & Razieh Mosadeghi. Challenges of Implementing Integrated Coastal Zone Management into Local Planning Policies: a Case Study of Queensland, Australia [J]. Marine Policy, 2018, 91: 75-84.

② Emma McKinley & Stephen Fletcher. Individual Responsibility for the Oceans? An Evaluation of Marine Citizenship by UK Marine Practitioners [J]. Ocean & Coastal Management, 2010, 53: 379-384.

③ The PSOEM, Compatibilização, the PSOEM website (Mar. 8, 2021), https://www.psoem.pt/compatibilizacao.

④ 胡文佳，等. 基于生态系统的海洋空间规划：研究进展与启示[J]. 海洋开发与管理，2020(04): 3-11.

⑤ 刘惠荣，马玉婷. 实现 BBNJ 划区管理工具制度中的海洋生态连通性——以"适当顾及"沿海国权益为路径[J]. 中国海洋大学学报（社会科学版），2021(01): 12-20 页。

致海洋污染、过度捕捞和自然海岸线的丧失①，然而有关政府部门难以就沿海地区的环境治理作出适当的决定。究其原因，由于当地政府难以舍弃眼前利益，且治理环境涉及到平级不同部门，这些部门之间没有主动合作的义务，因此导致沿海地区生态环境问题迟迟无法得到解决。从本例中可以得出针对该问题的解决主要有两点：一是要不断深化对基于生态系统的管理对可持续发展的重要意义的认识；二是要以纵向的行政手段促进地方有关部门的合作，以尽量弥合行政区划与生态边界冲突治理机制之阙如。

（四）海洋空间规划与行政体制之间存在矛盾

行政体制指的是国家机关的组织制度。行政体制常因政策变动而进行调整，因此具有灵活性。一国管辖范围内的 MSP 主要依靠行政手段加以治理，而 MSP 常与国家机关的组织制度之间存在着矛盾，这种矛盾体现在海洋治理要求保持连贯稳定，但是行政体制需要根据经济社会的发展而变动，因此导致 MSP 的实践比较容易受到行政体制变化的影响而显现不稳定态势，以致影响实施效果。

这一问题至少可以通过两方面途径缓解：一是制定中央级别的 MSP 政策或法规以作为地方政府行政依据，从而保持政策实施的相对连贯性；二是制定法律，以法律的强制性约束政府行为，并且以法律的相对稳定性弥补政策的过于弹性及其随意性。然而一些国家或地区在此方面的做法有待完善。以美国为例，与欧盟相比，美国案例研究的代表性较低，这可能是由于联邦一级没有 MSP 政策实施的事实②。根据 2010 年美国《海洋、我们的海岸和五大湖的管理》的行政命令③，美国只在专属经济区以及九个区域建立 MSP④。由于缺少联邦尺度 MSP，尽管联邦尺度在国家海洋委员会下设置跨机构海洋政策工作队以及治理协调委员会给地方施加影响，但只具有建议性和协调性，并且这些机构由于缺少联邦尺度 MSP 政策支持从而导致缺少协调依据。此外，美国联邦尺度只拥有总统令，并没有稳定的法律文件，MSP 很容易受到不断变化的政治形势的影响甚至被撤销。2018 年 6 月 19 日，美国时任总统特朗普发布了关于海洋政策的第 13840 号总统令，以促进美国的海洋经济与军事发展，弱化了 MSP 和 EBM，从而撤销了第 13547 号总统令。在撤销该行政命令之前，

① Ivana Logar. Sustainable Tourism Management in Crikvenica, Croatia: An assessment of Policy Instruments [J]. Tourism Management, 2010, 31: 125-135.

② Vasiliki I. Chalastani et al. A bibliometric Assessment of Progress in Marine Spatial Planning [J]. Marine Policy, 2021, 127: 104329.

③ The White House, Executive Order 13547 --Stewardship of the Ocean, Our Coasts, and the Great Lakes, The White House website (Mar. 8, 2021), https://obamawhitehouse.archives.gov/the-press-office/executive-order-stewardship-ocean-our-coasts-and-great-lakes.

④ 九个区域为：阿拉斯加与北极地区、加勒比海地区、五大湖区、墨西哥湾地区、中大西洋地区、东北地区、太平洋岛屿地区、南大西洋地区、西海岸地区。

九个区域内的 MSP 中的两个已完成并获得批准①，而这两个 MSP 在日后的实施中必将面临经费短缺等问题而导致实施效果大打折扣。从美国的例子可以得出针对该问题的解决主要有两点，一是要确保从国家到地方均具备完善的 MSP 方案，二是在中央应当通过有关法律使其拥有相对稳定的 MSP 政策。

二、跨境海洋空间规划核心法律问题

（一）法源追溯

一国管辖范围内 MSP 的不断实践使得各个国家逐渐认识到海洋的良好治理应当联合各国的力量，尤其是闭海/半闭海相邻国家之间应当不断加深合作，因此跨境海洋空间规划（Marine Spatial Planning across-border）逐渐受到关注。需要强调的是，这里的"跨境"指的是国境，并不包含跨越一国管辖范围内的行政区划边界②。在法律方面，欧洲地区的跨境 MSP 主要由欧盟主导。2014 年欧盟《建立海洋空间规划框架》进一步促进了成员国与相关海洋区域中的第三国之间的跨国合作，要求欧盟成员要求成员国在 2021 年 3 月 31 日前制定 MSP。根据欧盟成员国的地理位置，在其分布的五个海域形成了比较典型的跨境 MSP 框架③，这些框架有的是为了跨境 MSP 而设置的，有的是后续将跨境 MSP 纳入其中，比如根据 1974 年《保护波罗的海地区海洋环境公约》（Convention on the Protection of the Marine Environment of the Baltic Sea Area）[又称为《赫尔辛基公约》（《Helsinki Convention》）] 设立的赫尔辛基委员会（Helsinki Commission，以下简称 HELCOM）与根据 1992 年《2010 年波罗的海地区的远景和战略》（Vision and Strategies for the Baltic Sea Region 2010）设置的波罗的海的远景和战略（Vision and Strategies Around the Baltic Sea，以下简称 VASAB）等。这些框架在创立或发展中均不同程度地受到欧盟跨境 MSP 政策的影响，保持了规范的整体性、统一性与连贯性。

跨境 MSP 由于涉及国家交流，因此影响其制定和施行的最大因素则是是否存在海域相关争议，这也是为何欧洲地区跨境 MSP 进展相对于世界其他区域较为顺利的原因，即欧洲大部分地区社会制度相同，大多数都加入了欧盟，有着相似的文化。目前无海域相关争议的跨境 MSP 仍旧存在需完善之处，对于存在海域相关争议的区域的跨境 MSP 仍然需要面对多方面的挑战。

---

① 这两个计划分别是东北海洋计划（专属经济区和缅因州、佛蒙特州、新罕布什尔州、马萨诸塞州、康涅狄格州和罗得岛州的州水）和大西洋中部地区海洋行动计划（专属经济区和纽约州的宾夕法尼亚州、新泽西州的州水、特拉华州、马里兰州和弗吉尼亚州）。

② 跨界海洋空间规划（Transboundary Marine Spatial Planning, TMSP）一般涵盖跨行政边界海洋空间规划、跨地理边界海洋空间规划和跨治理边界海洋空间规划等多层次内涵。详见：马学广，赵彩霞. 融合、嬗变与实现：跨境海洋空间规划方法论[J]. 中国海洋大学学报（社会科学版），2019(05): 69-80.

③ 分别为：波罗的海、北海、地中海、黑海、大西洋的欧洲部分。

（二）无海域相关争议的跨境海洋空间规划合作存在的挑战

由于跨境 MSP 涉及到政府间合作，因此对于关涉国家主权的事项较为敏感。但排除此部分较为敏感合作领域之外，在一些较为容易取得政府间共识的领域如环保和渔业领域，仍然具有较强的合作驱动力。但由于跨境 MSP 在全球发展水平不均，因此仍存在诸多需完善之处。

1. 环保领域

环保领域的跨境 MSP 萌芽于 1969 年《在处理北海油类和其他有害物质污染中进行合作的协定》（《波恩协定》）。虽然《波恩协定》并未涉及到海洋规划，但其确为海域内的环境合作打开了通路。经过多年的发展，目前具有代表性的有地中海与波罗的海的跨境 MSP 合作。

地中海区域的跨境 MSP 起始于联合国环境规划署-地中海行动计划（United Nations Environment Programme-Mediterranean Action Plan，以下简称 UNEP-MAP）。该计划由《巴塞罗那公约》（1995 年修订并更名为《保护地中海海洋环境和沿海地区公约》）以及七个具有法律约束力的议定书组成[1]，并成为"巴塞罗那体系"，这是一种伞形架构的公约体系[2]。在巴塞罗那体系中，其中第七个议定书《地中海沿海区综合管理议定书》就提到了 ICZM[3]，因此 ICZM 与海洋部分的空间规划是执行该议定书的重要手段，与 MSP 密切相关[4]。在伞形架构下，成员国可自行确定签署议定书，针对各国由于经济发展不平衡而造成治理能力与治理水平存在差异进行了合理关切。但该体系的监督组织合规委员会并没有强制力[5]，只能提供咨询与建议，执行起来通常比较困难。

如若要解决这一问题，应当以各国的利益为出发点，借鉴全球气候领域的模式，针对性地进行制度构建。《京都议定书》设立了排放交易机制[6]，不仅有利于实现议定书的目标，也以交易制度增强了履行率，经过多年的实践证实比较有效。因此，如若巴塞罗那体系在

---

① 分别是《防止船舶和飞机倾弃物污染地中海议定书》、《关于在紧急情况下合作防止石油和其他有害物质污染地中海的议定书》（2002 年被《关于合作防止船舶污染和在紧急情况下防治地中海污染的议定书》取代）、《地中海免受陆地源污染议定书》（1996 年修订并更名为《地中海免受陆地来源和活动污染议定书》）、《地中海特别保护区议定书》（1995 年被《地中海特别保护区和生物多样性议定书》取代）、《保护地中海免受大陆架和海底及其底土勘探和开发造成污染议定书》、《防止危险废物越境转移及其处置污染地中海议定书》、《地中海沿海区综合管理议定书》。

② Myron H. Nordquist et al., the Stockholm Declaration and Law of the Marine Environment [M]. Martinus Nijhoff Publishers, 2003: 223.

③ The EU, The Barcelona Convention, The EU website (Mar. 8, 2021), https://ec.europa.eu/environment/marine/international-cooperation/regional-sea-conventions/barcelona-convention/index_en.htm.

④ The PAPRAC, MSP Conceptual Framework, The PAPRAC website (Mar. 8, 2021), http://paprac.org/storage/app/media/Meetings/MSP%20Conceptual%20Framework%20EN.pdf.

⑤ The UNEP, Governing and subsidiary bodies, The UNEP website (Mar. 8, 2021), https://www.unep.org/unepmap/who-we-are/governing-and-subsidiary-bodies.

⑥ 白佳玉. 国际海运温室气体减排法律政策刍议[J]. 法学杂志, 2010(10): 139-141.

其缔约成员欧盟已经决定 2022 年将海运业纳入欧盟碳排放交易体系的背景下①，在其相关议定书中引入海运排放交易制度或增加与此衔接的规定，则将有利于增强巴塞罗那体系的活力。

波罗的海区域的跨境 MSP 起始于 HELCOM。这是一个环境政策制定平台，旨在保护波罗的海的海洋环境免受各种污染②。HELCOM 涉及的十个行动领域内就包含海洋保护区（Marine Protected Area，以下简称 MPA）与 MSP③，2010 年还成立赫尔辛基委员会与波罗的海地区空间规划和发展委员会海洋空间规划联合工作小组④。

在组织架构上，HELCOM 采用了七个附件下的公约模式⑤，以构成本公约的组成部分的七个附件将海洋环境涉及的各种问题加以具体化规定⑥。在这种模式下，HELCOM 的组织架构十分简单，只有高级别层面的赫尔辛基委员会与秘书处，也没有任何监督机构与更加丰富的交流机制，因此在执行力、响应力与公众参与方面有待完善。为此，2007 年HELCOM 缔约方通过了 HELCOM 波罗的海行动计划（Baltic Sea Action Plan，以下简称BSAP），但现实情况是 BSAP 的总体目标到 2021 年达到波罗的海的良好环境状态仍未实现⑦，并且 BSAP 改革也并没有增加机构的响应程度⑧。可见波罗的海区域内的 MSP 还有较长的路要走。

对此，建议以非正式的交流（如愿景、战略、研讨、磋商论坛等形式）来补充正式的规划，这可以增强 MSP 的综合性和灵活性⑨。此外，有必要做一些体制上的调整，例如：（1）制定评估准则，以评估各种社会行为者的部门、地方和传统知识；（2）建立论坛和机制，以确保利益相关者灵活和审慎地参与。

2. 渔业领域

渔业资源养护领域的跨境 MSP 以联合国与渔业资源养护相关的机构为基础，这些机

---

① The UNEP, Contracting Parties, the UNEP website (Mar. 8, 2021), https://www.unep.org/unepmap/who-we-are/contracting-parties. Also see Greg Knowler, Shipping to join EU's emissions trading market from 2022, The JOC website (Mar. 8, 2021), https://www.joc.com/maritime-news/shipping-join-eu%E2%80%99s-emissions-trading-market-2022_20200916.html.

② HELCOM, About us, The HELCOM website (Mar. 8, 2021), https://helcom.fi/about-us/.

③ 分别为农业、渔业、工业和市政排放、海洋垃圾和水下噪声、海洋保护区、海洋空间规划、监测和评估、溢油响应、物种和生物区、航运。

④ HELCOM, HELCOM-VASAB Maritime Spatial Planning Working Group, the HELCOM website (Mar. 8, 2021), https://helcom.fi/action-areas/maritime-spatial-planning/helcom-vasab-maritime-spatial-planning-working-group/.

⑤ 分别为有害物质、最佳环境做法和最佳可得技术的使用标准、防止陆源污染的标准和措施、防止船舶污染、对在波罗的海地区倾倒废物和其他物质的一般禁令的豁免、防止海上活动造成污染、应对污染事件。

⑥ HELCOM, The Helsinki Convention of 1992 (currently in force), The HELCOM website (Mar. 8, 2021), https://helcom.fi/media/publishingimages/Helsinki-Convention_July-2014.pdf.

⑦ HELCOM, Baltic Sea Action Plan, the HELCOM website (Mar. 8, 2021), https://helcom.fi/baltic-sea-action-plan/.

⑧ Matilda Valman, Andreas Duit & Thorsten Blenckner, Organizational responsiveness: The case of unfolding crises and problem detection within HELCOM, Marine Policy, Vol. 70, p. 49-57(2016).

⑨ Simin Davoudi, Jacek Zaucha & Elizabeth Brooks. Evolutionary Resilience and Complex Lagoon Systems [J]. Integrated Environmental Assessment and Management, 2016(12): 711-718.

构主要有联合国大会有关渔业的决议以及联合国粮农组织（The Food and Agriculture Organization，以下简称 FAO）的渔业委员会。在跨国尺度存在三类渔业机构：依据《联合国粮食及农业组织章程》（下称《章程》）第 6 条设立的渔业机构[①]、依据《章程》第 14 条设立的渔业机构[②]、独立于 FAO 的渔业机构（但有些情况下这些机构能够被 FAO 所托管）[③]。这些渔业机构能够与 MSP 产生关联是由于利用海洋捕捞渔业和水产养殖的海洋空间规划工具可以大大有助于确定、分析和分配用于海洋捕鱼和水产养殖的特定地理区域，特别是在那些自然资源有限的国家，竞争对手对这些资源的需求量很大[④]。

在渔业资源养护的模式上，由于区域/次区域的渔业养护组织在不同程度上均受到联合国决议与 FAO 的影响，因此基本能够认为其形成了一种"总-分模式"。由于渔业资源养护效果需要从整体进行分析，故有必要从海洋渔业整体养护角度分析目前的管理模式。

在超国家尺度，以联合国为例，联合国大会自 1989 年起几乎每年都会推出与渔业问题相关的决议，但此类决议并不具有强制力，其作用主要在于警示或建议[⑤]。FAO 渔业委员会是常设机构，对于在渔业资源养护方面引入 MSP 手段进行了许多努力。2016 年 FAO 在《加强渔业和水产养殖可持续性的海洋空间规划——在近东的应用》中吸收了 2012 年 FAO 在开罗举办的海洋空间规划讲习班中有关采用海洋空间规划的主要建议[⑥]，提供了一套循序渐进的方法和规则，允许在定义的海洋区域内对主要的海洋用途和用户进行合作整合[⑦]。但 FAO 渔业委员会的职能在于确保渔业问题在世界范围内进行有效的国际合作和磋商，因此仅限于收集、分析和传递渔业信息和数据等协调性职能，并不具备强制力，因此没有实力掌控全球渔业资源养护的发展水平。

在跨国尺度，仍然存在诸多难题：（1）各区域渔业机构经济发展水平不同，而诸多洄游鱼类的特性和海洋的生态连通性要求整片管理，若因不同机构的保护水平出现差异，则可能会出现此区域的养护成功结果被彼区域的失利所抵消的现象，这将影响治理效果；（2）由于区域渔业管理机构是成片分布，可能存在有些海域机构繁多，但一些海域（如下文提及的马尾藻海）"无人问津"的现象；（3）区域机构繁多导致相互之间沟通成本增加。

---

① 比如东部和中部大西洋渔业委员会与西部和中部大西洋渔业委员会。

② 比如区域渔业委员会、地中海渔业一般委员会、印度洋金枪鱼委员会和亚洲-太平洋渔业委员会。

③ 比如西北大西洋渔业组织、东北大西洋渔业委员会、西部和中部太平洋渔业委员会、美洲间热带金枪鱼委员会和南极海洋生物资源养护委员会。

④ The FAO, Workshop on Spatial Planning for Marine Capture Fisheries and Aquaculture, the FAO website (Mar. 8, 2021), http://www.fao.org/neareast/news/view/en/c/260196/.

⑤ James Harrison. Making the Law of the Sea: A Study in the Development of International Law [M]. Oxford: Cambridge University Press, 2011: 204.

⑥ The FAO, Report of the Regional Technical Workshop on a Spatial Planning Development Programme for Marine Capture Fisheries and Aquaculture, The FAO website (Mar. 8, 2021), http://www.fao.org/3/i3362e/i3362e.pdf.

⑦ The FAO, Marine spatial planning for enhanced fisheries and aquaculture sustainability – its application in the Near East, the FAO website (Mar. 8, 2021), http://www.fao.org/documents/card/en/c/c7db1ef3-0d77-4f9b-81f6-bc7825eed0d8/.

因此，建议以共同利益为出发点，在联合国利用好 FAO 渔业委员会这个平台，建立形式更为丰富的对话机制，允许相对独立的渔业组织参与其中，以此来最大程度地共享资源与信息，从而加强合作，以期尽量降低不同区域间的沟通成本，并且通过合作帮扶尽量弥合各机构之间的治理能力的差距。

（三）存在海域相关争议的跨境海洋空间规划合作面临的问题

对于存在海域相关争议的区域，该区域内的相关事件可能存在争议，如主权争议与历史性权利争议等，因此这块区域的跨境 MSP 的实践注定比较困难。但这并不代表着这些区域就不存在合作驱动力。由于引发有关争议的原因通常是经济利益导致的，在全球资源逐渐面临紧缺的情形下，这些存在较大开发空间的区域将持续被争端方所关注。这些区域内的开发和养育问题有机会落脚到跨境 MSP 上，故有必要探讨这些区域跨境 MSP 面临的问题并加以分析。

存在相关领域争议的原因主要在于国际关系与划界争议，尤以后者代表，因此《联合国海洋法公约》（以下简称 UNCLOS）第 74 条与第 83 条规定在专属经济区（Exclusive Economic Zone，以下简称 EEZ）与大陆架的"临时安排"条款对于相关领域存在争议的海域的跨境 MSP 的推进提供了可能。尽管 UNCLOS 一再强调临时安排的性质并不妨害最后界限的划定，但这仅仅是对临时安排本身的文本而言，并非对实践行为而言，一段时间内的实践行为可能会临时安排产生一些潜在影响。

一是确权后有权方如若在临时安排期间利益受损，则可能不利于维系确权后有权方与原有另一争端方之间的国际关系。由于临时安排具有临时性，故将来不论是依据双方协定还是依据 UNCLOS 第十五部分所规定的争端解决程序进行判定，最终都要走向确权。争端方如果依据临时安排进行了跨境 MSP，该海域内有关渔业、生物资源养护、生产生活等方面的状况会随着科学有效的跨境 MSP 而大为改善，产生经济、文化、生态等效益。确权后真正拥有权利的一方自然不乐见这些本属于自身的利益在这段时间内被他国部分或全部占有，加之 UNCLOS 并没有明确表述此类情况是否需要补偿或赔偿，因此可能加剧有关方面国际关系的不稳定。

二是临时安排的践行可能会引发利益相左方舆论的攻击。以菲律宾诉中国的南海仲裁案为例，由于基于 UNCLOS 第 123 条（非强制性义务条款）而进行的仲裁本就不具有可诉性，因此中国拒绝承认并拒绝出席仲裁。但即使众所周知该仲裁存在重大问题，仲裁的作出与菲律宾在仲裁法庭上对相关法律的歪曲解释已经造成了事实上不利的影响[1]，传播了不正确的解释观念。因此 MSP 在具有相关争端领域的海域进行跨境合作必须要考虑到这一点，即合作是否能够经得住国际法的考验以及别有用心的评论。可见即使目的十分纯粹，

---

[1] The PCA, the South China Sea Arbitration (The Republic of Philippines v. The People's Republic of China), The PCA website (Mar. 8, 2021), https://pca-cpa.org/en/cases/7/.

跨境 MSP 仍然在具有相关领域争端的海域面临着国际法与国际评论的双重压力。

三、海洋空间规划全球公域尺度的核心法律问题

（一）法源追溯

在目前存在的国际法文件中，虽然没有明确提及 MSP，但是不少公约或软法都反映了海洋空间规划的思想。UNCLOS 将海域分为六个基本区域，这种海洋划界行为本身就蕴含着海洋空间规划的思想，因此 UNCLOS 本身就蕴含着 MSP 的思想。《国际防止船舶造成污染公约》虽不强制实施海洋空间规划或任何其他工具来规范和管理船舶的处置，但缔约国有权酌情使用包括 MSP 在内的管理工具来管理国家或区域海线内船舶的处置。

由于以 UNCLOS 为首的早期制定的国际公约未能全面地预见到如今海洋的发展（如国际海底区域的资源开发活动增加），其场域逐渐难以触及新的海洋发展形势，因此需要在其精神指引下导入新的国际法律规制和原则。国家管辖范围以外区域海洋生物多样性（Marine Biological Diversity of Areas Beyond National Jurisdiction，以下简称 BBNJ）的协定谈判便是近期公域下发展的重点。BBNJ 协定是建立在现有 UNCLOS 的框架下的一份新的执行协定，以期实现国家管辖范围以外区域（Areas Beyond National Jurisdiction，以下简称 ABNJ）有关生物多样性问题的集中治理，MSP 作为其中的一项划区管理工具（Area-based Management Tools，以下简称 ABMTs）而存在。目前公域 MSP 存在的法律问题多是围绕 BBNJ 谈判展开。

（二）全球公域海洋空间规划对"公海自由"为代表的传统制度的挑战

公海自由也称为海洋自由，是现代国际海洋法的基本原则之一。在 BBNJ 协定谈判过程中，各国对于包括 MPAs 在内的 ABMTs 限制公海自由的手段、方法、程度、范围等问题有着相左的意见，认为这侵犯了公海自由，这些意见影响着 BBNJ 协定的顺利产出。

历史上，针对公海自由的争论长期存在。格老秀斯在《海洋自由论》中认为自然法是人类理性的结晶，万民法则是自然法在国际社会上的应用和体现[1]，而海洋所有权则是万民法中永恒的部分，因此海洋法就是自然法的一部分，受自然法支配，海洋垄断行为损害了他国的合法利益，是违背万民法的行为，也就是违背自然法的行为[2]。作为反对格老秀斯的威尔伍德于 1613 年《海洋法概览》中虽然认为"天主教徒有权通过任何国家的领土"，但同时他认为国家对沿岸海域拥有主权，即"自从国王发布了不得禁止捕鱼的公告，他们就拥有了这片海洋"，海洋与陆地都可以被人类征服从而归国王支配[3]。西班牙教会法教授弗莱塔则在 1625 年充满宗教色彩的《论西班牙王国对亚洲的正义统治权》中则认为葡萄牙虽

---

① 徐爱国. 世界著名十大法学家评传[M]. 北京：人民法院出版社, 2004.

② 白佳玉. 论海洋自由理论的来源与挑战[J]. 东岳论丛, 2017(09): 41-46+2.

③ Joel D. Benson. England, Holland, and the Fishing Wars [J]. Philosophy, 2015, 5: 447-452.

然无法通过"地理大发现"主张主权，但起码对首先发现这条航线拥有一定优先权；其次虽然教皇的权威在精神世界，但其有权以传教为由进入非天主教国家，为了路途中解决生计问题，教皇可以授予他们排他性的航海和贸易权；三是海洋虽然不是自由的，但人类不可能真正占有海洋，但如果放任也不好，因为通过对印度洋历史状态的考察可以看出，在葡萄牙人到来并维持秩序之前，印度洋上到处弥漫着海盗气息，所以最好依据航海和捕鱼建立一种"准占有"制度（Quasi-possession）进行海洋管理，这一制度的来源是因为他认为领土主权的管辖权的一部分（如航行和捕鱼）可以延伸到海洋①。英国学者塞尔登在1618年写就且于1635年出版的《闭海论》中表示，海洋不再是全部为所有人共有的了，那些表示万物共有的古代法已经发生了情势变更，并且已成为许多国家的习惯②。

公海自由非绝对自由，实践中也有不少例子。目前国际社会已经建立了四个MPAs③，显示了公海自由的非绝对性。以此为据，针对BBNJ协定谈判背景下对公海进一步限制的趋势来看，国际社会一方面应坚持以实在法为主要依据，在合乎法理与情理的基础上稳步推进对公海自由的限制措施，另一方面应采取不得为非缔约方设置义务、严格规制非船旗国的登临权、酌情采取软法条款等措施来实现对公海自由的合理限制④。

（三）构设有利于划区管理工具建立与管理的新体制

ABMTs的正式提出始自2011年联合国大会的一项决议要求BBNJ谈判需要解决包括ABMTs（含MPAs）在内的"一揽子"事项⑤。在有关ABMTs的谈判中对于是否纳入一国管辖范围内实施的划区管理工具比如MPAs有着不同意见，主要在于是否应当将一国管辖范围内使用的ABMTs扩展到ABNJ⑥。

在BBNJ的框架下，目前还没有公认的ABMTs定义，一般认为这些工具包括空间和非空间工具，由于对一个或多个或所有人类活动的管制更加严格，这些工具为特定区域提供了比其周围环境更高的保护。通常认为ABMTs分为三大类：部门工具、MPAs和MSP。目前主流的部门管理工具包括但不限于：国际海事组织（International Maritime Organization，以下简称IMO）下的特殊敏感海域；FAO下的脆弱海洋生态系统等。部门工具旨在实现更好的资源管理，并且可能带来一些间接或直接的生物多样性利益⑦。MPAs优先考虑保护目

① 肖韬. 格老秀斯与《海洋自由论》[D].济南：山东大学硕士学位论文，2012.

② Rachel Baird. Political and Commercial Interests as Influences in the Development of the Doctrine of the Freedom of the High Seas [J]. Queensland University of Technology Law Journal, 1996, 12: 274-291.

③ 地中海派拉格斯海洋保护区、南奥克尼群岛南部大陆架海洋保护区、东北大西洋海洋保护区、南极罗斯海海洋保护区。

④ 王勇. 论"公海保护区"对公海自由的合理限制——基于实证的视角[J]. 法学，2019(01): 108-123.

⑤《2011年12月24日大会决议》，载联合国，https://undocs.org/ch/A/RES/66/231。四个"一揽子"事项包括：海洋保护区的构建、海洋遗传资源及其惠益分享、环境影响评价制度、能力建设与海洋技术转让。

⑥ 金永明. 国家管辖范围外区域海洋生物多样性养护和可持续利用问题[J]. 社会科学，2018(09): 12-21.

⑦ The IUCN, Understanding Area-based Management Tools and Marine Protected Areas, the IUCN website (Mar. 8, 2021), https://www.iucn.org/sites/dev/files/import/downloads/paper_v___understanding_abmt_and_mpa.pdf.

标，旨在实现对特定区域的综合管理[①]。MSP 旨在协调行动，分离冲突的用途并优化对海洋空间的利用，以实现海洋及其资源的可持续发展[②]。MPAs 与 MSP 的主要区别在于 MPAs 关注自然生态的保护，而 MSP 则关注海洋的综合利用与安排。

工具虽颇为丰富，但若无法高效统筹利用则只能是"事倍功半"。因此建立一个高效的管理体制是良好利用 ABMTs 的前提之一。在 BBNJ 协定谈判中总结了三种预选模式：欧盟主张的全球模式，即建立全球一体化的机制为 IMO、国际海底管理局（International Seabed Authority，以下简称 ISA）等组织提供指导；加拿大等国家主张的"总-分模式"，即建立全球指导性的机构提供建议，由相应区域机构决定并执行；美日等国家主张的"混合模式"，即设立缔约方大会，但在职能上尽量避免与现有机构如 IMO 与 ISA 等冲突[③]。

若采用全球模式则会收获比较理想的效果，但体制的运转代价较大。以北极为例，当人类在北极的活动更加频繁与广泛时，相较于全球模式，区域性安排的弊端则将逐渐凸显。区域模式下跨部门的合作内容无法达到基于共同目标和原则进行全球性同步运作，信息交换等简单的跨部门合作不易实现，合作主体参与度低等均反映出区域模式下构建跨部门合作机制的无力[④]。反观全球模式，在全球尺度形成自上而下的管理体系，区域间以及区域内的不同行业性机构在设立与运行划区管理工具的过程中能够且必须展开广泛的合作，而这种合作也将成为实现北极 BBNJ 养护的关键[⑤]。但是全球模式需要与现有存在的机构如区域渔业管理组织、IMO、ISA 和 UNCLOS 的联合国分支机构——海洋事务和海洋法司等建立密切联系，如何说服这些组织、建立运转有序的机构框架、创立相应法规架构从而进行统筹是一大挑战，因此如若采纳全球模式需要考虑沟通成本是否过大。

"总-分模式"与"混合模式"各具特色，但"混合模式"若加以改进，或许相对于全球模式更有利于实际谈判的推进并兼顾实践效果。"总-分模式"下，具体问题交由各个区域机构实际处理，但如果将决定与执行权力交由各个区域组织，则可能存在利益往来、自身管辖范围有限、管理水平不均等因素导致遵守或执行不力的情况。"混合模式"中具有"实权"且避免职权冲突精神下的缔约方大会（Conference of Parties，以下简称 COP）可能是三种中可行性与有效性比较平衡的一种模式。"混合模式"中"尽量避免 COP 与其他机构职能冲突"这一想法虽然有利于厘清权责，但宜作如下修改，即 COP 有权采取 ABMTs，但仅限于各部门组织未能及时作出反应或未能适时增加或减少这些保护措施的情况下。最

① Jon Day et al. Guidelines for Applying the IUCN Protected Area Management Categories to Marine Protected Areas [M]. IUCN Press, 2012: 12.

② D Freestone et al., Draft policy brief on improving governance: Achieving integrated, ecosystem-based ocean and coastal management, The Global Ocean Forum website (Mar. 8, 2021), https://www.globaloceanforumdotcom.files.wordpress.com/2013/06/policybrief-ebm-icm.pdf.

③ 郑苗壮. 国家管辖范围以外区域海洋生物多样性国际协定谈判与中国参与[J]. 环境保护, 2020(02): 70-74.

④ 王勇, 孟令浩. 论 BBNJ 协定中公海保护区宜采取全球管理模式[J]. 太平洋学报, 2019(05): 1-15.

⑤ 袁雪, 廖宇程. 基于海洋保护区的北极地区 BBNJ 治理机制探析[J]. 学习与探索, 2020(02): 83-91.

后，应当在 COP 之外设置独立的科学技术咨询委员会和实施委员会，以形成一套系统化的执行机制①。

世界自然保护联盟（International Union for Conservation of Nature，以下简称 IUCN）所举的马尾藻海的例子也表达了类似的想法②。为了解决马尾藻海中欧洲鳗鲡的滥捕问题，2010 年百慕大政府成立马尾藻海项目，统筹 ISA、IMO、国际养护大西洋金枪鱼委员会和西北大西洋渔业组织（只涉及马尾藻海最北端的非金枪鱼渔业）。虽然有多个区域组织的介入，在马尾藻海的绝大多数海域仍然没有区域海洋机构，也没有区域渔业管理组织来管理非金枪鱼物种。国际养护大西洋金枪鱼委员会的一些成员并不同意采取预防措施，甚至不愿意推进基于生态系统的渔业管理。这些因素导致马尾藻海可能已经失去了控制滥捕活动的窗口期。马尾藻海项目与各个区域组织的合作中体现出了"总-分"模式的潜在问题，因此需要一个强有力的 BBNJ 协定来保障采用生态系统方法养护马尾藻海。这就显示出了 COP 的重要性。

（四）海洋空间规划与其他划区管理工具调适上的新、旧制度并存问题

在 BBNJ 的框架下，MSP 作为相对于其他划区管理工具，在综合管理海洋资源上更加具有优势，而其他 ABMTs（含 MPAs）可能在解决某些针对性问题的时候更加高效，可以说各具特色。但因 MSP 的出现导致如若在既有 ABMTs（含 MPAs）的海域内采取 MSP，则该海域将更加受益的情况，此时就出现了 MSP 与其他 ABMTs（含 MPAs）的调适问题。此时再次显示出构建一个具有统筹性质的 COP 以及制定一套采用 ABMTs 的规则的重要性。目前有三种制定 ABMTs（含 MPAs）规则的选项：COP 可以直接建立和采用 ABMTs（含 MPAs）的保护措施；COP 可以指定或承认 MPAs，并依靠或要求缔约国通过区域或部门机构采取保护措施；COP 可以制定采用 ABMTs（含 MPAs）的原则或准则，而地区/部门机构具有建立/采用的唯一权限③。

（五）公域海洋空间规划未来实践面临考验

首先，BBNJ 谈判面临阻力。经过长达近二十年的谈判，BBNJ 始终受到一些质疑。例如，十个国家拥有 90% 的海洋基因序列专利，其中 70% 属于前三名（美国、德国、日本）④；2000—2010 年十个国家在国家管辖范围以外地区的捕鱼活动产生了 120 亿美元陆地价值

---

① The IUCN, Summary Report: Building ambition and planning ahead for the High Seas treaty, The IUCN website (Mar. 8, 2021), https://www.iucn.org/sites/dev/files/content/documents/2020/iucn_abmt_-_4_pager_final_web.pdf.

② The IUCN, Full Report: Building ambition and planning ahead for the High Seas treaty, The IUCN website (Mar. 8, 2021), https://www.iucn.org/sites/dev/files/content/documents/2020/iucn_abmt_-_report_final_web.pdf.

③ The IUCN, Webinar 3: Building Ambition for a new High Seas Treaty_ 3. MPA's and Area-based Management Tools, The YouTube website (Mar. 8, 2021), https://youtu.be/6h6xvDUkemQ.

④ Sophie Arnaud-Haond, Jesús M. Arrieta & Carlos M. Duarte. Marine Biodiversity and Gene Patents [J]. Science, 2011, 331: 1521-1522.

的 70%①，其中一些深海捕鱼活动也造成了严重的负面环境影响②；尽管根据 UNCLOS 作出了建设能力并将海洋技术转让给发展中国家的承诺，但许多人仍然缺乏获取 ABNJ 中资源或从中受益的手段，实际上使它们被排除在经济发展的潜在来源之外，在某些情况下无法在自己的管辖范围内持续有效地捕捞③。因此，很难认定有关成员能够对于四项"一揽子"事项达成何种一致性决议，尤其是在不少国家认为他们的观点、关切和最佳利益没有反映在谈判达成的协议中时。

其次，在 BBNJ 的框架下实施 ABMTs 缺乏统一的法律框架。现阶段 ABNJ 的管理框架破碎化、不平衡、不协调④，且相互之间缺乏合作⑤。此外，目前区域性、部门性机构的管理职权对于有效执行国家管辖范围以外区域的 ABMTs 尚不完善，地理范围也尚未覆盖整个国家管辖范围以外区域，管理措施也仅针对某些特定的活动，且具有一定的时间（时限上很少是永久性的）和空间（仅覆盖海床或水体，很少全部覆盖）限制⑥。解决 ABMTs 之间的调适问题以及避免马尾藻海项目中各区域机构趋于保护的情况，就需要在确定好管理机制后制定一套完善的有关实施 ABMTs 的法律框架。对此，IUCN 建议应该为部门 ABMTs 和跨部门 ABMTs 指定单独的流程，但都包含合作的义务、制定过程、提案权、提案内容、确保应用现有的最佳科学以及提案审核这六个部分⑦。

四、中国海洋空间规划的实践、挑战与应对

（一）中国海洋空间规划的实践现状

中国的海洋空间规划主要包括海洋功能区划、海洋主体功能区划、海洋经济区划以及海岛规划等多种形式，目前正在整合进入统一的国土空间规划体系。中国域内 MSP 不断发展。自 1988 年 10 月 24 日国务院确定国家海洋局管理海洋事务的职能部门以来⑧，中国的海洋空间规划就有了行政基础。中国的 MSP 可以大致分为三个时期：海洋空间规划政策制

---

① Ussif Rashid Sumaila et al. Winners and Losers in a World Where the High Seas is Closed to Fishing [J]. Scientific Reports, 2015, 5: 1-6.

② See Antonio Pusceddu et al. Chronic and Intensive Bottom Trawling Impairs Deep-sea Biodiversity and Ecosystem Functioning [J]. Proceedings of the National Academy of Sciences, 2014, 111: 8861-8866. Also see Malcolm R. Clark et al. The Impacts of Deep-sea Fisheries on Benthic Communities: a Review [J]. ICES Journal of Marine Science, 2016, 73: i51-i69.

③ Robert Blasiak et al. Negotiating the Use of Biodiversity in Marine Areas beyond National Jurisdiction [J]. Frontiers in Marine Science, 2016, 3: 1-10.

④ Glen Wrighta et al. Marine Spatial Planning in Areas beyond National Jurisdiction [J]. Marine Policy, 2019: 103384.

⑤ Katherine Houghton. Identifying New Pathways for Ocean Governance: The Role of Legal Principles in Areas beyond National Jurisdiction [J]. Marine Policy, 2014, 49: 118-126.

⑥ 廖建基，等. 国家管辖范围以外区域海洋生物多样性保护的新视域：包括海洋保护区在内的划区管理工具[J]. 生物多样性, 2019(10): 1153-1161.

⑦ The IUCN. Measures Such as Area-based Management Tools, including Marine Protected Areas[R/OL].（2021-03-08）[2022-08-15]. https://www.un.org/depts/los/biodiversity/prepcom_files/area_based_management_tools.pdf.

⑧ 严宏谟. 回顾党中央对发展海洋事业几次重大决定[N]. 中国海洋报, 2014 年 10 月 8 日，第 004 版。

定时期（1988 年至 1999 年）、海洋空间规划政策综合管理期（2000 年至 2010 年）、海洋空间规划政策可持续发展时期（2011 年至今）[1]。从改革开放之初，中国已经制定了 MSP 政策约 40 年，这已成为指导海洋经济发展的必不可少的管理体系。目前现行的《中华人民共和国海域使用管理法》《中华人民共和国海洋环境保护法》《全国海洋功能区划（2011—2020 年）》《海岸线保护与利用管理办法》《全国海洋经济发展规划（2016—2020 年）》《中华人民共和国海岛保护法》等是中国 MSP 的具体体现。

中国积极开展基于"一带一路"的他国 MSP 制定的帮扶工作，为中国参与跨境 MSP 积累经验。2013 年，中国开始与柬埔寨开展海洋空间规划合作[2]。2020 年中国正式将《柬埔寨海洋空间规划（2018—2023 年）》移交柬埔寨政府[3]。2016 年，在中泰海洋生态与气候联合实验室的支持下，自然资源部第一海洋研究所联合泰国宋卡王子大学、泰国资源环境部海洋与海岸司启动了兰岛海洋空间规划编制，这是首个具有法律效力且使用中国技术方法的规划方案[4]。2016 年 10 月，中国-葡语国家经贸合作论坛上，中方表示愿积极推进海洋经济等领域合作，佛方则表示愿在海洋经济等领域开展第三方合作[5]。佛得角圣文森特岛海洋经济特区规划项目作为中国—葡语国家经贸合作论坛中佛两国总理在澳门达成的共识之一[6]，现正稳步推进。2018 年 6 月，在自然资源部指导下，由中国海洋发展基金会主办的"海上丝绸之路沿线及岛屿国家海洋空间规划国际论坛"在浙江舟山成功举办，标志着中国在开展海洋空间规划国际合作上迈出了一大步。

中国积极把握全球公域 MSP 的机遇，参与并融入有关讨论。中国积极参与 BBNJ 谈判，表达中国立场与关切。中国在 BBNJ 协定谈判中有关的立场是坚持以 UNCLOS 为蓝本，不能减损如航行、科研、捕鱼等既有权利义务，不能与现有各级海洋机制相抵触，并兼顾各方利益关切[7]。此外，中国还积极参与极地空间规划的治理，加入《南极条约》《南极海洋生物资源养护公约》《斯匹次卑尔根群岛条约》等，参与公海保护区及非法捕捞等问题的讨论。

（二）中国海洋空间规划面对的挑战

在一国管辖范围内，中国 ICZM 的立法有待完善。2018 年《中共中央 国务院关于建

---

① Jin-Kai YU & Yu-Han LI. Evolution of Marine Spatial Planning Policies for Mariculture in China: Overview, Experience and Prospects [J]. Ocean & Coastal Management, 2020, 196: 105293.

② 孙安然. 走出国门的海洋空间规划合作[N].中国自然资源报, 2020 年 4 月 27 日, 第 003 版.

③ 赵奇威, 等. 柬埔寨海洋空间用途管控研究[J]. 海洋开发与管理, 2020(03): 3-7.

④ 中泰海洋空间规划合作取得实质性成果[EB/OL]. （2018-10-29）[2022-12-10]. 载自然资源部第一海洋研究所, https://www.fio.org.cn/news/news-detail-8746.htm.

⑤ 王慧慧, 尚军. 李克强会见佛得角总理席尔瓦[EB/OL]. （2016-10-10）[2022-12-10]. https://www.gov.cn/guowuyuan/2016-10/10/content_5117057.htm.

⑥ 中国驻佛得角大使馆. 佛得角经济部长做客中国使馆[EB/OL].（2017-06-28）[2022-12-10]. http://cv.china-embassy.gov.cn/sghd/201706/t20170628_6363557.htm.

⑦ 海洋发展战略研究所编. 中国海洋发展报告（2019）[M]. 海洋出版社, 2019.

立更加有效的区域协调发展新机制的意见》明确提出了"推动海岸带管理立法"的工作要求。但中国的"海岸带管理法"始终未见颁布①，"海洋基本法"虽多有专家呼吁、建议，但其编制一直未有下文。相反，各省市的海岸带规划相继推出。且不说各省份暂无法从中央一级得到有效的参考，有些市的海岸带综合管理文件也没有从省这一层级得到参考②。这就可能导致立法者只能着眼于自身行政区域内的实际问题，而无法进行合作。缺少高位阶的立法为下位法的创设增加困难，在下位法发生冲突的时候也无法采用上位法优于下位法的原则进行解释，从而难以解决海岸带综合管理这个矛盾。

在跨境 MSP 方面，中国针对包括南海在内具有主权争议的海域的交涉有待深化。根据《"一带一路"建设海上合作设想》，共同建设中国—印度洋—非洲—地中海蓝色经济通道、中国–大洋洲–南太平洋蓝色经济通道、经北冰洋连接欧洲的蓝色经济通道是将来发展的重点，其中前两者都与南海有关，因此缓解南海现状对于共建 21 世纪海上丝绸之路，巩固"一带一路"的发展十分重要。然而《南海各方行为宣言》中的原则性规定以及政治宣示性的描述需要进一步细化。

在全球尺度，中国参与 BBNJ 在内的谈判需要积极提供"中国方案"。实际上中国的海洋功能区划是世界上比较完备和成熟的。2017 年 3 月 15 日至 17 日举行的第二届国际海洋空间规划大会第六场会议中，中国厦门海洋空间规划案例还被当作欧盟委员会海洋事务与渔业理事会协助推动的国际示范案例被分享③，可见中国的 MSP 已具有一定的成熟度，开展了富有特色的探索。加之前文所述中国已经成功帮助他国 MSP 制定，因此中国在 BBNJ 谈判中具备提出"中国方案"的理论与技术基础，这是提升国际话语的重要机遇。

（三）中国海洋空间规划的应对之策

在一国管辖范围内，中国应当健全 ICZM 立法。如前所述，美国于 1972 年就颁布了《海岸带管理法》。在该法中，美国设立总协调人制度，用以协调各联邦之间的合作，并在联邦和州设立事务联络员。虽然美国的总协调人是美国商务部部长这一点反映出美国制定该法明显的经济导向性而并非生态导向性，因此可能存在环保主义者的批评，但这种统筹协调的观念在该法律四十余年的实施中得到验证，因此可以借鉴。

在跨境 MSP 方面，中国应当关注包括南海在内具有主权争议的海域，争取达成临时安排。首先，中国应当以"一带一路"为基础，以共建 21 世纪海上丝绸之路为契机，加强成员之间的联系，巩固成员间的伙伴关系，以经济发展为桥梁来缓和成员关系，以经济利益

---

① 唐欣瑜, 陈昕. "多规合一"体系下海岸带综合管理立法完善——以海南省海岸带立法为例[J]. 浙江海洋学院学报（人文科学版）, 2017(02): 7-12.

② Xiaoqing WU et al. Framework and Practice of Integrated Coastal Zone Management in Shandong Province, China [J]. Ocean & Coastal Management, 2012, 69: 58-67.

③ 徐韶良(Shao-Liang Hsu). 海洋治理的挑战与前瞻-UNESCO「第二届国际海洋空间规划会议」侧记[J]. 海洋事务与政策评论, 2018, 6(1):191-211.

带动其他领域的"融冰"。其次，中国作为南海航道的主要使用国①，应当灵活运用现有包括论坛在内的多种对话形式，主动构建南海问题对话机制，努力增加对话频次，争取问题早日解决。最后，中国应当坚持"主权属我"底线，不断增强军事实力，从军事和策略上保障海洋安全，恪守国家主权底线，做好极端情况下的兜底准备。

在全球尺度，中国应当积极参与 BBNJ 的谈判，总结中国制定、合作和参与 MSP 的经验，为世界提供"中国方案"。首先，中国应当进一步拓展"一带一路"为基础的 MSP 制定帮扶，为全球公域 MSP 的实践积累沟通经验。其次，中国应当积极促成已签订跨境 MSP合作备忘录的事项，迈出跨境 MSP 的重要一步，为全球公域 MSP 积累实践经验。再次，中国应当培育相关熟知全球公域 MSP 的人才，切实提升"中国方案"的输出能力。最后，中国作为世界舞台不可或缺的大国，在国际事务中发挥重要作用，与世界各国联系十分紧密，对于世界问题理应具有足够的发言权，中国应当积极在世界重大问题谈判如 BBNJ 谈判中发声，在世界重大问题的谈判中留下中国应有的痕迹。

（四）中国海洋空间规划进一步探讨和分析

开发海洋与保护海洋之间存在密切关联，只有在保护海洋的基础上进行合理开发，才能够确保海洋永续发展。海洋空间规划作为综合管理海洋的跨部门划区管理工具，相较于其他单一功能导向的划区管理工具而言具有独特优势，不论一国管辖范围内，还是跨境或者全球公域，都能够较好地进行适用。海洋空间规划作为一种空间规划活动，理应受到相关规范的规制，这种规制在国家管辖范围内体现为不同效力层级的法文件，在跨境和全球尺度则体现为包括国际协定、公约、宣言等形式在内的国际文书。由于海洋空间规划并非单一功能导向性，因此与其他划区管理工具如海洋保护区不同，其更为注重所规划之海域的综合发展情况，因此所涉及的部门比较复杂，影响群体十分广泛，故在法律上须在多层次视角下进行检视。

在一国管辖范围内，海洋空间规划需要面对如何与已有的规划进行衔接，比如海岸带综合管理，甚至考虑到陆地影响海洋的特性，还需要考虑陆上规划与海洋空间规划的衔接等问题。此外，包含海洋空间规划在内的解决生态问题的空间规划工具，需要付诸行政手段加以实施，然而生态与行政分属不同尺度，须尽力弥合行政区划与生态边界冲突治理机制之阙如。目前跨境海洋空间规划在各个领域全面推广存在困难，因为跨境海洋空间规划是建立在国家间合意的基础之上，但国家之间在海域问题上的立场可能并不完全相同，面对利益冲突的海域，推进海洋空间规划是比较困难的。尽管如此，环保、渔业等能够引起共鸣的领域，仍然存在着一些跨境合作，这些国家往往通过签署协定建立缔约方组织的方式，对该海域领域内的问题进行共同治理，以期更好挖掘该领域的海域价值。但是目前现

---

① 外交部网站. 中方就美将在南海周边部署大量军舰等答问[EB/OL].（2012-06-04）[2022-04-16]. https://news.sina.com.cn/c/2012-06-04/183124533872.shtml.

有的组织面临改革等问题，似乎还有很长的路要走。全球公域的海洋空间规划近年来随着 BBNJ 协定的谈判逐渐显得更为具象，然而面对 2021 年 8 月召开的第四次政府间大会，仍存在一些问题预计难以一时解决①。

此外，中国作为海洋大国，在上世纪 80 年代就有了海洋空间规划的初步构想，现如今已经将触角延伸至跨境合作与全球公域，但仍然存在国内海洋空间规划地域发展不平衡、海岸带管理综合立法与海洋基本法等有关海洋的立法尚缺、部分海域仍存在争端以及在全球公域治理上参与度不够深入等问题，这些问题对中国的立法技术、国际协调能力与科研与人才水平提出了更高的要求。

为此，海洋空间规划需要在后续的发展中关注上述法律问题，在一国管辖范围内做好与现有制度与机制的衔接，在跨境合作方面采用临时安排等措施促进海洋空间规划的"破冰"，现存具有海洋空间规划职能的国际组织需要进一步推进机构改革，在全球尺度以 BBNJ 协定谈判为目前的抓手，探索全球尺度海洋空间规划的治理。中国应当在完善自身立法体系之余，重点关注跨境与全球公域海洋空间规划，通过合作与交流积累经验，积极为世界提供"中国方案"。

五、全球海洋治理与中国海洋空间规划体系优化②

全球沿海国家目前广泛存在着相对滞后的海洋管理理念和技术与海洋可持续发展不断增长的需求之间的矛盾，应运而生的海洋空间规划（Marine Spatial Planning）因此成为实施海洋资源开发保护与海洋环境管理的共同选择。作为最重要的海洋空间管理工具之一，海洋空间规划是在未来某一时段内，对特定区域和特定尺度海洋人类活动的时空行为及其分布施加人为干预的空间治理过程，以实现特定的生态、经济和社会目标，其出发点是解决人类用海活动与海洋资源开发、海洋环境保护之间的冲突。中共中央、国务院《关于建立国土空间规划体系并监督实施的若干意见》所提出的到 2020 年基本建立涵盖海洋功能区划在内的国土空间规划体系的目标，以及《中华人民共和国国民经济和社会发展第十四个五年规划和 2035 年远景目标纲要》所提出的"积极参与全球治理体系改革"的要求都对当前我国以海洋空间规划实践介入全球海洋治理提出了明确的要求。

但是，当前海洋空间规划客观上存在跨界数据管理困难和司法管辖区间治理体系差异等问题，这都对我国海洋空间规划介入全球海洋治理提供了巨大的挑战。前者表现在所搜集和整理的涉海数据往往存在国家间统计标准不统一、统计对象不一致、统计操作不规范等问题所导致的统计数据不兼容的现象，给数据管理带来了挑战。后者表现为司法管辖区

---

① 施余兵. 论战略环境评估在 BBNJ 国际协定中的适用性[J]. 中华海洋法学评论, 2020(04): 1-42.
② 本节内容修改自如下论文：李加林, 沈满洪, 马仁锋, 杨红生, 陈一宁, 孙才志, 刘明, 韩喜球, 胡志丁, 马学广. 海洋生态文明建设背景下的海洋资源经济与海洋战略[J]. 自然资源学报, 2022, 37(04): 829-849..

间治理体系差异，海洋空间规划所依据的法律法规、想要实现的预期目标、规划实施的时间、审批程序、语言沟通等诸多方面都易于产生大量的分歧、争议、矛盾和冲突，海洋空间规划实践缺乏坚实的法律基础、完善的法律规章，尤其是国际法领域的制度支持。

（一）优化我国海洋空间规划体系的哲学思维

针对上述海洋空间规划参与全球海洋治理的挑战，建议通过树立跨界思维、平台思维和融通思维等哲学思维，施行中国海洋空间规划技术输出"走出去"战略、中国海外园区"节点网络体系"构建战略和面向"一带一路"倡议需求的人才培养和实训战略等战略构想来加速推进我国海洋空间规划"积极参与全球治理体系改革"的伟大事业。

哲学思维一：树立跨界思维，以跨界海洋空间规划推动全球海洋治理。运用跨界思维是海洋环境的流动性和不稳定性、对海洋资源环境实施开发保护、建设 21 世纪海上丝绸之路的内在要求。海洋空间规划中的跨界合作思维已经被许多沿海国家和地区广泛采用，跨界海洋空间规划涉及跨行政边界、跨地理边界和跨治理边界等三个层面。跨行政边界海洋空间规划活动是跨越至少两个司法管辖区，共同管理一个共享海域的海洋空间资源配置形式和过程；跨地理边界海洋空间规划是跨越陆地、海洋、河流、海岸、大气等自然地理边界，实现海洋空间规划一体化的过程；跨治理边界海洋空间规划是制度规范、治理体系、利益相关者等多种类、多尺度、多时序海洋空间治理形式和过程的相互叠加和渗透。

哲学思维二：树立平台思维，通过海洋空间规划协同创新平台的打造推动全球海洋治理。以政府机构、涉海 NGO 组织和企业财团等海洋空间治理主体的平等性、互构性和依托性为治理基础，尊重其他治理主体多元性，推动形成涉海利益相关者海洋事务合作治理平台，实施多层次、多尺度、多目标协同的合作治理。积极参与全球海洋空间规划实践尤其是制度规则建设，基于"一带一路"倡议建构"21 世纪海上丝绸之路"全球海洋空间规划合作平台，与相关国家渐进式地开展从非官方研讨到官方法理化海洋空间规划合作。构建融合教学、科研、成果转化和国际合作等与海洋空间规划密切相关的工作平台，聚合多样资源、平衡多元目标、应对多变形势，为全球海洋治理提供必要的空间支点和技术支撑。

哲学思维三：树立融通思维，通过融合和变通行动者关系推动全球海洋治理。海洋空间规划的包容性是减少海洋使用者冲突、实现海洋资源可持续利用和海洋环境永续性管理的有效手段。相邻司法管辖区的跨界政策和立法安排的融合程度是能否实现海洋空间规划跨界合作的关键因素，有助于推动形成具有创新意义的跨界海洋空间规划国家实践，促进国际习惯法的形成与发展。同时，优化数据管理、实现数据共享，按照统一的技术准则和数据标准对行政边界、生物特征、涉海人类活动等信息进行收集、整理和协调。此外，按照联合国《加速全球海上/海洋空间规划进程的联合路线图》的共同目标和建议，积极推动"全球海洋空间规划 2030"项目，促进全球共同行动，规范海上人类活动、避免冲突和促进海洋的可持续发展。

（二）优化我国海洋空间规划体系的战略构想

基于上述哲学思维，建议我国实施中国海洋空间规划技术输出"走出去"战略、积极推进中国海外园区"节点网络体系"构建战略、实施面向"一带一路"倡议需求的人才培养和实训战略。

战略构想之一：积极实施中国海洋空间规划技术输出"走出去"战略，加强跨国海洋空间规划合作。以海洋生态调查、海洋环境监测、海洋工程环评、海洋信息挖掘等领域的技术、方法和数据为支撑，结合大数据、云计算、物联网、人工智能等为代表的新一代信息技术以及观测技术等，积极开展跨国联合海洋水文动力观测和海洋渔业资源调查以及国际海洋渔业合作。积极开拓海洋空间规划技术服务的国际市场，服务于国家海洋技术输出的实践需要，以技术服务为纽带密切国际交流与合作关系，强化中国海洋空间规划技术标准和规划体系的全球影响力。海洋空间规划已经成为我国与 21 世纪海上丝绸之路沿线国家和岛屿国家海洋科技合作的热点领域，海洋空间规划的中国方案为全球海洋治理提供了新的思路和途径。

战略构想之二：积极推进中国海外园区"节点网络体系"构建战略，构造中国参与全球海洋治理的物质载体和合作平台。中国海外园区以国内外各层级政府机构和企业组织为主要行为体，以生产要素跨境空间重组为主要内涵，以土地和空间的契约化合作为制度保障，以跨境工业区和境外经贸合作区等为具体组织形态，具有飞地式异质嵌入区位属性，是"一带一路"倡议背景下我国推进国际产业分工与合作的重要空间载体。基于我国加速推进"走出去"战略和国家海洋安全战略的需要，依托海外补给枢纽港湾、捕捞种养生产水域及海洋生物保护研究基地等多种类型的中国海外园区节点网络体系，在关键性地理区位和"卡脖子"产业链条，为我国有效参与全球海洋治理提供必要的空间支撑和物质载体。

战略构想之三：实施面向"一带一路"倡议需求的人才培养实训战略，为中国参与全球海洋治理提供跨文化交流和多技术融合人才储备。熟悉全球治理规则、了解全球海洋治理事务的高技能多元化复合型人才培养是推进 21 世纪海上丝绸之路建设的重要人力资源支撑，通过海洋空间规划跨国合作，提高海洋空间规划理念、技术和方法的社会转化和对外输出，积极构建面向"一带一路"倡议需求的全球海洋治理人才的培养机制、输送机制和评估机制，凝聚中国海洋空间规划科研力量，以中国海洋权益维护为依归，打造中国参与全球海洋治理的人才库、智囊团、生力军和后援队。

第七章　全球湾区空间治理体系及其尺度重组

20 世纪 50 年代以来全球范围沿海地区的城市群快速发展，使得湾区（Bay Area or Bay City-region）成为全球城镇化的热点区域和城市化典型地区，比如美国的纽约湾区和旧金山湾区、日本的东京湾等代表了全球城镇化的新热点和新前沿。而目前国内的粤港澳大湾区、环杭州湾湾区和环渤海大湾区等热点区域的建设方兴未艾，迫切需要开拓全球视野，借鉴和了解全球湾区发展的治理实践。

第一节　全球湾区空间治理的区域公共问题

人类以社会的形式赖以生存。从某种意义上来说，社会发展过程就是一个问题由出现到解决的不断运动的过程。问题没有出现，或者没有看到问题，就会丧失社会向前迈进的动力。纽约湾区、旧金山湾区和东京湾区等全球湾区城市群在跨政区空间治理时遇到了各式各样的公共问题，主要有：公共设施问题、公共交通问题、公共环境问题和公共社会问题等。

一、全球湾区区域基础设施问题

公共设施是区域协同发展的基石和提供公共服务的载体，在社会空间治理体系中具有举足轻重的作用。

（一）美国纽约湾区的基础设施问题

随着"波士华"（BosWash）地区[①]政治、经济、文化、社会、生态的一体化，建立与之配套的、跨政区的、更大空间尺度的区域公共基础设施共建共享制度的呼声越来越高。在此过程中，也面临着种种难题。

---

① 波士华（BosWash）地区是由波士顿（Boston）和华盛顿（Washington）两个地名组合而成的新单词，是美国东北部大西洋沿岸都市连绵区最形象的称呼，即以纽约为中心的美国东北部大西洋沿岸城市群，包括波士顿、纽约、费城、巴尔的摩、华盛顿等大城市以及周边 200 多个市镇。

第一，区域公共交通问题。美国纽约湾区城市群具有十分发达的水陆空交通网系，正是这种便捷的交通把"逆城市化"后被割裂成"碎片"的各个子域缝合起来，但由于人口郊区化、区域多中心化、物资流量大等因素，这个区域的交通负荷极大，带来较为严重的公共交通问题。总的来说，可以概括为中心城市的都市交通问题和整个城市群范围内的物质、人员流动交通问题两种类型。前者主要由于大都会庞大的人口规模和郊区化后大量上下班通勤人口造成的交通阻塞问题，后者则是城市群内产业分工造成的庞大人力、原料、产品流量所导致的交通压力问题。由于此类交通问题涵盖范围跨越多个行政区，因而需要政府间广泛的通力协作。

第二，公共服务设施问题。一般来讲，公共设施泛指一切由政府或其他社会组织提供的，供公众使用或享用的公共设备或公共建筑。"波士华"地区由政府主导提供的这类公共设施、建筑或服务十分完备，但伴随着人口流动和城市分工与广泛合作，这种耗资巨大且需要长期资金投入来维持的公共事业究竟该由谁来承担成为一项重要的协作议题。由于区域内增长极的存在，中心城市的辐射区域越来越大，轻而易举地跨过了原有的辖区范围，这种行政区域层面的空间重叠与经济文化层面的空间重叠在法团博弈的作用下交织在一起，使得跨政区的公共设施建设责任难以厘清。跨域公共设施责任归属问题成为城市群空间治理体系建立的又一强大助力。

（二）美国旧金山湾区的基础设施问题

旧金山湾区（San Francisco Bay Area）[①]轨道交通网络发达，最著名的三大系统是城际轨道捷运系统（Bay Area Rapid Transit，简称 BART）、半岛通勤列车以及旧金山市区的城市铁路。其中，BART 捷运系统尤甚。BART 捷运系统是集自控、自动收费一体化以及近郊型的大众化快速轨道捷运系统，根据区域交通的方便程度来说，BART 系统具有专用路权、高运量、班次密集、行车快速等特点[②]。不过，据了解旧金山湾区城市群跨政区空间治理在公共交通方面依然有以下几个问题：

第一，经济效益问题。美国政府为维护中低收入劳动人民的利益，维护社会稳定，自1970 年以来，开始收购并接管效益不好的公交公司，BART 捷运系统由此产生。整个 BART系统的运作模式可以称之为：政府决策化、企业经营化。然而，毕竟属于政府决策，BART系统同时存在经济效益不好的问题。根据了解，整个 BART 捷运系统的票额收入占经营支出的比例才能达到 50%[③]，几乎长期属于经营亏损状态，政府需要进行补贴才能维持正常

---

① 旧金山湾区（San Francisco Bay Area）是美国西海岸加利福尼亚州北部的一个大都会区，位于萨克拉门托河下游出海口的旧金山湾四周，共有 9 个县、101 个城镇，主要城市包括旧金山半岛上的旧金山、东部的奥克兰和南部的圣荷塞等。世界著名的高科技研发基地硅谷（Silicon Valley）即位于湾区南部。

② 彭小兵. 重庆统筹城乡的快速轨道交通战略——借鉴于美国旧金山湾区捷运系统[J]. 中国市场, 2010(46): 49-52.

③ 贾颖伟. 美国旧金山湾区的城际轨道交通[J]. 城市轨道交通研究, 2003(02): 69-73.

运行。正如彼得霍尔所说"BART 捷运系统计划是一场巨大的灾难"[①]。在 2017 年的时候 BART 又启动了重修计划，截至 2018 年 12 月，BART 在衡量经常资源的活动上花费了 1.643 亿美元[②]。所有的这些改进都是为了创造出一个更可靠、更安静和更安全的 BART 系统，但是整个系统重修耗资巨大，经济效益无法在短期内得到回报。

第二，交通拥挤问题。交通拥挤问题几乎存在在每个地区之间，尤其是早晚上下班的高峰时段。目前，旧金山湾区的交通高峰时间通常约为一小时[③]。旧金山湾区的 BART 捷运系统是沿着太平洋东岸的旧金山湾和圣保罗湾运行，全程贯穿旧金山湾区数量众多的县和周围的城镇，连接了奥克兰国际机场、加州火车、旧金山汽车站、圣马特巴士站以及整个湾区的交通系统[④]。有些捷运站与城市铁路系统共同修建车站，实现同站换乘，以方便民众出行。如果没有 BART 系统，在通勤时间通过湾区大桥的车辆数量将是正常时间的两倍，BART 捷运系统为了减少交通阻塞的时间，目前也正在尝试开辟更多的路线。

第三，集疏运效率问题。集散管理是指运输计划的制定、组织和协调。快速高效的集散系统可以在很大程度上缓解船舶在任何时间到达不平衡、货物流动不均以及货物集散对码头仓库储存能力的过度需求所带来的压力。集散管理有众多有利之处，然而海湾和河湾等地形的天然屏障，以及未开发的湾区交通，也给货物和人员之间的商务交流带来不便。在美国湾区经济加速发展的时期，就将加强基础设施建设投入放在重要位置，以期构建高效集疏运体系，达到互联互通的目标。例如，美国旧金山湾区的金门大桥和旧金山—奥克兰海湾大桥的修建，都是为了湾区实现一体化发展进行的基础设施建设，大大提升了旧金山湾区的集疏运效率，为湾区的交通发展奠定了坚实的桥梁基础。

（三）日本东京湾区的基础设施问题

由于快速的城市发展和相对薄弱的规划系统，东京湾区城市群[⑤]最为突出的就是教育资源不公平、经济发展不平衡以及区域公共设施问题。而此问题的产生究其本质原因是中心—边缘性城市功能结构性质存在的负面效应。

第一，教育资源不公平问题。东京湾区的大学集群并没有像产业集群一样较好地向周边城市辐射。东京湾的大学集群更多是"中心＋边缘"的结构而非"多心多核"的格局。为解决此类问题，日本政府通过采取以下措施来缓解教育资源不公平的问题。第一，兴建筑波科学城。为了缓解教育资源不公平的矛盾，东京湾区的治理者们通过规划，在距离东京 60 公里处兴建了亚洲最大的科学城——筑波科学城。在这个科学城中，聚集了全国三分

---

① Hall P.G. Great Planning Disasters[M]. Berkeley: University of California Press, 1982.
② 旧金山湾区快速轨道交通系统，http://www.bart.gov/.
③ 贾颖伟. 美国旧金山湾区的城际轨道交通[J]. 城市轨道交通研究, 2003(02): 69-73.
④ 程万慧，魏庆朝，白雁，等. 美国旧金山湾区捷运系统[J]. 都市快轨交通, 2013, 26(01): 116-120.
⑤ 东京湾区即以环绕东京湾沿岸为核心的城市群，由"一都三县"即东京都、神奈川县、千叶县和埼玉县所组成，包括东京、横滨、川崎、千叶、横须贺等几个大中城市，以日本国土面积的 10%创造了超过 1/3 的日本 GDP。

之一的研究机构和五分之二的科学研究人员并获得了二分之一的国家研究预算支持[①]。第二，减少对东京都的过度依赖。为了不再让东京湾区的高水平大学都集中在东京，日本政府在第五次首都规划中明确提出，要逐步改变核心城市过度资源聚集结，转而向东京周边城市发展优质高水平大学，同时大力发展东京为核心，向周边城市辐射的教育文化功能，促进东京湾城市群教育资源的平衡发展。

第二，周边经济发展受制问题。除了教育资源不公平之外，中心—边缘城市结构带来的典型问题还有周边经济发展受制问题。对此，日本致力于打造多核多心的城市结构模式。早在 1976 年的第三次首都圈规划中就明确提出了建立"分散的多核多心"模式城市复合体。通过建设多级结构的城市复合体，来分担东京的各项职能，而非只依赖东京[②]。简单来说，就是指在东京都市圈内分散构成多个核心城市，这些城市各有分工但是又保持相对独立。让东京周边城市与东京建立一种合作关系，减轻核心城市压力，使区域内产业与人口分布更加均衡，都市圈经济与社会的协调发展。

第三，公共设施和公共服务偏向性问题。在东京都市圈中，东京都区部的公共服务设施在数量上具有绝对优势[③]。然而，周边县市居民能够享受的公共设施较少，公共服务水平较低。湾区建设牵涉到跨政区协同合作，在湾区的发展规划中有不同的利益团体的不同利益诉求。因此，需要透过湾区公共服务体系对这些不同的利益团体的诉求统筹协调。为解决此类问题带来的影响，日本政府也采取了相应措施。第一，有为政府和有效市场的结合。东京强有力的行政力量的疏导遵循了市场规律，采取利益导向，构造交通和租税条件，引导特定产业和人口的空间疏散和再集聚。第二，有针对性的住房建设和产业配套。日本政府力求实现公共资源基本均等化，在主导配置重大公共项目和公共资源时优先安排新城建设。如促进卫星城崛起的行为。第三，加大公共基础设施建设。轨道等公共交通是拉近中心城区与卫星城距离、疏解中心城区人口和功能的重要条件，日本自 20 世纪 50 年代开始建设高速铁路和公路交通网络，扩大人口分布可能性范围，便利职居通勤。

二、全球湾区区域生态环境问题

自然环境是我们人类生存发展的基础，然而随着地球总人口数的迅猛增加、生产力的迅速发展，生产及生活废弃物的排放量不断增加，自然生态平衡受到了破坏，很多资源逐渐减少，甚至枯竭，更使得人们的身体健康受到了严重威胁。

---

① 欧小军. 世界一流大湾区高水平大学集群发展研究——以纽约、旧金山、东京三大湾区为例[J]. 四川理工学院学报（社会科学版），2018, 33(03): 83-100.

② 王涛. 东京都市圈的演化发展及其机制[J]. 日本研究, 2014(01): 20-24.

③ 陆韬. "大城市病"的空间治理[D]. 上海：华东师范大学硕士学位论文, 2013.

（一）美国纽约湾区的生态环境问题

美国经济的腾飞带来了极为严重的环境问题，基于生态系统产品和服务（Ecosystem Goods and Services，简称 EGS）的生产和供应，人们开始更多地重视和衡量由人类活动导致的自然资本退化对人类福利的直接影响[①]，由此催生了世界范围内人类的环保和生态文明意识的觉醒。

第一，生态环境防治问题。空气污染（Likens et al.，1996）[②]和气候变化（Nelson et al.，2013）[③]等区域性、国家性乃至世界性的环境问题成为当地的累积性区域问题[④]。美国纽约湾区城市群的公共环境治理主要包括大气污染的预防与整治两个方面，前者强调制定合理的污染气体、温室气体限排标准；后者强调对既成事实的整治。由于气体较之固体、液体整治具有更高的难度，再加上世界上其他国家和地区的污染气体、温室气体排放导致的被动污染，由单个地方政府进行的整治效果十分有限，各级地方政府开始自觉加强跨政区公共环境治理合作。

第二，生态环境保护问题。美国纽约湾区城市群的跨政区公共环境问题不仅仅局限于污染防治方面，生态环境的保护更为重要。但对于一些非固态的、流动性强的生态系统则难以做到行政层面的职能、责任分割，需要加强政府之间、政府与社会组织之间的多元合作，其中最为典型的是跨州水域环境的保护。最初，美国的水源保护（Source Water Protection，简称 SWP）项目是由县、市政府各自负责，水域沿岸的基层土著社区（Indigenous Communities）并不参与该项目[⑤]。1996 年，《安全饮用水法案》（the Safe Drinking Water Act，简称 SDWA）修订以后，一些州开始把基层土著社区纳入到 SWP 项目之中[⑥]，由此形成了跨州、县、自治体、政区、基层土著社区等多个区域尺度的水源保护体系。然而，由于缺乏统一的计划、控制和权责分配，这一举措反而阻碍了公民的参与和水源保护的落实。

（二）美国旧金山湾区的生态环境问题

随着人类活动的日渐频繁，美国旧金山湾区产生了一系列生态环境问题，如河口水质问题、气候变化等，严重危害了人体健康、生物栖息以及湾区居民的生产生活。以下是旧

---

① Grabowski J.H., Brumbaugh R.D., et al. Economic Valuation of Eco System Services Provided by Oyster Reefs [J]. Bioscience, 2012(62): 900-909.

② Likens G.E., Driscoll C.T., Buso D.C.. Long-term Effects of Acid Rain: Response and Recovery of a Forest Ecosystem [J]. Science, 1996(272): 244-246.

③ Nelson E.J., Kareiva P., et al. Climate Change's Impact on Key Ecosystem Services and the Human Well-being They Support in the US [J]. Frontiers in Ecology and the Environment, 2013(11): 483-493.

④ Tallis H., Kareiva P., et al. An Ecosystem Services Framework to Support Both Practical Conservation and Economic Development [J]. Proceedings of the National Academy of Sciences of the United States of America, 2008(105): 9457-9464.

⑤ Collins L., McGregor D., et al. Source Water Protection Planning for Ontario First Nations Communities: Case Studies Identifying Challenges and Outcomes [J]. Water, 2017, 9 (07): 550.

⑥ Owen A., Jankowski P., et al. Improving Public Participation in Resources Protection: Case Studies in North-Central Idaho [J]. Policy Manage, 2008, 10 (03): 255-269.

金山湾区城市群在跨政区空间治理过程中主要面临的问题：

第一，河流水质问题。学者们表明随着人类活动的增加，加利福尼亚的旧金山湾河口出现严重的生态环境问题。环境工作组（Environmental Working Group，简称 EWG）根据政府公布的一个数据库，收集了超过五万个美国的水资源数据，最终的结果表明，旧金山湾区的一个或多个地区的自来水里面至少有数十个污染物超过了规定的健康指南[①]，这对人们身体的健康产生了很大的影响。其中的一些污染物，如果长期消耗并在足够浓度下积累，可能会导致癌症或不孕。除了对人体的影响外，它还阻碍了鱼类、真菌等的生存。河流的水系众多，一般都是跨政区，旧金山湾区河流水质问题的存在，使得跨政区治理河流水质问题存在困难。

第二，气候变化问题。此处的气候变化问题主要是指气温升高的气候变暖问题。在旧金山湾区发展区域交通一体化过程中，交通方面诸如汽车、卡车、公交车、火车和轮渡排放的温室气体占比高达 35%[②]。所以在旧金山湾区中因为交通引发的气候变化问题尤为严重。气候变化问题是坚决不容忽视的，大气温度变化 2℃，将导致危及全球的变化，4℃ 的变化将导致极端气候更甚者生态系统的灭亡[③]。种种数据表明，在城市交通发展和气候变化问题这两个方面做到平衡要做出努力。联邦颁布有关法案控制温室气体排放的同时，也有很多州政府运行了很多相关的法律法规，减少包括私家车在内的很多方面的温室气体排放与能源利用，以改善目前的气候变化情况。

第三，空气污染等其他问题。旧金山湾区是美国发展经济最好的区域之一，但是曾经也是美国空气污染最严重的地区之一。工厂煤炭等化石燃料、大量机动车尤其是私家车尾气的排放以及天然山脉的阻隔使该地区的空气质量恶化。根据加利福尼亚州南海岸空气质量管理局（South Coast Air Quality Management Department，简称 SCAQMD），南海岸空气盆地的人口占美国人口的 4%，但它排放了世界二氧化碳排放量的 1%，占总二氧化碳排放量的 2%[④]。由于空气污染问题具有无边界性，天气变化如风、雨等都可能影响空气污染的地域，处在加利福尼亚北部的旧金山湾区的空气污染问题的处理也已经迫在眉睫。加利福尼亚州空气污染控制政策过程包括很多横向和纵向政府间合作实践，十分具有创新性。

除了空气污染问题之外，还存在昆虫濒危甚至灭绝的问题。旧金山湾区是拥有多样且密集昆虫群的城市群，由于城市化、农业和入侵物种造成的栖息地丧失在旧金山湾区出现

① 徐缓. 最新研究报告：数百万美国人仍未实现"自来水自由"[EB/OL]. (2021-09-28)[2022-10-18]. https://news.sina.com.cn/c/2012-06-04/183124533872.shtml.

② 吴稼豪，宋兵. 北美国家的交通减排策略及交通排污评价模型浅析[J]. 城乡规划, 2011(02): 131-140.

③ 本刊讯. 美国加州采取更强劲的气候变化法案[A]. 工业节能与清洁生产 2015 年 10 月第 5 期（总第 23 期）[C]. 中国工业节能与清洁生产协会, 2015: 2.

④ 蔡岚. 空气污染治理中的政府间关系——以美国加利福尼亚州为例[J]. 中国行政管理, 2013(10): 96-100.

有超过 50%的节肢动物被美国政府作为濒危物种[①]。

（三）日本东京湾区的生态环境问题

东京湾振兴计划引领东京湾成为世界最大的产业湾区，在如此辉煌的成就下，河流排污、空气污染等公共环境问题也不可小觑，东京湾区的发展走的是一条先污染后治理的道路[②]，即使后来出台了各种严苛的法规，改善了工业发展中存在的环境问题，在该道路模式的影响下，为了发展工业而产生的污染代价直至今日还在影响着人们的正常生活和健康。

第一，跨界河流排污问题。东京湾河流众多，但因为湾口狭窄，海外内部的海水难以与湾外海水交换，因而红潮现象很常见。其中多摩川受周边工厂排污影响，成为日本政府重点治理的河道之一。多摩川面临的困境主要原因有三：其一，它是非可持续发展经济带来的牺牲品。其二，政府、市场、公民三者的环保意识欠缺，使得多摩川成为排污河道。其三，多摩川跨界山梨、神奈川、东京都三个行政区，多摩川的治理也变得难上加难。随着污染问题的持续加剧，日本政府意识到该问题的严重性，从三个方面着手整治多摩川污染问题。其一，法制手段。从 20 世纪 60 年代开始，日本政府把环境管理内容纳入严苛的法治轨道，相继出台了《公共水域水质保护法》《工厂排水控制法》《水污染防治法》，1973年第一次修订《港湾法》，法案要求在重要的湾区开发战略时，若涉及环境污染或治理阻碍，必须与环境保护协同进行并进行严格的环境测评。其二，对封闭海湾实施污染排放总量控制。东京湾从 1978 年开始实施排入水质总量控制制度。2001 年，又开始实施总氮和总磷减排，以控制富营养化问题[③]。其三，与当地企业合作，研发高科技排污技术。在多摩川污染治理过程中，企业东芝开始在自己的工厂排水前处理污水，它先进的排污系统得到社会认可，在此之后，东芝的这套设备被推广到很多污水处理厂和企业中。经过政府、企业和公众的共同努力，1980 年左右严重的环境公害问题基本得到解决。

第二，空气污染问题。空气污染问题自工业革命开始之后在每个国家发展过程中屡见不鲜。而日本在工业大发展时期明显也存在此类问题。发生在京滨工业区的"四日市哮喘病事件"是 20 世纪世界环境八大公害事件之一。据统计，从 1955 年至 1972 年，日本因大气污染而导致四日市地域内患哮喘病的患者多达 6376 人[④]。东京湾大气中的 Cl⁻ 主要来源于遍布日本各城镇及其周围大量的垃圾焚烧炉的排放气体。而 NO_3^- 则主要来源于油气等的燃烧排气，其中汽车排放可能占有相当的比例[⑤]。对此，日本政府也采取了开发新能源、成立治理机构等相应措施，以解决空气污染问题。

① Edward F. Connor, John Hafernik, Jacqueline Levy, et al. Insect Conservation in an Urban Biodiversity Hotspot: The San Francisco Bay Area [J]. Journal of Insect Conservation, 2002, 6(4): 247-259.

② 陈言. 东京湾的循环经济之路[J]. 同舟共进, 2017(11): 11-14.

③ 日本城市自然保护生境评估东京城市群生境图初步研究程序。

④ 张乃天, 翁放. 东京湾简史[EB/OL]. （2018-02-22）[2022-08-14]. https://www.huxiu.com/article/233463.html.

⑤ 王玮, 王文兴, 陈宗良, 等. 日本东京湾地区冬季飘尘污染研究[J]. 环境科学学报, 1998(03): 26-31.

第三，填海造陆问题。填海造陆是缓解土地问题产生的矛盾、扩大社会生产与陆域空间而进行填海造陆的有效手段。到目前为止，东京湾填海面积已达 253 平方千米①。然而，填海造陆在使生产成本降低，取得经济效益的同时，也极大地破坏了生态环境。其一，临海生物种群的湿地破坏严重，栖息地荡然无存；与此同时，海洋生物也面临着相同的命运，使其生存发展受到恶劣影响。其二，由于人工岛的建造，正常河道的水流进出出现问题。在雨季，极有可能在地震等自然灾害的影响下，造成如水灾等二次自然灾害，存在极大的安全隐患。其三，填海造陆导致海水纳潮量减少、海水自净能力减弱，进而引发海水水质恶化。日本政府也发现了填海造陆带来的负面影响，填海造陆项目开始被严格管控，东京湾的填海造陆历程在狂热中逐渐消退，变得更为成熟②。有关专家认为，随着科技水平的不断提高进步，未来将出现更加科学和环保的填海造陆的技术和方式。

三、全球湾区区域社会管理问题

社会管理问题所涉范围颇广，错综复杂，总结三大湾区在社会管理方面的问题及政策措施可以更好地解决我国的社会问题。

（一）美国纽约湾区的社会管理问题

美国的社会管理问题尤以种族问题最为敏感。此外，老龄化、市场治理、贫富差距、阶级隔离、社会反恐、打击犯罪等多数民生问题也并非单一地方政府能够独自完成的。

第一，种族与种族社区问题。公共社会管理问题所涉范围颇广，在美国尤以种族问题最为敏感。作为一个移民大国，美国社会的种族除拉丁裔、英裔两支主要族群外，非裔数量也十分庞大，而亚裔、美洲土著等则相对弱势。种族问题是不平等的决定性因素③。越来越多的证据表明，有色人种比其他社会群体承受着更大的环境和健康风险。此外，黑人聚集区是城市治理的一大难题。2000 年的人口普查表明，在美国有 60% 的黑人生活在大城市中较为封闭的黑人社区之中，黑人社区占据着较大的城市空间，这些地区普遍贫穷，落后导致黑人居民受教育程度较低，从而成为犯罪、失业的策源地。尖锐的种族问题显然不是单个政府就能一次性彻底解决的，这使得一个跨行政辖区的长期存在且不断优化的综合性治理体系的建构具有了充足的理由和必要性。

第二，其他社会公共服务问题。除了种族问题外，不同阶级的社会空间隔离问题也十分显著。由于贫富差距，不同收入的群体之间逐渐出现一道社会空间隔离带。尤其是在"逆城市"浪潮之后，萧条的城市经济加剧了贫困群体对社会的不满。此外，老龄化、市场治

① 周韵. 填海造地进程与城市发展关系探究及应用[D].天津：天津大学硕士学位论文, 2013.
② 周韵. 填海造地进程与城市发展关系探究及应用[D].天津：天津大学硕士学位论文, 2013.
③ A. Carpentera, M. Wagnerb. Environmental Justice in the Oil Refinery Industry: A Panel Analysis across United States Counties [J]. Ecological Economics, 2019 (159): 101-109.

理、贫富差距、社会反恐、打击犯罪等民生问题也是美国纽约湾区城市群的较为普遍的公共社会服务问题。这些问题在各地区之间还存在一定的联系性，需要城市群内各级政府的相互合作与帮助。例如，2006 年，为了整治二战以后长期存在的社会治安问题，纽瓦克政府主动与纽约政府达成合作协定，得以借调隶属纽约警署的以严打犯罪著称的警察，通过这种跨政区的府际合作方式，将以恐怖犯罪著称的脏乱差城市打造为一个安全宜居的创业城市①。

（二）美国旧金山湾区的社会管理问题

旧金山湾区的社会管理问题主要包括人口多元和社会治安问题，以及由此引发的住房就业和土地利用的问题等。随着旧金山湾区婴儿潮一代逐渐进入人口老龄化造成的影响，和拉丁裔、亚裔群体不断移民的多元化和数量的增加，使得靠近交通要道和商业中心的住宅的需求呈现显著增加的趋势。

第一，人口多元化与犯罪问题。1848 年淘金热以来，旧金山湾区吸引了来自全世界各地的移民来到美国发展，在文化方面，来到旧金山湾区聚居的世界各地的移民为旧金山湾区带来的本民族文化，和本土的美国文化进行强势的碰撞，文化矛盾非常突出。同时，随着湾区人口老龄化和多元化的发展，拉丁裔和亚裔等人数增加，使得整个旧金山湾区的人口种族呈现多元化的局面。加之美国公民合法持枪的传统，各地发生枪击事件危害人民生命的事件和其他种类的犯罪问题与日俱增。旧金山湾区的社会空间特征和犯罪分布是处于相对稳定的模式。平均犯罪中心是位于城市东北部，分布形式显示出犯罪问题与 BART 站的扩展方向非常相似②，呈长椭圆形沿着东北—西南方向延伸。

第二，住房及土地利用问题。湾区土地资源利用面临空前的挑战，首要就是住房等问题。旧金山湾区的房价几乎是美国房价中最高的，土地可以称得上是寸土寸金，很多人都难以在这个地方找到合适的栖息之处。这些问题对低收入人群造成了影响，造成了不平等现象，低收入的居民相应地拥有住房和交通差的条件，而高收入者则相反，收入水平和拥有基础设施条件的好坏成正比，收入差距的出现导致居民之间不平等问题的出现，平等是保障社会稳定的重要手段。收入差距越来越大，长此以往将会不利于整个国家的发展。

（三）日本东京湾区的社会管理问题

东京湾区在 20 世纪城市快速增长和发展，因而被评为世界上最有效、最具生产力和可持续发展的大型地区之一。但东京湾区仍一直面临着新的挑战，如产业转型问题、大城市病问题及最为突出的人口老龄化问题。

---

① 张学良. 加快发展大都市圈的战略与政策研究报告 附件 纽约、伦敦、东京毗邻区域接轨大都市经验和做法[A]. 加快发展大都市圈的战略与政策研究报告[C]. 中国经济改革研究基金会, 2018: 10.

② Wang D. The Impact of Mass Transit on Public Security-A Study of Bay Area Rapid Transit in San Francisco [J]. Transportation Research Procedia, 2017, 25: 3237-3256.

第一，产业转型问题。为了实现东京产业振兴，从 20 世纪 60 年代开始，相关湾区治理者们规划出两条主要的工业带，即为"京滨工业带"和"京叶工业带"。两大工业地带聚集了日本的重工与化工制造业。进入 21 世纪以后，由于全球金融危机与日本泡沫经济的影响，东京湾企业尤其是电子电器企业的亏损严重。因此，东京湾区面临着严峻的产业转型考验。对此，日本政府除了考虑经济要素，也将环境要素考虑在内，制定以下两点措施。其一，重工企业产业迁移。东京完善产业规划布局体系，将整个湾区城市群的产业发展综合、全面地进行了细致的划分。比如将重污染工业先从核心城市东京迁移到沿京滨工业带的其他城市。或直接迁到海外人力成本低、地价便宜的欠发达国家。其二，扶持可持续发展的新兴产业。该轮工业改革主要针对知识密集型产业和"高精尖"新科技工业。将普通制造业生产批量产品向新高科技企业研发高科技产品转换，以完成产业融合发展，逐步形成东京现代服务业集群①。

第二，大城市病问题。二战后，日本经济在 20 世纪 50 年代中期开始高速增长。东京湾核心城市地位不断增强，资源高度集中，人才与资本也不断聚集，这座超级都市很快就面临着一系列大城市病问题。为缓解此类问题，日本政府不断采取措施来改善现状。其一，加强城市基础设施建设。关东地区开始进行大规模的基础设施建设，新干线、地铁、城市铁路的运输大大增强了东京与周边城市之间的联系，使过度聚集在东京都的人口和产业得以不断外迁。其二，制定五次"首都圈"规划，以解决核心城市负荷过大的问题。其三，发展"类新城"，造就多中心新空间结构。日本政府通过城镇体系的规划在核心城市以外地区建造新城，规划包括神奈川县的横滨市、川崎市和相模原市，千叶县的千叶市，以及埼玉县的埼玉市②，极大地缓解东京都资源和人口过度集中问题。

第三，老龄化问题。众所周知，日本是世界上老龄少子化问题最严重的国家，东京湾区虽然是日本经济中心，但少子老龄化和人口减少问题正在急速发展。人口减少也成为城市中心市区空洞化的主要原因③。人口老龄化会使政府面临巨大的财政压力。同时，劳动人口大量减少会导致经济衰退，为此国家出台了相关政策。其一，鼓励多生多育。其二，延迟退休，努力打造"无龄感工作社会"④。其三，建立多层次养老保险体系⑤。其四，构建日本老人福利的法律体系。其五，向集约型都市结构转型。为了应对人口减少、人口老龄化等问题，降低财务负担，保持公共服务质量，有必要形成符合人口规模的集约型紧凑城

---

① 杨亚琴，王丹. 国际大都市现代服务业集群发展的比较研究——以纽约、伦敦、东京为例的分析[J]. 世界经济研究，2005(01): 61-66.

② 陆韬. "大城市病"的空间治理[D]. 上海：华东师范大学硕士学位论文，2013.

③ 石倉智樹. 人口减少に伴う都市の縮退と集積に関する基礎的定量分析[C]. 日本都市計画学会都市計画.2012, 4(47): 01 .

④ 平力群. "无龄感工作社会"缓解日本老龄化问题[N].中国社会科学报，2018-10-22(007).

⑤ 王金. 日本老龄化问题对我国的启示[J]. 产业与科技论坛，2015, 14(01): 88-89.

市，实现以车站为中心的城市密集化①。尽管国家出台相关政策旨在解决人口老龄化问题，但调查研究表明，大城市郊区的人口增长仍然存在停滞不前现状，有待进一步探索。

第二节　全球湾区空间治理体系的构成要素

为了促进城市群经济发展，提高在全球化、信息化语境下的城市群综合竞争力，更好地解决城市群中普遍存在的公共治理难题，湾区城市群各级政府立足于一种多主体、多中心、多层级、多层次的分工合作关系，在与各地方法团、社会法团的相互博弈过程中，构建了一套与之相适的空间治理体系，主要由机构、经济、空间、制度四个维度的核心要素组成。

一、全球湾区空间治理体系的机构要素

机构在湾区空间治理体系中发挥着重要作用，可以加强各行政区域政府之间、政府和企业之间的沟通和协调，有时往往扮演着不亚于政府的治理者角色。

（一）美国纽约湾区空间治理体系的机构要素

美国纽约湾区城市群由于自然气候环境、交通区位条件不同，在大市场自由配置资源语境中形成了明确的分工协作机制，这种分工协作机制则是通过以人力资源流动为核心的城市资源流跨区域作用而实现的。20 世纪 60 年代以来，在大城市人口向郊区扩散和蔓延的"逆城市化"浪潮推动之下，介于各城市经济圈之间的连绵区人口快速增长，从而推动了以大都市区（Metropolitan District，简称 MD）为核心囊括周边城市连绵区的大城市产业经济带的形成与发展②。这种产业经济带格局的形成自然而然地催生出一种多元主体合作的治理模式，该模式主要依托于官方的府际联合，半官方或非官方的政府—社会双向互动及其社区自治三种治理机构。

1. 府际联合：地方政府跨政区合作的尝试

作为地方高度自治的联邦制国家，美国地方政府由各州自主设立。尽管各州具体标准不一，但不外乎县、自治体③、镇区、特区和学区等五种形式。其中，履行单一功能的特区和学区与县、自治体、镇区空间管辖区域交叠，二者之间必须进行合作。

第一，职能单一的都会区规划机构（MPO）。都会区规划机构（Metropolitan Planning

---

① 搜狐网. 他山之石：日本综合交通枢纽集约式发展经验[EB/OL]. （2019-05-10）[2022-04-15]. https://www.sohu.com/a/313011341_818343.

② 房国忠，刘贵清. 日美城市群产业空间演化对中国城市群发展的启示[J]. 当代经济研究，2009(09): 53-56.

③ 自治体是美国最普遍的行政单位，在法律形式上是一种自治法人，包括市、镇、村三种形式。由于市在州宪法中地位比其他自治体特殊且具有更多功能，以至于人们在运用这一术语时主要指称市。

Organization，简称 MPO）是联邦公共道路局强制规定建立的。联邦公共道路局要求人口五万以上的每个城市都必须设立 MPO，一个区域内各个城市的 MPO 必须相互协调制定统一的交通规划与交通规则，否则联邦政府将取消轨道交通建设的资助费用①。

第二，最为正式的政府联合会（COGs）。政府联合会（Council of Governments，简称 COGs）是一种比 MPO 范围更广的府际合作机构：一方面，COGs 包括城市周围的农村地区，拥有比 MPO 更大范围的管辖空间；另一方面，其职责范围也不局限于交通领域。正因其管辖区域的广阔和管辖职能的全面，在城市群空间治理体系里，COGs 发挥着更为重要的作用。目前，美国的 COGs 总数已从 20 世纪六七十年代创立之初的 20 多个增加到 700 个以上。

第三，大都市区政府：市县兼并背景下产生的一种特殊的 COGs。市县兼并是美国行政辖区重组，并建构跨政区空间治理体系最典型的方式。"波特兰大都市区政府"便是大都市区政府中最早建立且最为成功的范例②。兼具民主性与灵活性的大都市区政府使得波特兰地区许多累积问题得以解决，其巨大的成效使这种府际联合受到社会各界的一致认同。

第四，府际合约建构的专项机构以及松散性的都市政府联合会。都市政府联合会是美国非常盛行的一种由都市圈内各市镇议会、行政首长或委派代表组成的联合组织，其建立目的与大都市区政府相似，但在性质上仅仅是协商性组织，所达成的协议不具备强制性。这种合作主要适用于公共环境保护领域，如污水处理厂、州际河流管理局、大气污染治理机构等。

2. 双向联动：地方政府与社会法团的多元主体合作

除上诉政府主导的治理机构之外，在政府—社会双向驱动之下，一种介于政府与社会、市场之间的社会自组织逐渐成为城市与城市群治理体系的重要组成部分。这些组织具有两个不同于府际合作的突出特征：非等级性与利益协调性。

第一，跨政区专门机构。在美国纽约湾区城市群内，一些专门性的公共管理事业需要多个县、市乃至数个州进行统一管理，一些负责专门性公共管理的机构应运而生，这类机构由官方组织建立，却又独立运行。成立于 1921 年的纽约—新泽西港务局是其中的典型代表。在纽约港务局成立的前二十年，该地区航运与码头管理得到显著改善的同时，纽约港务局还修建了大量跨州大桥。20 世纪 80 年代以后，港务局开始渗透到工业与制造业部门；2002 年，纽约港务局授权约克大学建立 CUNY 航空学会，进入到科研领域。如今，纽约港务局已经成为纽约—新泽西多个专门领域的公共设施建设、改革、发展的重要力量，昭示

---

① 陈雪明，冯苏伟. 美国城市群区域协调机制[N]. 中国社会科学报，2018-01-17(004).

② N. Coulson, S. Edward, F. Rushen. Sources of Fluctuations in the Boston Economy [J]. Journal of Urban Economics, 1995(38): 74-93.

着跨政区专门机构这种半官方组织在城市群改革和竞争中取得的丰硕成果与重要地位[①]。

第二，区域规划协会（RPA）。纽约区域规划协会是全美最早成立的区域规划协会。1921年，为了解决因城市蔓延造成的跨政区公共交通、公共环境、公共服务等公共问题，一些区域规划委员会在纽约陆续成立，并在 1929 年整合为区域规划协会（Regional Planning Association，简称 RPA）。作为由多个委员会整合而成并独立运作的非官方、非营利组织，纽约规划协会局具有完整的组织结构，在纽约及周边地区的跨政区治理体系中占据十分重要的地位。相较于纽约—新泽西港务局等政府组织筹建的机构，区域规划协会在运作中政府的参与度要小很多。

第三，特别管理区。特别管理区（Special District）相较于跨政区专门机构和区域规划协会更为独立和自治，一般被认为是非官方性质的协调机构[②]。特区由各州立法授权，承担一定区域内若干市、镇的单一公共服务职能，比如水电供应、医疗卫生、垃圾处理、经济建设、环境保护、交通运输、教育培训等，具有次微观性、服务内容单一化、低权威性的特点。

3. 第三方崛起：公共服务组织机构主导的社区自治

除了府际联合与双向联动两种较为宏观的治理组织外，在社区治理这一微观治理上，政府完全放权给第三方组织（指相对于政府和社会法团而言的草根组织），逐渐形成了微观尺度下政府监督、第三方主导、居民参与的具有高度自治性的社区治理模式[③]。严格意义上讲，草根组织依然属于社会法团的范畴，这种自治组织依然是政府—社会的双向联动，政府基本上向这些社区自治机构下放了全部权力，仅仅保留了引导、监督等必要权限。

第一，社区发展社团（Community Development Corporations，简称 CDCs）。作为一种由美国国内税收法（Internal Revenue Code，简称 IRC）界定的非营利性的准政府组织[④]，CDCs 主要服务于中下层居民，旨在改造城市内的贫民区和复兴城市经济。此外，CDCs 还要承担为贫困人口提供廉价住房和工作机会的职能。这种重构的邻里组织具有传统性的公众参与无法比拟的优势——广泛性。一方面，低收入的贫穷者被广泛纳入到了参与主体之中；另一方面，公众参与也不再局限于政策的制定，而是全面渗透到政策的实施、运营、监督等各个环节之中。

第二，居住区协会（Residential Community Associations，简称 RCAs）。RCAs 成立的

---

① M. Weaver, D. Miller, R. Deal. Multilevel Governance and Metropolitan Regionalism in the USA[J]. Urban Studies, 2000, 37(5-6): 851-876.

② 特区仍被视为是一种独立的地方政府形式，尽管特区与其他地方政府的辖区是重叠的。其中 1 / 3 的特区与县、自治体、镇区所辖区域重叠，2 / 3 与两个或者更多的镇区、自治体、县甚至州重叠（80%的特区辖区都局限在一个县内）。然而，并不是所有的特区都被美国人口调查局视为地方政府，有些特区被视为准政府性质的特许公司。参见美国人口调查局官网（http://www.census.gov/govs/www/cog2002.html）

③ 边防，吕斌. 基于比较视角的美国、英国及日本城市社区治理模式研究[J]. 国际城市规划, 2018, 33(04): 93-102.

④ 参见美国财政部官网（http://www.irs.gov/charities）。

初衷是尝试在分散化运动中以集体方式保护私有财产，在经过一些努力之后，RCAs 逐渐被官方认可，获得了合法地位，成为独立的社会法团。RCAs 遵循自愿参与原则，具有三个主要特点。其一，准政府性。RCAs 的新迁入居民购买房产后自动缔结合约并成为 RCAs 的成员，公共设施建设资金通过成员缴费的形式来筹集。这种以契约来约束居民，以收费来履行公共服务职能的方式与政府十分类似。其二，隔离主义色彩。RCAs 更强调成员结构的同质性，其成员种族、收入、社会地位接近，公共服务范围也仅限社区成员，具有较为明显的封闭性与排他性[1]。其三，经营性。在基本的公共服务之外，RCAs 还会提供一些经营性的公共服务，这种便捷性与灵活性是 RCAs 相较于政府和 CDCs 最大的优势所在[2]。

（二）美国旧金山湾区空间治理体系的机构要素

旧金山湾区的涉及范围地跨很多个行政区域，由于跨行政区域进行发展协调的难度很大，必要时需要加强各行政区域政府之间、政府和企业之间的沟通和协调。为有效缓解区域矛盾，更好地进行空间治理，加强多元主体之间的交流互动，旧金山湾区先后成立了多个部门来共同进行治理，从而形成了网络化治理结构[3]。

第一，湾区政府协会。美国一直以来有地方自治的传统，地方自治充分给足了地方政府自主性，同时，在涉及地区交界以及协调治理时会十分不便。为了协调整个湾区的治理，旧金山湾区于 1961 年设立了湾区政府协会（Association of Bay Area Governments，简称 ABAG）目的在于研究解决湾区存在的各类地区性问题，例如住房问题、交通问题、经济问题、教育问题、环境问题等，协调湾区内城市的发展，同时也是有限法定权力的区域规划机构。这是一种由地方政府自愿选择联合，获得联邦和州政府支持的半官方性质的、松散型的行政组织[4]，这类组织容易被各方主体接受，且具有一定的协调功能，同时又不会存在官方部门的强制性，自由度高。

第二，湾区大都市交通委员会。湾区大都市交通委员会（Metropolitan Transportation Commission，简称 MTC）成立于 1970 年，是专门负责整个旧金山湾区交通的计划、融资和协调等事务。大都市交通委员会的首要职能是计划职能。它代表了联邦政府对当地交通计划的责任，主要负责制定区域交通规划，包括公路、航空、铁路、海港、自行车、行人设施等综合发展规划。第二是融资职能。大都市交通委员会既代表州政府同时也代表联邦政府明确湾区交通项目的选择和资金使用。就现在来说，大都市交通委员会一年有 10 亿美

---

① R. Fisher. Neighborhood Organizing: The Importance of Historical Context [A]. W. Dennis Keating, et al. Revitalizing Urban Neighborhoods[C]. University Press of Kansas, 1996.

② Nelson. The Private Neighborhood [J]; Robert H. Nelson. New Community Association for Established Neighborhoods [J]. Review of Policy Research, 2006, 6(23): 1123-1141.

③ 聂晶鑫. 共享发展下国际湾区的治理经验及启示——以旧金山湾区为例[A]. 中国城市规划学会、杭州市人民政府.共享与品质——2018 中国城市规划年会论文集（16 区域规划与城市经济）[C]. 中国城市规划学会、杭州市人民政府：中国城市规划学会, 2018: 10.

④ 刘丽. 旧金山海湾地区大都市区的土地资源管理模式[J]. 国土资源情报, 2007(09): 7-10.

元左右的资金供其进行分配和使用。第三个职能是协调职能。主要说来，大都市交通委员会利用首要的计划职能协调各种交通方式，通过监督湾区的交通经营组织的预算计划和乘客的满意程度等条件来评估交通体系的效率高低和是否有效，并提出改进方法使其改正，得到更好的发展。

第三，其他委员会。除了上述两个机构之外，20世纪60年代初，旧金山湾区成立了湾区保护和发展委员会（Bay Area Conservation and Development Commission，简称BCDC），这个组织主要的职责就是通过制定相关的法案来保护湾区的环境，它还拥有审核湾区建设项目的权力，在湾区中建设项目涉及环境问题时，有些需要经过湾区保护和发展委员会的认可。它有权力对湾区内生态环境敏感地区或涉及到整个加利福尼亚全州的重要资源区域进行规划设计、实施开发、并进行后期的监管控制。旧金山湾区还设立有水质管理委员会，该组织制定了有关河流流域规划方案，控制河流的污染排放，增加去污排污的能力。湾区根据制定的湿地修复计划，一共修复湿地达34处，在湿地修复方面也取得了较大成功。

（三）日本东京湾区空间治理体系的机构要素

在东京湾的治理过程中，充满了人治色彩。可以说，这个由人工规划而形成的世界性大湾区，最必不可少的就是机构要素，这些机构要素的探究价值自然不言而喻。

第一，东京湾港湾联协推进协议会。东京湾港湾联协推进协议会，是为了协调处理东京湾跨政区的相关问题，统筹东京湾区建设发展而成立的机构。这种协议机制的建立是在遵循城市间相互协作、相互制衡的原则上成立的。也就是说，湾区各城市的规划与发展，必须要遵从于该协议已经达成的规划案，一旦有地方政府提出更改，就必须获得该机构成员的一致认可，否则地方政府无权更改。此举作为东京湾治理的组织机构，打破了行政区划的空间结构，而以一种更加有利的组织机构来管理和解决东京湾治理中存在的一系列问题。一是可以避免由于行政区划的地域性质带来的政府官员不作为、乱作为、职权滥用等情况，二是能够更加行之有效地建设和发展东京湾区，三是可以避免由于地方官员换届带来的治理混乱问题，有利于更长远规划目标发展实现。

第二，监督与规划为一体的智库机构。智库是由不同领域的专家组成的，在决策者产生决策困难或有决策需求时，根据理论研究、策略分析等提供最佳决策路线的研究机构[1]。根据《2016全球智库报告》[2]，日本智库数量位居全球第9，共有109家。总的来说，日本是一个资本主义国家，许多事情不可能强制性地依靠行政命令去做。智库在东京湾区规划中便起到"润滑剂"的作用[3]。首先，由相关智库机构来进行湾区发展规划，可以防止"领导换一个，思路换一套"的情况发生。这方面它和港湾推进协议会发挥着共同的作用。其

---

① 刘少东."第三次工业革命"的"思想产业"——日本智库的特点及启示[J].世界知识，2014(03)：58-59.

② James G. McGann, 2016 Global Go to Think Tank Index Report[R]. University of Pennsylvania, 2015.

③ 丘杉.东京湾区经济带发展背后 高度重视科技创新[N].深圳特区报，2014-11-25(B11).

次，智库还起着监督制衡的作用。智库的监督是全过程的监督。由于东京湾规划中，智库机构成员从规划发展政策制定前，就要对所有要素进行调查和追踪，并在政策制定前就剔除掉不合理的因素。在湾区治理政策执行过程中，如果存在与既定目标存在偏差的情况，智库也可以终止目标执行。此外，通过相关政府部门的授权，智库也可以通过对既定对象的精确调查，监督政府在湾区治理中存在的问题，并在政策执行完毕后分析政策执行情况，对其进行评估。

二、全球湾区空间治理体系的经济要素

经济要素是指城市群空间治理体系的资金源泉，在世界四大湾区中，每个湾区都有其经济发展特色。纽约湾区以金融产业发展为特色，被视为金融湾区。旧金山湾区拥有以硅谷为核心的高科技产业，被称为科技湾区。而日本则以高速发展的制造业为特色，被称为产业湾区。

（一）美国纽约湾区空间治理体系的经济要素

美国纽约湾区不同治理机构的主要资金来源不尽相同。

第一，宏观层面的经济要素。首先是地方政府之间的付费协议。美国纽约湾区城市群中不同层级的城市拥有的资源以及能够提供的公共服务都不相同。因而，时常存在地方政府无法提供或者不便提供一些公共服务的情况。为了解决这一局面，美国纽约湾区城市群采取了一种城市群内的府际付费协议方式——城市群内，地方政府可以通过协议形式，委托或雇佣另一个政府有偿提供公共服务，或者付费使用另一地方政府辖区内的公共设施。地方政府的这种横向合作有多种形式，最简单是一种非正式的双向互助协议，而正式的协议包括府际服务合同、同设施协定、共同服务协定、职能转移等形式[①]。其次，从 BOT（Build-Operate-Transfer，简称 BOT，建设—经营—转让）方式到 PPP（Public-Private-Partnership，简称 PPP，政府和社会资本合作）模式。随着社会对公共产品和服务需求的增加，公共财政逐渐无力支撑，私人企业等社会团体开始接手越来越多的公共设施建设项目，这种双向联动的合作一开始采取的是 BOT 方式[②]，即政府通过与一个或多个私人企业签订特许权协议转让某个基础设施项目，并授予私人企业特许期限内该项目的投资、融资、建设、维护、经营和收取服务费用的权力。然而 BOT 方式下，私人企业利益最大化目标导致转让设施时往往故意抬高价格，政府冗杂的技术审批程序导致企业最新的技术无法及时得以运用[③]。因

---

① 刘彩虹. 整合与分散——美国大都市区地方政府间关系探析[M]. 武汉：华中科技大学出版社, 2010: 162-173.

② 中国的"特许权"即为西方的 BOT 方式。

③ 签约私人企业在建设和运营中其使用的技术被严格限制，新的技术必须再次通过严格的审查才能被批准使用，再加上审批未能通过的风险，私人企业往往放弃申请，采用已通过审查的原技术。

而，逐渐被 PPP 模式所取代①。PPP 模式是一种贯穿于项目整个生命周期（包括项目的制定、确认、招商、融资、建设、运营、转让等）的机构设置模式②。强调利益共享和风险共担，私人企业漫天要价和新技术风险的承担问题都得到了较为妥善的解决。

第二，微观层面的经济要素：多元集资与成员缴费。作为城市群治理体系中不容忽视的微观治理环节，CDCs（社区发展社团）与 RCAs（居住区协会）的经济来源截然不同。CDCs 的初衷是改造贫困、破旧的老社区，因而，CDCs 需要联邦政府基金会、银行贷款、社会捐赠的多方扶持③，值得注意的是，尽管 CDCs 是非营利性组织，《社区自决法案》仍然赋予其投资社区产业的经济职能，以此补足其资金层面的缺口。尤其是在 20 世纪 90 年代联邦政府削减了对 CDCs 和贫困邻里的直接资金援助后，这种市场性质的商业投资变得尤为重要，逐渐成为 CDCs 主要的资金来源。作为更为独立的公共服务组织，RCAs 的经费则主要来源于成员缴费和一些经营性的付费服务。

（二）美国旧金山湾区空间治理体系的经济要素

旧金山湾区的经济要素主要是风险投资占据重要地位，占全美投资的 40%及以上，此外，还有政府、私营部门合作的 PPP 模式以及旧金山湾区著名的科技创新闻名于世的硅谷等也是经济要素的重要组成部分。

第一，风险投资。风险投资通俗的解释就是指金融家根据自身对一些高新技术或者是其他有创新性的企业进行评估，认定企业是有潜力的企业之后，对这些企业提供资金从中收取回报的一种高风险的资本运转。美国的风险投资已经有多年的发展历史，可以称之为是世界上最为繁华的风险投资市场，专门成立了风险投资协会（National Venture Capital of Association，简称 NVCA），旧金山湾区更是整个美国吸引风险投资的佼佼者，旧金山湾区总计拥有 1000 多家风投公司和 2000 多家中介服务机构④，著名的硅谷就坐落于此。集聚在旧金山湾区的风险资本有力促进了高新技术企业和密集型产业的发展，从而带动旧金山湾区经济科技的发展。经济科技的进一步发展过程中，对高素质人才产生了更大的需求，由此循环往复，为旧金山湾区的发展带来源源不断的动力。

第二，PPP 模式。旧金山湾区政府和工业界同样有很多 PPP 模式的合作，出台了很多扶持政策。为了吸引企业在本地的发展，增加人才的就业机会，地方政府对在本地落户的企业采取支持的政策，大大缩短了建筑的审批时间，缩减了行政审批程序，总之对新申请的企业给予了各种方便和优惠的政策。

第三，科技创新。创新资本投资对于硅谷的经济发展一样是十分重要的。旧金山湾区

---

① PPP 模式整体优于 BOT 方式，但仍然存在政府官本位、私人企业赚快钱、地方政府债务累积等问题，参见：杨俊龙.PPP 模式的效应、问题及优化对策研究[J]. 江淮论坛, 2017(03): 40-46.

② 吴彦. PPP 一种新型项目融资方式[J]. 上海商业, 2004(03): 46.

③ A.C. Vidal. CDCs as Agent of Neighborhood Change: The State of the Art [R]. Revitalizing Urban Neighborhoods, 1996: 155.

④ 吴稼豪，宋兵. 北美国家的交通减排策略及交通排污评价模型浅析[J]. 城乡规划, 2011(02): 131-140.

拥有众多高校，有一些高技术的研发机构也坐落在这里，引领世界潮流。很多新建立的公司都会选择来到硅谷，只是因为在硅谷有众多的金融家投资创新企业，拿到创新资本投资会为公司的发展奠定资本基础。同时，在科技高度发展的旧金山湾区仍然拥有特别优美的自然环境，依然保留着多丘陵的海岸线、海湾森林山脉和广袤的原野。

（三）日本东京湾区空间治理体系的经济要素

湾区经济是一种依托海湾地理条件衍生出的区域经济形态，是各国竞争力与创新力的重要载体，东京湾区的发展也离不开经济要素。

第一，产业结构优化。产业结构优化是湾区经济快速发展的重要因素之一。二战后，为了刺激日本经济的复苏，日本通过产业规划开发了京滨和京叶两大工业集群。在以政府为主以及各种社会力量、科技力量和大财团的支持下，京滨地区逐步形成了产业分工和协作的合作关系①。而这其中，就不得不谈到东京湾循序渐进的"工业分散"战略。在两大工业带的协调带动下，日本的产业结构不断优化。此外，在产业对接上，在完善产业发展的基础上大力发展科技，实现产业转型，推动高新技术产业发展，并将此纳入日本政府"技术立国"发展战略框架②。

第二，循环经济模式。循环经济是一种以减量化、再利用、再循环的"3R"为特征，以实现资源与能源有效利用和人与自然可持续发展为目的的经济形式③。而为了保障循环经济模式的持续推进，日本政府采纳了以下几种措施。其一，科技保障。日本的循环经济模式依托于日本在环保领域的许多先进技术。这些科学技术在湾区的经济与社会各个层面不断渗透，并与湾区相关的经济政策、社会政策、产业政策以及环境政策等相互作用，构成了政府主导，全社会参与的综合体系。其二，立法确定。在法律体系总体结构上，日本的循环经济法律体系层次分明，分为基本法、综合法和专项法三个层次。在循环经济法律体系的建设过程中，日本坚持了循序渐进的原则，并以"从具体到概括再到具体"为立法脉络，使整个循环经济法律体系环环相扣，紧密衔接④。其三，公众参与。日本循环经济中的公众参与，强调的是一种"全社会"协同合作发展循环经济的意识和理念⑤，主要体现在"官—产—学"的有效结合，即政府主导、企业拥护、科研支撑的方式，使得日本的循环经济具有坚实的社会基础和良好的发展环境。

① 朱烨丹. 东京湾区发展对杭州湾区建设的启示[J]. 东北亚经济研究, 2018, 2(06): 67-77.
② 陈言. 东京湾的循环经济之路[J]. 同舟共进, 2017(11): 11-14.
③ 张艳婧. 日本循环经济模式研究[D].苏州: 苏州大学, 2017.
④ 董慧凝. 略论日本循环经济立法对我国环境立法的启示[J]. 现代法学, 2006, 28(01) : 177-184.
⑤ 吴真, 李天相. 日本循环经济立法借鉴[J]. 现代日本经济, 2018, 37(04): 59-68.

三、全球湾区空间治理体系的空间要素

现代主义是关于时间的，而后现代主义是关于空间的[①]。在后现代语境之下，空间要素极为重要，是城市群跨政区空间治理体系的空间要素的主要组成部分。

（一）美国纽约湾区空间治理体系的空间要素

美国城市群规划先后经历了 19 世纪 50 年代至 20 世纪初的大都市区时期、20 世纪初至 70 年代的城市带时期、20 世纪 70 年代以后的多中心城市群时期三个阶段[②]。现阶段的多中心城市群空间规划以美国纽约湾区城市群最具代表性。

现阶段这些规划是在已有规划基础上的进一步的规划，受城市群内已有的行政辖区、城乡状况、产业规模、环境设施的影响。从整体性角度看，空间规划是指宏观层面上涵盖整个城市群的辖区划分、城乡治理、产业布局与转移、区域环境治理或者公共设施规划与建设等。但这种宏观层面上的统一规划在多中心—多层次的城市群里难以做到统筹兼顾，一种不那么宏观的以中心城市或副中心城市为核心，包括与核心城市经济高度关联的周围县范围的空间规划成为美国纽约湾区城市群的主流。这是一种以城市带动周边区域的综合经营管理理念，波特兰地区是其典型代表之一。波特兰市的实际人口为 59 万左右，但都市区人口却在 150 万以上。在这个区域尺度内，无论是交通、公园、绿地等公共设施，还是住宅、街道、历史街区、旅游景点等城市景观，抑或服务业、制造业、农业等产业分布，都必须进行统一的规划[③]。波特兰市的这种统一规划依托于大都市政府这一"伞"状的政策综合机构，而这种规划又以交通规划、空间规划为主[④]。20 世纪 80 年代，主张混合利用、交通导向设计、有效资源管理、新传统规划的城市发展边界（Urban Growth Boundary，简称 UGB）理论在全美广泛流传。波特兰地区通过交通设计、空间规划和高强度的土地利用，限制了城市的无休止蔓延[⑤]。

（二）美国旧金山湾区空间治理体系的空间要素

在旧金山湾区城市群跨政区空间治理体系中空间要素主要指的是湾区的发展规划、区域的交通规划以及集聚的各类高新技术产业等。

第一，湾区 2040 规划。根据湾区未来发展的需求和目标，《湾区 2040 规划》总共提出了气候保护等 7 个方面的战略愿景，希望可以通过共同愿景的确立，使社会公众达成对湾区未来发展的价值共识，从而引领旧金山湾区形成健康宜居、公平开放、活力四射的发展

① 詹姆逊. 后现代主义与文化理论[M]. 北京：北京大学出版社，1997：243.

② 阎东彬，范玉凤，陈雪. 美国城市群空间布局优化及对京津冀城市群的借鉴[J]. 宏观经济研究，2017(06)：114-120.

③ 杨鲁豫. 对美国城市规划的认识与思考[J]. 城乡建设，2005(06)：69-71+5.

④ Nelson A. Portland: The Metropolitan Umbrella[A]. H. Savitch, R. Vogel, ed. Regional Politics in a Post-City Age[C]. Sage Publications, 1996: 191.

⑤ Ehrenhait A. The Great Wall of Portland [J]. Governing, 1997: 11-24.

格局。此外，2013 年旧金山湾区颁布了《湾区规划：建立可持续发展湾区的战略》，以自然资源和可持续发展理念为基础，力求吸引更多的高素质人才。

第二，区域交通规划。区域规划制定的目的是解决跨境、跨政区问题。旧金山湾区的区域交通规划更注重以现有的工业和城市发展为基础的交通系统的改造，通过对人流和物流的数据评估，从而提高交通网络的便利性，实现公共交通的高效率和要素流动，以实现减少温室气体排放和环境可持续发展的规划目标①。这一规划不仅可以提高资本利用效率，而且可以满足工业和人口流动的需要。它也涵盖了环境保护的长期目标。

（三）日本东京湾区空间治理体系的空间要素

日本东京湾区进行了六港联合的共赢规划湾区人才培养计划、"第五次首都圈"基本计划等一系列规划，加强了东京作为核心城市的职能，同时采取了工业分散战略②。将核心城市东京打造成湾区金融创新、贸易革新与科技研发中心。

第一，六港联合共赢规划。东京湾区开发建设成功的一大经验就是广泛运用规划手段。面对东京湾城市功能规划上，明确城市功能与定位是非常重要的。合理的规划可以避免东京湾六大港口的同质化和恶性竞争，使之分工明确，协同发展。因此，根据东京湾的既有条件，在 1967 年的《东京湾港湾计划的基本构想》中，明确提出把东京港、千叶港、川崎港、横滨港、横须贺港、木更津港整合为一个分工不同的有机群体，形成一个"广域港湾"③。这一构想成功实现后，东京湾区的各大港口吞吐量长期居于世界前列。如今，东京湾区已经实现了六大港口的合作发展机制。在每个港口拥有其自身发展经营特色外，还通过协调发展来促进港口群整体的发展。

第二，东京湾区人才培养计划。2014 年，日本文部科学省就以培养更多湾区发展所需的高素质人才为目的，制定了"超级国际化大学计划"④。该计划旨在通过国家的规划，促进东京湾大学集群在国际舞台上的地位提升，并为东京湾提供更多的人才。其次，是兴建筑波科学城。筑波科学城位于日本东京东北约 60 千米和成田国际机场西北约 40 千米处，属于茨城县管辖范围，规划面积为 284.07 平方千米，人口约 21.7 万⑤。目前，筑波科学城集中了数十个高级研究机构和两所大学，并且人才众多、研究基础雄厚，有日本"硅谷"之称。

第三，五次"首都圈"基本计划。东京都市圈是指以东京都为中心，形成了"核心区—

① 田栋, 王福强. 国际湾区发展比较分析与经验借鉴[J]. 全球化, 2017(11): 100-113+135.

② 林贡钦, 徐广林. 国外著名湾区发展经验及对我国的启示[J]. 深圳大学学报(人文社会科学版), 2017, 34(05): 25-31.

③ 谢许潭. 借鉴与合作：粤港澳大湾区与世界知名湾区的互动新态势分析[J]. 城市观察, 2018(01): 36-48.

④ 欧小军. 世界一流大湾区高水平大学集群发展研究——以纽约、旧金山、东京三大湾区为例[J]. 四川理工学院学报（社会科学版）, 2018, 33(03): 83-100.

⑤ 赵勇健, 吕斌, 张衔春. 高技术园区生活性公共设施内容、空间布局特征及借鉴——以日本筑波科学城为例[J]. 现代城市研究, 2015(07): 39-44.

中间圈层—外围圈层"三级空间结构。而日本政府到目前为止一共制定了五次"首都圈"基本计划。该类计划多次强调了东京作为核心城市的作用，同时将聚集的产业集群以及制造业外迁至周边城市。计划加强了核心城市东京的主体地位，形成中心外围区域优势互补、协同发展格局①。循序渐进的"工业分散"战略解决了东京都的过度膨胀问题，又促进了东京湾多核多心的均衡发展。

四、全球湾区空间治理体系的制度要素

没有规矩不成方圆，制度是社会的基本构成要素，制度属性与国家治理的变迁和成长，在很大程度上决定着社会发展的方向、速度和质量。

（一）美国纽约湾区空间治理体系的制度要素

在美国纽约湾区城市群空间治理体系构建的历时性进程中，逐渐形成了一些不同治理主体共同遵守的法律、准则与惯例，成为保障治理体系高效运作的制度要素。而机制是制度加方法或制度化了的方法，上述的制度要素主要通过法律、协调、协议、信息、公平五个机制来体现。

第一，法律机制：合法的地位与运行。法律制度是最为基本的制度，是美国纽约湾区城市群空间治理体系最为首要的制度要素。首先，无论宏观还是微观层面，从事跨政区治理的法团均是通过合法的行政立法渠道来获取合法地位的。其次，无论是法团的运行还是空间治理体系的运行都必须受到法律法规的约束，令行禁止。

第二，协调机制：法团博弈协调机构。法团是合法的利益共同体，有法团的地方就有博弈。参与城市群综合治理的各个法团立足于自身利益最大化的诉求，博弈冲突自然难以彻底规避，这种博弈冲突极易导致各法团陷入互不合作的"囚徒困境"，导致空间治理体系的崩溃。例如，20 世纪 90 年代反对大都市区市县兼并的号召"一个区域一个政府"的新区域主义便带有法团博弈下明显的保守主义色彩②。对此，为了维护大都市区联合政府的正常秩序，美国纽约湾区城市群在华盛顿设立了大都市区联合政府办公室和理事会，对城市群内的法团博弈进行公平、公正、高效的宏观性协调与一体化管理，制定统一的城市群发展规划③。

第三，协议机制：法团合作协议签订。协议是签约双方通过协商达成的一致意见，协议生成后对签约方具有一定的强制性。在美国纽约湾区城市群跨政区治理体系的制度因素中，各种法团之间签订的协议占据了较大分量。在政府合作层面，除了联邦政府通过的《城市群内部合作框架协议》外，《华盛顿城市群知识产权合作协议》《波特兰大城市群环境污

---

① 刘道学. 对标东京湾区，迎接大湾区时代[N]. 社会科学报，2018-08-02(002).

② 杨宏山. 美国城市治理结构及府际关系发展[J]. 中国行政管理，2010(05): 102-105.

③ 董树军. 城市群府际博弈的整体性治理研究[M]. 北京：中央编译出版社，2019.

染治理合作联席会议制度》等都具有较高的影响力。此外政府与各社会法团、草根组织之间，也签订了大量的合作协议，例如20世纪80年代至今，美国政府与各社会组织广泛签订的确立合作伙伴关系的法律合约①。

第四，信息机制：法团信息共享平台。大数据时代信息传递的跨域性与迅捷性，使跨政区区域治理体系的治理效率得到大幅度提升。如何最大程度地保障城市群内部信息传递的准确性、经济性和高效性，避免信息"割据"与信息垄断带来的信息壁垒，成为当今城市群治理的一大难题。美国纽约湾区城市群则是攻破此类症结的先行者。为了打破城市群内部的"信息孤岛"，促进城市群内各城市的良性合作，湾区城市群建立了一种府际信息共享平台——通过建立统一的数据库使得政务处理，尤其是跨政区公共事务的处理变得便捷而高效，成为运用互联网、数据库等现代信息系统实现电子治理（E-Governance）的典范。

第五，公平机制：利益的分配与补偿。为了达到治理效益整体最优的目标，城市群跨政区治理势必会导致各个法团之间利益分割的不平衡，这种分配不均极易导致机会主义与保护主义的泛滥，从而严重危害城市群空间治理体系的正常运行。立足于整体性发展的经济需求和空间治理体系稳定的制度需求，美国东北部大西洋沿岸城市群制定了一套十分健全的法团利益分配与补偿机制②——利益分配遵循市场分配原则的同时，通过利益让渡优化利益分配，对于利益让渡后仍无法补足的情况，通过利益补偿来保障分配的公平化与合理化。这种利益补偿主要有三种形式：其一，合作获益较多法团对为整体发展做出牺牲的法团提供教育培训、技术转让、产业投资等间接补偿；其二，由城市群内地方政府主导设立专项基金进行补偿；第三，由联邦政府相关部门对有关法团进行补偿，补偿方式主要有退税免税、政策优惠、财政补贴等。

（二）美国旧金山湾区空间治理体系的制度要素

在明确旧金山湾区设立的各类机构、占据风险投资份额巨大的经济要素以及进行湾区2040规划之后，旧金山湾区中的各项行政制度、颁布的法案以及营造的外部政治司法等外部环境等就此进入人们的视野。

第一，制度环境。"小政府，大社会"的制度环境为湾区的经济发展建设提供了优异的外部环境条件，美国在这种地方自治体系的条件下，并没有出现上下层级的等级划分，为地方政府发挥充足的自主性打下了坚实的制度基础。在经济发展中一直秉持着市场原则。美国的这种做法实际上维持了湾区较为自由宽容的文化环境，营造出一种适宜生活、悠闲舒适的氛围，带给人们良好的环境体验，有利于科技人才进行创新。

第二，保护环境法案。旧金山湾区城市群在跨政区空间治理过程中，相关立法部门出台颁布了众多法案，包括有环境法案、新气候变化法案、第350条法案等等。加利福尼亚

---

① 郑琦. 美国政府与社会组织的关系演进[J]. 社会主义研究, 2012(02): 63-67.
② 易成志. 美国大都市区治理实践及启示[J]. 中国行政管理, 2010(05): 56-58.

州在 2008 年出台的环境法案，法案表示，旧金山湾区将在 2030 年实现年温室气体的排放比 1990 年温室气体的排放降低 40%，并通过"低于 2 度联盟"协定，并且做出承诺到 2050 年将会比 1990 年排放降低 80%~95%[1]，极大降低了温室气体的排放量，努力实现可持续发展。2015 年加利福尼亚州通过的第 350 号清洁能源和减排法案，更是加州历史上迈出开创性的关键一步[2]，美国在应对气候变化问题制定的立法法案中最有影响力且最具深远意义的一项立法。

（三）日本东京湾区空间治理体系的制度要素

日本东京湾区在空间治理体系方面有着完备的立法制度以及有法可依的生态保护机制。

第一，完备的立法制度。在东京湾区的治理过程中，每一个规划乃至每一个出台的政策都是有法律来保障的。其一，最为突出的是从 20 世纪 60 年代开始到 21 世纪初，日本政府先后制定的五次国土开发政策。包括 1950 年制定的《国土综合开发法》、1956 年制定的《首都圈整备法》、1968 年制定的《中部圈整备法》、1977 年制定的《第三次全国综合开发计划》、2000 年制定的《国土审议会令》[3]。其二，港口规划立法。战后日本各级政府积极重视湾区港口群的规划和建设立法，认为完备的法律能够促进港口经济的发展[4]。1951 年首次颁布《港湾法》；1960 年，推出《东京规划 1960——东京结构改革的方案》，开始逐步构建并完善湾区法律保障体系。2001 年 7 月制定《新综合物流施政大纲》，以港口作为物流网的据点，逐步构筑综合静脉物流体系[5]。其三，经济发展立法。2000 年 6 月，日本政府颁发《推进循环型社会形成基本法》用以完善开展循环经济的立法需要；同年 12 月颁布了《新环境基本法》，并制定和修订了相关的 20 多部循环经济立法[6]。其四，生态保护立法。在生态环境上，东京湾在治理过程中，遵循生态型科学城的规划理念，相继制定了《公共水域水质保护法》《工厂排水控制法》《防止公害基本对策法》《水污染防治法》《自然环境保护基本法》《环境基本法》等多部法律法规。

第二，生态保护征税机制。在生态环境上，东京湾区在治理过程中遵循生态型科学城的规划理念，保护环境协调发展。除了通过各类严苛的立法来保障生态环境不再被进一步破坏以及更好地恢复生态环境体系以外，日本政府还通过征税手段来治理污染。其中一个治理要素就是通过税收制度向市民征收相关环境治理税。其中，比较典型的是神奈川县水

① 吴稼豪, 宋兵. 北美国家的交通减排策略及交通排污评价模型浅析[J]. 城乡规划, 2011(02): 131-140.

② 本刊讯. 美国加州采取更强劲的气候变化法案[A]. 工业节能与清洁生产 2015 年 10 月第 5 期（总第 23 期）[C]. 中国工业节能与清洁生产协会, 2015: 2.

③ 张广翠, 景跃军. 日本开发落后地区的主要政策及经验[J]. 现代日本经济, 2004(06): 12-16.

④ 朱凌. 日本海洋经济发展现状及趋势分析[J]. 海洋经济, 2014, 4(04): 47-53.

⑤ 杨书臣. 近年日本港口经济发展的特点、举措及存在的问题[J]. 现代日本经济, 2009(01): 59-64.

⑥ 闫瑞军, 闫红霞. 中国和日本发展循环经济的比较[J]. 日本问题研究, 2008(01): 33-36.

源环境税和横滨市横滨绿色税源。水资源环境的保护和再生是未来必须解决的课题，需要持续稳定地开展措施。为此，有必要与一般财务来源分开确保特定的财务来源。

第三节　全球湾区空间治理体系的作用机理

城市群空间治理体系的运行机理是指构成城市群空间治理体系的各要素在城市群空间体系运行过程中的内在工作方式及其各要素在一定环境条件下相互联系、相互作用的运行规则和原理。城市群空间治理体系的作用机理主要包括立法机理、组织机理、资金机理和规划机理四部分。

一、全球湾区空间治理体系运作的建章立制和立法机理

城市群空间治理体系主要通过地方行政立法来获取法律地位，这边是湾区空间治理体系中的立法机理。

（一）美国纽约湾区和旧金山湾区的建章立制和立法机理

在美国，地方立法权由联邦宪法赋予，行政立法程序则主要由联邦法律规范。其中，《联邦行政程序法》（Administrative Procedure Act，简称 APA，1946）是行政立法的主要法源。该法第 551 条将适用对象的行政行为分为两大类——法规（Rule & Regulation）和裁决（Order & Adjudication）[1]。前者是行政机构对立法机构提供原则性框架的细化与具体化，后者是行政机构通过个案裁决来解释立法，属于判例法范畴，二者确立、修改、废止的过程即为行政立法。在实际操作中，城市群空间治理体系的法律地位主要是通过前者实现，这种通过制定联邦、各级政府行政规章的行政立法程序被称为"制规"（Rulemaking）。

作为行政立法，制规的程序较之于国会立法要简单许多。按照《联邦行政程序法》的规定，可以将制规程序概括为两大类：第一，由行政机构主导的立法程序；第二、由公民参与主导的立法程序。二者的主要区别在于制规草案的意愿是来自行政机构，还是来自公众。首先，美国两党制使得美国政府首脑、议员候选人倾向于将选民意愿的实现作为选举获胜的筹码；其次，公众还可以通过结社、加入政党等社会法团，或是组织游说团体来表达自己的立法倡议；再次，美国极为宽松的言论和出版自由使得大众媒介等公共舆论对立法的影响极为显著；最后，美国《联邦行政程序法》《信息自由法》《阳光下的政府法》《电子信息自由法》《联邦咨询委员会立法》《联邦隐私权法》《电子政府法》等法律规定的信息公开制度和立法听证制度也为公共意愿的直接表达提供了最为直接的参与形式[2]。此外，一

---

① 朱芒. 行政立法程序基本问题试析[J]. 中国法学, 2000(01): 57-66.
② 袁俊锋，杨云革. 美国公众参与立法机制及其启示[J]. 中共四川省委省级机关党校学报, 2009(04): 73-76.

些州还赋予公众直接民主式的公民提案权——在美国 50 个州中，有 24 个州赋予公民提案和全民公决的权利，其中有 18 个州更是赋予了公民宪法修正的提案权①。

（二）日本东京湾区的建章立制和立法机理

日本是一个法制大国，法的作用淋漓尽致地体现在东京湾区城市群空间治理体系的运作过程中的每个角落。

第一，湾区国土开发立法运作。早在 1987 年，就有学者开始概述了 20 世纪后期海湾的土地开发规划。但由于日本的土地资源有限，且因为中心—边缘城市结构的影响而导致的经济发展的不平衡，使日本政府不得不着手制定相关的国土开发立法，以保证土地资源的合理利用。五次国土开发政策从宏观层面确保了湾区土地资源分配和湾区建设的方向。其他专项的或者微观层面的国土开发立法必须在这个基本框架内。

第二，湾区港口规划立法运作。为实现东京湾治理目标，促进港口群的有序竞争和协调发展，日本政府颁布了多项港口建设和规划立法。20 世纪 60 年代，由于产业布局的调整，日本政府实施了"工业分散"战略。由于不同的城市所承当的区位功能不同，因此需要毗邻的港口实现不同的功能。在宏观层面，日本政府通过《港湾法》对湾区港口发展做出统一规划，明确规定了港口数量、区位功能等。在东京湾六大港口中，每个港口都有各自的功能，也有独特的发展方式，这有效避免了湾区港口群的无序竞争，大大促进了湾区港口的协同发展。此外，通过《东京结构改革方案》保障了湾区法律体系的规范性，并使湾区的港口规划立法不断完善。

第三，湾区环境治理立法运作。从 20 世纪 60 年代开始，东京湾的环境治理就被纳入了法制规范的轨道，并确定为行政管理基本范畴。首先，在宏观层面，日本政府通过《自然环境保护基本法》《环境基本法》等基本的环境保护和污染防治立法，让环保的法制观念深入人心。其次，由于湾区的环境污染问题很多情况下是跨政区的，而并非单一某城市存在问题，比如空气污染这种具有高扩散性污染源的污染问题。因此，日本政府通过制定不同类型的、适用范围广泛的公共环境污染保护立法。比如《公共水域水质保护法》等，有效遏制了跨政区的公共环境污染问题。针对沿岸工厂排污而确立的《工厂排水控制法》，对企业排污实行了严格的管控。可以说，湾区的环境保护法律体系是综合的、全方位的。它在湾区可持续发展之路上起着不可磨灭的作用。

二、全球湾区空间治理体系运作的机构设置和组织机理

城市群空间治理体系中具有很多不同层级、不同功能、不同结构的组织，这些组织的建立、完善、废止过程，就是空间治理体系的组织机理。

---

① 陈春霞. 论立法提案制度中的公众参与[D].苏州: 苏州大学硕士学位论文, 2014.

（一）美国纽约湾区的组织机理

第一，建立在权力让渡基础上的组织机构。构成美国纽约湾区城市群空间治理体系的组织机构基本上都经历了一个让渡权力（或授予权力）、组织形成、立法保障的过程。在逆城市化潮流之后，美国纽约湾区城市群人口分布情况出现了大范围波动，为了实现区域内跨辖区有效治理，在政府行政主导和社会的广泛参与的双向驱动下，通过相互之间权利的让渡或赋予，区域内逐渐形成了一批从事公共服务的正式组织和非正式组织。这些组织主要有五类：其一，联邦政府宏观政策驱动下建立的组织，如都会区规划机构（Metropolitan Planning Organization，简称 MPO）；其二，由地方政府主导设立的官方性组织，如政府联合会（Council of Governments，简称 COGs）；其三，由民间团体与地方政府协商后设立的组织，如特别管理区；其四，由民间自发组织并得到政府许可的草根组织，如社区发展社团（Community Development Corporations，简称 CDCs）；其五，通过对已有组织进行新的赋权，授予更广泛职能的组织机构，如纽约—新泽西港务局。除了港务局等设立较早的组织外，这些组织在雏形诞生不久后便通过立法获得了法定地位，并制定了相关法律规范，从而成为颇具影响力的、被体制认可的正式法团。

第二，在实践中不断完善的组织机构。法律规定了法团的地位与运作权限，但在实际运作中，由于空间上的异质性和时间上的变动性，这些组织机构的设置与运作未必都是合理的，因而需要适当的调整，使之完善。这种调整有两种主要形式，其一，空间上的"因地制宜"，这种调整是地域性的微调，一般在法律自由裁量权幅度内，不需要修改相关法律条款；其二，时间上的"质文代变"，随着时间的推移，客观环境会发生变化，这时候这些组织机构的构成内容与形式也应该随之改变，以适应新的形势，这种调整有时会与固有法律相冲突，因而需要对相关条款进行一定的调整。

第三，组织机构废止的现实依据与法律依据。现实依据是组织机构废止的必要性，主要有两种情况。其一，组织机构在现实运作中出现大量违规情形，失去了作为治理体系机构要素的权威性与公信力；其二，该组织机构不再适用于新的形势，难以发挥法定的职能。法律依据是指法律层面的合理性。一方面，组织机构的废止要遵守法律废止条款的规定，走法定的废止程序；另一方面，对于没有废止条款或废止条款不合乎新形势的，可以依照 APA（Administrative Procedure Act，联邦行政程序法）相关条款进行废止。

（二）美国旧金山湾区的组织机理

经过机构要素的说明，我们对旧金山湾区设立的各类机构有了了解，那么旧金山湾区的湾区政府协会、大都市交通委员会、湾区保护和发展委员会等等机构的性质以及各类机构又是如何进行运转的，下述详细解释。

第一，核心部门。核心部门主要是指旧金山湾区政府协会，它的最高执行机关是湾区政府协会代表大会，湾区政府协会的代表大会是由每个成员城市或县通过选举选出的官方代表组成的，再由代表组成代表大会，代表们的主要工作是每年参加两次代表大会，工作职责是在年初制定政策和年度预算和通过下一年度计划，还要听取湾区政府协会执行委员会的工作汇报。在这个过程中，每个代表拥有一票，在投票表决每项任务时，通过必须获得一半以上的票数，除此之外还设立有执行委员会，目前有 38 个成员以及下设有 7 个常设委员会。从整个过程来看，与我国人民代表大会有相似之处。

第二，其他职能部门。除去湾区政府协会制定区域规划，管辖诸多方面之外，它自身是由规划和研究办公室指导和进行约束的。大都市交通委员会、湾区空气质量管理局和湾区保护和发展委员会是法定机构，由这些机构共同制定湾区规划，并且每四年进行一次更新，例如制定湾区 2040 规划。这些机构构成区域总部，与市、县政府进行合作，建立优先发展区域和优先保护区，从而促进区域的可持续发展。湾区委员会是商业赞助的公共政策倡导组织，它推动立法建立湾区保护和发展委员会，并且和旧金山海湾恢复局、加利福尼亚海岸委员会协作配合，促进相关机构的建立，完成海湾环境治理。在这整个机构协同运转过程中，就构成了多部门协同下的网络状旧金山湾区治理结构。

（三）日本东京湾区的组织机理

在东京湾区的组织运作机理中，我们可以发现，不同的机构组织在湾区建设、发展和治理过程中担任着不同的角色。有的是湾区规划者，即总舵手；有的是湾区治理过程中的执行者，即为划桨手；还有的发挥着监督的职能等。探讨这些组织机理的运作方式是非常有必要的。

第一，弱化行政区划。从整个治理过程来看，东京湾城市群在涉及跨政区治理问题时，一直在以经济建设为中心，通过弱化行政区划，来制定和实施相关的区域政策。重视构建打破行政边界、高速有效的区域协调机制已经成为东京湾城市群跨政区空间湾治理的一大原则。主要包括两种实现方式。首先，是以政府权力下放的方式，弱化行政区划。这种方式是将促进整个湾区的发展看作共同努力的目标，而不是自扫门前雪的消极作为。让整个湾区范围内的每个层级都能够拥有一定的自主权，决定单项或职责范围内某一领域的规划或政策方案。这也能够避免由于行政区划带来的城市间不良竞争、城市管理者不作为或者乱作为的情况发生。其次，通过加强第三方机构的参与来弱化行政区划。这种方式认为湾区的治理并非只是自己的责任，应该发动各种社会组织、人民团体或公民来参与共同治理。这种方式促进了东京湾社会各界的团结协作与共治目标的实现，大大加深民主化治理程度。

第二，充分重视和发挥智库机构的作用。由于协作式的湾区治理模式，在东京湾治理运作过程中，有很多非政府组织和第三方机构参与治理。智库机构就是一个典型的代表。在上一章节中，我们特别提到在东京湾区的治理中，有一群发挥着不同作用的智库机构。这些智库机构受到充分重视，并且在湾区的治理过程中还发挥着重要的作用。在宏观层面上，它为日本的中央政府部门及相关机构制定不同的规划，提供产业政策服务。在微观层面上，它又为东京湾的各级地方政府提供服务。这种规划服务是非常详细的，具体到每一详细情况制定的规划。因此，它几乎完成了东京湾所有层级的空间规划。最为可贵的是，由于政府无权去破坏或阻止这些智库机构的合法运营，因此，这些规划和政策制定的思想是一致的、连贯的。也不会因为政权更迭、党派更换等政治原因而出现政策中断的情况。此外，不同层级的规划可以通过叠加来统筹协调各个利益集团的诉求，并通过自己的思想和数据体现出来。

三、全球湾区空间治理体系运作的资金调度和融通机理

城市群空间治理体系的运作需要资金的支持，各湾区城市群在资金调度与融资方面的方式不尽相同。

（一）美国纽约湾区的资金调度和融通机理

美国纽约湾区城市群跨政区治理体系的经济要素颇为繁杂，涉及公共财政、府际付费协议、特许收税、BOT 方式、PPP 模式、产业投资、基金会、银行贷款、社会捐赠、会员缴费、提供付费服务等，这种多元集资模式下的运作机理也呈现多样化。

第一，多元集资模式下的资金运作机理。一般来讲，不同机构的资金运作方式有所不同。府际联合而成立的机构资金主要来自公共财政，通常按项目预算划拨资金，政府也会通过转移支付给与财政支持；微观层面的 CDCs（社区发展社团）与 RCAs（居住区协会）由于管辖范围较小，人口不多，资金统一管理即可，无需分项目划拨。相较之下，双向驱动的跨政区专门机构和区域规划协会就要复杂很多：它们的基金来源更为多元，公共财政、特许税收、BOT 或者 PPP 等不同来源的资金，受到的协议、合约、法律约束不同，其资金运作机理也就存在一些差别，在资金管理上有时不得不分开运作。公共财政与税收运作机理与府际合作产生的组织基本相同，而 BOT 与 PPP 则更多地依赖于基金会、私人企业的投资，因而较为复杂。

第二，运用最广泛的集资模式——PPP 模式的运作机理。作为美国纽约湾区城市群乃至全世界公共基础设施项目融资领域运用最广泛的模式，PPP 的合作程度比 BOT 方式更强。首先，政府与合作方都要参与到项目的整个周期，包括项目的制定、确认、招商、融资、建设、运营、维护、转让等；其次，融资依然由私企方主导，投资私企或基金会必须对其长期投资，部分投资方可选择不参与项目建设和运营，但政府必须参与；再次，资金风险由双方共担，通常由最有能力的参与者承担；最后，资金运作必须遵守事先签订的特许权协议，转让时政府付费应遵循市场价格规律。国外一些研究表明，PPP 模式下，尽管不同项目之间存在差异，但输出规范和授予标准中对可持续性的关注通常仅限于所提及的可持续性标准的数量、制定这些标准的方式以及可持续性标准在最终评标中的权重和影响，

并未真正建立起健全的考量指标，有待于在实践中进一步完善[①]。

（二）美国旧金山湾区的资金调度和融通机理

旧金山湾区跨政区空间治理体系资金机理，主要是有关旧金山湾区经济要素中的风险投资和政策支持机制是如何进行运转的流程。

第一，风险投资机制。二战以后，世界信息技术产业开始迅猛发展，互联网产业发展的起源地就在美国加利福尼亚州的硅谷，风险投资也在这里诞生。一些具有巨大资本回报的前瞻性报价孵化了数量众多的公司，风险投资的参与扩大了科技公司的增值空间。以股权融资为特征的技术金融支持体系逐步形成，包括风险投资退出机制，机构投资者准入制度，风险资本利润税率优惠政策的形成。由此一步步通过资金运作发展起来。

第二，政策支持机制。美国政府传统是市场经济手段，让经济自由发展，虽不积极干预产业发展，但强调用政策来促进产品研发和营造良好的创新环境，从而改善了政府对硅谷创新的政策支持机制。加利福尼亚州政府每年的政府采购的花费大致在 100 亿美元，主要通过政府采购这种方式扶植新兴产业和中小企业。加州政府还出台了研发税收抵扣政策，该政策是给予企业内部研发和外部研发不同的研发税收抵扣比例，加强企业和大学以及研究机构三者之间的合作关系[②]。政府进行研究并出台了很多有利于旧金山湾区尤其是对硅谷而言十分有利的政策，支持高新技术企业以及高校人才的培养。

（三）日本东京湾区的资金调度和融通机理

历史上，东京湾区主要通过政府主导的主银行体制，以低利率方式向规划产业进行资本倾斜。但 20 世纪 90 年代后，日本政府实施"金融大爆炸"，通过开放金融市场、发展直接融资等手段，开启湾区自由资本中心之路。

第一，金融机构集中。从资本形成的生态环境上看，东京湾区与美国纽约、旧金山两大湾区资本生态体系尚存在一定差距，但中介机构聚集度较高。比较三大湾区资本市场中介服务机构，东京湾区的中介机构十分集中，聚集了日本约 70% 的证券金融机构总部、超过 60% 的会计师事务所、约 50% 的律师，东京湾区的 PE/VC 投资金额占全日本的 88%，集中度明显[③]。

第二，资本市场完善。资本形成渠道包括自筹、银行信贷、资本市场、外商直接投资、政府预算等渠道。资本市场是现代经济体系中最核心、最活跃的因素，目前也是东京的主要资本形成渠道。东京聚集了全日本最多的银行机构和最重要的产业，资本需求旺盛，而且直接融资都得到了极大发展。东京湾区基本上形成了多种市场化资本形成渠道共生发展

① Hueskes M, Verhoest K, Block T. Governing Public-private Partnerships for Sustainability an Analysis of Procurement and Governance Practices of PPP Infrastructure Projects [J]. International Journal of Project Management, 2017 (35): 1184-1195.

② 田栋，王福强. 国际湾区发展比较分析与经验借鉴[J]. 全球化，2017(11): 100-113+135.

③ 彭兴庭，卢晓珑，卢一宣，何瑜. 全球大湾区资本形成机制比较研究[J]. 证券市场导报，2019(03): 4-12+22.

的范式，以市场的自我积累为主，政府承担制度制定者和规则执行者[①]。资本市场能够适应科技创新周期长、投入大、不确定性高等特点，激励更多人才投身其中。在未来，如何充分利用资本市场，提高创新资本的形成能力，是抢占新一轮制高点的关键。

四、全球湾区空间治理体系运作的空间规划和设计机理

空间治理体系的运作需要合理的空间规划，从而保证城市群建设的一致性与可持续性。

（一）美国纽约湾区的空间规划与设计机理

宏观层面与微观层面的组织机构的规划大不相同。简而言之，前者自上而下，是规划机理的主要形式，后者自下而上，是规划机理的辅助形式。

第一，宏观层面：自上而下的整合规划与分散实施。在宏观领域，美国纽约湾区城市群治理讲求统一性。首先，宏观层面的组织机构是一定区域内各方利益团体的联合编制，这就决定这种规划必须要在宏观层面达到利益的合理协调，实现目标的统一；其次，这种规划是一定区域的宏观视角下的统一规划，涵盖各个社会空间的产业规模、公共设施、环境保护等；最后，这种规划由各利益相关者联合评估，经各方同意或表决通过后方能实施。需要强调的是，这种统一的规划必须通过自上而下的分散实施才能得以实现。首先，区域内的统一规划是较大层面的规划，内容比较模糊，缺乏具体操作性，在实施时需要将统一规划分散化、具体化；其次，区域内不同地区的具体规划是不同的，必须在此区域内进行适度调整，对更小尺度的区域进行更为细致的规划；最后，项目中不同公共服务职能的规划也需要进行分散性地实施。

第二，微观层面：自下而上的分散规划与优势互补。在微观领域，美国纽约湾区城市群中拥有数以千计的社区自治组织，这些分散的社区自治组织是微观层面城市群公共建设的主力军，主要包括 CDCs（社区发展社团）和 RCAs（居住区协会）两种政府高度赋权、高度自治的准政府性组织。尽管 CDCs 和 RCAs 的建立无法消除社会上不同阶级的空间隔离现状，但却通过各自内部的同一性与不同自治组织之间的分散规划在一定程度上缓解了不同阶级的矛盾，可以通过优势的互补共同组成了一种自下而上的跨越整个城市群的空间治理网络，在微观层面填补了政府宏观规划下的视阈盲点与信息失真。

（二）美国旧金山湾区的空间规划与设计机理

在旧金山湾区空间治理体系的规划机理中包含有许多内容，最重要的是湾区 2040 规划。它的整个制定过程以及运作机理主要包括以下几个部分。

第一，联合公众编制。为了保障公众参与工作有序进行，大都市交通委员会颁布了专

---

① 彭兴庭，卢晓珑，卢一宣，何瑜. 全球大湾区资本形成机制比较研究[J]. 证券市场导报，2019(03): 4-12+22.

门的《湾区公共参与规划》①，包括六个部分，是从形式、方法、程序与调整等这些方面描述了公众需要参与活动的具体内容，从而保障不同主体之间可以进行交流。规划主要是从参与方式和技术两方面来促进公众意见的收集。湾区规划中的公众参与方式主要包括参加公众会议和论坛等、通过政策顾问委员会进行咨询、与相邻的区域进行合作、参与数据库、到达交通委员会的图书馆进行查询、通过网络媒体进行宣传、让相关工作人员进行推广等，多种多样的参与方式几乎覆盖了所有参与的主体。就参与技术而言，大都市交通委员会使用各种技术来开发和执行特定的公众参与项目，如实地通过民意调查或者直接告知公众、通过网络可视技术或发送邮件周知、进行公开发布征集公众意见等。

第二，中间流程。在广泛听取公民意见的基础上，经过严谨的流程，湾区 2040 规划才逐渐制定出来。在湾区 2040 规划编制开始的时候，第一步，要确定这个规划要达到的公众的共同愿景以及如何进行评估等各种政策元素；第二步，确定目标之后，让目标起到引领作用，同时在确定目标时可将大目标分解成若干小目标，方便对岗位、住房、人口、交通税收等方面进行预测分析，探讨目标是否可以成功，使其成为制定最终决策的参考资料，使工作人员在制定规划时有较强的针对性；第三步，针对一些方便进行评估的项目制定项目清单，从而对这些项目进行评估，得出最终的结果；第四步，根据评估结果结合情景分析，给出多种土地利用分布方案及相对应的应当采取的策略；第五步，确定下来最终的规划决策方案。

第三，方案评估。规划方案经过最终确定之后应用到现实中来，不可避免的是要定期对规划方案进行评估，湾区 2040 规划将最终想要达成的绩效目标和情景评估的相关内容纳入到评估过程中。规划编制机构也开发了一套区域性绩效指标，是用来评估规划情景和其他一些交通项目。应用开发的指标分别对这些项目进行评估，从而确定他们对计划的业绩目标的支持与成本效益。该项评估在情景分析的基础上，模拟了不同土地利用战略情景之中项目的实施效果，并进行了返回优选方案的创建选择。不过需要注意的是，因为投资资金是十分有限的，不是所有的项目都会被纳入最后的方案中。

（三）日本东京湾区的空间规划与设计机理

东京湾区作为包含一都三县的大型城市圈，它的高效运转自然离不开精密的规划，而建设的一致性和可持续性是其中最值得借鉴的。

第一，构建交通配套设施。从社会发展的视角来看，湾区发展必须要有完备的基础设施做保障。由于产业政策规划的原因，东京湾有两大工业带，分别是京滨工业地带和京叶工业地带。而产业的发展要依托交通基础设施建设。东京湾有六大港口形成的港口集群，

---

① 聂晶鑫. 共享发展下国际湾区的治理经验及启示——以旧金山湾区为例[A]. 中国城市规划学会、杭州市人民政府.共享与品质-2018 中国城市规划年会论文集（16 区域规划与城市经济）[C]. 中国城市规划学会、杭州市人民政府：中国城市规划学会, 2018: 10.

包括东京港、横滨港、千叶港、川崎港、横须贺港和木更津港。且这六大港口与羽田、成田两大国际机场以及六条新干线连接在一起，构成了东京湾区与全球主要城市之间海陆空立体交通网络[①]。而目所能及的所有交通配套设施，都是在东京湾几代管理者们的优秀运营产生的。此外，东京湾鼓励私营资本投资公共交通，包括地下轨道交通、国铁的山平线和各类轨道交通等。构建了便捷完善的交通网络。

第二，成立城市群协调机构。城市群协调机制是在东京湾产生大规模的城市集群，城镇化迅速提升的基础上形成的。为了完善对东京湾城市群的整体规划和协调，在对不同地区、不同城市、和港口甚至机场运营的协调问题上。港湾建设上，主要通过东京湾港湾联协推进协议会来协商港口间的协作建设问题。同时，国土交通省关东地方相关政府部门、地方政府以及企业都会参与。如上文提到的京滨港口群，2008 年，东京政府、横滨市政府和川崎市政府，就东京、横滨和川崎三大港联合协同发展达成共识，但这个决定并非是政府机构拍板决断通过的，而是相关的公私营企业代表和各类社会组织代表及相关专业大学教授等代表共同商谈的结果。

第四节　全球湾区空间治理体系重构的运作方式

重构从字面意思上简单理解就是利用新的理论，采取新的手段方法等对区域空间进行重新构造，从而达到区域空间治理体系的重构。那么，导致空间治理体系发生重构的影响因素都有哪些？它的作用方式是什么？它的行动路径有哪些？下面将具体探讨。

一、全球湾区空间治理体系重构的影响因素

纵向的历时性研究和横向的共时性研究表明，空间治理体系重构是多元因素共同推动而非单一因素驱动的一个过程。

（一）美国纽约湾区空间治理体系重构的影响因素

在美国纽约湾区，这些因素主要包括人口流动、经济形势、文化语境、技术创新、行政权力五个方面，它们在共同组成体系重组核心推动力的同时，又相互作用、相互影响。例如，人口的流动可以直接或者间接改变其他四种因素：首先，人口的增减重新规约着一定区域内的产业、技术和文化，落后的地区通过人口涌入带来的资金、技能、理念并迅速发展，发达的地区随着人口流失则会逐渐衰败；其次，人口规模的重组可能导致一定区域内选票的增减，致使其政治地位的提升或下降；最后，人口还可以借助对其他任意因素的

---

① 钟嘉毅. 国际湾区经验及其对粤港澳大湾区建设的启示——基于 SLEPT 的分析[J]. 北方经贸, 2018(09): 5-7.

影响，间接影响到第三方因素，如政治地位的提高使得一定区域的经济主张能够得到政府的重视，从而影响到该地的经济格局。总之，人口流动、经济形势、行政权力、文化语境、技术创新相互影响，共同推动着美国纽约湾区城市群空间治理体系的重构。

（二）美国旧金山湾区空间治理体系重构的影响因素

对旧金山湾区空间治理体系重构来说，有诸多因素会对此重构过程产生影响。其中主要是美国政党的更迭，政治领导的任期以及经济水平不平衡等因素会造成影响。

第一，政党更迭。在旧金山湾区跨政区空间治理过程中，会有许多项目需要发展，像BART 捷运系统的修建、跨域大桥的修建等重大项目，从提出设想、实地探究、审批通过、进行修建、完工等整个过程需要花费大量的时间和金钱。而美国政治传统是三权分立且制衡，实行两党制与任期制，这就会使得在一届政府政党的任期之内，项目的修建完成不了，其中有一些项目比任何政府的任期都长，随着政党的变化，公众舆论也会改变；或者，政党也会因为公众舆论的转变而改变。美国民主党和共和党支持的民众、采取的政策不同，在不同政党治理下的理念不同。在这种情况下，在政党更迭的过程中就会对旧金山湾区城市群跨政区空间治理的重构产生影响。

第二，领导任期。美国是一个讲究权力平衡和制约的国家。它实行的是总统制民主共和制，强调中央和地方的制衡以及州政府和联邦政府之间的制衡，处处都显示着制衡原则。领导者的任职时间是有限的，在任期之内进行该地区空间治理体系的重构，结束任职之时，之前所一直采取的措施可能会遭到下一任不同党派的继任者放弃，使得进行重构的相应的新举措新政策会受到影响。

第三，经济发展水平不平衡。因为地理位置、发展产业、当地传统文化以及领导人等的不同，往往会造成地区之间经济水平发展不均衡，存在着差距。就旧金山湾区城市群的各个城市来看，明显是以旧金山、圣何塞和奥克兰三个城市为中心，其他周边的城市受到这三个城市经济辐射的影响，以依附其而存在。这些城市都可以吸收来自中心城市的资源而发展起来。但弊端也是显而易见的，中心城市与周边城市经济发展水平是有差距的，当旧金山湾区以整体的形态运作起来，试图发展整个湾区经济之时，位于旧金山湾区边缘不靠近中心城市的地区感受不到经济的辐射效应，采取新举措进行重构时，难免会因为经济水平不平衡的问题阻挡前行的脚步。

（三）日本东京湾区空间治理体系重构的影响因素

导致东京湾区城市群空间治理体系重构的原因是多种多样的，有时会因为经济情况的变化而进行治理体系的重构，有时因为社会中存在的矛盾聚集而引发焦点事件，必须进行治理的重构，有时因为全球化热潮的席卷而不得不改变计划，适应世界发展大潮流。

第一，经济因素。东京湾治理过程中，经济因素导致的体系重构非常明显，主要包括三个层面。首先是湾区经济发展已经达到规划最终目标，因此需要制定新的标准和新的治理体系才能满足湾区的发展。其次是由于经济在发展过程中产生偏差，导致政府不得不调整治理体系以解决突如其来的经济形势变化。第三是外来因素的影响。如金融危机爆或因为外部局势的变化会导致湾区生产要素不适应世界格局的发展。在全球化高速发展的今天，智能大都市区域发展激励重组并将传统经济转变为智能经济，包括信息通信技术，创造可持续的零边际成本社会，引发共享经济[①]，通过智能社区设计第三次工业革命的五大支柱等都诠释了经济因素在东京湾区城市群跨政区空间治理体系的重构中发挥的作用。

第二，社会问题。影响东京湾区城市群跨政区空间治理体系重构的另一个重要因素是社会问题导致的重构。东京湾区的中心—边缘式城市结构，导致各种社会不公平，比如教育资源、经济发展优先、公共服务和公共设施等。这就迫使决策制定者不得不重新审视东京湾的治理问题和分配问题，从而导致东京湾区城市群跨政区空间治理体系的重构。此外，因为日本是一个多灾多难的国家，一旦这些灾害应急处理不当，非常容易变成焦点性事件，从而导致治理体系的重构。正如福岛核电问题，导致了日本的对外贸易严重受挫，以及各种社会群体事件爆发，严重影响湾区的建设与治理。因此，湾区治理体系也会采取应急性重构。

第三，全球化挑战。城市规划者在城市空间治理中的作用，是全球化和国际竞争压力的一个重要特征[②]，也是东京湾区城市群跨政区空间治理体系重构的一个重要影响因素。在世界经济一体化的背景下，日本东京湾要面临着各种各样与治理体系不和谐的问题，如不断萎缩的消费群体和日益落后的生产率问题、外国竞争者的冲击等。而东京湾区实现走上新的世界领头方向这一目标最便捷的路径就是，确保在未来几年中，让实现全球化成为东京湾区发展和治理过程中一项最重要的优先任务。

二、全球湾区空间治理体系重构的作用方式

空间治理体系的重构是由人口流动、经济形势、文化语境、技术创新、行政权力五个因素的相互作用共同推动的，这种相互影响下的复相关方式过于复杂，下面将具体介绍每个湾区在空间治理体系重构方面的作用方式。

（一）美国纽约湾区空间治理体系重构的作用方式

在探讨纽约湾区空间治理体系重构过程中，我们采用的是一种常用的方式：不考虑其他自变量，即假定其他变量恒定，分别探讨单一自变量对因变量的作用方式。

第一，人口流动驱动。20 世纪 60 年代，"逆城市化"浪潮席卷了整个"波士华"地区，

---

① Kumar T V. [Advances in 21st Century Human Settlements] Smart Metropolitan Regional Development [A]. In: Kumar T V. (eds) Towards Smarter Regional Development of Hong Kong Within the Greater Bay Area[C]. Singapore: Springer, 2019: 101-171.

② Sorensen A. Building World City Tokyo: Globalization and Conflict over Urban Space [J]. Annals of Regional Science, 2003, 37(03): 519-531.

绝大部分的城市因劳动力的丧失陷入萧条之中，对此，西方学者开展了一大批以劳动力流动为核心课题的研究项目，提出了许多影响深远的理论。著名的劳动力流动理论、人力资本理论之外，还有新经济地理学[①]、行为学派理论[②]。这些研究充分表明，人口流动打乱了原有的社会空间格局，从而造成了空间治理体系的混乱，驱动了空间治理体系的重组重构。最为典型的案例便是美国纽约湾区城市群为了应对逆城市化所进行的治理体系重构。更令人惊讶的是，这种 20 世纪六七十年代的人口流动甚至影响到了 20 世纪 90 年代治理体系的重构——"逆城市化"时期的乡村人口的增加和家用小汽车的过度使用所导致的交通拥堵、环境污染在 20 世纪 90 年代集中爆发，迫使美国纽约湾区城市群的治理体系进行了又一次大幅度的调整。

第二，经济形势驱动。除了劳动力以外，资本的流动是经济形势变动的又一核心要素。区域内利润率的不断变动导致资本在区域内的不停流动，从而使得区域内产业空间格局的剧烈变动，这是经济形势变动的主要原因，政府的宏观干预手段则是另一个重要因素。经济形势变动主要有两种情况：向好或者衰败。历史表明，两种变动形式都会致使空间治理体系一定程度上的重组重构。其一，经济形势向好的驱动，主要从两个方面驱动空间治理体系的重构。（1）好的经济形势改变区域的人口、产业规模，增加区域内的税收，使得该区域政治地位的上升，冲击原有的治理体系，使其治理失效，从而崩溃重构；（2）随着经济的发展，其治理范围扩大，治理难度提高，导致一些新的组织要素、资金要素、空间要素和制度要素进入治理体系，20 世纪 70 年代在新兴城市化区域建立的 RCAs（居住区协会）自治组织就属于这种情况。其二，经济形势衰败的驱动。除去自然灾害和战争等不可控因素，美国东北部大西洋沿岸城市群经济的衰败通常是市场失灵的结果，作为经济衰败的另一诱因——政府的宏观调控失误和政府失灵在美国"大市场，小政府"的治理理念下并不明显。历史上，在金融危机、"逆城市化"、"次货危机"等经济萧条期，美国东北部大西洋沿岸城市群跨政区治理体系都进行过不同程度的重组重构。

第三，文化语境驱动。文化语境的变动在社会空间不断建构、解构、重构中起到了关键的作用。美国纽约湾区城市群的空间治理体系变动受文化语境影响较大，以后现代主义最为显著——20 世纪七八十年代，源自法国的后现代主义波及到北美大陆，其反传统、反中心的多元化、动态化思维符合当时美国社会的现实需求，因而迅速席卷建筑、文学、心理学、政治学、社会性等多个领域，现在美国东北部大西洋沿岸城市群多中心—多层次的多元治理体系便是后现代主义在社会治理上的结晶。典型的后现代主义语境主要有碎片、多元化、多极化、信息化等，这与现当代治理体系语境中新出现的分合区域化、共时性、

---

① Krugman P. Increasing Returns and Economic Geography [J]. Journal of Political Economy, 1991, 99(03): 483-499

② Clark W., Kuijpers M. Commuting in Restructuring Urban Regions [J]. Urban Studies, 1994, 31(03): 465-483.

交叠等概念①具有较高的重合度。后现代主义语境下的金融资本、象征资本的流动使得治理重心由城市尺度转向更大空间范围的城市群尺度。

第四，技术创新驱动。技术创新是推动美国纽约湾区城市群空间治理体系重构的又一动力，包括技术创新和统计分析技术的更新。（1）技术创新的空间溢出。技术创新是在一定社会空间内实现的，空间扩散则是实现创新活动效益最大化的唯一途径。技术创新的溢出与资本、市场、交通、通信、政治、经济、文化密切相关，因而技术创新可以通过重构一定区域的产业、交通等空间布局，来推动空间治理体系的重构。（2）统计与分析技术的更新。当今社会被称为大数据的时代，而数据则是公共管理者做出决策的最为重要的信息来源和参考资料。统计技术的更新对区域空间治理体系重构的驱动主要有两种形式：其一，数据逐渐精准，使得原有数据得以更正，从而导致建立在原有数据上的空间治理体系开始重新优化重组。例如，Burger et al.（2012）就曾通过对夜间灯光密度的分析，指出原有的以政区界限（市、区、州、国界线）划分统计区的不合理②。其二，通过简化数据统计流程来优化空间治理体系的组织结构和制度要素，或者通过提供更全面的统计资料来补全智能决策所需的信息，从而重新建构城市群的空间治理体系。

第五，行政权力驱动。政府是社会治理的主体，行政权力也是重要驱动力之一。美国行政制度对政府治理最大的变数是任期制带来的党派更迭。在美国，选举产生的行政机构任期满后会重选重构，在野党执政后可能会对之前的空间治理体系进行调整。因而，行政权力多数情况是作为中介参与到空间治理体系重构之中的：当其他因素导致治理体系各要素的社会空间分布变动，并迫使治理体系进行重构后，作为社会治理的主体，行政机构必须运用行政权力来充当重构的主要推动者。

（二）美国旧金山湾区空间治理体系重构的作用方式

旧金山湾区城市群跨政区空间治理体系重构的作用方式主要是通过当前的经济形势、立法制度以及政府行政权力驱动。

第一，经济形势驱动。经济一直以来就是最根本的因素，它决定之后的政治和文化。就目前发展趋势而言，经济全球化是不可逆转的世界潮流，区域一体化才能得到更为深远的发展。欧盟可能是世界上最为迅速的经济政治团体，但在一个国家内部，联合起来也是常见的，在一定程度上，这就是城市群。几个城市因为地理位置的接近而一起进行发展，在这过程中要打破其中的壁垒进行重构，经济形势发展到一定阶段，经济发展一体化的趋势会不自觉地促进重构。

第二，立法及行政驱动。在美国所处的政治体制下，州际协定既具有州法的性质同时

---

① 张国庆. 公共行政学（第三版）[M]. 北京：北京大学出版社，2007: 598.

② M.J. Burger, E.J. Meijers. Form Follows Function? Linking Morphological and Functional Polycentric City[J]. Urban Studies, 2012, 49(05): 1127-1149.

也具有合同性质。州际协定的效力不仅优先于成员州之前颁布的法规，甚至也优先于之后新制定的法规，州际协定的地位很高，除了那些尝试改变政治控制或权力的州际协定，一般州际协定则并不需要美国国会的批准，不需要国会同意的州际协定主要涉及的是美国各州的日常事务或者涉及的是各州占主导性的具体行为①，这些日常性事务一般都直接发挥地方政府的自治性自行商议决定签署协定，规范具体的行为。政府利用州际协定，更加明确合作区域政府相关的行政权限的责任和义务，避免因为合作造成的纠纷。州际协定作为地方性法规的法律调整，越来越受到联邦政府和州政府决策者的关注，其发展正在逐步扩大。还有个变化不得不引起公众的关注。近年来，政府签署的州际协定正在呈现逐年减少的趋势，而另一方面，不论是正式的还是非正式的行政协议，由于州际工作人员的追捧，签订的数量一直处于上升状态。行政协议之所以可以拥有这么快速的增长，是由于美国各州之间交易数量的增加、民众便捷的出行与沟通，以及科学技术的不断发展。不过，虽然行政协议可以解决很多方面的问题，但是在美国这个国家，他们不能用来解决深刻的州际争端。

（三）日本东京湾区空间治理体系重构的作用方式

在东京湾区城市群空间治理体系的重构中，存在三个作用方式，分别是经济形势的驱动、立法制度驱动和行政权力驱动。

第一，经济形势驱动。关于经济形势的驱动，我们可以从湾区经济形态去分析。由于湾区城市联盟的存在，因此湾区经济普遍遵循一个规律，那就是协同发展。从客观层面来看，世界上诸多湾区的建设和发展都必须用周边城市群经济基础来支撑。然而，当经济发展产生新需求时，就会导致空间治理体系的重构，产生新的治理机制和治理手段。正如东京湾区，在不同的产业模式和经济发展阶段，都会有不同的调整，以更好地适应经济的发展。在经济形势的驱动下，空间治理体系的重构是显而易见的。

第二，立法制度驱动。东京湾的建设和治理离不开完善的法律保障体系，无论是规划实施还是政策执行又或者是产业调整，都需要立法确定，让游戏规则成为标准。通过港湾立法，也最能够驱动湾区空间治理体系的重构。在东京湾的治理过程中，五次首都圈的规划使得东京湾的治理体系产生了重大而深远的变化。比如产业外迁、港口群分工协调发展等。此外，其他环境保护的立法也使得东京湾区的经济和产业发展走向循环经济之路，直接改变了原有的治理体系。可以说，立法驱动是一种具有强制性和最有效率的促使空间治理体系重构的手段。

第三，行政权力驱动。在东京湾区建设过程中，尽管一直在强调弱化行政区划，构建有限政府，强化市场的主导地位，以经济建设为中心。但是，不可否认的是，行政权力才

---

① 何渊. 州际协定——美国的政府间协调机制[J]. 国家行政学院学报, 2006(02): 88-91.

是主导空间治理体系重构的最直接原因。尽管，在东京湾，各种港湾发展协议会与智库机构保障政策与制度的延续性，不会因为党派的更迭而使其受到影响。但是，值得我们思考的是，是谁赋予这些社会团体治理的权力？权力的来源始终是来自于政府权力的下放。总布局与整体的战略规划都是政府来挑大梁。因此，行政权力的驱动是影响空间治理体系重构的一个重要因素，也具有一定的强制力。

三、全球湾区空间治理体系重构的行动路径

在经济全球化和区域一体化这样的一种背景下，湾区的发展越来越受到重视，国家会重点培育更具竞争力的城市群，以提高国家影响力[1]。在不断提升湾区综合实力、竞争力以及影响力的时候，会存在十分重要的行动路径。

（一）美国纽约湾区空间治理体系重构的行动路径

美国纽约湾区城市群重构的行动路径与建构类似，主要有组织变动、法律新立、资金重组和制度变革四种形式。人口流动、经济形势、文化语境、技术创新、行政权力等则是其主要的推动力。

第一，组织变动。组织变动是空间治理体系重构中最为明显的行动路径，通过机构要素的新设、撤销、增缩或者机构行政辖区的重组和行政授权的重新分割以适应新的形势，从而实现城市群空间治理体系中各构成要素的重新建构。

第二，法律废立。法律的变动主要从两个层面影响美国纽约湾区城市群空间治理体系的重构。其一，联邦法律的制定、修改或废止；其二，地方法律的制定、修改和废止。前者一般是全国范围内的调整，适用于一种宏观性的、原则性的大尺度调控，考虑到各区域的差异性和美国地方政府的高度自治性，这种调控提案鲜有通过，且通过的法案也会授予地方较大的自由裁量权。因而，这里主要讨论的是区域性的、地方性的次尺度下的地方性法规制定、修改和废止，这种行政立法主要有两种行动路径。其一，行政机构觉察到社会政治、经济、文化形式的变动，依照法定程序进行行政立法，以适应这一变动；其二，受社会政治、经济、文化变动影响，公众意愿发生变化，通过选举、社会法团、大众传媒、公共舆论、立法听证会等形式间接表达自己的立法倡议，或者在州法律许可的情况下，履行公民提案权直接表达自己的立法倡议，进行行政立法。法律法规一旦生效，具有极大的约束效力，美国纽约湾区城市群空间治理体系的法律依据一旦发生变化，其体系重构势必将不可阻挡。

第三，资金重组。美国纽约湾区城市群空间治理体系中的主要经济要素呈现多元化的显著特征，主要有公共财政、府际付费协议、特许收税、BOT方式、PPP模式、产业投资、

---

① 杨海华. 尺度重组视角下中国城市群空间重构探究[J]. 区域经济评论, 2019(02): 140-146.

会员缴费、提供付费服务等，可以说经济要素是城市群空间治理体系的命脉。尽管很少发生，但在实际运作中，有时仍会出现经济链断裂的情况，如经济萧条、投资企业运营状况不佳等。这些不稳定因素会导致治理体系的经济要素的重构，这种重构有两种形式：其一，部分投资者出局导致各个经济来源占比的改变；其二，其他资本的介入导致经济因素的重组。在实际操作中，一些新介入的企业通过大量的投资导致资金结构重构，其后通过各个参与法团的博弈，极有可能导致其他结构要素的改变，造成一定区域内的空间治理体系的微调。

第四，制度变革。机制是制度化了的方法，制度变革一般通过城市群空间治理体系的运作机制来体现。为了适应多元而复相关的影响因素的变动，美国东北部大西洋沿岸城市群中的法律机制、协调机制、协议机制、信息机制、公平机制也会进行一定程度上的调整。但是，由于制度自身较强的稳定性，制度变革这种重组行动路径其实并不多见。一旦发生，通常都是较大幅度的颠覆性重构。

（二）美国旧金山湾区空间治理体系重构的行动路径

美国旧金山湾区空间治理体系重构的行动路径主要包括权力下放与国家权力结构调整。

第一，权力下放组建跨区域组织。一种路径表现为权力下放到地方，组建跨区域的协调组织，譬如通过建立区域发展委员会等相关此类型的跨区域组织来对区域之间的日常事务进行管理，建立起统筹协调的相关区域性经济社会的发展体系，就像旧金山湾区的湾区政府协会等机构。

第二，国家权力结构不断发生重大调整。另一种路径表现为国家权力结构不断发生重大调整，即在湾区城市群治理中强调中央政府与地方政府在职能和权力上进行分工与协作的权力制衡，而且重视湾区城市群内地方政府之间通过建立联席会议等形式的行政协调机制来推进不同地区之间的协同发展[1]。例如，美国政府让相关的官员广泛进行推广州际行政协议。在这个推广过程中，其中行政官员联合会的工作人员负责起草州际行政协议，并定期组织召开会议，在会议上明确仔细商讨行政协议是否通过并签署，使得各州的行政官员能相互熟悉，以方便州际合作，更好地促进湾区的发展。

（三）日本东京湾区空间治理体系重构的行动路径

在湾区的发展规划中，往往会涉及众多的利益诉求团体。这些利益团体来自不同行业、不同地域甚至是不同层级政府的上下级各类组织。而这些利益团体的诉求，需要被一个公共服务体系统筹分析，进行利益表达和利益索取。在东京湾中，智库机构一般扮演着规划者和监督者的角色。

---

① 杨海华. 尺度重组视角下中国城市群空间重构探究[J]. 区域经济评论, 2019(02): 140-146.

第一，坚持市场主导、政府引导。日本作为一个老牌的资本主义国家，工业化发展水平高，且市场始终在国家经济发展中站主导地位。从一开始的组织运作机理中就能看出，弱化行政区划，以经济发展为中心是东京湾城市群空间治理中所遵守的基本原则。同时政府在其中起着引导与监督的作用。首先，在湾区发展顶层设计方面，政府是有整体宏观的规划的。只不过这一切都是以获得更大的市场活动空间为目标。它从根源上在引导东京湾区的发展。正如五次首都圈规划和出台各种湾区治理的法律法规等。其次，通过相关部门与社会组织力量的合作来共同治理湾区。这也正是政府权力下放的一个典型体现。再者，政府始终起着一个监督者的角色，在现有规划方案失效或不适应时代变化时，果断引导新的治理方式，正如从江户时期就产生的填海造陆工程。东京湾区在发展过程中始终坚持市场主导、政府引导的原则，依靠市场的手段进行资源配置①。

第二，政府、企业与社会合作。在东京湾区的治理过程中，能够很好地体现出政府、企业与社会的合作。从智库机构到各种社会团体，再到各种协议会甚至每个民众，都肩负着治理东京湾的重任。在环境治理中，政府必须建立当地人民意愿的方法和公众参与战略规划的系统②。同时，鼓励不断改进观测方法，开发可靠、用户友好的生态系统和模型，分析环境恢复技术，并保持科学家、地方政府和沿海居民之间的合作。在这种模式下，每个参与者都是治理者，都发挥着至关重要的作用。同时，几乎每个团体都承担着监督者的角色。不同类型的监督更好地促进政府、企业与社会的合作。然后，当面对沿海城市全球化问题时，每个参与者都希望能以负责任的方式经营可持续性和管理它们与海洋的共生关系，共同解决与海平面上升有关的法律、社会、经济、环境和其他问题。

第五节　全球湾区空间治理体系重构的经验借鉴

一、美国纽约湾区空间治理体系重构的经验借鉴

自然地理条件、政治经济制度、经济发展阶段、科学与技术、传统与文化等客观限制条件会从城市群治理外部规定着城市群的空间治理体系建构。除此之外，在城市群内部，还有一些更为直接、更为具体的制约因素需要重点把握。下面是美国纽约湾区的治理经验与中国的国情结合后形成的具体的治理措施。

---

① 张学良. 加快发展大都市圈的战略与政策研究报告　四、案例分析：城市功能疏解与上海大都市圈的发展[A]. 加快发展大都市圈的战略与政策研究报告[C]. 中国经济改革研究基金会，2018: 14.

② Furukawa K., Okada T. Tokyo Bay: Its Environmental Status-Past, Present, and Future [A]. In: Wolanski E. (eds) The Environment in Asia Pacific Harbours [C]. Dordrecht: Springer, 2006.

（一）推进以交通、信息为核心的基础设施建设一体化

新的形势要求城市群内各地方政府要以增强城市群基础设施连接性和贯通性为重点。

第一，完善城市群内多层次交通系统。高度一体化的城市群的首要条件便是如同"波士华"地区一样的便捷的多层次公路、铁路交通网系。然而，考虑到中国落后于美国的经济基础、科技实力，公路交通、轨道交通、物流交通建设和高效率运行的重要性和困难度可见一斑。

（1）城际公路网络建设是城市群一体化的主要突破口。在城市化进程和"晋升竞标治理模式"下，一些人为的"断头路"、"瓶颈路"、非法路障严重阻碍了城市群公路网络的通畅性。各级地方政府必须将其作为首要症结，通过相互之间的通力协作，打破这一人为的行政壁垒。具体措施有：其一，全面摸排各城市群内的"断头路"和"瓶颈路"，通过打通"瓶颈路"，拓宽"断头路"的方式，畅通行政边界地区的公路联系。其二，全面取缔跨行政区道路非法设置限高、限宽等路障设施，保持城际物资流动的高效率。其三，强化城市群公路客运网络，对充电桩、加气站、公交站场等基础设施进行一体化布局，建立起涵盖整个城市群的完善的高速公路、国省干线、县乡公路多层次公路网络系统；同时，优化交界地区公交线网，促进各级公路与市域公交网络快速接驳。其四，加快推广不停车收费系统（Electronic Toll Collection，简称 ETC）的应用，提升城市群内各市区之间、各市区内部公路通勤、货运效率。

（2）统筹考虑城市群轨道交通网络布局是城市群凝聚性进一步提高的重要手段。具体来讲，就是要在城市群内统一规划高水平的轨道交通网络——干线铁路、城际铁路、市域（郊）铁路、城市轨道交通"四网融合"，并通过中心城市或交通枢纽的辐射作用将轨道交通适当向周边城市镇延伸，探索城市群轨道交通运营管理的"一张网"。此外，在城市群范围内，对铁路线路、站点进行统一的规划，并在此基础上通过既有铁路补强、局部线路改扩建、站房站台改造等方式有序推进城际铁路建设。对于中心城市，可以考虑利用既有资源开通市域、市郊列车，并将其纳入城市公共交通系统之中。同时，在有条件的地方，建立起"轨道+航空港"的综合性交通枢纽，畅通城市群内外的空间联系。

（3）在城际公路交通和轨道交通的基础上，打造"通道+枢纽+网络"的物流运行体系，是推动资源优化配置的重要保障。具体措施有：其一，统筹布局货运场站、物流中心，畅通货运场站周边道路。其二，不同类型货运枢纽可以通过协同或合并建立起多式联运的综合性枢纽。例如，推动港口型枢纽统筹对接船期、港口装卸作业、堆存仓储安排和干线铁路运输计划；鼓励空港型枢纽开展陆空联运、铁空联运、空空中转。其三，支持城市间合作共建物流枢纽，整合、迁移或新建枢纽设施，完善既有物流设施枢纽功能，提高货物换装的便捷性、兼容性和安全性，提高物流活动系统化组织水平。其四，加强干支衔接和组织协同，可以通过现代信息技术和智能化装备的应用，实现多式联运"一单制"。

第二，统筹府际信息网络建设。在政府提供的公共服务中，一些服务在毗邻城市可以通过信息网络建设统筹布局，统一供应。首先，通过毗邻市、县的府际信息沟通与共享，实现不同辖区毗邻地区的基础设施统一规划、协调布局、共建共享。其次，推动供水、供电、供气、供热、排水等各类经营性跨辖区市政管理网络合理衔接，并通过兼并重组等方式使实现规模化的统一运营。再次，积极筹建第五代移动通信（5G）和与之配套的新一代信息基础设施，建立并完善更为畅通和开放的新一代城市群府际信息网络共享系统。

（二）强化城市间产业分工协作

历史表明，美国经历了"城市化—逆城市化—再城市化""工业化—去工业化—再工业化"阶段。其中，美国的"逆城市化"和"去工业化"基本是同时期发生的。与美国不同的是，中国目前由于环境和产业升级的需求，在"城市化"水平不到60%的情况下，就已经出现"去工业化"趋势了。这表明中国在借鉴美国产业转移和统筹布局经验的同时，必须兼顾二者的微妙异同，提出具体措施以推动城市群内各城市间专业化分工协作。

首先，推动超大、特大城市非核心功能向周边城市镇疏解，发挥城市群增长极的辐射作用。一方面，将低端制造业等低效率产业转向中小城市；另一方面，要积极推动中心城市产业高端化发展，通过关键共性技术攻关、公共创新平台建设等方式，形成以科技研发、工业设计、金融服务、文化创意、商务会展等为重点发展生产性服务业，提高中心城市经济密度。此外，应该将文化产业摆在重要地位，在中心城市建立文化产业基地和文化产业链，合理借鉴世界文化中心纽约的文化经验，发扬中华优秀文化的同时，开发其作为民族遗产的经济和社会价值。

其次，夯实中小城市制造业基础，促进城市功能互补、产业错位布局和特色化发展。充分利用中小城市土地、人力等综合成本低的优势，优化营商环境，积极承接中心城市产业转移，推动制造业规模化、特色化、集群化发展，形成以先进制造为主的产业结构。同时，又要通过强化中小城市与中心城市公共服务连通共享、公共设施一体化建设，提高中小城市对工程师、技术工人、高校毕业生等人才的吸引力。此外，对于城市群区域内一些经济、交通、政治、文化等占有突出地位或发挥重要作用的中小城市，可以着重培育成新的增长极，使之成为城市群发展的新引擎。

（三）加快建设统一开放市场

为了打破地域分割和行业垄断，清除市场壁垒，城市群各级政府必须加快营造统一规则，营造统一开放、标准互认、要素自由流动的市场环境。首先，要推动人力资源市场一体化。为了减少城乡区域间户籍壁垒对区域一体化的阻力，除一线城市外，城市群中心都市应进一步降低外来人口入户限制，尽可能实现户籍准入年限同城化累积互认，为各城市群内部、各城市群之间的人口有序流动和合理分布创造条件。其次，要推动技术市场一体化。这要求城市群政府要清理城市间因技术标准不统一形成的各种障碍，建立城市群技术交易市场联盟，构建多层次知识产权交易市场体系，发展跨地区知识产权交易中介服务。再次，要推动金融服务一体化。金融机构在城市群协同布局是城市群空间治理体系中资金要素和资金运行机理建立的重要前提。通过金融基础设施、信息网络、服务平台一体化建设，有利于银行分支机构在城市群内跨行政区开展业务，有助于取缔不成熟的地方政府借贷平台，促使空间治理体系中广泛存在的 BOT 方式、PPP 模式权威化、高效化和低风险化。此外，还要通过金融监管合作加强府际金融风险联防联控，建立金融风险联合处置机制，合力打击非法集资等金融违法活动。最后、要统一市场准入标准。城市群不同辖区的市场主管部门可以通过建立城市群市场监管协调机制、城市群市场信息共享平台和城市群市场执法协作机制，统一监管标准，加快建立和完善统一的城市群信用体系，实施守信联合激励和失信联合惩戒。

（四）推进公共服务均等化

相较于美国，我国存在极其悬殊的城乡、地区贫富差距，导致城市群内城市人口与农村人口、户籍人口与非户籍人口不均等的公共服务。通过政府之间、政府与社会之间、各草根组织之间的合作，可以从促进优质公共服务资源共享，加快社会保障接轨衔接，推动政务服务联通互认三个方面实现公共服务的均等化。

第一，促进优质公共服务资源共享。首先，统筹乡镇地区与城市地区公共服务资源共享。教育公平和医疗一体化是维护社会公平公正的重要指标。考虑到我国现阶段的经济发展情况，我国严重的城乡公共服务不均等现象难以完全解决，可以采用以下措施降低城乡公共服务差距。（1）在城市群范围内打造多层次的合作办学办医模式。这一模式要求大中城市的中小学和三级医院推进集团化办学办医，通过乡镇地区设置分支机构的形式，实现中心城市教育医疗资源对乡镇地区的辐射和带动。（2）中心城市的教育医疗机构可以在周边乡镇开展远程教学医疗活动，定期组织教师、医护人员去乡镇学校、医院、社区交流学习。（3）按同等城市标准配置镇区人口较为密集的特大镇的教育医疗资源，鼓励在有条件的小城镇布局三级医院，从而降低与大中城市公共服务落差。其次，统筹非户籍人口与户籍人口公共服务资源共享。城市群应被视作一个开放统一的社会空间，而诸如教育、医疗、健康、养老、家政、博物馆、剧院、体育场等多元化公共服务，应由城市群内的多元治理主体共建，并由城市群各中小城市公民主体共享。

第二，加快社会保障接轨衔接。快速的城市化进程伴随着中国各区域频繁的人口迁移，由于缺乏统一的管理，人口流动尤其是户籍、工作地变动时，养老、医疗、住房等社会保障的异地衔接手续程序繁杂，效率低下，不适应当代生产生活的需要。建设涵盖各类社会保障信息的统一平台，是目前城市群一体化建设的重要目标之一。具体措施有包含以下几方面。（1）推广通过公安信息比对进行社会保险待遇资格认证模式，加强城市群中异地居住退休人员养老保险信息共享，实现养老补贴跟着老人走。（2）扩大异地就医直接结算联网定点医疗机构数量,鼓励中心城市与毗邻城市开展基本医疗保险异地门诊即时结算合作。
(3)公共租赁住房保障应尽快实现常住人口全覆盖,同时,建立住房公积金异地信息交换和核查机制,推行住房公积金转移接续和异地贷款制度。

第三,推动政务服务联通互认。目前,异地政务程序极为繁琐复杂,需要进一步精简,以实现城市群空间治理高效化。首先,除法律法规另有规定或涉密等外,政务服务事项全部纳入平台办理,全面取消没有法律法规规定的证明事项。其次,建立健全民生档案异地查询联动机制,进一步便利跨省、市户口迁移网上审批,居民身份证、普通护照、从业资格证件申请、年检、违章联网办理。

(四)强化生态环境共保共治

欧美后工业化时代全世界范围内人类的环保和生态文明意识觉醒的同时,我国现阶段经济转型和产业转移也给各区域带来更高的环境治理要求,使得中国城市群环境治理呈现跨政区多元主体合作的空间治理趋势。首先,空间维度上的城市群环境治理需要建立在统一的环境标准之上。例如,为了建立空气污染的防治体系,就必须以城市群为单元统一制定城市空气质量达标时间表,实现发机动车注册登记环保标准互认与车用燃料标准统一。其次,严格保护、科学修复跨行政区重要生态空间是城市群空间治理体系中环境治理的突出环节,其主要措施包括:加强中心城市生态用地维护与建设;编制实施城市群生态环境管控方案;联合实施生态系统保护和修复工程;加强区域内跨辖区生态廊道、绿道衔接,促进林地绿地湿地建设、河湖水系疏浚和城市群生态环境修复等。最后,建立生态环境协同共治机制,共同探索生态保护性开发模式是城市群社会空间环境治理的制度性保障,具体措施有:加快生态环境监测网络一体化建设;协商建立城市群大气污染、流域水污染、土壤污染、噪声污染综合防治和利益协调机制;建立生态产品价值实现机制、市场化生态补偿机制等。

二、美国旧金山湾区空间治理体系重构的经验借鉴

通过对旧金山湾区城市群空间治理体系的探索研究,可以从中深刻感受到旧金山湾区在建设和发展公共交通、保护环境、发展经济上所突显出来的理念和采取的措施,以及全面遵循的追求环保可持续发展理念、人文关怀等先进成熟的经验,对我国建设湾区各项工作具有重要的启示作用和借鉴意义。

(一)优化交通体系促进要素流动和利用

公共交通可以说是一个地区经济发展的桥梁,该地区交通体系越完善,经济发展水平就会越来越高。旧金山湾区总共是由东湾、北湾、南湾、半岛还有硅谷五个地区组成的,这五个地区的联系主要靠城际快速轨道交通 BART 系统、城市铁路以及半岛通勤列车等交通系统使旧金山湾区不断扩大交通网络可覆盖的区域,便捷人们的出行。更重要的是,发

达的交通体系可以满足经济发展、各种要素流动的需要。旧金山湾区目前一共有五座比较有名的跨海大桥，打破了海湾地形原因的天然隔断，形成了湾区城市群便捷的时空格局，极具针对性地满足了产业和人口的流动需求。以上旧金山湾区城市群的交通体系，其交通一体化的程度是非常高的，近年来我国也越发重视基础设施的建设，高铁、地铁、跨海大桥、通山隧道等都在建设中，远居世界前列。在发展湾区经济时也应如此。例如在粤港澳大湾区的发展中就修建了港珠澳大桥，极大地影响了中国内地与港澳地区之间的联系，其经济的共同发展也是意料之中的事情。由此可见，优化交通体系，进行一体化建设促进经济等各种要素的流动对湾区的发展有十分重要的作用。

（二）发展特色创新产业

旧金山湾区在孵化创新企业方面拥有得天独厚的优势，每年研发成果源源不断。除了数量众多的中小型公司，世界知名的大公司也聚集在旧金山湾区，验证了旧金山湾区"全球创新高地"之称[①]。全球出名的世界级湾区都有其主要的发展产业，都有相对侧重的特色产业。就如旧金山湾区是以科技创新产业闻名世界，三大中心城市也是各有千秋，近些年我国粤港澳大湾区的发展也是进步神速，同时也拥有其他湾区没有的优势，坚持创新发展，特色发展，终究会位于世界级湾区的前列。由此可知，我国在发展湾区经济之时，也应根据地方特点集中发展其优势特色产业。在此过程中，创新是必不可少的，现如今可以说，创新是经济的喉咙，努力创新就会使经济发展起来。

（三）政策开放和文化包容

旧金山湾区是一个接待移民，文化非常包容的地区。就目前统计数据可得，在现在的加利福尼亚州，每年都有来自四面八方的两万人来到这里定居。这么多的人愿意来到这个地方是跟这里开放的移民政策和包容的文化环境分不开的。科技的竞争归根到底是人才和教育的竞争。高科技人才和优秀的教育是科技进步和一个国家发展的基石。美国吸引了众多的移民资源，为旧金山湾区尤其是旧金山湾区的硅谷发展科技、发展创新型经济带来了珍贵的财富。旧金山湾区给企业和各类人才营造了美好的文化包容的环境，让众多产业萌发在旧金山湾区的大地上，同时优秀的环境也为挽留人才奠定了基础。在这个方面，我国也为产业、人才营造了好的环境，我国自改革开放以来就一直在坚持对外开放，同时一直源源不断地出台有利于产业发展和人才兴国的政策支持，但这还不够，还应该继续广泛而深入地了解民情，出台更适合产业人才的扶持政策以及继续发扬我国博大精深的非常包容的文化，营造出更包容的环境，吸引产业聚集和人才迸发。

（四）环境治理需要政府间的通力合作

政府部门等治理主体在出台优质政策，吸引高端人才到来，发展地区的特色创新产业

---

① 樊明捷. 旧金山湾区的发展启示[J]. 城乡建设, 2019(04): 74-76.

的同时，也要注意对生态环境的保护。加利福尼亚州在制定计划进行治理的过程中都存在着很多地方政府之间合作、地区与地区之间的合作。因此，面对我国越来越严重的污染问题，建立高效长期的合作机制是必要的。在全国范围内建立长期的区域合作机制，需要法律法规、管理机制以及机构等多方面的支持。我国从旧金山湾区污染治理中可借鉴的经验从这些方面建立区域之间进行合作的政策制度和体制体系：打破区域之间的行政壁垒，形成统一指令的政策决策机制；改善我国中央政府与地方政府之间传统的条块关系，构建区域之间的统筹协调的管理模式。像旧金山湾区一样定期开展联席会议，充分发挥联席会议的作用集中民智聚集民心，广泛听取社会各界人士的意见；并且建立完善相应激励与惩罚机制，有功必赏有错必惩，态度分明的奖惩制度有利于规范公民和企业的行为；可以建立政府基金，不断完善联防联控的监督以及落实信息公开制度，一切为保护生态环境而服务。

三、日本东京湾区空间治理体系重构的经验借鉴

东京湾区作为湾区治理的典型研究对象，以其发达的经济建设、高密度大规模的产业群、庞大的人口基数吸引着我们去研究探讨。其治理体系具有非常高的研究价值。

（一）湾区治理当以规划为前提

第一，全面布局整体规划，明确湾区发展的引领性作用。自20世纪50年代以来，日本政府一直通过规划手段，将东京湾区城市群缔造为世界上最大的、通过人工规划形成的产业湾区，并促进了东京湾区城市群的协同发展[①]。其一，加大港口城市群建设。东京湾区海岸线长、海湾腹地广，城市聚集，拥有多个港口集群。这些港口为本国对外贸易和产业发展带来了非常可观的效益。同时，多个对外贸易渠道也提升了湾区经济的竞争力。其二，打造强大的核心城市。东京湾的核心城市——东京市作为日本经济政治与文化中心，充分发挥辐射作用，带动周边城市的发展。周边城市的发展又会反哺核心城市，形成协同发展模式，以提升整个湾区发展的竞争力。

第二，打破行政边界，构建港城区域协调机制。湾区经济是跨城市联盟的经济形态[②]。由此可见，城市间相互联系，协同发展的经济模式影响着湾区经济的发展。由于市场是客观存在的，各个城市之间不可避免会产生竞争关系。因此，只有淡化行政区划，以经济建设为中心，构建一个良好的发展协调机制，才能使这些城市群有组织地联系在一起，打造一个有序竞争的局面。为适应城市群之间协同发展的要求，东京湾跨政区各级政府间打造了协同工作机制。实践证明，此举的效益是非常可观的。此类经验对我国湾区建设同样适用。

第三，创新政府间的体制机制。东京湾主要以政府为主导，形成"中心—外围"式空

---

① 毕翼, 孙彤. 日本东海道城市群发展及其对沈阳的借鉴意义[J]. 沈阳师范大学学报（社会科学版）, 2010, 34(01): 44-45.

② 刘道学. 对标东京湾区，迎接大湾区时代[N]. 社会科学报, 2018-08-02(002).

间结构，以东京都市圈内分工合理的功能组合，为东京经济发展提供缓冲空间①。东京之所以能够有如此成就，首先，是充分贯彻有为政府和有效市场相结合原则。东京湾强有力的行政力量的疏导遵循了市场规律，采取利益导向，构造交通和租税条件，引导特定产业和人口的空间疏散和再集聚。其次，是通过政策实践创新京湾一体化发展中的体制机制。核心城市东京的过度凝聚力，导致各类资源分配不公平。因此，就必须通过政策来实现湾区治理，合理配置湾区公共资源。创新湾区治理机制体制创新是大势所趋。在我国的湾区治理实践中，也必须走创新的路子。加强政府组织与非政府组织的合作；针对不同行政区划的问题组织专事专项部门；充分重视和利用智库机构；大力普及新兴科学技术在各个治理层面的使用，创新治理体系和治理机制。

（二）湾区治理当以法律为准绳

第一，制定产业配套的湾区法律保障体系。从东京湾区治理的整个过程来看，几乎每一步规划或政策的出台都要法律来保障实现。因此，在湾区治理中，第一步就是做好规划，慎重地规划好湾区发展方向。第二步就是立法确定。在规划的基础上，通过制定法律规则，将所有发展都规定在一定的范围内，从根源上以法治湾。第三步是制定全方位的湾区法律保障体系，让政治和法律为经济服务。东京湾以发达的制造业为特色，成为产业湾区，在湾区发产业发展过程中颁布了很多法律来实现产业的发展。因此，在湾区建设和治理过程中，应当处理好立法与产业配套的问题。尽管在湾区治理中，应当尽量弱化行政的力量，加强经济的力量，但是法律作为一种强制力，在湾区发展和治理过程中能够保障湾区经济和政治生态有序发展。

第二，制定可持续发展的湾区生态保护机制。过快的经济发展节奏经常会导致环境污染问题与资源浪费问题加剧。东京湾区在环境治理过程中，首先构建出完整有效、极为严格的污染物达标排放标准、总量控制措施及评估考核制度等，并明确未达标惩治措施，推动环境治理和改善②。其次，以立法的形式来进行环境治理。这是值得学习的。当前，我国经济发展模式已从高速发展转变为高质量发展。不少产业还是建立在先污染后治理的模式上的。再加上我国在环境方面的立法还不完善，湾区既成为经济和产业孵化重地，也成为污染问题爆发严重区域。最为典型的就是我国环渤海湾爆发的污染问题，因此，在湾区治理中，首先，应该加大湾区环境立法，实现湾区经济的可持续循环发展。其次，应当在环境保护中严格执法，不放过任何对环境污染的企业。再次，建立良好的人与自然和谐共生观念。最后，建立湾区生态保护机制。

---

① 张胜磊.粤港澳大湾区发展路径和建设战略探讨：基于世界三大湾区的对比分析[J]. 中国发展, 2018, 18(03): 53-59.
② 陈利, 卢瑛莹、陈琴、冯晓飞. 先进湾区生态环保历程及对浙江大湾区建设的经验启示[J]. 环境与可持续发展, 2018, 43(02): 70-73.

（三）湾区治理当以推动内部基础设施为保障

第一，大力发展湾区交通设施建设。交通是联系湾区城市群的桥梁，是经济发展必不可少的条件。在东京湾区，全方位、一体化的海陆空交通设施一直以来都为人称道。尤其是连接东京与周围各城市之间的公共交通网络。有了交通设施的保障，东京湾的港口之间、城市之间能够密切联系，产生了紧密的协作发展。同时，也减少了必要时间，增加了效率，为东京湾的持续发展提供了不竭的动力源泉。我国高速发展的城市化使得大量人口涌入城市，极大地增加了湾区交通设施的负担。交通问题依然是湾区治理亟待解决的紧迫难题。通过分析东京湾的成功经验，我们可以结合国情不断完善我国湾区的交通设施建设。这其中，最关键的三步包括：大力支持湾区交通设施建设；细化的交通安全设施；完善交通管理设施。

第二，大力发展产业配套的湾区基础性设施建设。从日本的经验来看，我国湾区的建设发展需要在落实国家层面总体规划发展湾区基础性公共设施建设的基础上，逐步形成统领区域整体发展的一致行动纲领。这些规划性的基础设施建设又推动了整个湾区的发展。此外，日本政府在对待公共资源分配问题上也逐步做出了努力。即政府主导公共资源的公平分配，力促公共资源向均等化发展①。国家优先在新开发地区和新建设城市内建设好各种市政公用设施。这使得除了东京以外的新开发城市都能够紧跟发展的步伐，不会因为基建条件不足而阻碍发展。因此，在我国的湾区建设中，首先要搞好基础设施建设，这是城市经济发展的基础。其次，基础性的建设是要建立在整体规划的基础之上的，要与相关产业相匹配。最后，应当尽可能地实现公共资源分配与公共设施建设相对公平，促进湾区核心城市与周边辐射城市的协同发展。

东京湾城市群空间治理体系研究能够在湾区建设与治理中给予我们非常丰富的经验借鉴。有关空间治理体系的研究近年来不断被各领域的学者们进行探索。相信在不远的将来，能够产生更为具体、科学、有效的湾区城市群空间治理体系，从而更好地指导湾区的发展和治理。

---

① 胡天民.日本东京湾港口城市群体的规划和建设[J]. 世界经济与政治论坛, 1985(08): 5-11.

跋

2023 年 6 月国内首个跨省域国土空间详细规划在长三角生态绿色一体化发展示范区发布，这标志着我国在空间治理上使用了新的尺度，国土空间规划首次超越了省的边界，同时也为长三角经济区这个虚体性治理单元赋予了实体性的空间治理权力。这个规划的出台在国家和省之间构建了新的空间尺度，把该区域内资源的利用、空间的使用放在高于省级行政区的范围内统筹。按照新国家空间理论，这个规划则体现了国家对战略区域的空间选择性。

本书是目前国内从公共管理学的角度评介新国家空间理论的新著，作者马学广教授多年从事地理学研究，在经济地理学和政治地理学领域发表了系列成果。他在新国家理论的评介、研究和运用上在国内居于前沿地位，在关于空间"生产"、尺度概念等方面做了深入的研究，涉及国内的区域治理、功能区治理，以及城市间联系和城市网络的空间关系。在本书中，马学广教授运用新国家空间理论研究了中国的区域发展和区域治理、城市发展和城市治理，分析跨界海洋空间治理和国际上重要湾区的治理。本书的结构完整，主线清楚，全文贯穿了尺度概念，内容中既有理论分析，也有实证研究；既研究了国内的区域空间治理，也研究了国际上的海洋空间规划和湾区空间治理体系。本书在城市群研究上也有所深入，作者从空间重构、地域重组等多个角度分析了中国不同规模的城市群。

《中国区域治理研究报告》是一个系列研究报告，自 2016 年以来，已经出版了四部，第五部在编校中，本书为第六部。第一部《中国区域治理研究报告 2016》是对中国区域治理进行的总体性研究，书中对中国区域政策的体系和演变历程等进行了梳理，基于府际关系理论和公共政策理论，建立了关于区域治理的研究框架，总结了中国区域治理的机制，提出了区域治理的评价指标。该书按照大区域选择了典型案例，分析了国内的区域治理。自第二部开始，该报告对中国的区域治理进行专题研究。《中国区域治理研究报告 2017》专门研究了中国的对口支援政策，集中了南开大学周恩来政府管理学院区域治理研究团队及合作伙伴关于对口支援政策的研究成果。书中梳理了关于对口支援研究的主要理论，对对口支援概念进行了界定，按照不同地区、不同领域、不同受援方和支援方，对各类对口支援进行了逐一研究。第三部的题目为《中国城市群治理报告 2018—2019》，是一部较为典型的专题研究报告，书中对城市群的概念进行了界定，对国内外的相关研究成果进行了梳理，在分析中国城市群发展的演进和现状的基础上，分别对中国的三大区域性城市群、跨省界的城市群、省内的城市群进行了理论分析和案例研究，在此基础上总结了城市群内部的互动机制，并且介绍了国外城市群的治理经验。第四部《中国区域治理研究报告 2020》以"区域治理与府际关系"为副标题，从我们研究团队近年来相关的研究成果中择优结集，算是对我们近年来的研究进行一次小结。该书重头的内容是对地方合作及区域合作的理论建构，这些年我们提出了区域合作建立在地方行政管辖权的让渡和委托、地方政府合作组织的准政府机构定位等观点，分析了地方合作组织的权能。我们的成果从零星的研究入手，逐步走向系统性研究，起初的研究没有找到适用的公共管理理论，之后逐步尝试运用新制度主义、制度性集体行动理论、新国家理论对区域合作进行解释，运用府际关系理论和国家治理理论产生了一批研究成果，提出了治理单元这一分析概念。第五部《中国区域治理研究报告 2021—2022》的内容集中在环境治理过程中的府际合作，是本系列研究报告里关于分领域研究区域治理的第一本报告，该书是国内区域治理研究新生代的代表锁利铭教授及团队运用制度性集体行动理论，使用社会网络等方法，从府际合作的角度，对环境生态保护和治理的理论分析和实证分析成果。

马学广教授加盟南开大学周恩来政府管理学院以后，为我们区域治理研究团队增添了新的骨干力量，补上了我们从空间角度研究区域治理的空白。本书也是对中国区域治理系列研究报告的扩展，使我们的区域治理从政治学、行政管理学进入了地理学，体现了区域治理研究的学科交叉特色。我们对马学广教授的新著非常期待。

杨　龙

2023 年 6 月于天津

后 记

　　自 2011 年第二次赴英国学术访问开启个人世界城市网络和尺度治理研究以来，基于多年从事的 Space Production（空间生产）研究，本人从理论上和实证上对西方 New State Space（新国家空间）和 State Rescaling（国家尺度重组）领域进行了多方面信息收集和实证探索，尤其在 2019 年赴美国开展 Global Bay Area Governance（全球湾区治理）研究之后进一步深化了对上述研究领域的认识并丰富了欧美同行的研究素材，如今将相关成果增补删减之后汇集成册以就正于方家。

　　本书以"新国家空间与国家尺度重组"为标题，借鉴了二战之后西方国家的"积累体制—调节模式"从以国家为中心的福特—凯恩斯主义（State-centric Fordist-Keynesian）向新自由主义驱动下后凯恩斯竞争国家体制（Post-Keynesian Competition States under Neo-liberalism）转变过程中所形成的新国家理论视角和国家尺度重组政策实践，对于我国改革开放 40 多年以来以定制式梯度化差别性制度供给为实质内容，以城市群、都市圈、开发区以及各种担负专门使命的新区、先行区、试点区和试验区等功能性城市区域为主要形式的制度重构和空间重组提供了可资借鉴的理论范畴和实证范例。本书所做的点滴汇总和反思，期待能够为我国汹涌澎湃的城市化进程提供些微借鉴。

　　本书的内容选择主要基于如下考虑。第一，作为空间生产理论由"空间中的生产"（Production in Space）向"空间的生产"（Production of Space）乃至"空间尺度的生产"（Production of Spatial Scale）递进演化的结果，有针对性地选择了尺度、尺度政治、尺度重组、尺度治理、新国家空间理论以及国家尺度重组等相关概念范畴的相关研究。第二，作为国家尺度重组的典型案例，有针对性的选择了城市群、国家级新区、飞地产业园区、中国海外园区以及全球湾区等空间对象，从不同空间尺度上揭示国家尺度重组的内涵、形式、功能和治理策略。第三，作为尺度思维和跨界思维的典型运用，特别遴选了有关跨界海洋空间规划的相关成果，揭示出国家尺度重组对海洋公共事务管理以及全球海洋治理的影响。第四，作为国内尺度治理研究的新成果，本书汇集的相关研究成果有 4 篇被中国人民大学《复印报刊资料》全文转载，有关"新国家空间理论"的 2 篇论文先后被《人文地理》期刊的微信公众平台"人文地理期刊"宣传推广，另有多篇成果被列为期刊封面论文、被中国知网"中文精品学术期刊双语数据库"收录、荣获优秀科研成果奖励并获得其他多种形式的转载等，在业界初步产生了一定影响力。第五，本书的研究素材，除了修订本人及合作者经过同行评议的期刊论文，部分章节还追加了最新的专门性研究报告、呈递有关部门的决策建议以及相关领域文献述评等。

本书的出版，诚挚感谢南开大学亚洲研究中心杨龙教授的鼓励和支持，本书能够忝列中国区域治理研究年度报告之中，倍感荣幸。南开大学"中国区域治理研究报告"系列丛书自杨龙教授主编《中国区域治理研究报告 2016——区域政策与区域合作》起始，迄今已相继推出《中国区域治理研究报告 2017——对口支援政策》（任维德教授主编）、《中国城市群治理报告 2018—2019》（柳建文教授主编）、《中国区域治理研究报告 2020——区域治理与府际关系》（杨龙教授主编）和《中国区域治理研究报告 2021—2022：府际关联中的环境共治》（锁利铭教授著）等系列成果，为我国区域治理研究推陈出新起到了重要的推动作用。同时，衷心感谢南开大学出版社以叶淑芬老师为代表的编辑出版队伍的鼎力支持，本书从前期选题论证到中期编审核校再到后期付梓印刷无不浸润着编辑部老师追求极致的专业精神、严谨作风、创新意识和人文关怀，很荣幸被纳入南开大学出版社"'知中国·服务中国'南开智库系列报告"和"南开大学周恩来政府管理学院学者文丛"。有关全球湾区治理研究的内容，在资料收集和观点形成等方面获得美国加州大学伯克利分校中国研究中心时任主任邢幼田（You-tien Hsing）教授的指导，在此一并表示诚挚的感谢。

诚挚地感谢为本书题写序和跋的三位著名学者：本人的授业恩师中山大学闫小培教授和英国伦敦大学学院吴缚龙教授，谆谆教诲言犹在耳，传道、授业、解惑，为本人的学术成长树立了光辉典范，吾以吾师为荣、吾以吾师为榜样；南开大学杨龙教授是我国区域公共治理研究领域的开创者之一，师德崇高、硕果累累、桃李芬芳，温言细语激励着后辈学人在学术道路上敢于探索、勇往直前。

同时，衷心的感谢南开大学亚洲研究中心出版经费（项目编号：AS2323）的支持以及南开大学周恩来政府管理学院科研启动经费的支持，推动本书问世善莫大焉。同时需要说明的是，本书是国家社会科学基金项目"新国家空间理论视阈下中国城市体系的尺度重组研究"（项目编号：18BJL092）和国家自然科学基金面上项目"海上通道安全视阈下中国海外战略支点体系构建、演变和治理研究"（项目编号：42371175）资助下完成的系列研究成果的一部分。

作为团队研究成果的汇集和二次修订，特别感谢各位合作者在文献收集、数据分析、案例调研和观点讨论等各方面为形成研究成果所提供的重要支持，主要合作者包括白佳玉、晁恒、李鲁奇、唐承辉、蒋策、朱开磊、窦鹏、鹿宇、贾岩、赵彩霞、张钊、王新仪、张筱育等研究团队成员，其学术贡献均已在相应章节中清晰标明。从甫入尺度研究迄今十余年矣，从师生到朋友，感谢团队成员多年以来孜孜矻矻的执著和持之以恒的勤苦，集腋成裘、聚沙成塔、累页成册，本书尚难称完善，仅可谓之阶段性成果的汇集，待来日重更断续。

作为本人空间生产/尺度治理系列研究的重要组成部分，本书绝不是休止符，而是间断点，是对本人既往研究工作的阶段性总结，也是面向新时期区域治理研究工作的起始。相对该领域当前如雨后春笋般不断涌现的中外文献而言，本人当前的这些研究工作略显浅薄，国家空间治理这一研究领域宽广如幽幽海洋、深邃似迢迢星汉、日新月异如流星掠空、观点纷呈似百花争艳，有待未来更多的前沿追踪、实证分析和理论引申等加以不断充实、完善和超越。拙作既呈，心生惶惑，诚挚地欢迎来自国内外学界同行和社会各界的批评、指正和商榷，以期共同发展和壮大中国区域治理研究的伟大事业。

感谢家人对我科研工作的理解和支持，你们的鼓励给予我迎难直上的勇气，是我坚持前进永不枯竭的动力源泉。

马学广

2024 年 5 月，天津·南开